U0367584

時光塔

2019年度教育部人文社会科学研究规划基金项目
"陆华柏音乐文稿的整理与研究"阶段性成果（19YJA760011）

江苏省高校哲学社会科学优秀创新团队
"苏南吴方言与口头非物质文化遗产的调查与研究"项目资助（2017ZSTD015）

常熟理工学院2019年度校重点学科"教育学"项目资助

丁卫萍 著

陆华柏研究

时光塔丛书

上海交通大学出版社
SHANGHAI JIAO TONG UNIVERSITY PRESS

内容提要

本书研究的是因特殊历史原因而被学界一度忽略的音乐家陆华柏。作者多次前往广西南宁陆华柏故居收集第一手资料，汇集散见各处的史料，在梳理了陆华柏诸多手稿、曲谱、思想汇报、音乐会节目单、文论等资料基础上，从陆华柏的生平心路、音乐创作、音乐文论、音乐教育、音乐译著和音乐表演等方面展开研究，从史料出发，用客观材料论证具有多方面才华的陆华柏为中国近现代、当代音乐发展作出的贡献，为人们了解陆华柏打开一扇窗。

图书在版编目(CIP)数据

陆华柏研究/丁卫萍著. —上海：上海交通大学
出版社,2021.11
（时光塔丛书）
ISBN 978-7-313-25844-1

Ⅰ.①陆…　Ⅱ.①丁…　Ⅲ.①陆华柏(1914-1994)
—人物研究　Ⅳ.①K825.76

中国版本图书馆 CIP 数据核字 (2021) 第 224059 号

陆华柏研究
LUHUABAI YANJIU

著　　者：丁卫萍
出版发行：上海交通大学出版社　　　　　　地　　址：上海市番禺路 951 号
邮政编码：200030　　　　　　　　　　　　电　　话：021-64071208
印　　制：上海万卷印刷股份有限公司　　　经　　销：全国新华书店
开　　本：880 mm×1230 mm　1/32　　　印　　张：12.25
字　　数：336 千字　　　　　　　　　　　插　　页：10
版　　次：2021 年 11 月第 1 版　　　　　　印　　次：2021 年 11 月第 1 次印刷
书　　号：ISBN 978-7-313-25844-1
定　　价：88.00 元

陆华柏（1914.11.26—1994.3.18）

陆华柏与甘宗容,摄于1942年冬

桂林图书馆藏陆华柏在广西桂林《扫荡报》发表的《〈华柏歌曲集〉自序》（1940年11月24日）

陆华柏与甘宗容,1946年夏,江西南昌

甘宗容与万昌文(中)在杭州演唱陆华柏的歌剧《牛郎织女》选曲《织女呵!一年了》剧照,舞台右侧弹钢琴者为陆华柏(1947年5月)

20世纪40年代中期的甘宗容与陆华柏

江西省体育专科学校清唱剧演唱会节目单,1947年1月10—12日,江西南昌

1947年1月10日晚,江西省立体专音乐专科师生为筹款购买乐器书谱举行的"清唱剧演唱会",左二为万昌文、左三为甘宗容,中间指挥者为陆华柏

1949年5月左右,甘宗容怀抱四个月大的女儿陆和平

1950年春,在解放军四十六军文工团工作期间陆华柏全家合影,摄于湖南衡阳

《红河波浪》，香港音乐教育
出版社，1949年

《中国民歌钢琴小曲集》封
面，上海万叶书店，1952年

《二胡 三弦 钢琴三重奏曲
集》封面，上海新音乐出版
社，1953年

钢琴独奏曲《农作舞变奏
曲》，上海万叶书店，1953年

《康藏组曲》管弦乐总谱，北
京音乐出版社，1956年

译著《和声与对位》(柏顿绍原著),上海新音乐出版社,1953年;人民音乐出版社,1984年

1959年2月,陆华柏与夫人从当阳县草埠湖农场回武汉东湖农场劳动,寒假回南宁探望岳母及孩子们,前排右二为陆和平,左一和右一为甘宗容侄子侄女

1961年春,陆华柏全家于武汉

1959年夏,从武汉回南宁看望岳母、子女时,陆华柏与女儿陆和平合影

陆华柏收藏的20世纪50年代于华中师范学院音乐系任首任系主任期间的演出节目单

《中国民歌独唱曲集》，北京音乐出版社，1957年

甘宗容在长沙参加宣传学雷锋活动演出剧照，1963年6月

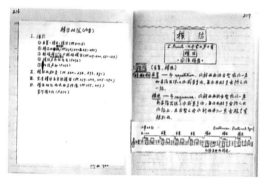

陆华柏的学习笔记

1986年，陆华柏与贺绿汀在广西艺术学院

1984年，参加"中国近现代音乐史交流会"，前排左六为陆华柏

《滏河之歌、东兰铜鼓舞》(钢琴独奏曲),人民音乐出版社,1981年

陆华柏《悼忆聂绀弩同志》手稿,1984年

陆华柏的思想汇报手稿,1981年

1984年2月,香港唱片有限公司出版的《中国管弦曲选》,收入陆华柏创作于1954年的管弦乐作品《康藏组曲》

《应用对位法》陆华柏编译,人民音乐出版社,1986年

《风和月亮——陆华柏歌曲选》,人民音乐出版社,1987年

1986年,陆华柏与戴鹏海　　　　　　1986年,陆华柏在指挥

1986年5月,贺绿汀访问广西艺术学院时,
陆华柏致欢迎词。左起:陆华柏、甘宗容、
贺绿汀

20世纪80年代中期,陆华柏在家中

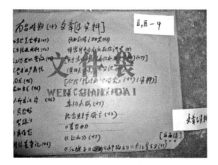

陆华柏收集的在南昌工作期间发表的音乐
文论文件袋封面

1988年，陆华柏教授从事音乐创作活动及在高等艺术音乐院校执教55年纪念，"作品返顾展"（音乐会）汇报演出节目单

1988年12月25日，"陆华柏教授执教55周年纪念作品音乐会"节目单

"陆华柏教授执教55周年纪念作品音乐会"谢幕留影，中为陆华柏，左二为温可铮

1988年12月25日，陆华柏教授执教55周年纪念作品音乐会前后合影，前排左二俞子正，后排左二甘宗容，左三温可铮

歌曲《故乡》入选"20世纪华人音乐经典"通知　1992年2月，陆华柏给卞萌的回信第一页　1991年11月27日，戴鹏海为编写《陆华柏音乐年谱》写给陆华柏的信件，本书作者摄于陆华柏故居，2008年10月

1991年6月，陆华柏于广西南宁家中

1993年6月，陆华柏全家于广西南宁家中合影，前排：陆华柏、甘宗容，后排左起：女婿江世杰、外孙江河海、女儿陆和平

2004年1月，广西南宁陆华柏故居，作者与陆华柏夫人甘宗容（中）、陆华柏女儿陆和平合影

陆华柏故居，本书作者摄于2004年1月

导师和他的学生们。左起：金铭真、林莉君、冯季清（导师）、陈洁、丁卫萍，2005年6月，上海师范大学

2008年10月陆华柏故居资料柜

2008年10月于陆华柏故居收集资料场景

2010年12月赴厦门华侨大学参加中国音乐史学第11届年会期间,与汪毓和先生合影

2010年12月,赴厦门参加中国音乐史学年会

2010年12月赴厦门华侨大学参加中国音乐史学年会期间,与陈聆群先生及夫人张东珍在厦金海域游船上留影

陆华柏先生全家与作者合影,摄于2008年10月29日晚,广西南宁陆华柏先生故居。左起:外孙江河海,女婿江世杰,甘宗容,女儿陆和平,本书作者,外孙媳韦薇

2011年11月，赴浙江师范大学参加中国音乐史学高层论坛发言时留影

2011年6月，陈聆群、钱亦平与本书作者合影于昆山张浦陈先生寓所

荣英涛、王清雷与本书作者合影，摄于2011年12月9日，中国音乐史学高层论坛会议期间，浙江师范大学

甘宗容、陆华柏曾外孙与本书作者合影于2016年4月17日甘老师家中

2016年4月，本书作者在桂林图书馆历史文献室查看广西桂林《扫荡报》缩微胶卷

2018年11月，本书作者赴华中师范大学音乐学院参加"中国钢琴音乐研究工作坊"

广西艺术学院校园内的陆华柏先生铜像，江世杰摄于2020年6月

2021年11月26日，"历史的回声——纪念陆华柏先生诞辰107周年专场音乐会"，常熟理工学院音乐厅，摄影琪琪

谨以此书

献给陆华柏先生(1914.11.26—1994.3.18)和他的家人

序　一

读者手中的这部文论集所论述的主题,对于绝大多数的读者而言,既陌生,又熟悉。在过去很长一段时间内,陆华柏并没有像大多数中国近现代音乐史上那些著名音乐家那样耳熟能详,也因此在一般教学中很少有对其进行专门的论述。例如,影响力最大的著作,即汪毓和先生的《中国近现代音乐史》先前的两个版本中只有脚注部分提及了陆华柏。然而,陆华柏又是中国近现代音乐史研究绕不过去的人物,不是因为其代表性歌曲《故乡》,而是他的文章《所谓新音乐》所带来的争议。随着对于《所谓新音乐》"公案"的批评和再评价的过程,近十年来,陆华柏这位人物及其价值也不断为学界所重视。因此,丁卫萍的著作正是充分反映了这一认识过程的总结,以及她本人在此过程中的卓越努力和积极贡献。

丁卫萍是一位非常努力的年轻学者,她有着一股对于音乐学术研究的热情,特别是在陆华柏研究中非凡的执着精神。最初与丁卫萍结识是因为陈聆群先生的介绍,推荐其对于陆华柏的研究。之后,看到她一直在为这个专题进行不断努力,先后撰写了很多文章,从各个方面对陆华柏进行介绍和研究。与此同时,丁卫萍还做了一件重要工作,她收集、整理和出版在即的《陆华柏音乐文集》。这部70余万字的《陆华柏音乐文集》不仅让学界更为完整全面地了解和认识陆华柏的音乐思想、创作成就和心路历程,而且它也是中国近现代音乐历史的一个缩影。

丁卫萍的《陆华柏研究》(下称《研究》)是继之硕士论文《论陆华柏的音乐贡献》以来,扎根于该论题不断努力的一个汇总。《研究》有以下几方面的特点。

其一,它是目前陆华柏较为全面的论述,不仅是体现在丁卫萍本人在陆华柏研究上,而且也总结了学界在该论题上的最新动态。例如,在文章《陆华柏研究述评》中论述道,《所谓新音乐》在 21 世纪的今天得到了基本客观的评价,举例了明言和冯长春两位学者的论述,他们的评价较为相似,均为褒贬参半,对"闪光点"和"败笔"做了分析。如明言所述:"这是一篇饱含着真诚与勇敢精神的,在中国现代音乐批评史上曾经引起过广泛影响的文章。短短千余字的批评,句句直逼新音乐派的弱项。当然,这也是一篇瑕瑜互见的檄文。"[1]明言进一步指出:"动机是善良的,是出于公心的。"但是,"在不适宜的政治氛围下,阐述即使是正确的艺术观念问题自然也会招致不应有的厄运"[2]。同时,《研究》的作者也以冯长春的观点作为对照,即引发陆华柏与李凌争论的问题的根本在于"对新音乐性质的理解的不同";"客观地讲,陆华柏的文章在立论与措辞上不乏偏激之处,但他对新音乐运动中的确普遍存在的过于注重思想性而忽视艺术性的音乐创作现象的批评,的确指出了新音乐创作中一直存在着的矛盾问题……对陆华柏批评文章的反批评,不但同样存在极为片面的理论缺陷,更没有认识到陆华柏文章中所具有的积极因素。"[3]

在这篇"述评"中,作者梳理了陆华柏研究的进展动向,指出《所谓新音乐》正逐渐淡出人们视线,并以汪毓和《中国近现代音乐史》的几次修订为例,论述道"汪毓和对陆华柏关注已由原先的《所谓新音乐》逐渐转向陆华柏生平。随着出版时间的推移,'汪著'对陆华柏《所谓新音乐》的批评逐步缓和并淡出人们视线。这标志着陆华柏研究已迈出可喜的一步,标志着人们已从《所谓新音乐》中'走'出来,开始关注陆华柏生平及其他方面的音乐成就"。在《研究》的另一篇《21 世纪十年代陆华柏研究述评》中

1   明言:《20 世纪中国音乐批评导论》,北京:人民音乐出版社,2002 年,第 183—184 页。
2   同上,第 186 页。
3   冯长春:《中国近代音乐思潮研究》,北京:人民音乐出版社,2007 年,第 342 页。

作者指出,2010—2019 年间,陆华柏研究成果不但在数量上较前十年有显著增多,在研究领域的深度和广度方面也有拓展。主要表现在:① 研究领域不断拓宽深入,例如音乐创作、音乐教育和音乐文论三方面。② 刊登陆华柏研究论文的期刊日益增多,学术期刊对陆华柏研究起重要推动作用。近十年来,《人民音乐》《艺术探索》《黄钟》《音乐与表演》《中国音乐》等多家音乐类期刊对陆华柏研究给予了关注。③ 研究陆华柏的学术队伍不断壮大,在此期间共发表文论 62 篇,单篇论文 53 篇,而 2015 年以来产出了 9 篇硕士论文,2019 年高达 4 篇之多,论文所涉及的内容为陆华柏音乐作品研究 7 篇(其中《故乡》研究 3 篇、《游思集》研究 1 篇、钢琴曲研究 3 篇)、音乐教育研究 2 篇,无疑充分表明陆华柏研究正日益受重视。④ 陆华柏音乐作品重返舞台,特别是在蒲方教授与张奕明先生合作努力下,陆华柏的一些钢琴作品在多地演出,推进了学界对陆华柏钢琴作品的认识。

其二,《研究》从各个层面对于陆华柏进行了评价。作者阐述了其对于该论题研究的目的,即今天我们来追忆陆华柏,探讨他青年时代的友人对他人生的影响,并不是要通过这些闪亮的名字抬高陆华柏,也并不是要借此为陆华柏证明什么;作者并不想将陆华柏从一个"鬼",提升到一名"神",而是在还原历史真相,将陆华柏还原成一个真实的"人"。[1] 其次,作者以"满怀赤诚,执着追寻"为题,对于 1949 年后陆华柏的艺术追寻与心路历程进行了分期:① 满怀赤诚,谱写新篇(1949—1957);② 身处逆境,依然执着(1957—1977);③ 老骥伏枥,苦乐彷徨(1977—1994)。最后作者总结,新中国成立后陆华柏的心路是中国知识分子心路的一个缩影,但由于诸如数十年间《所谓新音乐》等事件影响,陆华柏又有其不同之处。1949 年后陆华柏是不断接受"改造",不断将自己和时代艰难融合、再生创造的心路历程。陆华柏曾称自己经历了北伐战争、抗日战争、解放战争、新中国成立、反右斗争、"大跃进"、大饥荒、"文化大革命"、粉碎"四人

1　详见丁卫萍《陆华柏青年时代的交往人群对其音乐人生的影响》。

帮"、改革开放等重大社会变动与变革。我们从作者的分析中可以看到，陆华柏的一生可以说是中国社会和历史变迁的写照。

其三，《研究》对于陆华柏的著述及音乐文论方面的贡献进行梳理[1]，涉及了作曲理论译著、广西多声部民歌研究、音乐创作经验总结，以及音乐美学和音乐教育的论述。① 译著丰富了我国音乐理论文库，包括了四本译著，其中《和声与对位》(柏顿绍著，陆华柏译，上海新音乐出版社，1953 年，1984 年人民音乐出版社重印)；《应用对位法》(上卷，创意曲，柏西·该丘斯著，陆华柏编译，人民音乐出版社，1986 年)。另两本为油印本，曾作为广西艺术学院音乐系作曲教研室参考资料，即《对位法初步》(基特森著，1977 年)、《节奏分析与曲式》(柏顿绍著，1978 年)。② 广西多声部民歌研究为少数民族多声音乐研究做出了贡献。③ 回忆录方面的著述为后人研究提供珍贵史料。④ 音乐美学方面的著述阐述了音乐创作理念。⑤ 师范教育方面的著述体现了重视和关心师范教育。

其四，作者的如是说体现了《研究》的意义，她认为，"中国近现代音乐史研究的特点之一，是与现实的社会实践和音乐活动关联较紧，常常同音乐理论战线乃至政治方面的风云波澜纠结在一起"。[2] 陆华柏就是纠结在这样的过程中的一位典型的音乐家。在中国近现代音乐史上，这样的个案还不止陆华柏一位。为此，一些音乐学家提出了"重写音乐史——重写中国近现代音乐史"的主张。作者认为这是十分迫切的，也是十分必要的。陈聆群先生曾说过："我们的中国近现代音乐史的'抽屉'里有些什么还没有被有关研究者所关注的东西，或者明知'抽屉'里藏有，却始终未能或不能去'取出来'加以研讨论评的'宝物'，以充实和丰富我们的中国近现代音乐史"。[3] 陆华柏正是我们的"抽屉"中"藏有"的却始终未能"取出

1 　详见丁卫萍《陆华柏著述研究综述兼及音乐文论方面的贡献——为陆华柏先生诞辰 95 周年暨逝世 15 周年而作》。

2 　陈聆群：《中国近现代音乐史研究在 20 世纪陈聆群音乐文集》，上海：上海音乐学院出版社，2004 年，第 432 页。

3 　同上，第 416 页。

来"加以研讨评论的音乐家。[1]

蒲方教授在《陆华柏音乐文集》的序言中总结：文集是"这位音乐壮士几十年间探索的心路历程，是他一生的思想集结。千古文章也许出自文豪大师笔下，陆华柏从来没有这样的奢望，但他的勇气，他的精神，他的行为，融入在文字中，让我们看到屹立在中国音乐之路上的一名勇士，披荆斩棘，跋山涉水，不畏艰险，勇往直前，一生无怨！在中国近现代音乐发展的前进之路上，他所走过的每一步都是我们未来接受更大挑战的精神支柱，基于此，本文集的出版必将为弘扬其音乐教育思想，继承其音乐遗志，产生深远的影响。"

同样，丁卫萍及其《陆华柏研究》正是对于陆华柏这样一位音乐壮士的思想、创作及其贡献进行不断追寻、挖掘、探索过程中的一位专注而执着的"勇士"，为给予陆华柏应有的公允和客观评价，并为"弘扬其音乐教育思想，继承其音乐遗志"做出了积极的贡献。陆华柏在中国近现代音乐史上应有的地位已经得到了学界的公正和客观评价，虽然这一过程和结果并非哪一位学者的所为，但丁卫萍无疑是其中最重要的贡献者之一。一本《陆华柏研究》、一本《陆华柏音乐文集》已经成为陆华柏研究重要的新起点。

尽管《所谓新音乐》的"公案"已经逐渐淡出人们的视野，但"新音乐"的论题及其探讨从来没有停止过，而且也不会终止，因为"新"音乐的意义在于，历史永远在被"新"音乐推动之中。另一方面，也由此引申，音乐历史永远在被"重写"之中，每一项有价值的研究都是"重写音乐史"的一部分，"重写"音乐史是一个永恒的论题。

洛 秦

2021 年 2 月 13 日于 Bellevue

1　详见丁卫萍《论陆华柏的音乐贡献》，硕士论文，2005 年。

序 二

当我收到这本《陆华柏研究》书稿时，一幕幕难忘的情景在眼前展现……

2000年，一位来自常熟的年轻妈妈向我表达了考研的强烈愿望。当我告诉她，以她的基础，尚需花两三年的时间做准备时，我听到了一声响亮的保证："我一定会努力学习，争取早日成为您的研究生！"

在两年多往返于两地的进修中，她的执着深深打动了各科的任教老师，也让我对这位起跑虽晚，但能迅速成长的学生越来越有信心。2002年她终于通过了入学考试，成为我"音乐评论"研究方向的硕士研究生。当时，她与她的儿子都上一年级，只不过她读的是研究生一年级，孩子读的是小学一年级，因此，她每周不得不继续奔波于上海、常熟两地，劳心劳力的读研生活要比其他学生辛苦得多。

入学三年中，这位尚无学术表达经历的学生，在学伴和我的鼓励下，已能在我的研讨交流课中一次次试着大胆发表己见，进而学会质疑并与学友进行辩论，对音乐本体、音乐流派、音乐家和音乐事件的观察、分析、研究与评论能力，有了令我欣喜的进步。2004年初，学位论文开题时，她向我提出了对音乐家陆华柏进行研究的愿望。当时我就觉得，这一研究，将能为受迫害音乐家的历史地位进行平反正名，应该是一个可持续发展的好课题。对于这位兼具正义感和研究激情的学生，我当然表示大力支持。

她，就是本书的作者——丁卫萍。

一进入课题，丁卫萍很快陷入了找不到资料的困惑。当打听到陆华柏先生的家人仍在广西南宁时，我热情鼓励她去陆华柏家采访，收集更多他人未曾发现的第一手资料，以增强话语权与研究自信。丁卫萍不怕自己只是个无名之辈，也不顾好心人觉得此题太难要她避开的劝告，通过各种渠道很快联系上了陆先生的遗孀甘宗容老师，随即只身踏上了去南宁的列车。在这次艰苦而充满期待的资料收集过程中，她得到了陆夫人的热情支持和配合，复印并拍摄了一堆珍贵的资料，录制了大量采访录音，在来去途中和采访空间，还写下了不少追记心得与随笔。虽然她的研究还尚无头绪，其一往无前的精神令我感动。为让她尽快对琐碎的素材进行有效归纳研究并获取自己的学术见解，我一方面鼓励她，与她一起确立了论文命题《论陆华柏的音乐贡献》；一方面在资料梳理，素材取舍，观点聚焦，以及创作、文论与教育等三大块的纲节设计等方面给予指导与建议，并辅导她首先在作品音乐本体研究上发力。丁卫萍非常努力，硬是凭她的钢琴功底，将陆华柏在艺术歌曲、钢琴曲、钢琴伴奏编配等方面的作品，以边弹奏边思考的方式，一一进行了案例分析。一年多后完成的论文虽仍有不少欠缺，但毕业答辩时，参加评审的专家们亦被她不畏艰辛亲临资料一线，敢于在填补中国音乐家研究空白的实践中积极挑战自己，有可信的论点，及作为学生已在《人民音乐》发表文章等所打动，让她获得了全票通过的优异成绩，这让丁卫萍倍受鼓舞。她说，"我有自知之明，论文肯定有很多因我能力有限而存在的问题，这是评委们对我的激励与鞭策。请冯老师放心，我一定继续努力!"应该说，如此篇幅的学位论文，是她的处女作，其漫长的撰写过程，是她一生中不可或缺的锻炼与经验，为她未来的独立研究，从微观梳理走向宏观评论的学术道路，打下了重要基础。

记得她刚毕业的那几年，曾把发表的论文寄给我看，可我的回复是"这还远远不够，我一直期待你能系统地撰写一本陆华柏研究的专著"。

转眼 15 年过去了，今天，我终于在她发来的邮件中看到了即将出版的《陆华柏研究》书稿，看到了这些年来她倾心研究陆华柏的论文全貌。

我之所以愿写此序,是为孜孜不倦的丁卫萍而欣慰,她对硕士研究课题的情有独钟,已转化成了人生的事业追求。

这本《陆华柏研究》是丁卫萍十多年来所发表的陆华柏研究论文集,内容涉及陆华柏生平、创作历程、心路轨迹、音乐作品、音乐教育、音乐文论等诸方面。

文论方面,在她的硕士论文中仅对当时已收集的文论作了大致分类与简单的概述。在这本书稿中已有扩展,并增加了陆华柏早期音乐文论及晚期音乐文论的研究。例如《从民国时期陆华柏的音乐文论看其音乐观》一文中,概括总结出陆华柏早期"支持抗战音乐、提倡探索中国气派的和声,改进国乐、创作具有中国情趣的、新的、中国人民的音乐"的音乐观,这对学界重新评论陆华柏的历史贡献有一定的参考价值。又如《陆华柏著述研究综述兼及音乐文论方面的贡献》一文中,指出陆华柏晚年对广西多声部民歌的研究、音乐创作经验总结以及回忆录等方面的音乐文论,为抗战音乐活动的历史研究提供了新的宝贵资料。

此书中的作品研究,涉及陆华柏的钢琴曲《浔阳古调》《东兰铜鼓舞》、艺术歌曲《勇士骨》、大合唱《"挤购"大合唱》、为刘天华《光明行》编配的二胡、钢琴、三弦三重奏以及陆华柏抗战时期的群众歌曲创作等。这些作品,有的在她硕士论文中已有提及,但现在的研究着手更细致,结论更宏观,提出"在轰轰烈烈的抗战斗争中,陆华柏的群众歌曲是一朵奇葩,他与进步人士章泯、李文钊等合作的群众歌曲像冲锋号,激励着人民为保卫祖国,保卫家乡而战斗,具有鲜明的时代性"。对所分析研究的具体作品,她都有自己给予的评价。如《东兰铜鼓舞》是"陆华柏生命中的'春天奏鸣曲',表达了陆华柏内心对自由和光明的渴望,也传递着他对民间艺术和民间音乐的挚爱";又如艺术歌曲《勇士骨》"紧密联系抗战,在朗诵性音调的运用、钢琴伴奏、节奏的灵活把握等方面都较具特色,歌曲具有较强的戏剧性";再如为《光明行》编配的二胡、钢琴、三弦三重奏"丰富了民族器乐曲的表现形式,是20世纪上半叶西洋室内乐体裁民族化探索的早期成果,对于弘扬我国民族音乐、推进中西乐结合同台演出等方面具有重要意义和价值"。

此书对陆华柏音乐教育的研究,着重论述了陆华柏对广西艺术学院及华中师范学院两所学校的贡献,总结出陆华柏的音乐实践、音乐创作、音乐理论研究等全方位音乐活动,都是以音乐教育为中心所展开的,详述了陆华柏重视师范音乐教育,为我国多所音乐院校的成立和发展做出的重要贡献。

在陆华柏的生平、心路轨迹研究方面,小丁在戴鹏海先生的《陆华柏音乐年谱》基础上,让我们更深入更具体了解了陆华柏的创作历程和心理情感。其中值得细读的,是《满怀赤诚 执着追寻——1949年后陆华柏的艺术追寻与心路历程》。此文展现了陆华柏虽身处逆境,但坚毅执着,又苦乐彷徨的多重心理,有益于我们进一步观察陆华柏的内心世界。

书中最为动情的文字,是小丁在南宁、桂林等地收集资料时记下的随笔。丁卫萍是个心理细腻的学生,习惯于及时记录亲身的经历。她多次赴广西采访时留下的随笔,有的写于从南宁到上海的列车,有的写于桂林的宾馆。记录时间有深夜、有凌晨。书中还收录了她写给陆华柏先生的夫人甘宗容老师的几封信件,从中可见她对陆华柏研究的用心之真,心意之诚。这些能让读者身临其境的文字,生动流畅,潇洒自如,一气呵成,向我们展示了一位立志挖掘陆华柏先生史料、倾心研究陆华柏贡献的学者,及其所经历的辛苦与收获的快乐。

这些年间,小丁研究陆华柏的领域不仅已扩展到陆华柏的音乐表演,还整理完成了一本约70余万字,聚浩瀚文献于一身的《陆华柏音乐文集》。2021年,《陆华柏音乐文集》出版,与《陆华柏研究》一起,丁卫萍的这两本著作,将为中国近现代音乐史的学科内容建设提供可借鉴的丰富资料。随着我们对中国近现代史重大事件的评价日益客观、科学,相信这两本著作也将为重写中国近现代音乐史的课题注入新鲜血液。

　　衷心祝贺丁卫萍所取得的学术成果！从她身上，我不仅看到了陆华柏先生的坚毅与执着，也为有她这样的学生而骄傲。期待她的音乐研究能给我们带来更多的惊喜，也希望她继续成为事业家庭两不误的表率。

冯季清
2021 年 1 月 12 日于上海师范大学音乐学院

前　言

开始音乐家陆华柏研究很是偶然。2004 年,我正在上海师范大学攻读硕士学位,导师让我们拟定硕士论文方向,开始论文资料收集工作。2004 年初的一天,我到上海音乐学院图书馆查阅资料,和在那里读博士的同事王小龙商谈。王小龙对我说,有一个叫陆华柏的音乐家,他写过歌曲《故乡》,还为刘天华的十首二胡曲写过钢琴伴奏,但是研究他的人还不多,可以查查是否有相关资料。听了他的话,我猛然想起曾在 1993 年冬的一场音乐会上听到同事演唱的《故乡》,富有效果的钢琴伴奏给我印象很深。后来我才知道,在我听到《故乡》时,陆华柏已病重,不久后就驾鹤西行。2004 年,我选定了对音乐家陆华柏音乐贡献作研究。

以今天的眼光来看,陆华柏是一位集音乐创作、音乐教学、音乐表演、音乐翻译、音乐理论研究于一身的具有多方面才华的音乐家。然而,自陆华柏逝世的 1994 至 2004 年,学界研究他的成果还很少。2004 年赴广西南宁收集资料前,我已读到上海音乐学院钱亦平为其父亲钱仁康编的《钱仁康音乐文选》。陆华柏与钱仁康是出生于 1914 年的同龄人。得知陆华柏后代无人学音乐,我就非常希望能为陆家做些什么。

2004 年到南宁时,陆华柏夫人甘宗容还住在广西艺术学院教授楼里,陆华柏遗稿整整齐齐地存放在小屋二楼朝北书房。甘老师对我说,不想破坏陆华柏生前资料摆放的样子,所以一直未动这些资料。她还和我说,陆华柏逝世后的十年间,没有人来看过这些资料。那次,甘老师每天从楼上取一部分资料下来给我复印,待我复印归还后,又将资料放回原处。虽然我在有限的资料储备下完成了硕士论文,但我预感陆华柏的遗稿很丰富。

2008 年 10 月,我应邀参加广西艺术学院 70 周年校庆系列活动,有机会第二次到陆华柏故居。看到陆华柏更多遗稿,研究历程就注定路漫漫。十多年来,我一方面全面梳理甘老师给我的研究史料,另一方面继续通过多方途径收集资料。在 2005 年完成的硕士论文《论陆华柏的音乐贡献》基础上,我进一步寻找梳理核实陆华柏各时期发表和未发表的作品文论及它们的精确出处,在将陆华柏音乐文论尽量找到整合成《陆华柏音乐文集》的同时,对陆华柏各方面的贡献作进一步探究。

这些年,似乎有一种神奇的魔力将我牢牢吸引在电脑旁。因为我想弄清楚陆华柏到底有多少学术成果,为什么他会取得如此多的学术成果,还有多少成果还未被收入戴鹏海编的《陆华柏音乐年谱》。当然,最朴素的动因是为了不辜负甘宗容对我的信任——甘老师无私将陆华柏遗稿提供给我,我有责任将了解的陆华柏一点点写出来,有义务将陆华柏的学术成果一样样整理出来。

细读陆华柏的作品文论,我甚至会产生一种幻觉:我仿佛也经历了陆华柏经历的一切。有时,我居然有自己的生命也始于 1914 年的错觉。这样离奇的体验是在一遍遍校对整理《陆华柏音乐文集》时产生的。我好像越来越了解陆华柏,他跌宕起伏的音乐人生在我脑海里就像一幕幕电影。我好像见到过英俊潇洒满腹才华的青年陆华柏,也见过孤独不被人理解又十分清瘦的晚年陆华柏。我好像看着他在 1937 年抗战烽火中,在山水甲天下的桂林象鼻山麓噙着眼泪谱写《故乡》;我仿佛在 1947 年江西牯岭镇小礼堂,听到过他弹奏的古色古香的自创钢琴曲《浔阳古调》;我好像还看着他在 20 世纪 50 年代到达人生巅峰:不到七年时间,连续出版十多部作品集;我甚至感受到了在艰难岁月中,陆华柏仍然坚持翻译英文原著,对广西多声部民歌情有独钟;我好像体会到了 1977 年广西东兰铜鼓声带给陆华柏的欢呼雀跃!甚至能够感受他 1987 年撰写《四十年前我对

"新音乐"的态度以及我当时的音乐观》时内心的辛酸迟疑……

本书将陆华柏的音乐贡献分成各个板块,主要是出于分类整理的需要。正如《陆华柏在音乐教育方面的贡献》一文所言,陆华柏一生从事音乐教育,他的音乐创作、音乐文论、音乐理论研究、音乐活动都以音乐教育为中心,各领域间互相影响又互相作用,构成了陆华柏全方面音乐贡献的各个方面。几次广西行留下的日记随笔记录了我收集资料的点滴。为了增加大家对陆华柏音乐生涯的了解,本书收录了陆华柏自传。承接戴鹏海的《陆华柏音乐年谱》,我续编了《陆华柏音乐年谱(1990—1994)》。这些和《21世纪十年代陆华柏研究述评》都是首次发表。

这是一位因在特殊年代坦诚表达了自己的学术观点而被历史一度遗忘的音乐家。随着研究不断深入,对陆华柏的评价也将越来越全面客观。

目　录

研究综述

学界关于陆华柏的研究成果首推戴鹏海编写于 1994 年的《陆华柏音乐年谱》[1]。为了写年谱，戴鹏海多次前往陆华柏居住地广西南宁，住在陆华柏家中数月，了解陆华柏的音乐生涯。该书为了解陆华柏生平提供了重要参考，具有重要史料价值。20 世纪末 21 世纪初兴起的"重写音乐史"思潮助推了陆华柏研究。汪毓和、陈聆群等首先对陆华柏个案进行了反思。[2] 王小昆、明言、冯长春等陆续展开陆华柏的音乐文论《所谓新音乐》研究，对该文评价也越来越客观。近十年来，学界陆华柏研究取得了更为丰硕的成果，广西艺术学院、华中师范大学等陆华柏工作过的学校更重视他的音乐贡献，从事陆华柏研究的年轻人不断涌现，研究中涉及的陆华柏音乐贡献领域更为深入宽广。陆华柏研究正迎来空前蓬勃新局面。

1　《陆华柏音乐年谱》1994 年 1 月由广西艺术学院内部印刷，2017 年华中师范大学重印了此书。此书虽未公开出版，但已在乐界流传。

2　汪毓和："对过去《新音乐》月刊将陈洪、陆华柏当靶子进行公开批评的做法是不对的，在 1959 年我们进行编史时由于自己的无知、及受'左'的思想影响，确实存在由于偏听偏信而作出了错误论断的缺点。"（汪毓和：《戴鹏海文章〈还历史本来面目〉读后感》，《音乐艺术》，2002 年第 4 期）；陈聆群："就连一些今天已经弄清楚是我们当年的史稿人云亦云地给一些前辈音乐家定了'冤枉官司'的史事，我们今天的翻案文章也做得那样扭扭捏捏、吞吞吐吐，使那些背负着如山之重的历史包袱的前辈音乐家（如已故的刘雪庵、陆华柏先生和陈洪先生）至死都难以瞑目。"（陈聆群：《为"重写音乐史"择定正确的突破口——读冯文慈先生提交中国音乐史学会福州年会文章有感》，《音乐艺术》，2002 年第 4 期，后收入《中国近现代音乐史研究在 20 世纪 陈聆群音乐文集》，上海：上海音乐学院出版社，2004 年，第 431 页）。

陆华柏研究述评

陆华柏是我国现代音乐史上的一位重要音乐家。长期以来,陆华柏研究未受到学界重视,这是由于特殊的历史原因造成的。1940 年,陆华柏的《所谓新音乐》发表在桂林《扫荡报》副刊,此文在当时及之后的几十年中颇具争议,陆华柏因此被扣上了"一贯反对新音乐"[1] 的帽子,他的名字包括作品一度被人们遗忘。笔者从 2004 年起从事陆华柏研究,曾两度前往广西南宁陆华柏故居收集第一手资料,完成了几篇拙文[2]。在研究进程中,有一个十分深刻的体会:陆华柏研究与同时代的其他音乐家如吴伯超、陈洪、程懋筠研究相比较,进展缓慢,研究领域比较局限,因此,对陆华柏的评价也是极不全面的。为了促进陆华柏学术个案研究,以充实我国现代音乐史,笔者萌发了将研究陆华柏的文献进行整理研究的愿望。2009 年是陆华柏先生诞辰 95 周年暨逝世 15 周年纪念,希望本文能为全面公正地评价陆华柏的音乐贡献做一些资料的前期分析整理工作。

一、陆华柏研究综述

自 20 世纪 90 年代起,大陆和台湾地区[3] 都开始了陆华柏研究工作,

1　可参阅陆华柏:《读李凌同志〈旧题新论〉有感》,《上海音讯》,1986 年第 3 期。

2　《陆华柏生平二三事》,《人民音乐》,2004 年第 11 期;《陆华柏:一位不应该被遗忘的音乐家》,《艺术探索》(广西艺术学院学报),2008 年第 6 期;《简论陆华柏抗战时期的群众歌曲创作》,《音乐与表演》(南京艺术学院学报),2009 年第 3 期等。

3　截至目前,笔者除了在陆华柏故居查找到香港有演出陆华柏《故乡》的节目单外,未发现香港方面研究陆华柏文献,有待于进一步挖掘。本文侧重于评述大陆和台湾地区陆华柏研究。

主要涉及陆华柏生平研究,陆华柏文章《所谓新音乐》研究及部分作品研究等。

(一) 研究陆华柏生平

大陆方面最早研究陆华柏生平的著述是戴鹏海先生于 20 世纪 90 年代编写的《陆华柏音乐年谱》。该书 1994 年 1 月由广西艺术学院内部印刷。此书以年代及陆华柏生活地点变迁为纲,罗列了陆华柏的生活轨迹,详尽记载了陆华柏每一年间参与的重要音乐活动、创作、发表的音乐作品及文论等。为了编写《陆华柏音乐年谱》,戴先生多次前往陆华柏居住地广西南宁,住在陆华柏家中数月,与陆华柏亲密交谈,了解陆华柏的音乐生涯。戴先生倾注大量心血编撰的《陆华柏音乐年谱》为后人了解陆华柏生平提供了重要帮助。该书的问世时间正是陆华柏生命的最后时期(陆华柏于 1994 年 3 月 18 日逝世)。陆华柏十分珍爱此书,每日捧读[1]。

对于陆华柏生平,大陆和台湾地区相关辞典均有记载。大陆载有陆华柏生平的辞典有《中国艺术家辞典》(现代第一分册)、《中国音乐词典续编》等(详见下文)。台湾地区载有陆华柏生平的辞典主要有颜廷阶编撰的《中国现代音乐家传略》,乔佩的《中国现代音乐家》等。

比较大陆和台湾地区的陆华柏生平介绍,大陆方面较为简略:"陆华柏(1914.11.10—),作曲家、音乐教育家。祖籍江苏武进,出生于湖北荆门。1931 年考入武昌艺术专科学校学习美术和音乐,1934 年毕业后留校当助教……1941 年任广西艺术馆音乐部主任。1943 年受聘为国立福建音乐专科学校教授……"[2]台湾地区在介绍陆华柏生平时对其音乐贡献作了评价:"陆华柏为刘天华十首二胡曲、三首琵琶曲编配钢琴伴奏并进行

---

1 陆华柏逝世后,1994 年 4 月 13 日,陆华柏夫人甘宗容写给戴鹏海的信中记载。
2 中国艺术研究院音乐研究所:《中国音乐词典续编》,北京:人民音乐出版社,1992 年,第 122 页。

实践演出,轰动一时,流传至今,获得各界人士极高的评价,对国乐乐坛亦一大贡献。"[1]对陆华柏的评价也显得较为感性:"他该是怎样了不起的人物,他该是怎样潇洒的人物……要特别提到的是他的天才,他认为所谓的天才乃是以不断的锻炼产生出来的。是用毅力不肯间歇寻找进步而获得的结果……"[2]

(二) 研究陆华柏的文章《所谓新音乐》

《所谓新音乐》是陆华柏抗战时期写作的一篇音乐文论,1940 年 4 月 21 日发表于广西桂林《扫荡报》副刊。此文发表大约八九个月后,《新音乐》月刊陆续发表文章[3],批评陆华柏和他的《所谓新音乐》。1957 年,陆华柏被错划为右派,"这个问题也是重要的历史罪证之一。"[4]1985 年,陆华柏与李凌再次展开"笔战"[5],陆华柏和他的《所谓新音乐》成为中国现代音乐史上的一桩"公案"。

汪毓和先生的《中国近现代音乐史》对《所谓新音乐》进行了批评。"另一方面,《新音乐》还发表了《'救亡歌曲'之外》(天风)……等文章,对当时的新音乐运动做了进一步阐述,并对一些文章进行了批评。"[6]文后标有页下注:"有关这一问题,除了上述文章外,还可参阅随笔《论战时音乐》……《所谓新音乐》(陆华柏,载于桂林《扫荡报》中的'瞭望哨'第1152 期,1940 年 4 月 12 日)等文章……"[7]

对于这篇颇具争议的文章,目前研究较多。其中,王小昆《中国现代

1 颜廷阶:《中国近现代音乐家传略》,台北:绿与美出版社,1992 年,第 295 页。
2 乔佩:《中国现代音乐家》,台北:大同出版社,1981 年,第 84 页。
3 李凌(署名绿永)在《新音乐》月刊1941 年 1 月第 2 卷第 4 期上发表了《我们应该怎样来理解新音乐与新音乐运动——并答陆华柏先生》,赵沨在《新音乐》1940 年 9 月第 2 卷第 3 期发表了《释新音乐——答陆华柏君》,对《所谓新音乐》展开了尖锐的批评。
4 陆华柏:《读李凌同志〈旧题新论〉有感》,《上海音讯》1986 年第 3 期,第 48—55 页。
5 可参考陆华柏:《与中国现代音乐史有关的一篇资料性文章及其所引起的问题的回顾》,《音乐艺术》,1985 年第 2 期;李凌:《旧题新论》,《音乐艺术》,1985 年第 4 期等。
6 汪毓和:《中国近现代音乐史》(第二次修订版),北京:人民音乐出版社、华乐出版社,2002 年,第 297 页。
7 同上,第 327—328 页。

音乐史上的一桩公案——与〈所谓新音乐〉有关问题的考证》[1],是较早的一篇。该文从《新音乐》月刊何时在桂林出版发行、陆华柏为何写《所谓新音乐》、李凌如何"引用"陆文、李凌对"引文"失真的态度等方面着手,对《所谓新音乐》的写作动机、当时的社会背景以及由此引发的论战做了大量的调查考证。文末引用贺绿汀的观点:"后来登载这篇原文的报纸居然在北京图书馆被人发现了,证明害人者与受害者原来都是把捕风捉影的谎言作为攻击与检讨的根据! 完全是一场闹剧。"[2] 王小昆与此相关的文章还有《"闹剧"决不能再重演了——评冯明洋先生〈"浩歌声里请长缨"——桂林抗战音乐运动述论〉》[3]。

明言和冯长春两位学者在他们的学术专著中论及陆华柏的《所谓新音乐》。两位学者对《所谓新音乐》的评价较为相似,均为褒贬参半。

明言的《20世纪中国音乐批评导论》,第三章第三节"40年代异质批评话语与观念",对《所谓新音乐》的"闪光点"和"败笔"做了分析,对《所谓新音乐》作了客观全面的评价:"这是一篇饱含着真诚与勇敢精神的,在中国现代音乐批评史上曾经引起过广泛影响的文章。短短千余字的批评,句句直逼新音乐派的弱项。当然,这也是一篇瑕瑜互见的檄文。"[4] 明言认为,陆华柏作《所谓新音乐》的"动机是善良的,是出于公心的。"[5] 当然,明言也指出:"在不适宜的政治氛围下,阐述即使是正确的艺术观念问题自然也会招致不应有的厄运。"[6]

冯长春的《中国近代音乐思潮研究》第六章第三节中"以思想性为标

1 该文载于《桂林抗战文化研究文集》(六),魏华龄、左超英主编,桂林:广西师范大学出版社,2001年,第182—227页。
2 王小昆:《中国现代音乐史上的一桩公案——与〈所谓新音乐〉有关问题的考证》,载魏华龄、左超英编:《桂林抗战文化研究文集》(六)。桂林:广西师范大学出版社,2001年,第182—227页。
3 该文载《中国音乐学》,2002年第2期,第57—83页。
4 明言:《20世纪中国音乐批评导论》,北京:人民音乐出版社,2002年,第183—184页。
5 同上,第186页。
6 同上。

准的价值观念"部分,剖析了《所谓新音乐》。冯长春认为,引发陆华柏与
李凌争论的问题的根本在于"对新音乐性质的理解的不同"。正如他在文
中所述:"客观地讲,陆华柏的文章在立论与措辞上不乏偏激之处,但他对
新音乐运动中的确普遍存在的过于注重思想性而忽视艺术性的音乐创作
现象的批评,的确指出了新音乐创作中一直存在着的矛盾问题……对陆
华柏批评文章的反批评,不但同样存在极为片面的理论缺陷,更没有认识
到陆华柏文章中所具有的积极因素。"[1]

(三)研究陆华柏部分音乐作品

陆华柏音乐作品研究中,歌曲《故乡》的研究所见较多。《故乡》(张
帆词),创作于1937年,是陆华柏的成名曲,1992年被评为"二十世纪华人
音乐经典作品"。研究《故乡》的文章主要有王小昆《魂牵梦绕故乡
情——艺术歌曲〈故乡〉浅析》(《艺术探索》1997年第3期)、危瑛《艺术歌
曲〈故乡〉的演唱分析与把握》(《歌海》2008年第5期)等。由于《故乡》
的较高艺术价值,在20世纪上半叶中国艺术歌曲发展中具有一定地位,
我们还可以从其他相关文献[2]中了解陆华柏的《故乡》。

研究陆华柏为刘天华十首二胡曲编配的钢琴伴奏亦是陆华柏音乐作
品研究中较为重要的方面。从1943年起,陆华柏逐一为刘天华的十首二
胡曲编配钢琴伴奏并进行演出实践。1944年,《刘天华二胡曲集 附加钢
琴伴奏谱》由福建音专乐艺社油印出版。经过整理后,1957年,以刘育和、
陆华柏合编的名义,由北京音乐出版社出版。

此方面研究在大陆和台湾地区均有学者从事。1996年,中国文化大
学艺术研究所杨佩璇曾以《刘天华之十首二胡曲钢琴伴奏的研究》为题
撰写了硕士论文。这方面的研究论文还有李艺楠《陆华柏配〈刘天华二

1　冯长春:《中国近代音乐思潮研究》,北京:人民音乐出版社,2007年,第342页。

2　可参考汪莉:《我国三、四十年代艺术歌曲的探讨》,《中国音乐》,1993年第4期;胡天虹《20世纪20—30年代的中国艺术歌曲》,《交响——西安音乐学院学报》,2001年第6期;王文俐:《20世纪上半叶中国艺术歌曲钢琴伴奏中的现代技法因素》,《黄钟》,2006年第2期等。

胡曲集(钢琴伴奏谱)〉之研究》(2008年东北师范大学硕士论文)。该文从旋律、和声、织体等方面对陆华柏为刘天华十首二胡曲编配的钢琴伴奏进行音乐本体分析,归纳出陆华柏在钢琴伴奏写作中采用的民族化手法及弹奏时应注意的问题等。两篇硕士论文研究的是同一课题,尽管笔者至今尚未见过杨佩璇的硕士论文,但可以肯定的是该文的问世时间比李艺楠的硕士论文早了13年,可见,对于陆华柏此方面的贡献,台湾方面关注较早。相关文章还有施咏《中西调和 相得益彰——陆华柏配〈刘天华二胡曲集(附加钢琴伴奏谱)〉研究》(《音乐研究》,2009年第2期)。该文从伴奏的和声配置、伴奏模拟音型造型等方面,对陆华柏为刘天华二胡曲编配的钢琴伴奏谱进行了细致分析,总结了陆华柏在钢琴为二胡伴奏方面所作的大胆尝试对中西乐器之间协调合作的重要意义。

1994年,由台湾地区"教育基金委员会"出版了《陆华柏二十五首钢琴小品 中国民族民间音调练习曲》,并由台湾省立交响乐团录制CD光盘。现为台中教育大学音乐系教授的陈幸利女士,曾与陆华柏有过较长时间的通信联系,为该曲集写了"前奏、感应、赏析、心语",对每首钢琴小品进行分析和评述。陆华柏在序中写道:"这25首小曲作为资料(教材)出版,即使在大陆也是很有意义的,因为这些优美的,流传在人们口头上的民歌小曲,在大陆也有逐渐湮没、被遗忘的趋势。台湾省立交响乐团出版这本教材,并得钢琴家陈幸利小姐做了认真的示范性弹奏,CD录音,有声有谱,面貌一新。"[1]

(四) 研究陆华柏抗战时期的音乐贡献

陆华柏音乐贡献的研究目前主要侧重于抗战时期,主要有王小昆《简论陆华柏教授在桂林抗战音乐文化中的贡献》(载《桂林抗战文化研究文

1　陆华柏:《〈陆华柏二十五首钢琴小品辑〉自序》,陆华柏手稿,1993年9月4日于南宁(病中)回复台湾省立交响乐团林东辉的信。

集》(四),广西师范大学出版社,1997 年)。在王小昆的其他文章[1]中也提及陆华柏抗战时期的音乐贡献。广西李建平[2]《抗战时期桂林进步音乐述评》(《艺术探索》1988 年第 2 期)亦论及陆华柏的抗战音乐贡献。在桂林从事音乐教学、进行抗战音乐创作、参加群众性抗战音乐活动,是陆华柏抗战时期的主要音乐贡献。

二、陆华柏研究透视

(一) 研究领域较为狭窄

无论是大陆或台湾地区,陆华柏研究还仅仅停留在生平研究、陆华柏为刘天华二胡曲编配的钢琴伴奏研究等。大陆方面研究陆华柏作品主要集中于《故乡》,并侧重于研究陆华柏音乐文论《所谓新音乐》。

事实上,陆华柏集作曲、教学、音乐理论研究为一身,他的贡献是多方面的。据笔者不完全统计,陆华柏作有各类音乐体裁的作品近 300 首,在艺术歌曲、钢琴曲、大型声乐作品乃至管弦乐等领域均有重要建树,陆华柏音乐创作研究有待进一步加强。

陆华柏发表音乐文论 130 多篇,这些音乐文论涉及领域广泛,既有关于广西少数民族多声部音乐研究,也有表明他鲜明爱国立场的文论《音乐与抗战》(《音乐与美术》,1940 年第 1 期)。早期文论中有不少涉及音乐美学,如《中国音乐之路》(《战时艺术》,1938 年 2 卷 3 期)、《谈国乐》(《中国新报》,1946 年 6 月 10 日)等。这些文论的整理及研究工作亟待加强,仅仅研究《所谓新音乐》是十分片面和局限的。

诚然,陆华柏在抗战时期做出了突出的贡献,但在新中国建立乃至改革开放后,陆华柏在音乐创作和音乐教育等领域都做出了卓越的贡献。

1　如《桂林版〈扫荡报〉与抗战音乐文化》(《中央音乐学院学报》2003 年第 1 期)、《奇山秀水间的呐喊——抗战时期桂林的音乐创作述评》(《人民音乐》2005 年第 9 期)等。

2　李建平现为广西抗战文化研究会会长,广西社会科学院文史研究所所长。

特别是陆华柏在音乐教育方面的成就，迄今为止未有学者涉及，这都不利于我们全面了解陆华柏。

（二）《所谓新音乐》正逐渐淡出人们视线

如今，距陆华柏 1939 年写的《所谓新音乐》已过去整整 70 年。随着时代的进步，一些知名学者对这一问题进行了反思。如汪毓和先生所言："对过去《新音乐》月刊将陈洪、陆华柏当靶子进行公开批评的做法是不对的，在 1959 年我们（好像老戴就是上海编史组的参与者之一）进行编史时由于自己的无知、及受'左'的思想影响，确实存在由于偏听偏信而作出了错误论断的缺点。"[1]

人民音乐出版社出版的汪毓和《中国近现代音乐史》，在初版（1984）、修订版（1994）与第二次修订版（2002 年）三个版本中，提及陆华柏《所谓新音乐》的文字有所不同。1984 版："另一方面，《新音乐》还发表了……等文章，批评了所谓'音乐与抗战无关'的错误观点，反驳了那些对当时新音乐运动进行嘲讽谩骂的谬论。"[2]以及该页页下注"参看随笔《论战时音乐》……和《所谓新音乐》，陆华柏……"1994 年及 2002 年版将以上文字调整为："另一方面，《新音乐》还发表了……等文章，对当时的新音乐运动做了进一步阐述，并对一些文章进行了批评。"[3]虽然，页下注仍予以保留，但正文措辞较为委婉。

这里以"汪著"为例，是因为"它问世最早，版次最多，影响最大，也最有代表性"。[4] 2005 年 6 月，高等教育出版社出版了汪毓和的《中国近现代音乐史》包括（近代部分和现代部分），该书的相应章节中，删除了与《所谓新音乐》相关的文字，并增加了介绍陆华柏生平的尾注（第 190 页）。

1　汪毓和：《戴鹏海文章〈还历史本来面目〉读后感》，《音乐艺术》，2002 年第 4 期，第 64—67 页。

2　汪毓和：《中国近现代音乐史》，北京：人民音乐出版社，1984 年，第 173 页。

3　汪毓和：《中国近现代音乐史》，北京：人民音乐出版社，1994 年，第 213 页；人民音乐出版社、华乐出版社，2002 年，第 297 页。

4　戴鹏海：《"重写音乐史"一个敏感而又不得不说的话题——从第一本国人编、海外版的抗战歌曲集及其编者说起》，《音乐艺术》，2002 年第 3 期，第 61—70 页。

可见,汪毓和对陆华柏关注已由原先的《所谓新音乐》逐渐转向陆华柏生平。随着出版时间的推移,"汪著"对陆华柏《所谓新音乐》的批评逐步缓和并淡出人们视线。这标志着陆华柏研究已迈出可喜的一步,标志着人们已从《所谓新音乐》中"走"出来,开始关注陆华柏生平及其他方面的音乐成就。

(三) 辞典、史书中提及陆华柏作品日渐增多

目前发现的收有"陆华柏"词条的辞典有四本,列表如下:

表 1 收有"陆华柏"词条的辞典

辞(词)典名称	出版社及出版时间	所在页码	主 要 内 容
《中国社会科学家大辞典》(英文版)	辽宁大学出版社,1995 年	第 498 页	出生年、籍贯、毕业学校及工作单位、列出重要作品 3 首
《中国艺术家辞典》(现代第一分册)	湖南人民出版社,1981 年	第 329 页	生平、列出主要作品(曲集)7 部
《中国音乐词典续编》	人民音乐出版社,1992 年	第 122 页	生平、列出主要作品(包括译著等)共 12 部
《中国音乐家辞典》	人民音乐出版社,2006 年	第 557—558 页	生平、列出主要作品及曲集(包括译著等)共 20 部

从陆华柏词条规模来看,《中国音乐家辞典》所列作品数量最多,为 20 部,涉及的创作领域最广,并对陆华柏抗战时期音乐贡献作了妥帖评价[1]。表格内容显示:出版时间距今越近,词条内容越为详尽,列出陆华柏主要作品的数量越多,对陆华柏音乐成就的总结也越全面(《中国社会科学家大辞典·英文版》除外)。

中国近现代音乐史书中,提及的陆华柏作品也有逐步增多的趋势。如汪毓和的《中国近现代音乐史》,孙继南、周柱铨主编《中国音乐通史简编》(1993 年)以及陈应时、陈聆群编著的《中国音乐简史》(2006 年)等均

---

1 抗日战争时期,在桂林从事音乐教学、创作、指挥活动,积极参加抗战救国活动,发表代表作《故乡》等。1992 年,经中华民族文化促进会评选,《故乡》入选"20 世纪华人音乐经典作品"。

提及了陆华柏的代表作《故乡》,除此之外,各史书还提及了陆华柏的其他音乐作品,如"汪著"提及了大型声乐作品《挤购大合唱》(第310页);《中国音乐通史简编》提及清唱剧《汨罗江边》(311页);《中国音乐简史》对陆华柏抗战时期的群众歌曲作了评价:"紧接着产生的《全面抗战》……以及《磨刀歌》与《战!战!战!》(陆华柏)等歌曲,都发出了迎接抗战、投入战争的豪迈歌声。"[1]另外,夏滟洲的《中国近现代音乐史简编》(2004年)除了提及上述作品外,还涉及陆华柏的钢琴曲如《浔阳古调》《农作舞变奏曲》等。可见,陆华柏的音乐作品被越来越多地提及,这在一定程度上表明陆华柏的音乐作品正日益受人们关注。

(四)研究中的有待商榷之处

由于长期以来对陆华柏研究的忽视,导致了研究中存在一些有待商榷的问题,包括陆华柏的出生日期等。这实乃陆华柏研究薄弱所致。

1. 陆华柏的出生日期

《中国艺术家辞典》与《中国音乐词典续编》词条中,陆华柏的出生年月均为1914年11月10日。陆华柏的出生年月应为1914年11月26日。陆华柏于20世纪80年代的"入党思想汇报"手稿中所写的出生年月为1914年11月26日;《老年逢盛世 笔下又生辉——作曲家陆华柏自传》(向延生主编《中国近现代音乐家传》第2册,春风文艺出版社,1994年版,第494页)中记载:"1914年11月26日出生于湖北荆门。"另外,陆华柏"墓志铭"上刻的陆华柏出生日期亦为1994年11月26日。因此,笔者推断以上两部辞典中陆华柏的出生日期有误。

2. "汪著"《所谓新音乐》的刊载日期

汪毓和的三版《中国近现代音乐史》页下注《所谓新音乐》的刊登日期均为"4月12日"[2],笔者查阅文献后,认为确切时间应为"4月21

1 陈应时、陈聆群:《中国音乐简史》,北京:高等教育出版社,2006年,第329页。
2 1984年版:第173页;1994年(修订版):第213页;2002年(第二次修订版):第328页。

日"。陆华柏《与中国现代音乐史有关的一篇资料性文章及其所引起的问题的回顾》(《音乐艺术》1985年第2期)中记载《所谓新音乐》的刊登日期为1940年4月21日;戴鹏海《陆华柏音乐年谱》中,标注为"21日"(第27页);笔者从陆华柏故居收集到的《扫荡报》原文复印件,《所谓新音乐》的刊登时间是21日。因此,笔者推断汪毓和先生《中国近现代音乐史》中《所谓新音乐》的刊载日期可能有误,有待核实。

3. 相关研究中存在的问题

《黄钟》2008年第3期发表了汪义晓的文章《那些渐行渐远的背影哟——武汉音乐学院部分重要学科奠基人考并兼述历史时期划分暨学科建制沿革》。文中提及陆华柏为武汉音乐学院做出的贡献:"……对于一位在我院工作、执教了20年的知名作曲家,在校史等学校资料上不涉及无论如何是说不过去的。"

从汪义晓文中"武汉音乐学院6个历史时期暨6个历史阶段示意图"来看,武汉音乐学院前身湖北艺术学院成立于1958年。陆华柏于1957年被错划为右派,1961年被"摘帽"后分配到湖北艺术学院音乐系任教。1963年,陆华柏夫妇自行联系调回广西,之后都在广西艺术学院工作。汪义晓文中"1979年自行联系调往广西艺术学院任音乐系主任"[1]是值得商榷的,陆华柏在武汉音乐学院工作的时间也是无论如何不到"20年"的。另外,汪义晓文中有一张陆华柏图片,标记为"20世纪90年代的陆华柏教授"。据笔者考证,这幅图片应是1986年,贺绿汀赴广西艺术学院讲学时陆华柏宣读欢迎词时所照。事实上,1991底陆华柏被诊断患鼻咽癌,听力受影响,90年代的照片中陆华柏均带有助听器。

---

1 汪义晓:《那些渐行渐远的背影哟——武汉音乐学院部分重要学科奠基人考并兼述历史时期划分暨学科建制沿革》,《黄钟》,2008年第3期,第82—95页。

三、陆华柏研究展望

近年来,研究陆华柏的学者日渐增多。陆华柏工作过的学校广西艺术学院已经开始重视陆华柏的贡献。这些都表明了陆华柏研究正日益受学界关注。

陆华柏的研究文献,较为重要的有 1994 年戴鹏海编写的《陆华柏音乐年谱》,2001 年王小昆的相关文章,2004 年笔者硕士论文《论陆华柏的音乐贡献》,2008 年李艺楠的硕士论文《陆华柏配〈刘天华二胡曲集(钢琴伴奏谱)〉之研究》,2009 年有施咏的相关研究等。表明了从事陆华柏研究的学者正接过史学家戴鹏海先生手中的接力棒,正在戴先生耕耘的沃土——研究陆华柏生平的基础上,从更广阔的领域对陆华柏进行研究。从研究者的年龄结构来看,更倾向于年轻化,预示着陆华柏研究后继有人。

2008 年 10 月 28 日,广西艺术学院庆祝建校 70 周年。作为校庆系列学术活动之一,10 月 29 日上午,该院音乐学院举行了《吴伯超、陆华柏纪念研讨会》。这是陆华柏逝世 14 周年来,首次召开纪念陆华柏的研讨会[1]。尽管研讨会规模较小,与会的专家学者也并不多,但在陆华柏研究进程中具有里程碑意义。它标志着学界正秉承"尊重历史"的原则,全面客观地评价陆华柏的历史贡献。

* * *

综上所述,目前学界对于陆华柏的研究还局限在几个相对狭窄的领域。陆华柏研究还有许多亟须填补的空白:如对《故乡》之外的其他艺术歌曲研究、大型声乐作品《挤购大合唱》、管弦乐曲《康藏组曲》的研究等。

---

1 可参考于晓宁、李莉:《为了永远的纪念——"吴伯超、陆华柏纪念研讨会"会议综述》,《艺术探索》,2008 年第 6 期。

陆华柏探索"中国民族风格和声"的研究尚待完善,陆华柏音乐教育的成就值得总结,陆华柏诸多的音乐文论需要我们整理。因此,与陆华柏同时代的其他音乐家(如吴伯超、陈洪等人)的研究相比较,陆华柏研究是明显滞后了。由于陆华柏研究工作的薄弱,相关文献甚至出现了出生日期方面的差错等。因此,陆华柏研究任重而道远。

尽管,《所谓新音乐》正逐步退出历史舞台,然而,由于《所谓新音乐》带来的对陆华柏音乐贡献的忽视却是长期存在的。笔者以为,陆华柏研究不能"一叶障目,不见泰山",不应只集中于《所谓新音乐》研究,全面研究陆华柏音乐贡献的时候到了,研究陆华柏的时机成熟了。

只有在全面研究陆华柏的基础上,才能对陆华柏的历史功绩做出客观公正的评价。而这些,都需要我们认真总结前人研究成果并为进一步深入研究指明方向。值得欣慰的是,陆华柏的音乐作品逐渐受重视,研究陆华柏的学者逐步增多,陆华柏工作过的学校已经开始重视陆华柏的音乐成就。我们有理由相信,在新的历史时期,陆华柏研究必定能够迈上一个新台阶。

21 世纪十年代陆华柏研究述评

　　最早关注陆华柏先生音乐贡献的是已故音乐史学家戴鹏海先生,他编写于 1994 年的《陆华柏音乐年谱》为后人研究提供了重要参考。1994年 3 月 18 日陆华柏先生逝世,之后的 10 年中,学界研究陆华柏的成果寥寥[1]。如今,距 2009 年笔者《陆华柏研究述评》又过了整十年[2]。这 10年间,陆华柏研究形成了新局面:据知网、读秀搜索[3],陆华柏研究论文数量已达 62 篇(含硕士学位论文 9 篇),近年来陆华柏部分音乐作品重返舞台。近 10 年是学界陆华柏研究空前蓬勃的 10 年! 是百花齐放累累硕果的 10 年! 陆华柏研究缘何受到学界重视? 这些研究成果又呈现哪些特点? 未来陆华柏研究应关注哪些方面? 文章通过分析回答以上问题。

1　1994—2004 年间,学界关于陆华柏研究成果很少:一为王小昆(陆华柏在广西艺术学院时的学生)的研究,可参《魂牵梦绕故乡情——艺术歌曲〈故乡〉浅析》(《艺术探索》1997 年第 3 期)、《中国现代音乐史上的一桩公案——与〈所谓新音乐〉有关问题的考证》,魏华龄、左超英主编:《桂林抗战文化研究文集》(六),桂林:广西师范大学出版社,2001 年,第 182—227 页;二为明言《20 世纪中国音乐批评导论》,北京:人民音乐出版社,2002 年,第 183—184 页有对陆华柏《所谓新音乐》的评价;三为秦榕《析歌曲〈故乡〉及演唱处理》,(《渝西学院学报》2002 年第 1期);四为笔者《陆华柏生平二三事》(《人民音乐》2004 年第 11 期)。

2　笔者《陆华柏研究述评》刊于《天籁》(天津音乐学院学报),2009 年第 4 期。2005—2008 年间,有少量陆华柏研究成果:冯长春:《中国近代音乐思潮研究》第六章第四节"以思想性为标准的价值观念"剖析了陆华柏的《所谓新音乐》,人民音乐出版社,2007 年;笔者 2005 年度硕士学位论文《论陆华柏的音乐贡献》;危瑛:《艺术歌曲〈故乡〉的演唱分析与把握》,(《歌海》2008年第 5 期)。

3　此搜索以"篇名陆华柏""关键词陆华柏"进行。

一、2010—2019 学界陆华柏研究特点

2010—2019 年间,陆华柏研究成果不但在数量上较前 10 年有显著增多,在研究领域的深度和广度方面也有拓展。

(一)研究领域不断拓宽深入

陆华柏是一位具有多方面音乐才华的音乐家,他的音乐贡献主要集中于音乐创作、音乐教育和音乐文论三方面。目前呈现的研究成果也包括这几个方面。其中,音乐作品研究所占比重最大,其次是音乐教育研究,还有音乐文论研究与其他(见右图)。

与《陆华柏研究述评》得出的结论[1]相比,近 10 年学界关注的研究领域明显拓宽:音乐作品方面,除了关注歌曲《故乡》,还关注到其他音乐作品;音乐教育方面,已出现多篇论文;音乐文论方面,已关注《所谓新音乐》外的其他音乐文论,另有陆华柏音乐美学思想研究等。

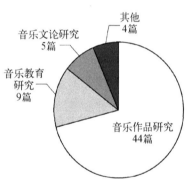

图 1 2010—2019 年间学界研究陆华柏论文领域分布图

1. 音乐作品研究

从图 1 可以看出,在诸多研究成果中,研究陆华柏音乐作品的论文数量最多,为 44 篇(含硕士论文 7 篇)。其中,研究艺术歌曲与钢琴曲的论文共 36 篇。还有陆华柏的群众歌曲、合唱作品以及他在抗战时期的音乐创作等方面的研究。

---

1 《陆华柏研究述评》得出的结论是研究领域较为狭窄:音乐作品主要集中于《故乡》的研究,音乐文论研究主要集中于《所谓新音乐》研究。

（1）艺术歌曲

艺术歌曲给陆华柏带来持久声誉，是贯穿陆华柏一生的音乐创作领域。2010 年来，该方面论文有 24 篇，其中研究《故乡》的论文有 12 篇[1]，可见《故乡》仍关注最多。如：曾凡坤的硕士论文结合演唱实践，从歌曲创作背景、旋律和情绪把握等方面，逐字逐句对《故乡》进行演唱分析；李雪松的硕士论文亦注重作品分析和演唱实践；欧赛的硕士论文通过作品诞生背景以及钢琴伴奏等方面分析《故乡》的特色。总的来说，这几篇硕士论文都论及《故乡》的创作年代、旋律表现手法、曲式结构等，重视歌曲演唱处理及民族性特点。

抗战时期陆华柏的艺术歌曲还有《勇士骨》《血肉长城东海上》等。创作于 1939 年的《勇士骨》是《故乡》姊妹篇，研究该曲的论文主要有江江《陆华柏艺术歌曲的意象与调式和声的观念》。文章通过分析《勇士骨》等作品的钢琴伴奏，归纳出陆华柏"在和声上的成功，均得益于中西结合。"[2]郭剑华《陆华柏歌曲〈勇士骨〉演唱艺术》（《大众文艺》2015 年 20 期）则从《勇士骨》歌词分析入手，对演唱时的音量处理提出建议，突出该曲的戏剧性。

1985 年，陆华柏创作了生命中最后一组艺术歌曲《游思集》[3]。该方面研究有硕士论文一篇[4]。万旭欣是一名声乐专业学子，他的硕士论文从声乐表演角度对《游思集》演唱提出建议。杨柳成《大道至简　浓缩精华——陆华柏微型艺术歌曲〈游思集〉评析》（《人民音乐》2017 年第 7 期）总结了《游思集》的创作特点：多调性融合、设计核心动机材料、运用音型

1　含硕士论文 3 篇：曾凡坤《歌曲〈故乡〉的艺术特征及演唱处理》（山东艺术学院，2019）、李雪松《陆华柏抗战时期艺术歌曲风格研究及演唱实践——以〈故乡〉为例》（重庆师范大学，2019）、欧赛《艺术歌曲〈故乡〉探究》（四川师范大学，2016）等。
2　江江：《陆华柏艺术歌曲的意象与调式和声的观念》，《音乐与表演》（南京艺术学院学报），2017 年第 1 期。
3　陆华柏《游思集》，男中音独唱，声乐套曲，叶瑞庆诗。载《音乐创作》1986 年第 1 期，后收入《风和月亮——陆华柏艺术歌曲集》，北京：人民音乐出版社，1986 年。
4　万旭欣《陆华柏艺术歌曲〈游思集〉的艺术特征及演唱研究》（南京艺术学院，2016 年）。

及和声刻画意境、民族元素的运用。郭剑华在《陆华柏微型声乐套曲〈游思集〉的音乐及演唱分析》（《艺术探索》2012 年第 5 期）指出：《游思集》的歌唱难点在于发起声音、控制好气息、把握好音准和节奏，才能用声音勾勒出歌曲意境。

除了以上研究，有学者关注陆华柏艺术歌曲创作道路和风格。如黄榕的《陆华柏艺术歌曲创作之路》[1]等。总之，与 2010 年前学界仅关注《故乡》研究相比，近十年学界在继续重视《故乡》研究的基础上开始关注陆华柏的其他艺术歌曲。

（2）钢琴曲

近 10 年来研究陆华柏的钢琴作品主要包括两方面：一是对原创钢琴作品（《东兰铜鼓舞》《滏河之歌》《浔阳古调》）的研究，二是对陆华柏为民歌编配的钢琴伴奏研究。此方面研究共有论文 12 篇。

陆华柏一生创作的钢琴作品数量并不多[2]，最钟爱其中的三首：《浔阳古调》（1946）、《东兰铜鼓舞》（1977）、《滏河之歌》（1977）。广西艺术学院钢琴系韦柳春教授是陆华柏生前同事，她在 1988 年的"陆华柏教授从教 55 周年纪念作品音乐会"上演奏了《滏河之歌》，曾当面得到陆华柏先生的指点。她的《春满滏河浪花飞 民族情韵永流长——陆华柏钢琴作品〈滏河之歌〉试析》（《黄钟》，武汉音乐学院学报 2012 年第 3 期）论述了创作动因，分析了作品的曲式结构、旋律和节奏特点，阐述了理解作品调性布局对演奏好作品的重要性及演奏时的速度和触键要求，是研究《滏河之歌》的力作。另有江唯《钢琴作品〈滏河之歌〉文化艺术价值研究》（《歌海》2015 年 3 月）等。

2019 年涌现了两篇研究《浔阳古调》的硕士论文[3]，李双的硕士论文

1　该文载《艺术评鉴》，2017 年第 9 期。
2　截至目前，共收集到陆华柏创作于各时期的钢琴作品共 11 首。
3　李双《陆华柏钢琴曲〈浔阳古调〉之研究》（山东师范大学，2019）、干琴《根据琵琶曲改编两首中国钢琴作品研究》（华中师范大学，2019）。

分析了《浔阳古调》的曲式结构、和声布局和变奏手法,指出了该曲对中国传统乐器的模仿及弹奏要点。王琴的硕士论文则以中国两首根据琵琶曲改编的钢琴曲为例,总结了《浔阳古调》的艺术特色和中国式审美。

《东兰铜鼓舞》的研究有薛可《〈东兰铜鼓舞〉的艺术特色》(《吉林艺术学院学报》2015 年 4 月)以及笔者与耿仁甫合作的《根植传统,中西融合——陆华柏的钢琴曲〈东兰铜鼓舞〉》(《音乐创作》2017 年第 1 期)。两篇论文都从音乐本体出发,对钢琴曲作全面分析并论及作品的演奏要点。以上成果都增进了人们对陆华柏钢琴作品的了解。

陆华柏热爱民族音乐,将我国各地民歌改编成钢琴小曲,出版了《简易钢琴曲 新疆舞曲集》(上海新音乐出版社,1953 年)、《中国民歌钢琴小曲集》(上海万叶书店,1952 年)等。此方面研究以广西艺术学院的徐辉强为代表。2012、2014 年,他分别在《艺术探索》(广西艺术学院学报)发表了《陆华柏钢琴作品的风格特征》(2012 年第 3 期)、《陆华柏钢琴曲集的创作特征》(2014 年第 6 期)。他从陆华柏钢琴作品和声调式运用的民族性特征、中西结合等方面论述了陆华柏钢琴曲集体现的多声音乐思维与民族性特征,总结出这些作品运用模仿、象征、剪裁、变奏等手法发展我国民族性旋律音调,主调和复调织体灵活运用。2017 年,四川师范大学王利萍的硕士论文《陆华柏〈中国民歌钢琴小曲集〉中的蒙古族风格作品研究》则从蒙古风格角度分析了陆华柏的《中国民歌钢琴小曲集》。相关论文还有张宏《内蒙古西部地区汉族民歌钢琴化的创作手法——陆华柏〈大同府〉钢琴小品分析》(《北方音乐》2015 年第 13 期)等。

倪晓云的《陆华柏钢琴作品的民族化风格透视》(《中国音乐》2019 年第 3 期)是近年来涌现的较为重要的论文。她通过对《故乡》《病中吟》的钢琴伴奏和《浔阳古调》《东兰铜鼓舞》等作品的分析得出结论:陆华柏运用民族风格调式和声形成"基础和声"与"随机模仿复调"的和声处理方法,与陆华柏追求音乐艺术"中西并存"的理念相一致。

（3）陆华柏在抗战时期的音乐创作

陆华柏于 1937 年来到桂林，是广西艺术学院前身"广西桂林艺术师资训练班"创始人之一，他在桂林的教学、创作和指挥活动对桂林抗战音乐文化产生了重要影响，桂林时期取得的音乐成就，是陆华柏音乐人生到达的第一个巅峰。近来学界涌现了不少文章论述陆华柏桂林时期的音乐创作，共 4 篇。如王晓宁、庞小连的《桂林抗战时期陆华柏的音乐创作与成就》（《艺术探索》2014 年第 6 期）总结了陆华柏在桂林时期的音乐创作特点，认为"陆华柏在桂林抗战文化城时期的音乐活动和歌曲创作，是桂林抗战音乐文化浓墨重彩的一笔，他是我们研究桂林抗战音乐文化，研究 20 世纪广西音乐史不可绕开的一位音乐家"[1]。陆瓔《抗战时期音乐家陆华柏在桂林》（《抗战文化研究》2011 年第 1 期）、《怀念陆华柏先生》（《广西文史》2014 年第 4 期）等文章都论述了陆华柏在广西桂林的音乐贡献。

近 10 年对陆华柏音乐作品的研究还涉及合唱作品、室内乐、管弦乐等，相关文章共 4 篇。如王楠《尘封的〈侗乡欢庆舞〉——陆华柏"单簧管—钢琴小协奏曲"》（《艺术评鉴》2018 年第 10 期）、徐辉强《陆华柏合唱作品风格浅析》、陆斌《对陆华柏〈红日照壮乡的分析与思考——兼谈音乐创作之为我所用〉》（以上两篇均发表于《艺术探索》2011 年第 3 期）等。

总的来说，与前 10 年陆华柏音乐作品研究相比，无论在作品研究的深度和广度方面都有进一步挖掘和拓宽。

2. 音乐教育研究

研究陆华柏音乐教育的文章集中出现于 2014 年。该年是陆华柏先生诞生 100 周年纪念，涌现了 7 篇研究陆华柏音乐教育贡献的论文。如匡学飞《怀念恩师陆华柏教授、曾理中教授》（《黄钟》2014 年第 4 期）、徐希茅《敬业执着勇于探索的楷模——纪念陆华柏先生逝世 20 周年》、李莉

1　王晓宁、庞小连《桂林抗战时期陆华柏的音乐创作与成就》，《艺术探索》（广西艺术学院学报），2014 年第 6 期。

《陆华柏的作曲专业教学——写于陆华柏教授诞辰 100 周年》（以上两篇均刊登于《艺术探索》2014 年第 6 期）。这些文章感念陆华柏师恩，缅怀他的音乐教育功绩，展现了陆华柏敬业执着关爱学生的教师形象。笔者的《陆华柏在音乐教育方面的贡献》（《音乐艺术》2014 年第 3 期）梳理了陆华柏从事音乐教育的足迹，总结出他的音乐活动与音乐教育的密切关系，指出陆华柏重视师范音乐教育的理念对当今社会的借鉴意义。笔者的《陆华柏在广西艺术学院》和《全方位的音乐实践——陆华柏在华中师范学院》[1]，论述了陆华柏为这两所学校做出的贡献。任颖佳的《陆华柏的音乐教育主张及其当代价值》（2015 年）和邓德强《陆华柏音乐教育思想研究》（2017 年）两篇硕士论文总结了陆华柏音乐教育功绩和音乐教育思想。需要指出的是：研究陆华柏音乐教育贡献是近 10 年来新拓宽的领域。

3. 音乐文论研究

2010 年前，学界的陆华柏音乐文论研究主要集中于《所谓新音乐》（该文刊于广西桂林《扫荡报》，1940 年 4 月 21 日）。这篇文论曾引起音乐界长达半个多世纪的争论，近年来仍有学者关注。主要有田可文、马伟伟的《陆华柏的"学院派"情结》（《音乐与表演》2017 年第 1 期），该文剖析了陆华柏的《所谓新音乐》是他"'学院派'情结的表现"，是由"很深的'学院派'情结所致"并指出《所谓新音乐》一文引起的纷争，是在特定历史时期的特定历史事件，是音乐家在不同历史阶段对现实认识不同以及音乐思想上的差异所导致。"另有马伟伟《陆华柏"学院派"情结在〈所谓新音乐〉中的表露》（《歌海》2016 年第 4 期）。廖红梅的《陆华柏与中国现代史上的"新音乐"运动》（《音乐创作》2012 年第 12 期）以《故乡》为例论证了陆华柏的作品符合"新音乐"的要求，肯定了《所谓新音乐》体现的批评精神。

陆华柏一生共发表近 130 篇[1]音乐文论,涵盖作曲理论、音乐表演、音乐教育、音乐美学等方面。这些文论主要写作于两个时期:青年时期(1937—1949 年,67 篇)、晚年时期(1980—1991,44 篇),笔者通过收集陆华柏零散发表于各时期报纸期刊的文论对其早年和晚年的音乐文论作了归类评述,呈现了陆华柏青年时期的音乐观和晚年音乐文论写作特点[2]。关于陆华柏音乐文论的研究,近 10 年共有 5 篇。

4. 其他

不能归入以上研究的论文列为"其他",共有 4 篇。主要包括笔者《从 20 世纪四五十年代的音乐会节目单看陆华柏的音乐活动》(《人民音乐》2011 年第 11 期)、《陆华柏青年时代的交往人群对其音乐人生的影响》(《中国音乐》2015 年第 4 期)、《满怀赤诚 执着追寻——1949 年后陆华柏的艺术追寻与心路历程》(《黄钟》2016 年第 3 期)等。杨和平教授《简论陆华柏的音乐美学思想》(《音乐与表演》2017 年第 2 期)是目前所见论述陆华柏音乐美学思想的开篇之作。这些论文对了解陆华柏的音乐表演、社会交往以及心路历程均有裨益。

综上所述,与 2010 年前学界的陆华柏研究相比,陆华柏研究领域明显拓宽,所涉陆华柏音乐贡献也更趋客观。陆华柏研究已受学界重视,陆华柏研究成果呈现出百花齐放的局面。

(二)刊登陆华柏研究论文的期刊日益增多,相关硕士论文不断涌现

学术期刊对陆华柏研究起重要推动作用。近 10 年来,《人民音乐》《艺术探索》(广西艺术学院学报)、《黄钟》(武汉音乐学院学报)、《音乐与表演》(南京艺术学院学报)、《中国音乐》多家音乐类期刊对陆华柏研究给予关注,刊发过陆华柏研究论文。

《人民音乐》是最先关注陆华柏的一家核心期刊。1989 年,该刊首发

1　这是笔者近年来整理陆华已发表的音乐文论后得出的数字。
2　丁卫萍《陆华柏著述研究综述兼及音乐文论方面的贡献》(《人民音乐》,2009 年第 11 期)、《从陆华柏民国时期的音乐文论看其音乐观》(《音乐与表演》,2017 年第 1 期)。

戴鹏海先生的《陆华柏音乐会在邕举行》；1994 年，陆华柏先生逝世后的第十个年头（2004），刊发了笔者的《陆华柏生平二三事》，之后的 2009、2011、2017、2018 年，均刊登了相关文章。[1]

陆华柏在广西艺术学院工作了 30 多年，该校学报《艺术探索》无疑是刊登陆华柏论文的"重镇"。继 2008 年广西艺术学院建校 70 周年之际《艺术探索》开辟"广西艺术学院建校 70 周年专栏"刊发纪念文章后[2]，2014 年开设"广艺名师名家"专栏，刊出陆华柏研究论文 5 篇。近 10 年共发表陆华柏研究论文 10 篇。

《音乐与表演》（南京艺术学院学报）是开辟"陆华柏研究专栏"的又一家期刊[3]。该刊在 2017 年第 1、2 期连续刊发 5 篇纪念文章。陆华柏先生曾是武汉音乐学院老校友[4]，该刊发表了多篇陆华柏文章[5]，近年来又陆续刊出韦柳春、匡学飞以及笔者的论文。此外，研究陆华柏的论文还在《中国音乐》《音乐艺术》《音乐创作》等重要刊物发表，不断刷新陆华柏研究成果。

在 2010 年前的研究成果中，曾出现过年轻学者与导师共同开展研究的情况，如导师施咏和研究生李艺楠[6]。近 10 年来这一现象有持续，如导

1　《人民音乐》2017 年第 9 期刊发了陈晓卉、赖登明的《陆华柏在"福建音专"的历史及其贡献》。该刊发表的笔者文章有《从二十世纪四五十年代的音乐会节目单看陆华柏的音乐活动》（2011 年第 7 期）、《从 1991—1994 年间戴鹏海写给陆华柏的信件看戴先生的音乐活动》（2018 年第 9 期）。

2　王晓宁、李莉的《为了永远的纪念——"吴伯超、陆华柏纪念研讨会"会议综述》；笔者的《陆华柏：一位不应该被遗忘的音乐家》，2008 年第 6 期。

3　陆华柏先生祖籍江苏武进。《音乐与表演》2017 年开辟的"陆华柏研究专栏"在一定程度上显示了陆华柏先生祖籍省份艺术学院学报对其音乐贡献的关注。

4　陆华柏先生 1935 年毕业于武汉音乐学院前身武昌艺术专门学校，20 世纪 50 年代后期曾在湖北艺术学院（武汉音乐学院前身）任教。

5　陆华柏《新中有旧 旧中有新——谈谈我的一点创作经验》，《黄钟》，1989 年第 4 期，《探寻民族风格和声之路——谈谈我的一点创作经验之二》，《黄钟》，1990 年第 3 期。1994 年 3 月 18 日陆华柏先生逝世后，《黄钟》（1994 年第 2 期）刊出了陆华柏写于 1991 年的遗作《陈啸空先生的〈湘累〉》以纪念陆华柏先生。

6　2008 年，施咏指导学生李艺楠完成了硕士论文《陆华柏配〈刘天华二胡曲集〉（钢琴伴奏谱）之研究》》，施咏《中西调和 相得益彰——陆华柏配〈刘天华二胡曲集（附加钢琴伴奏谱）〉研究》，发表于《音乐研究》，2009 年第 2 期。

师田可文指导研究生高伟伟展开研究等[1]。2015年来,学界涌现多篇硕士论文,年轻学子加入使陆华柏研究呈现蓬勃生机。下表为近几年研究陆华柏的硕士论文情况:

表2　近年来研究陆华柏的硕士论文

序号	硕士论文名称	作　者	完成年份	完成院校
1	《陆华柏的音乐教育主张及其当代价值》	任颖佳	2015	广西艺术学院
2	《艺术歌曲〈故乡〉探究》	欧　赛	2016	四川师范大学
3	《陆华柏艺术歌曲〈游思集〉的艺术特征及演唱研究》	万旭欣	2016	南京艺术学院
4	《陆华柏〈中国民歌钢琴小曲集〉中的蒙古族风格作品研究》	王利萍	2017	四川师范大学
5	《陆华柏音乐教育思想研究》	邓德强	2017	华中师范大学
6	《歌曲〈故乡〉艺术特征及演唱处理》	曾凡坤	2019	山东艺术学院
7	《根据琵琶曲改编两首中国钢琴作品研究》	王　琴	2019	华中师范大学
8	《陆华柏钢琴曲〈浔阳古调〉之研究》	李　双	2019	山东师范大学
9	《陆华柏抗战时期艺术歌曲风格研究及演唱实践——以〈故乡〉为例》	李雪松	2019	重庆师范大学

　　9篇硕士论文均出现在近五年,至2019年到达高峰(4篇)。这些硕士论文涉及陆华柏音乐作品研究7篇(其中《故乡》研究3篇、《游思集》研究1篇、钢琴曲研究3篇)、音乐教育研究2篇。为陆华柏研究增添了新的活力。当然,出现这一现象主要是由于近年来音乐院校硕士生招生人数增多,随着陆华柏的名字为更多人知晓以及查找资料越发便捷,同学们获得研究资料也较为容易,但是这些硕士论文质量不一,究竟是出于真正热

---

[1]　田可文与高伟伟合作的文章有:《陆华柏的"学院派"情结》,《音乐与表演》(南京艺术学院学报),2017年第1期。另有高伟伟《陆华柏的"学院派"情结在〈所谓新音乐〉文章中的表露》,《歌海》,2016年第4期。

爱陆华柏课题展开研究抑或仅仅为完成学业而不得不写，还值得思考。尽管如此，较前 10 年相比，研究陆华柏的学术队伍正在扩大。

（三）陆华柏音乐作品重返舞台

推动陆华柏音乐作品的演出与传播的是蒲方教授与张奕明先生[1]。在他俩的合作努力下，陆华柏的一些钢琴作品在多地演出，推进了学界对陆华柏钢琴作品的认识。2017 年，长期从事中国钢琴作品教学研究的蒲方教授搜集到陆华柏在民国时期创作的钢琴作品多首，2017 年 4 月、10 月在中央音乐学院综合楼举办的《中国百年钢琴作品采集》音乐会上，由蒲方担任讲解，张奕明演奏了陆华柏创作于 1947 年的钢琴曲《浔阳古调》。2018 年 11 月 18 日，华中师范大学音乐学院钢琴系举办的"中国钢琴创作的现代之路——张奕明钢琴独奏音乐会"上，蒲方教授再度担任讲解，张奕明和他的学生刘栗朵朵演奏了陆华柏创作于 1949 年前的全部钢琴曲，包括《狩猎》（1935）、《偶成》（1937）、《舞狮》（1947）、《浔阳古调》（1946）等七首[2]。2017 年 10 月 24 日，在浙江温州大学举行的"时代才俊家国情怀——纪念温籍音乐家陈田鹤先生逝世 62 周年"音乐会上，张奕明演奏了作为陈田鹤学生的陆华柏的钢琴曲《狩猎》。张奕明还在多地演奏陆华柏的《浔阳古调》[3]等钢琴作品。

2012 年 3 月 17—18 日，"永远记住他们"——中国近现代著名词曲作家作品音乐会在南宁人民大会堂上演，该音乐会由自治区党委宣传部、自治区文化厅主办，中共中央政治局常委、国务院副总理李岚清、自治区党委书记、自治区人大常委会主任郭声琨等 3000 余名观众一同观看演出。

---

1 张奕明，美国天普大学博士，现任教于星海音乐学院。主要成果有《民国钢琴志》（海口：海南出版社，2017 年）、《民国钢琴散曲集》（海口：海南出版社，2017 年）、《钢琴曲〈恐龙〉解析与技法探源》、《黄钟》（武汉音乐学院学报），2019 年第 3 期等。

2 另有陆华柏的《Scherzo》（1936）、《辞别》（1936）、《农作舞变奏曲》（1947）等。

3 2017 年 11 月 29 日，张奕明在"永定土楼之夜——张奕明钢琴独奏音乐会"以及 2018 年 4 月 25 日在西安音乐学校举办的"张奕明民国钢琴作品音乐会"上，均演奏了陆华柏的《浔阳古调》。2018 年 10 月 21 日张奕明在江苏丹阳的音乐会上，演奏了陆华柏的《舞狮》和《浔阳古调》。

音乐会上,演出了陆华柏的《故乡》[1]。戴玉强 2018 演唱会上,人们听到了他演唱的《故乡》,歌曲焕发出新的生命力[2]。

综上所述,近 10 年来陆华柏研究领域进一步拓宽,研究深度广度都有拓展,陆华柏部分音乐作品重返舞台,陆华柏研究已形成新局面。

二、陆华柏研究形成新局面的原因

陆华柏一生从事音乐创作、音乐教育和音乐表演活动,他多方面音乐贡献的史实促成了学界多角度多维度开展研究,这是研究形成新局面的重要原因。除此以外,笔者认为还有以下几方面原因:

(一) 陆华柏的音乐成就受到他生前工作单位的重视

陆华柏是一位音乐教育家,曾在湖南音乐专科学校、江西体育专科学校、中央戏剧学院任教,对广西艺术学院、华中师范学院等院校的成立和发展做出了重要贡献。陆华柏研究首先引起了广西艺术学院的重视[3],2014 年开辟专栏刊发纪念文章。2018 年 10 月,广西艺术学院庆祝 80 周年建校之际,广西艺术学院民族音乐博物馆在广西艺术学院落成。10 月 20 日,"广西民族音乐博物馆开馆暨陆华柏教授文献资料捐赠仪式"隆重举行。博物馆内设立了陆华柏文献资料馆,展出了陆华柏先生部分珍贵遗稿和照片、发表的论文和出版的书籍等。

1952—1957 年间,陆华柏曾在华中师范大学前身华中师范学院工作,是该校音乐系的首任系主任。为了纪念陆华柏为音乐系做出的贡献,2016 年 11 月 28 日,该校举办了"纪念陆华柏诞辰 102 周年高层论坛",多

1　http://www.musicol.com/news/html/2012－3/201231818193885810829.html。

2　https://www.iqiyi.com/v_19rwi576oo.html#curid = 11145702900_14e0903ef8c3b0501a420fb85ee2207b 此链接可收看戴玉强演唱的《故乡》视频。

3　2008 年广西艺术学院 70 周年校庆举办的"音乐家吴伯超、陆华柏纪念研讨会",是继 1994 年陆华柏逝世后举办的首次陆华柏纪念研讨会,王小昆、田可文等中国音乐史学研究者参会并发言。此次研讨会综述等刊发于当年广艺学报《艺术探索》第 4 期。

位专家学者齐聚论坛,有力推动了陆华柏研究。2017 年,作为内部学习资料,华中师范大学出版社重印了戴鹏海先生的《陆华柏音乐年谱》,再次唤起学界对陆华柏的重视,增进了人们对陆华柏生平的了解。

2014 年《艺术探索》的专栏与 2016 年"纪念陆华柏诞辰 102 周年高层论坛"的研讨文章在 2017 年《音乐与表演》专栏发表后,2014 与 2017 年形成了近 10 年陆华柏研究的两个小高潮(见下图),因此,陆华柏工作过的单位对其音乐贡献的重视有力推动了研究。

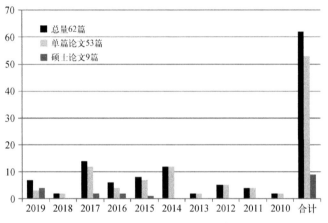

图 2 近 10 年陆华柏研究论文各年度发表情况矩状图[1]

(二)"重写音乐史"思潮兴起以来引起的被遗忘的音乐家研究逐渐受学界关注

自 20 世纪末 21 世纪初兴起的"重写音乐史"音乐思潮以来,一些被"边缘化"的音乐家研究受重视,学界涌现了不少研究被遗忘的音乐家的学术成果。比较有代表性的著作有梁茂春先生的《音乐史的边角》[2]、杨和

---

1 具体数据如下:2019 年共 7 篇(硕士论文 4 篇);2018 年共 2 篇;2017 年共 14 篇(硕士论文 2 篇);2016 年共 6 篇(硕士论文 2 篇);2015 年共 8 篇(硕士论文 1 篇);2014 年共 12 篇;2013 年共 2 篇;2012 年共 5 篇;2011 年共 4 篇;2010 年共 2 篇。

2 梁茂春:《音乐史的边角——中国现当代音乐史研究的一个视角》,上海:上海音乐学院出版社,2015 年。还可参《陈啸空音乐创作刍论(上、下)——"春蜂乐会"创作研究之一》,《歌唱艺术》,2018 年第 1,3 期。

平先生的《浙江近现代音乐教育家群体研究》及系列长文[1]以及留生的《明敏钩沉》[2]等。这些研究使陈啸空、吴梦非、邱望湘、沈秉廉、明敏（李广才）、金律声等一大批音乐家的历史贡献重现学界，"使人了解到许多鲜为人知的史事，读后对他们漫长音乐生涯所做的贡献顿生敬畏之情。"[3]与陆华柏同时代的音乐家陈洪研究[4]，自2007年南京师范大学举办陈洪学术研讨会后，2017年5月上海音乐学院及12月广东海陆丰地区都举行了陈洪纪念活动，为推进中国近现代音乐史个案研究提供了借鉴[5]。在这样的学术背景下，陆华柏研究受到学界重视也是自然。

（三）陆华柏工作过的学校的研究助推了研究

陆华柏1931年考入私立武昌艺专师范科，戴俊超先生的《"武昌艺专"的音乐教育》[6]有利于人们进一步了解陆华柏的求学生涯。近年来，陆华柏工作过的国立福建音乐专科学校、省立湖南音乐专科学校的研究成果[7]都或多或少地涉及陆华柏的音乐创作、音乐教育以及音乐表演等。如

1　可参阅杨和平：《浙江近现代音乐教育家群体研究》，上海教育出版社，2012年；《"上音"三位音乐家吴梦非、邱望湘、陈啸空研究》（上、下），《音乐艺术》（上海音乐学院学报），2018年第1、3期；《浙江近现代音乐社团"春蜂乐会"中坚人物沈秉廉研究》，《音乐文化研究》，2018年第2期。

2　留生：《明敏钩沉》，《中央音乐学院学报》，2014年第4期。

3　梁茂春：《音乐史的边角——中国现当代音乐史的一个视角》，代序：历史"角落"的闪光，第3页。上海：上海音乐学院出版社，2015年。

4　汪毓和先生《中国近现代音乐史》，北京：人民音乐出版社，1984年版第173页，1994年版第213页，2002年（第二次修订版），第297页、327—328页对陆华柏的《所谓新音乐》和陈洪的《论战时音乐》同时进行了批评。

5　相关文章可参阅陈鸿铎《和声学创新教学模式的最早尝试——重温陈洪〈对位化和声学〉》（《人民音乐》2018年第5期）、温跃强《陈洪音乐教育实践研究》（南京师范大学2018年度博士论文）、钱丽萍《陈洪艺术歌曲的演唱与分析》（南京师范大学2018年度硕士论文）、温跃强《缅怀大师风范发扬学术精神——纪念陈洪先生110周年诞辰学术研讨会综述》（《中国音乐教育》2018年第12期）、向延生《睿智的抉择艰难的坚守——抗战中的萧友梅、陈洪与"国立音专"》（《星海音乐学院学报》2018年第4期）、冯长春《陈洪四首艺术歌曲研究》（《中国音乐》2018年第4期）、胡行岗《陈洪音乐教育思想及当代价值论评》（《中国音乐教育》2014年第9期）等。

6　戴俊超《"武昌艺专"的音乐教育》，《湖北工程学院学报》，2013年第5期。

7　福建音专的研究，可参阅《弦歌相承国立福建音专纪念文集》，中共永安市委宣传部编，福州：海峡文艺出版社，2015年；湖南音专的研究，可参阅曹梦月《民国晚期湖南省立音乐专科学校的研究》，湖南师范大学硕士论文，2017年。

《弦歌相承——国立福建音专纪念文集》第30—31页"国立福建音专创作与出版"中,提及陆华柏在福建音专时期的音乐作品如清唱剧《汨罗江边》《大禹治水》《白沙献金》,歌曲《从军三部曲》《八百孤军》《战士之歌》《血肉长城东海上》《战士还乡曲》以及为刘天华二胡曲、《谐曲》编配钢琴伴奏,第38—40页有陆华柏参加的音乐会演出,第25页有陆华柏指挥《白沙献金》演出的音乐会节目单,第185页有陆华柏在"雅音三重奏"音乐会上演奏钢琴等。相关研究还有陈乃良的刘天浪研究[1],这些研究成果都在无形中推进了陆华柏研究。

三、对未来陆华柏研究的建议

(一)关注被忽略的音乐作品

虽然学界在研究陆华柏作品方面较之前有新突破,但仍有不少音乐作品未受重视。如抗战时期的儿童音乐创作,清唱剧《大禹治水》《汨罗江边》、歌剧《牛郎织女》、新闻清唱剧《白沙献金》等。陆华柏改编的《二胡 三弦 钢琴三重奏曲集》[2]以及单簧管与钢琴小协奏曲《侗乡欢庆舞》等音乐作品研究仍需加强。陆华柏音乐美学思想研究还有拓展空间,陆华柏音乐创作理念也需进一步提炼归纳。

(二)注重新史料挖掘

戴鹏海先生的《陆华柏音乐年谱》完成于1994年,25年来,随着时代发展和史料检索方法不断更新,笔者发现《陆华柏音乐年谱》记载的陆华柏学术成果有待进一步扩充和厘清[3]。汪毓和先生曾说过:"任何史学家的认识都只是他个人在特定的社会环境下对历史的认识的具体反映,无

---

1 陈乃良、王哲昕:《刘天浪与近代江西专业音乐机构创立始末考》,《中国音乐学》,2018年第2期。
2 陆华柏:《二胡 三弦 钢琴三重奏曲集》,上海:上海新音乐出版社,1953年。
3 2008年来,笔者对戴鹏海先生《陆华柏音乐年谱》中提及的史料出处逐一核对,在发现一些新史料的同时,也发现了一些年谱中提及的资料出处有待进一步核实厘清。

论正确与否也都是相对的,而且都是可以超越的。"[1]因此,全面梳理陆华柏的学术成果,进一步挖掘陆华柏研究新史料尤为重要。

(三)整理出版陆华柏音乐文论与作品

目前,陆华柏已发表的音乐文论以及近 300 首音乐作品[2]还散见于 20 世纪各年度期刊、报纸和书籍。为何陆华柏研究领域显得相对集中又不够全面? 主要是因为陆华柏的原始资料还未被整理出版。我国近现代音乐史上的大部分音乐家都有相关纪念文集或作品集出版,只有全面整理出版陆华柏学术成果,才能从根本上解决研究资料的源头问题,全面开展陆华柏研究。陆华柏是一位对中国近现代音乐发展做出重要贡献的音乐家,有了陆华柏文集和作品集的中国近现代音乐史料库才更显完整!

* * *

2009 年,笔者在《陆华柏研究述评》写道:"目前学界对于陆华柏的研究还局限在几个相对狭窄的领域。陆华柏研究还有许多亟待填补的空白:如对《故乡》之外的其他艺术歌曲以及其他领域音乐作品研究……陆华柏探索'民族风格和声'的研究尚待完善,陆华柏音乐教育的成就值得总结,陆华柏诸多的音乐文论需要我们整理。"

从近 10 年学界的研究成果来看,陆华柏音乐教育研究已有了零的突破且质的飞跃(共有论文 9 篇,其中 2 篇为硕士论文);陆华柏音乐文论研究也有新进展:已全面关注而不局限于《所谓新音乐》;陆华柏音乐作品研究已关注到《故乡》之外的其他艺术歌曲及钢琴曲;陆华柏探索"民族风格和声"研究正如火如荼开展。由此看来,2010—2019 年间的丰硕成果正是笔者 10 年前的希冀,令人欣慰。让笔者感到鼓舞的是陆华柏的音乐作品正逐渐从沉睡中醒来! 这是笔者在 10 年前未曾预料! 当历史车轮迈

1　汪毓和:《站在历史的坐标上——谈"重写音乐史"中音乐史教学和研究的几个问题》,《音乐周报》,2003 年 3 月 7 日第 6 版。

2　这个数目是戴鹏海先生于 1994 年统计的。笔者近年来收集到不少新史料,陆华柏音乐作品的具体数目还有待进一步统计更新。

入 20 年代,作为一名发宏愿从事陆华柏研究的史学工作者,有责任将过去 10 年的陆华柏研究成果整理出来,以推进刚刚开始的又一个新的 10 年的研究。我们有理由相信,陆华柏研究的春天正向我们走来! 陆华柏多方面音乐贡献大白于天下的日子已为期不远!

生平心路研究

通过研读陆华柏故居收集到的原始资料,参考戴鹏海先生的《陆华柏音乐年谱》、在对陆华柏家人、学生的实地采访以及史料中了解陆华柏先生生平,对他的音乐创作进行分期,总结出各阶段的特点。陆华柏青年时代交往的音乐友人是他漫漫一生中,即使身处逆境但仍坚定信念的强大精神支柱,音乐友人的品格给了他坚忍不拔的毅力,支撑他度过颠沛流离的一生。从1949—1957年的"满怀赤诚 谱写新篇"到1957—1977年的"身处逆境 依然执着"以及1977—1994年中的"老骥伏枥 苦乐彷徨",陆华柏1949年后的心路历程是中国知识分子心路的一个缩影,但又有其不同之处。陆华柏故居珍藏的20世纪四五十年代节目单上频频出现的陆华柏的名字,使我们了解到陆华柏具有多方面音乐才华,陆华柏是一位不应该被我们遗忘的音乐家。

陆华柏生平二三事

熟悉陆华柏的名字,是因为多年前听到同事演唱的歌曲《故乡》。这是陆华柏教授1937年在桂林创作的一首艺术歌曲,也是他的成名曲,抗战时期广为流传,至今仍散发出生命力。那舒展而又富有激情的旋律、融合中西和声色彩与创作技法的神韵、赋予效果的钢琴伴奏深深地印在笔者的脑海中。

2004年是已故陆华柏老教授诞生90周年,也是逝世十周年的纪念。这是一位几乎被人们遗忘的音乐家。作为一名江苏籍研究生,很想对这位原籍江苏的音乐家的创作以及理论贡献进行收集和研究工作。为了更好地了解陆华柏的生平与创作道路,1月9日,学校刚放寒假,笔者就踏上了去南宁的列车。经过34个小时的颠簸,终于来到了陆华柏教授生前工作过的地方——广西艺术学院。

在广西艺术学院边门教授楼内,笔者见到了陆华柏的夫人甘宗容老师。她热情地接待了我这位从千里之外赶来的学子。那是一座年代已久的两层老式楼房,屋内装修简陋,印象最深的是在简单的家具中有两架钢琴,客厅间里还有大面的镜子,那是甘老师教学生时用的。甘宗容老师是一位远近闻名的歌唱家和声乐教育家,抗战时期因演唱陆教授的《故乡》而蜚声海内外。如今她已80多岁了,但仍鹤发童颜,精神矍铄。说起陆华柏,甘老师的话匣子就打开了。

"认识陆老师是在40年代初,在广西艺术师资班读书时,当时我在琴房唱他写的《故乡》,正好被他听到,他推门进来,说我有两处附点没有唱准,他就教我唱这首歌,还帮我弹伴奏……"

说到这里,甘老师幸福地笑了,这位慈祥的老太太与陆华柏一起走过了几十年的风风雨雨,虽然历经沧桑,但是他们始终互敬互爱。是夫弹妇唱的这份默契、是彼此对音乐的热爱使他们携手与共。

"他最勤奋了,'文化大革命'的时候我们在广西艺术学院被打成'牛鬼蛇神',他白天被监督劳动,晚上还偷偷搞翻译,无论何时,你都能从他的口袋里掏出一本写满英文单词的小字条。他就这样天天译啊翻啊,晚上译完就放在床底下,生怕被别人发现了说里通外国。我问他翻译那些东西有什么用,他说,总有一天会有用。果真,80 年代,缪天瑞就问起陆华柏翻译的事,他的两本英文译著正式出版了……"

"有一次,我从邻居家里买了一台旧缝纫机回家,正在学缝纫,正好陆老师回家看到。他说怎么可以这样,把大好的学习时光都白白地浪费了。第二天,没有经过我的同意,他就把那台缝纫机给卖了。就这样,80 元钱买来,20 元钱卖掉。他一直对我说:'教学生一杯水,自己要有一桶水,不钻研是不行的。'他每天都问我看书了没有,练声了没有……现在有许多年轻老师把时间都花在教私人学生上,把学习的时间都浪费了,真是很可惜的。"

陆华柏是一位兼作曲、指挥、教学于一身的老教授,他于 1934 年毕业于武昌艺专并留校工作。此后,历任广西艺术馆音乐部主任,及福建音专、湖南音专、湖北教育学院、中央戏剧学院、华中师范学院、中南音专、湖北艺术学院等校音乐系科教授,为我国音乐教育事业的发展作出了很大的贡献。从 1979 年开始他担任广西艺术学院的音乐系主任,不仅在学术上不断追求,而且在生活上崇尚简朴,真正做到了"不拿群众一针一线"。她的女儿陆和平曾和笔者说过这样的一件事情:

"有一次,大概是过节吧,学校一位老师带了一点小礼品,和他的孩子一起来我家拜访,我父亲把他们带的一点点小礼品扔得老远,把小孩吓得大哭……"

"至于公家的信笺之类的东西我们更是一点都不能碰,他实在是公私分明……"

1月15日下午,当笔者结束了资料的收集和采访工作即将离开南宁时,陆华柏的女儿和平带笔者去看了美丽的南湖,雨中的南湖烟波浩渺,朦胧美丽,它以博大的胸怀拥抱着从江南来采风的学子。和平说,虽然陆教授住得离南湖很近,但他从来都没有细心享受过南湖的美景,即使是在他老年两眼昏花时,仍坚持每天学习写作,坚持每天清晨5点到琴房练琴,直到他耳聋了完全听不到为止。

这位勤奋的老教授给后人留下了很多珍贵的文化遗产,如艺术歌曲集《风和月亮》《刘天华十首二胡曲附加钢琴伴奏谱》,管弦乐作品《康藏组曲》等。他中西合璧的创作理念与严谨踏实的学习作风都是值得我们后辈学习和借鉴的。陆华柏教授的一生都在探索西方作曲技法与中国民族和声的结合之路,他的任何一部作品都贯穿着这样的创作追求。他的音乐贡献是多方面的:不仅潜心创作和改编具有民族风格的声乐和器乐作品,还积极参加专业和业余的音乐活动,在抗战时期表现突出而受到人们的景仰。陆华柏教授从事音乐创作和教育工作50多年,足迹也遍及大江南北。在繁忙的教学和演出活动之余还研究广西少数民族音乐,撰写了大量的音乐学术论文,甚至还凭着坚忍不拔的毅力翻译了《和声与对位》等四部作曲理论著作。

这是一位只受过三年正规音乐教育而主要靠自学成材的音乐家,他辛勤多产的一生必将受到越来越多的音乐人士的关注。谨以此文纪念这位老音乐家,并起到抛砖引玉的作用,引起大家对他的音乐作品的重视和研究。

陆华柏创作时期的划分

迄今为止,国内有两位学者曾经对陆华柏的生平时期进行过划分。一为戴鹏海先生。在戴鹏海先生撰写的《陆华柏音乐年谱》中,曾依据陆华柏生活经历、学习与工作地域以及社会政治的变迁,把他的生平划分为 11 个时期,分别为: 童年及小学时期(1914—1928);中学时期(1928—1931);在武昌艺专读书和任教时期(1931—1937);桂林拓荒时期(1937—1943);从福建音专到江西体专(1943—1947);从长沙到香港(1947—1950);衡阳、武昌、北京(1950—1952);大起大落的武汉 12 年(1952—1963);初返广西(1963—1966);"文化大革命"中的沉浮(1966—1976);"文化大革命"结束以来(1977—1994)。这是按照陆华柏生活轨迹而进行的生平时期划分。二为王小昆先生[1]。王小昆先生在与笔者的交谈过程中,曾对陆华柏的创作时期进行过划分。王小昆把陆华柏的创作划分为四个时期,分别为: 武昌艺专时期;黄金时期(1937—1949);解放初期(1949—1957);三中全会以后。本文试图以陆华柏的作品为依据,对陆华柏的创作时期进行新的划分。

一、以音乐创作为主的时期(1934—1979)

(一)酝酿期(1934—1937)

1934—1937 年是陆华柏音乐创作的酝酿期,也是他从武昌艺专毕业

---

1 2005 年 1 月 12 日,笔者去广西南宁陆华柏家中收集资料,由于王小昆是陆华柏在广西艺术学院的学生,目前为研究陆华柏的重要学者,笔者采访了他。

留校任教时期。1931—1934 年,陆华柏在武昌艺专中师阶段学习,这是他一生中所受的唯一的专业音乐教育,他是中国近现代音乐史上少见的主要靠自学成材的音乐家。[1] 1933 年起,陆华柏从陈田鹤学习作曲,1934 年5 月,发表了处女作独唱曲《感旧》[2],这是他从事音乐创作的起点。稍后发表的还有《田家乐》《相见欢》(附钢琴伴奏谱)、儿童钢琴曲《狩猎》《月光光》等。

陆华柏音乐创作酝酿期涉及的作品体裁主要有独唱曲、钢琴曲以及钢琴伴奏谱写作等,这些作品的主要特点是:"五声音调的民族风格旋律与建立在七声音阶大、小调上的西方传统功能体系相结合,和声显得有些生硬,缺少流动性。"[3]

(二)成熟期(1937—1957)

如果说陆华柏酝酿期的作品体现出他音乐创作苗头的话,那么,成熟期的作品则是这些苗头全面开花结果的时期。歌曲《故乡》问世标志着陆华柏的音乐创作进入了成熟期。成熟期的作品体裁有继续酝酿期的,如歌曲、钢琴曲创作、编写钢琴伴奏谱等,也有进一步拓宽的,如清唱剧、管弦乐等。

1937 年冬,陆华柏在桂林象鼻山麓写下了艺术歌曲《故乡》,此曲被评为"20 世纪华人音乐经典作品"。无论从现实性、艺术性还是产生的社会反响程度来看,《故乡》都是陆华柏最为成功的作品。歌曲《故乡》由张帆作词。歌中唱道:

> 故乡!我生长的地方,本来是一个天堂。那儿有清澈的河流,垂杨夹岸。春天新绿的草原,有牛羊来往,秋天的丛树,灿烂辉煌。
>
> 现在,一切都变了,现在是野兽的屠场。故乡,我的母亲,我的家呢?

---

1 丁卫萍:《陆华柏生平二三事》,《人民音乐》,2004 年第 11 期,第 41—42 页。
2 《感旧》刊于江西缪天瑞主编的《音乐教育》,1934 年 5 月 31 日出版,第 2 卷第 5 期。
3 陆华柏:《探寻民族风格和声之路——谈谈我的一点创作经验之二》,《黄钟》,1990 年第 3 期,第 41—45 页。

哪一天再能回到你的怀里？那一切是否能依然无恙？

当时正值国难当头，北京、上海、南京等大城市相继沦陷，许多人流亡到桂林，《故乡》引起了人们的广泛共鸣。《故乡》具有较高的艺术性。该曲为单二部曲式结构。第一段为 D 宫调，旋律清新、淳朴，具有浓郁的民族风格，伴奏采用以片段模仿为主的复调织体。第二段转为 b 和声小调，在情绪上显得悲壮、急促，旋律具有宣叙性质。第二段伴奏部分三十二分音符与十六分音符的八度跳音给人以震惊感，恰似为苦难民族敲响的警钟。急速的下行音阶充满了动感与不安并贯穿了整个段落，与第一段产生强烈对比，突现了侵略者给民族带来的灾难。有学者称赞："陆华柏所作的《故乡》，其旋律与钢琴伴奏之精致，几乎可以与舒伯特的艺术歌曲相媲美。"[1] 从歌曲产生的社会反响来看，该曲至今仍被人们广为传唱。"《故乡》的第一次演唱，是在 1938 年春天的桂林。当金陵女子大学声乐教师梅经香演唱这首歌时，座中许多从沦陷区流亡到桂林的听众都掩泣不止。"[2] 当时，旅居桂林的歌唱家，女高音无不唱《故乡》，男高音无不唱《勇士骨》[3]。《故乡》曾广泛流传于抗战时期的大后方，"此曲在海内外，不仅香港、东南亚，远至美国波士顿、法国巴黎——流传了半个多世纪，经久不衰"[4]

因此，《故乡》是陆华柏音乐创作成熟期的标志。陆华柏成熟期的音乐创作也是确定他作为重要作曲家地位的时期。这一时期由于时间跨度较大，不同的历史时期使陆华柏的作品风格较为多样，我们可以把他成熟期的音乐创作分为以下几个阶段：

1. 以抗战歌曲为主(1937—1943)

桂林是抗战时期的文化名城，陆华柏的音乐创作、演出、评论在当时

1　颜廷阶：《中国现代音乐家传略》，台北：绿与美出版社，1992 年，第 296 页。
2　张志华：《陆华柏和他的〈故乡〉》，《三明日报》，1987 年 9 月 3 日第 3 版。
3　《勇士骨》是陆华柏抗战时期创作的另一首艺术歌曲，与《故乡》《血肉长城东海上》等一起收入《风和月亮——陆华柏歌曲选》，北京：人民音乐出版社，1987 年。
4　陆华柏：《老年逢盛世 笔下又生辉——作曲家陆华柏自传》，载向延生：《中国近现代音乐家传》第 2 卷，沈阳：春风文艺出版社，1994 年，第 497 页。

都产生了很大的影响。此阶段陆华柏的创作以歌曲为主,这些歌曲大致可以分为两种风格:

一是以《磨刀歌》《战歌》《广西学生军歌》《保卫大西南》等为代表的群众歌曲。这些作品的特点是篇幅短小,易于传唱,在当时流传甚广,歌曲多为合唱,表达了人们高涨的爱国热情。歌曲均为铿锵有力的进行曲风格,采用二拍子或四拍子写作。作品中有的采用了富于动力感的附点节奏表达顽强斗志,如《战歌》《保卫大西南》,有的采用休止符和弱起节拍使歌曲富有蓬勃精神,如《广西学生军军歌》等。

二是以《故乡》《勇士骨》《血肉长城东海上》为代表的艺术歌曲。这些作品的特点是具有较强的艺术性,表现为歌曲的旋律与歌词结合得十分紧密。如1943年创作的《血肉长城东海上》,歌词"那年今日,问将军眼底,跳梁何物"的音调具有明显的宣叙性,几乎都是一音一词的结构,或采用大跳音程,或同音反复,铿锵有力,与语言形象极为吻合。《故乡》中"腥血"的"血"字时值占到两拍半,与朗诵音调相匹配。这些艺术歌曲大多采用了巧妙的调性对比,如《故乡》。陆华柏为歌曲写作的钢琴伴奏都十分精致,充分发挥了塑造音乐形象的功能,如在《血肉长城东海上》"头颅宁惜?战地飘红雪"的"雪"字长音上,钢琴伴奏的右手部分运用了音阶的下行进行,模拟了雪花纷纷飘落的情景等等。

2. 以写作刘天华十首二胡曲钢琴伴奏谱为主(1943—1949)

出于对我国民族民间艺术的热爱,也为了探索中国风格的和声,陆华柏勇于尝试为传统的二胡音乐编配钢琴伴奏。从1943年起,陆华柏开始对刘天华的十首二胡曲进行分析和研究工作,逐一为它们写上钢琴伴奏并进行实际演出,这一大胆实践至今仍有艺术价值。

刘天华二胡曲钢琴伴奏总的特点是尊重原作,善于从原作中寻找写作灵感,在写作手法上多采用模仿手法,以强调原作的民族风格。陆华柏认为:"三个或更多的不同音同时发响构成和弦,这种纵向组合,无论采用什么样的结构,都难以产生民族风格效果。"[1]因此,他更多重视旋律的横向发展,对位、模仿成为他写作钢琴伴奏谱的主要方式。"抗战期间,国立福建音专学校陆华柏教授,将刘天华十首二胡独奏曲、三首琵琶独奏曲,附作钢琴伴奏,并由该校音乐编辑委员会出版专辑……旋即巡回于福建永安、南平、福州等地公演,轰动一时,获得各界人士极高评价,陆华柏教授所作成的钢琴伴奏谱,流传至今,对国乐乐坛亦一大贡献。"[2]

这一阶段,陆华柏还开始尝试大型声乐作品的写作。先后写成的作品还有清唱剧《汨罗江边》[3]、《大禹治水》(1944),歌剧《牛郎织女》[4](1946)等。这些作品的创作特点是从民间传说和神话故事中汲取创作灵感,与传统文化融合,具有一定的人文精神,气势宏伟。在当时产生较大影响的作品还有1949年创作的合唱曲《挤购大合唱》[5],该曲具有鲜明的时代性,在当时很受群众欢迎。

3. 以电影音乐与声乐套曲创作为主(1949—1950)

陆华柏1949年8月至1950年4月在香港工作,《海的怒吼》(电影《海逝》主题歌),声乐套曲《闹花灯组曲》《解放军,向南开!》《打到台湾去》《解放歌》等都产生于这个时期。陆华柏还为聂耳的《义勇军进行曲》编写了管弦乐合奏谱。这些作品表达了他拥护解放的心情。

4. 以改编民歌为主(1950—1957)

1952年起,陆华柏任华中师范学院(华中师范大学前身)音乐系首任系主任,他的音乐创作以改编民歌作为钢琴教材或声乐教材为主,先后出版了作为钢琴教材的《中国民歌钢琴小曲集》(1952)(相当于小奏鸣曲程

1 陆华柏:《探寻民族风格和声之路——谈谈我的一点创作经验之二》,《黄钟》,1990年第3期,第41—45页。
2 颜廷阶:《中国现代音乐家传略》,台北:绿与美出版社,1992年,第54、131页。
3 《汨罗江边》(伍禾词)曾出版简谱版的主旋律,带旋律的五线谱后收入1944年油印出版的《福建音专合唱教材集》。
4 参陆华柏:《只留下了一首二重唱的歌剧〈牛郎织女〉》,《歌剧艺术》,1991年第3期,第19—21页。
5 参陆华柏:《关于〈"挤购"潮〉大合唱发表后记》,《艺术探索》,1987年第2期。

度)、《简易钢琴曲 新疆舞曲集》(1953),作为声乐教材的《中国民歌独唱曲集》(1957),《湖北民歌合唱曲集》(1957)等。这些作品的共同特点是:曲调来源于民歌,作品风格清新自然,钢琴伴奏为民歌音调提供了很好的衬托,使原始的民歌更加艺术化。1955年创作了管弦乐《康藏组曲》[1],这是陆华柏探索交响音乐民族化的初步尝试,乐曲具有浓郁的民族风格与地方色彩。

(三)蛰伏期(1957—1979)

1957—1979的20多年,陆华柏几乎从音乐界消失了。不过,他并没有放下手中的笔,而是在创作上仍做一点"地下活动",1964年访问广西西南边陲地带那坡县达腊屯彝族人民聚居村寨后,"匿名"创作了一个舞蹈音乐节目《彝族女民兵》,通过那坡县—百色地区——广西壮族自治区层层选拔,1964年,居然还上北京参加了"全国少数民族业余艺术观摩演出"。当时《人民日报》报道过,还配发过舞蹈场面的木刻。[2] "参加全国少数民族业余艺术观摩演出后,包括《彝族女民兵》在内的优秀节目先后在百色、靖西等地进行汇报演出,在二十四天共演出了四十四场,观众近九万人。"[3] "……代表团包括壮、瑶、苗等七个民族共五十余人,演出的节目形式小型多样,具有农村群众业余文化活动的特点,其中有些节目如《彝族女民兵》都是群众所喜爱的。"[4]

漫长的蛰伏期压抑着陆华柏的创作热情,但是,他仍不忘默默耕耘。前不久,笔者在《二十世纪中国音乐美学(文献卷)》中发现了陆华柏的一篇文章《音乐艺术"中西并存"的问题》(此文原载于《人民音乐》1956年第9期),一次偶然的机会笔者又找到了载于1965年《人民音乐》上的《试谈

1　该曲由北京音乐出版社1956年出版,1958年收入莫斯科音乐出版社出版的《中国作曲家管弦乐作品集》。

2　陆华柏:《老年逢盛世 笔下又生辉——作曲家陆华柏自传》,载向延生:《中国近现代音乐家传》第2卷,沈阳:春风文艺出版社,1994年,第502页。

3　《富有革命精神的我区各族业余演员结束巡回演出后回乡生产》,《广西日报》,1965年3月11日第3版。

4　熊树和:《我区代表团启程赴京》,《广西日报》,1964年11月18日第3版。

音乐的内容问题》。从这两篇文章可以看出,陆华柏在音乐创作的同时还注重对音乐美学领域问题的思考和研究。也是在这个特殊的时期,陆华柏刻苦钻研外语,开始着手翻译柏顿绍的《节奏分析与曲式》、该丘斯的《应用对位法》等。翻译这些作曲理论书籍,使陆华柏进一步精通了西洋音乐理论,他的辛勤付出促进了日后西洋音乐理论在中国的传播。陆华柏在此阶段还经常利用下乡采风的机会,接触少数民族地区的民歌,这些原始资料的积累为后来研究广西多声部音乐打好了基础。

二、以理论研究为主的时期(1979—1994)

1979 年,陆华柏重获新生。回忆经历的坎坷,他一方面撰写回忆录,另一方面总结音乐创作经验,还把多年来深入广西民间收集的资料进行整理和分析,发表了多篇研究论文。在进行理论研究的同时,他还创作了以钢琴曲、艺术歌曲为主的作品。

(一)研究广西多声部音乐

陆华柏在蛰伏期通过对广西多声部民歌的实地采风,进行研究发现,广西壮、瑶、侗等族的民歌中都存在着多声现象,虽然尚处于萌芽状态,但毕竟突破了单声音乐的范畴。而这正是我国少数民族民歌音乐文化发达的标志。20 世纪 80 年代,陆华柏先后发表了《广西壮族三、四声部民歌的和声分析》《广西侗族多声部民歌构成的审美特征与规律》等四篇关于广西多声部音乐的学术论文。在《广西侗族多声部民歌构成的审美特征与规律》一文中,陆华柏总结出侗族民歌的审美特征——柔和美,陆华柏还将肖邦钢琴曲 d 小调序曲第 5 小节所采用的和弦与侗族民歌中的"嘎马"音调相比较,认为两者有异曲同工之妙。陆华柏还总结出侗族民歌中"蝉歌"音调的伴唱部分多为持续音,有的甚至长达 46 小节,这样独特的长音衬托与约·塞·巴赫《平均律钢琴曲集》上卷第一首序曲中所采用的持续音具有某些共通之处。"陆华柏运用现代科学技术理论把我国民族音乐的宝藏整理出来,通过研究、总结,作为创作我国新音乐文化重要的根据和基础。他的《论广西多声部民歌》一书在这方面迈出了可喜的一步。"[1]

(二) 总结音乐创作经验

陆华柏在总结音乐创作经验方面发表的文章有《新中有旧 旧中有新——谈谈我的一点创作经验》(《黄钟》1989 年第 4 期)、《探寻民族风格和声之路——谈谈我的一点创作经验之二》(《黄钟》1990 年第 3 期)。他总结的创作经验之一是:"新中有旧——包含着继承,旧中有新——包含着发展"。[2] 为了使作品保持民族风味,陆华柏认为:"如果从音的横向结合考虑,民歌旋律的任何音调片段,都会是带有民族风格特征的因素。在创作中,以这些原材料和它的衍生材料进行自然模仿、移位模仿等交织迎合,可以充分保持整个乐曲统一的民族风格,我称这种作曲法为'随机模仿和声法'。"[3] 这是他总结的第二条创作经验。笔者通过对陆华柏音乐作品的分析发现,陆华柏的每一部作品都包含着"继承"与"发展",继承我国传统的优秀民族文化,作品具有鲜明的民族风格,又发扬这些民族精华,勇于借鉴西洋作曲技法。他用"随机模仿和声法"写出的作品有浓郁的民族风格,对西洋作曲技法的借鉴又使作品风格在扎根民族的基础上颇具创新。

(三) 撰写回忆录

在这些回忆录中,有回忆抗战时期桂林音乐文化活动的,如《抗战时期桂林文化城群众歌咏活动纪实——我参与了的和记得起的一些群众歌咏活动》[4]《抗战中期广西艺术馆的音乐活动》[5] 等;有回忆与音乐家交往

---

1 贺绿汀:《〈论广西多声部民歌〉序》,《艺术探索》,1988 年第 1 期,第 1—3 页。

2 陆华柏:《新中有旧 旧中有新——谈谈我的一点创作经验》,《黄钟》,1989 年第 4 期,第 21—24 页。

3 陆华柏:《探寻民族风格和声之路——谈谈我的一点创作经验之二》,《黄钟》,1990 年第 3 期,第 41—45 页。

4 《广西新文化史料》编辑部编:《广西新文化史料》,纪念中国共产党诞生 70 周年特辑,第 54—59 页。1991 年第 1 期。

5 原载《广西日报》1982 年 11 月 10 日,后收入《桂林文化城纪事》,广西社会科学院主编,1984 年,第 454—457 页,漓江出版社。

的，如《我也想起张曙同志》(《湘江歌声》1980 年第 1 期)、《吴伯超抗战初期在桂林》(《音乐艺术》1989 年第 4 期)、《陈啸空先生的〈湘累〉》(《黄钟》1994 年第 2 期)等；有回忆当年工作情形的，如《贺绿汀 1932—1933 年在武昌艺专任教时的情况》(《星海音乐学院学报》1990 年第 3 期)、《介绍广西艺术师资训练班音乐组》(《1937—1945 抗日战争时期音乐资料汇集》，西南师范大学出版社 1985 年版)等；还有回忆创作经历的，如《只留下了一首二重唱的歌剧〈牛郎织女〉》《建国之初我为中华人民共和国"代国歌"——〈义勇军进行曲〉和声、配器的感受》等。回忆录方面的文章还有关于他抗战时期的文章《所谓新音乐》所引发问题的思考等。陆华柏在回忆录中以自己的亲身经历书写历史，为后人研究提供了珍贵资料。

(四) 兼顾音乐创作

该时期陆华柏虽以理论研究为主，但仍兼顾音乐创作。他的音乐创作以钢琴曲、艺术歌曲为主，作品歌颂新生活给人们带来的欢乐。主要作品有钢琴曲《东兰铜鼓舞》《西藏小品》，单簧管与钢琴二重奏《侗乡欢庆舞》，艺术歌曲《小黄鹏鸟》《桂林之歌》等。1989 年，创作了艺术歌曲《游思集》，"这部作品首次出现了'双调性叠置的创作技法"，[1] 具有"印象派"风格倾向。

*　　*　　*

上文把陆华柏的创作分为两大时期，这并不是绝对的。从文中也可以看到，陆华柏每一时期的成果都涵盖了音乐创作与理论研究两大部分，只是侧重点不同而已。创作时期的划分是从主要层面上进行的。由于陆华柏经历坎坷，有不少文字、曲谱仍处于散失状态。随着资料收集、研究工作的不断进展，对陆华柏创作特点的分析也将会更加透彻。

---

[1]　参戴鹏海：《陆华柏音乐年谱》，广西艺术学院内部印刷，1994 年，第 146 页。

陆华柏青年时代的交往人群对其音乐人生的影响

在笔者从事多年的陆华柏研究中,多年萦绕脑海的一个问题是:陆华柏一生勤奋,在多方面取得成就,是什么样的世界观人生观使他努力一生,是什么样的动力或者是精神支柱使他几十年如一日,坚持教学、音乐创作,音乐理论研究? 回想起陆华柏夫人甘宗容和笔者说过的话:"陆华柏每天必做三件事:弹琴,学英语,写东西。"[1] 更让笔者感到在陆华柏每天坚持做这三件事情的背后,一定是有榜样力量或是内心强烈的精神支柱在鼓舞激励着他。而当笔者在陆华柏先生大海一般的遗稿中,看到他曾经在戴鹏海先生写的《人品与文品的和谐统一——为贺绿汀同志从事音乐活动 65 周年而作》[2] 一文注上密密麻麻的标记,仿佛在忽然间找到答案——或许,贺绿汀正是陆华柏人生道路上的榜样和指路明灯! 陆华柏交往的音乐友人对他的人生产生过重要影响!

20 世纪 80 年代至 90 年代初,陆华柏写了不少回忆录,其中有不少是对青年时代交往过的音乐友人的回忆,如《我也想起张曙同志》《吴伯超抗战初期在桂林》等。这些回忆录在帮助我们了解陆华柏的同时,真切感受到贺绿汀、冼星海、张曙、吴伯超等人对陆华柏音乐人生的影响。陆华柏青年时代的交往人群,在一定程度上影响了他的音乐人生。

本文中,笔者将陆华柏的青年时代框定为 17 岁(1931 年)考入私立武

---

1   2004 年 1 月 16 日,笔者第一次赴广西南宁陆华柏故居收集资料时,陆华柏夫人甘宗容(曾任广西艺术学院院长,声乐教育家)与笔者的谈话。

2   此文为戴鹏海先生所写,发表于《艺术探索》(广西艺术学院学报),1989 年第 6 期。

昌艺术专科学校求学至 30 岁(1944 年)于福建音乐专科学校工作期间。这段时间,陆华柏从一位刚刚接触音乐的青年成长为福建音乐专科学校的一名教授。期间,贺绿汀、缪天瑞、冼星海、张曙、吴伯超等人与他的交往或共事,都对他的音乐人生产生过十分重要的影响。

一、对学习态度及从事翻译工作的影响

1931 年,陆华柏考入私立武昌艺术专科学校艺术师范科,1934 年毕业留校任教。短短三年时间,武昌艺专的老师们尤其是贺绿汀、缪天瑞等人对待学问的态度影响了青年时代正在世界观人生观建立时期的陆华柏。

"我读书的那几年,恰恰是处在这所高等艺术学府'兴盛'时期——学习空气极为浓厚,音乐方面可说名师如云,贺绿汀(音乐理论)、缪天瑞(音乐理论)、陈啸空(声乐)、陈田鹤(作曲)"。[1] 陆华柏在一篇回忆录中忆及读书时,武昌艺专校长唐粹庵对一些晚归学生说的话:"校长指着贺绿汀老师宿舍仍有灯光的窗子说,你们要学习这位老师分秒必争的刻苦钻研精神,把有用的时光花在学业上……武昌的夏天酷热难当,人们常见贺老师蹲在他房里的凳子上,一方面以扇驱蚊,一方面挥汗译书。有时甚至坚持工作,彻夜不眠。"[2]

贺绿汀的勤奋刻苦给陆华柏留下深刻印象:"当时,武昌艺专只有几架旧钢琴,我们都以学校排的练琴时间太少为苦。贺老师出了个主意,叫我们几个人合起来租一架钢琴轮流练,他也参加一份,于是我们三个学生加上贺老师和另一位老师,向汉口琴行租了一架钢琴,大家轮流去弹。"[3]。

---

1 杨霜泉、粟仲凯、陆华柏(执笔):《贺绿汀老师 1932—1933 年在武昌艺专任教时的情况》,《星海音乐学院学报》,1990 年第 3 期,第 1—3 页。
2 同上。
3 同上。

武昌艺专求学时,陆华柏家境贫穷,1932年秋季开学由于交不起学费有辍学之虞,贺绿汀同情这位学生,向校长提议,让陆华柏刻写和声学教材的蜡纸抵免学费。校长接受了这一建议,后来陆华柏每天早上到贺老师房里去取译稿刻写。陆华柏做事认真的态度也给贺绿汀留下深刻印象。1988年,贺绿汀在为陆华柏题写《〈论广西多声部民歌〉序》中写道:"记得1932年我在武昌艺专任教时,他还是该校一名附中学生。我翻译一本E·普劳特的《和声学理论与实用》作教材,他就不断地把译稿刻写成蜡纸油印讲义,连文带谱一丝不苟。那时候他就表现出了严肃认真刻苦学习的精神。"[1]

正是在这样的学习氛围中,陆华柏虽然仅在武昌艺专学习了三年,却打下了坚实的音乐基础,为日后从事音乐创作奠定基石。陆华柏与贺绿汀的友谊贯穿在他们的每一个年龄段。陆华柏十分崇敬贺绿汀对待学习的执着精神。他在《贺绿汀——乐人印象之二》[2]中写道:"……唱片公司让其灌唱片,刊物刊登其作曲,报章杂志发其文章,贺先生一时成了红音乐家。但贺绿汀先生仍然十分勤奋地跟着黄自先生学习,这种精神,是可敬佩的"。

在陆华柏先生遗稿中,有一叠卡片记载着陆华柏生前联系的友人的姓名、通信地址及电话。记载着贺绿汀的地址的卡片赫然醒目于第一页。可见贺老在陆华柏心目中的重要地位。

武昌艺专求学时,缪天瑞先生曾教过陆华柏复调、曲式、音乐史课程。陆华柏曾在回忆录中这样写道:"缪天瑞是一位渊博的学者,当时已将柏顿绍的《音乐教程》第一部分《乐理初步》译成中文,贺绿汀教书时就用此教材。"[3]1943年起,陆华柏任福建音乐专科学校教授,当时缪天瑞是教务

1　贺绿汀:《〈论广西多声部民歌〉序》,《艺术探索》,1988年第1期,第1—3页。

2　载《中国新报》,1946年7月2日"文林"副刊。

3　杨霜泉、栗仲凯、陆华柏(执笔):《贺绿汀老师1932—1933年在武昌艺专任教时的情况》,《星海音乐学院学报》,1990年第3期,第1—3页。

主任,陆华柏称"缪天瑞不但是个温文尔雅的学者,而且办事有条理,精细周到,有管理学校、领导教学工作的才能。"[1]福建音专时期,缪天瑞与陆华柏的关系从武昌艺专时的师生关系转化为同事关系,他的渊博学识与翻译方面的工作对陆华柏影响很大。当时,缪天瑞与陆华柏相约,将柏顿绍著音乐学课程全部译出来作为教本,缪天瑞译第一部,陆华柏译第二部,他们的另一朋友译第三部。后来负责第三部的同志一直没有动笔,第三部《节奏分析与曲式》也由陆华柏翻译[2]。

与贺绿汀以及缪天瑞等人的交往,对陆华柏后来漫长一生孜孜追求的勤勉学习态度是有一定影响的。陆华柏一生创作了300多部(首)作品,写作了150多篇音乐文论,另有译著四部,诸多成果出自勤奋,源自刻苦。严谨治学态度的养成与他青年时代交往的老师如贺绿汀、缪天瑞等人对待学术的态度与品格有一定关系。

二、对音乐创作的影响

青年时期的陆华柏,曾与冼星海、张曙有交往。陆华柏与他们的交往对其音乐创作产生影响。1937年初夏,陆华柏与冼星海、张曙在南京邂逅,共同探讨音乐创作。"我们第一次见面,大家都很热诚。我当时是个二十二三岁的青年人,张曙比我大几岁,星海更大一点。我们一面吃饭一面谈论作曲上的问题,他们两人诚恳直率态度,给我留有深刻印象。"[3]

"星海告诉我,他已经写了两百多首音乐作品。我是不久前才从私立

1　陆华柏:《抗战后期的"福建音专"》,《音乐艺术》,1990年第2期,第49—53、61页。
2　可参考陆华柏译著《应用对位法》编译者序,《和声与对位》译者序。陆华柏共有四本译著,其中正式出版的有两本:《和声与对位》,(柏顿绍著,陆华柏译),上海:新音乐出版社,1953年,北京:人民音乐出版社,1984年重印;《应用对位法》(上卷,创意曲,柏西·该丘斯著,陆华柏编译),北京:人民音乐出版社,1986年。另两本为油印本,曾作为广西艺术学院音乐系作曲教研室参考资料:《对位法初步》(基特森著),1977年;《节奏分析与曲式》(柏顿绍著),1978年。
3　陆华柏:《回忆我和冼星海、张曙的一点交往》,《星海音乐学院学报》,1990年第1期,第10—11页。

武昌艺专毕业留校工作的一个尚未脱'学生型'的青年人,羞于谈自己的创作。不过我那时已陆续在缪天瑞先生主编的《音乐教育》月刊(江西)上发表了十几首作品。我写的独唱歌曲、合唱歌曲、儿童歌曲,甚至抗日内容的群众歌曲,都是用的五线谱,并附有钢琴伴奏。当时星海的不少作品已广为流传,我很钦慕。谈话中,星海说注意到我刚发表的一首歌曲《抵抗》,他态度诚恳地指出,'例如此曲,你用了 6/8 拍子,这种节奏是不大众化的,所以不容易流传。'"[1] 对于冼星海的建议,陆华柏之后回忆道:"我当时在拼命钻探西洋作曲理论,虽然也关心抗日救亡活动,却与工农劳苦大众没打过交道,所以我认为他们的批评是对的。后来我注意了这方面的问题,用简谱形式发表的《战歌》《保卫大西南》等,就在桂林一带群众中广泛流传了。"[2]

虽然我们无法证明陆华柏在抗战时期从事群众歌曲创作完全受冼星海影响,但冼星海对与陆华柏音乐创作方面的建议(诸如用简谱创作从而扩大推广程度)显然是起了作用的。正如陆华柏所说,"我在桂林后创作的群众歌曲,就由于注意了大众化,当时在群众中流传。"[3]

确实如此,抗战时期是陆华柏音乐创作的第一个高峰,陆华柏以极大的创作热情投入到抗战音乐创作的洪流中:1937 年冬在桂林象鼻山下创作的歌曲《故乡》,1938 年又创作了他的姊妹篇《勇士骨》,"居住在桂林或是在桂林参加过音乐会的歌唱者,几乎女高音无不唱《故乡》,男高音无不唱《勇士骨》"。[4] 也正是在冼星海等人的指引下,陆华柏在桂林还创作了不少群众歌曲,他的《战!战!战!》《磨刀歌》,都发出了迎接抗战,投入战争的豪迈歌声。[5] 陆华柏在桂林创作的群众歌曲《保卫大西南》《广西学

---

1 陆华柏:《回忆我和冼星海、张曙的一点交往》,《星海音乐学院学报》,1990 年第 1 期,第 10—11 页。
2 同上。
3 同上。
4 李岚清:《李岚清音乐笔谈 欧洲经典音乐部分》,北京:高等教育出版社,2004 年,第 103 页。
5 陈应时、陈聆群:《中国音乐简史》,北京:高等教育出版社,2006 年,第 325 页。

生军歌》等,推动了广西乃至全国抗日救广音乐活动的开展,为抗战音乐做出了杰出的贡献。[1]

与音乐友人的交往和共事,也为陆华柏从事民族音乐创作提供方向。1942 年,陆华柏所在福建音专同仁中,同事王沛纶拉得一手好二胡,刘天浪弹得一手好三弦,他们两人又有较好的西洋音乐理论修养。因为有这个有利条件,陆华柏开始致力于民族器乐现代化和欧洲室内乐体裁民族化的尝试。[2] 1944 年,陆华柏开始尝试改编古曲《普庵咒》《击鼓催花》《梅花三弄》为二胡、三弦、钢琴三重奏,这些作品于 20 世纪 50 年代出版,书名为《二胡 三弦 钢琴三重奏曲集》[3]。

福建音专时期,陆华柏还逐一为刘天华十首二胡曲编写了钢琴伴奏,我们可以从当时的节目单[4]中发现这些被配上了钢琴伴奏的作品被广泛演奏,取得了很好的艺术效果和社会反响。陆华柏在《抗战后期的福建音专》[5]中写道:"王沛纶和我对刘天华的全部二胡曲做了深入研究,他整理和编注了新的弓法、指法,我则为一首首二胡曲编写了钢琴伴奏谱。我们先后通过在永安、沙县的实际演奏,以检验其结果。"

试想,如果陆华柏的交往人群中没有这些从事民族器乐演奏的友人如王沛纶、刘天浪等,陆华柏或许也不会想到将古曲编写成二胡、三弦、钢琴三重奏;即使这些作品能够被写出来,恐怕也鲜有人能与其进行重奏,更无从知晓编曲效果究竟如何。因此,陆华柏的交往人群实际上为他从事的民族音乐的改编创作工作提供了一把金钥匙。

---

1 丁卫萍:《简论陆华柏抗战时期的群众歌曲创作》,《音乐与表演》(南京艺术学院学报),2009年第 3 期,第 15—20 页。

2 戴鹏海:《陆华柏音乐年谱》,第 51 页,广西艺术学院内部印刷,未公开出版,1994 年。

3 《二胡 三弦 钢琴三重奏曲集》,上海:新音乐出版社,1952 年。

4 可参考丁卫萍:从 20 世纪四五十年代的音乐会节目单看陆华柏的音乐活动,《人民音乐》,2011年第 7 期。

5 《抗战后期的"福建音专"》载《音乐艺术》1990 年第 2 期。

三、对从事指挥等方面的影响

1937 年，经画家徐悲鸿介绍，陆华柏和几位音乐友人来到桂林。陆华柏在桂林时期交往友人有吴伯超、满谦子[1]、张帆、聂绀弩[2]等。陆华柏在广西桂林的时间段为 1937—1942 年，当时的他血气方刚，显示出蓬勃的艺术创造力。他在广西艺术师资培训班担任教学，广泛参加群众性的抗战音乐活动[3]。当我们在了解了吴伯超等人的事迹和贡献时，我们也就不会怀疑当时陆华柏毫不犹豫地投入到抗战音乐活动在很大程度上极可能与他当时交往的友人相关。

1938 年起，陆华柏在广西桂林艺术师资训练班（今广西艺术学院前身）任教，与吴伯超同事。吴伯超（1903—1949）是北京大学附设音乐传习所首届毕业生，曾随萧友梅学音乐理论，从刘天华学二胡、琵琶，从嘉栀学钢琴，1931 年获比利时"庚款奖学金"，去该国学习作曲、指挥，曾获和声考试一等奖。吴伯超于 1937 年抗战开始后去桂林，主持广西艺术师资训练班工作。陆华柏与吴伯超的交往对他指挥技艺学习带来直接帮助。

"在广西艺术师资培训班时期，吴伯超除了教合唱、视唱、和声等课外，还在当时桂林版《扫荡报》上的双周刊《抗战音乐》发表《歌咏队的指挥法》[4]一文，一共连载了五期，实际上每次都由他口讲，我代为执笔写的。

1　满谦子，广西现代艺术教育拓荒者与开拓者之一，广西艺术学院创始人之一。2008 年 10 月 25 日，广西艺术学院举行了"隆重纪念艺术教育家满谦子先生诞辰 105 周年"纪念活动，可参考陈志：《深切缅怀永远纪念——"隆重纪念艺术教育家满谦子先生诞辰 105 周年大会"会议综述》，《艺术探索》2008 年第 6 期。

2　陆华柏于 1986 年 4 月 3 日写作的《悼忆聂绀弩同志》（手稿，未发表）中这样写道："大约 1942 年光景，我和绀弩的第一次交往，事先并未报姓名，高谈阔论，经诗人伍禾介绍，才知道他就是久仰的作家聂绀弩。"此文主要论及陆华柏与聂绀弩的交往，盛赞聂高尚人品。

3　可参考陆华柏：《抗战中期广西艺术馆的音乐活动》，原载《广西日报》，1982 年 11 月 10 日第 3 版，后收入《桂林文化城纪事》，桂林：漓江出版社，广西社会科学院编，1984 年；《我协助剧宣七队演出的回忆》，《南天艺术录》（广东党史资料丛刊编辑部编，1988 年）；《抗战时期桂林文化城群众歌咏活动纪实》，《广西新文化史料》，1991 年第 3 期。

4　此文 1939 年 1 月在广西桂林《扫荡报》副刊"抗战音乐"栏目发表，分 7 次连载。

我通过这一工作,也初步了解到他在欧洲大陆学习的指挥法体系。"[1]由此可见,陆华柏与吴伯超的交往对陆华柏从事指挥活动形成重要影响。1939年5月,吴伯超在桂林组织了第一个管弦乐队,陆华柏在乐队中担任钢琴演奏。耳濡目染同事吴伯超的指挥活动,为陆华柏的指挥技艺的提高带来很大帮助。

从陆华柏先生音乐文论中论及桂林时期与其他友人的交往并不多,可以知晓的是,张帆原名张安治,为徐悲鸿的秘书,歌曲《故乡》词作者。2008年,笔者从陆华柏故居找到一些旧照片,其中就有陆华柏与张帆及家人于20世纪80年代的合影。陆华柏与张帆的交往使歌曲《故乡》得以诞生于抗战烽火,到了纪念反法西斯暨抗战胜利70周年的今天,这首歌曲依然历久弥新,久唱不衰。

四、用实际行动追随音乐友人的脚步

陆华柏青年时代的交往人群对他的影响还表现在,他演出音乐友人的作品,写作音乐评论文章纪念音乐友人;他还改编音乐友人的作品,为这些作品编写钢琴伴奏谱和管弦乐队总谱;他热爱朋友们创作的音乐,推广弘扬他们的音乐,陆华柏以实际行动追随音乐友人的脚步。

1938年,陆华柏和张曙再次在桂林相遇,几天后张曙及爱女在桂林遇难。为了表达对张曙的纪念和尊敬,陆华柏把张曙的《壮丁在前线》编为混声四部合唱,在桂林多次演唱,并将此曲以简谱形式发表在桂林《音乐与美术》1940年第3期。陆华柏与张曙虽然交往不多但感情颇深。20世纪70年代末,陆华柏故地重游,想起30年代与张曙交往时的情景,不禁潸然泪下,感慨时光岁月带来的沧桑。他在《我也想起张曙同志》[2]中这样写

---

1 陆华柏:《吴伯超抗战初期在桂林》,《音乐艺术》,1989年第4期,第35—37页。
2 陆华柏:《我也想起张曙同志》,《湘江歌声》,1980年第1期。

道："一直到 1976 年春,我偶得机会到桂林独秀峰下小住半月,听说张曙妇女的坟解放后早已迁葬于七星岩侧,我一人前往探寻凭吊,发现墓地遭受破坏,荒芜失修,景象凄凉……我茫然徘徊在张曙墓道时,耳边响起了《丈夫去当兵》《卢沟问答》《壮丁上前线》……"

贺绿汀长久以来一直是陆华柏最景仰和尊重的。当 1989 年戴鹏海先生的《人品与文品的和谐统一》[1] 一经刊出,陆华柏读罢此文后在一篇手稿(未发表)中这样写道："我在 30 年代当过贺老的学生,半个多世纪以来一直关注着老师的行踪。贺老一生的活动,革命与音乐始终伴随,还涉及创作、理论批评和音乐教育(教学、办学)等广泛领域。贺绿汀,'绿汀'就是绿色小湖的意思,我们说,绿汀不是小湖,是沃野千里的大地,这正说明他的事业与影响极为辽阔。"陆华柏在文中表达了对贺绿汀的崇敬之情,谁又能否认,贺老的这些品格,没有在陆华柏身上发扬传承呢?陆华柏虽为贺绿汀学生,实则同龄人。陆华柏在音乐创作、音乐教育等多方面取得成就,这些又如何能离开像贺绿汀这样亦师亦友的朋友对他多少年来的鼓励、关怀和彼此间的相互理解呢!

1943 年,陆华柏为贺绿汀先生的作品《垦春泥》编配钢琴伴奏及编写管弦乐队伴奏谱。陆华柏曾高度评价贺绿汀及他的作品："贺绿汀先生的作品,在技巧方面有高度的西洋音乐理论作基础,在内容方面,充满了中国农村的纯朴的气息,我想称他为'中国农民的音乐家',我相信他会满意我这样的称谓。读者如听过像《垦春泥》这样的单纯、热情、健康的合唱曲,或者也会同意我这种说法罢。"[2] 时隔 40 多年后的 1987 年,陆华柏又为《垦春泥》写作了管弦乐队伴奏谱,同年还为贺绿汀的另一首作品《游击队歌》编写管弦乐队伴奏谱。陆华柏还于 1954 年将贺绿汀的《牧童短笛》改编为单簧管独奏曲。

1　戴鹏海:《人品与文品的和谐统一》,《艺术探索》,1989 年第 6 期。
2　陆华柏:《贺绿汀——乐人印象记之二》,《中国新报》,1946 年 7 月 2 日第 4 版。

当音乐友人故去,陆华柏更是用实际行动表达对他们的追思与怀念。他通过悼念文字和指挥冼星海不朽的作品《黄河大合唱》来怀念冼星海:"1945 年 10 月 23 日,冼星海因肺疾医治无效在苏联逝世,第三年(1947年 1 月)我指挥江西省体专音乐专科学生合唱团在南昌湖滨圣公园会(教堂)公开演唱了冼星海的全部《黄河大合唱》,并在《中国新报》1947 年 1 月 10 日第五版发表了《〈黄河大合唱〉练习记》,这也是表示我对冼星海的敬意和纪念。"[1] 1951 年,陆华柏还为冼星海的《黄河怨》写作钢琴伴奏谱。

下面将陆华柏改编音乐友人作品情况列表如下(以时间先后为序)[2]:

表 3   陆华柏改编音乐友人作品情况

音乐友人姓名	作品名称	改 编 内 容	改编年月
张 曙	《壮丁上前线》	混声四部合唱	1938 年
冼星海	《军民大合唱》	写作管弦乐总谱	1940 年
贺绿汀	《可爱的故乡》	改编为女声三部合唱	1940 年
冼星海	《生产大合唱》	配器	1942 年
贺绿汀	《垦春泥》	编写钢琴伴奏	1943 年
陈田鹤	《满江红》	编写管弦乐伴奏谱	1943 年
张 曙	《日落西山》	编写钢琴伴奏	1943 年
冼星海	《黄河怨》	编写钢琴伴奏	1951 年
贺绿汀	《牧童短笛》	单簧管协奏曲(根据贺绿汀原作改编)	1954 年
贺绿汀	《垦春泥》	编写管弦乐队总谱	1987 年
贺绿汀	《游击队歌》	编写管弦乐总谱	1987 年

这些经陆华柏配器和改编的贺绿汀等人的作品虽未正式出版,但陆华柏曾多次带领学生将改编后的作品进行演出。这些作品表达了陆华柏

---

1   陆华柏:《回忆我和冼星海、张曙的一点交往》,《星海音乐学院学报》,1990 年第 1 期,第 10—11 页。

2   此表根据戴鹏海《陆华柏音乐年谱》整理。《陆华柏音乐年谱》,1994 年,广西艺术学院内部印刷,未公开出版。

对音乐友人及他们的作品的喜爱,也见证了陆华柏和他们的友谊。另外,上文提到陆华柏在福建音专时有一位陈啸空老师,在陈啸空逝世后,陆华柏十分怀念他,为他的歌曲《湘累》配写钢琴伴奏,并写了篇幅较长的纪念文章。[1] 这些都代表了陆华柏与音乐友人之友谊。

＊　　＊　　＊

陆华柏先生是 1994 年逝世的。2004 年,笔者去广西南宁陆华柏故居中收集资料时,陆华柏夫人甘宗容老师说,1994 至 2004 的 10 年间,陆华柏所有遗稿都维持着他生前摆放样子,10 年来无人问津。2004 年至今,又是十多年过去了,这 10 年中,虽然有零星陆华柏研究成果面世,但在陆华柏先生如山一般的遗稿面前,这些研究成果显然是微不足道的。今天,我们来追忆陆华柏,探讨他青年时代的友人对他人生的影响,并不是要通过这些闪亮的名字抬高陆华柏,也并不是要借此为陆华柏证明什么;笔者并不想将陆华柏从一个"鬼",提升到一名"神",而是在还原历史真相,将陆华柏还原成一个真实的"人"[2]。

通过陆华柏撰写的回忆录,我们了解到,陆华柏青年时代的交往人群对他音乐人生产生的影响。陆华柏关于音乐友人的回忆录也折射出音乐友人的高尚品格。[3] 陆华柏勤奋好学,积极探索民族音乐创作,全身心投入音乐教育事业,多方面取得丰硕成果,都与他青年时代的交往友人分不开。俗话说:"近朱者赤。"陆华柏长期交往的志同道合的朋友是他漫漫一生中,即使身处逆境几经沉浮但仍然坚定信念,音乐友人的学术品格给了陆华柏坚忍不拔的毅力和强大的精神支柱,支撑着他颠沛流离的一生。

1　陆华柏:《陈啸空的〈湘累〉》,《黄钟》,1994 年第 2 期。该文为陆华柏先生遗稿,刊出时陆华柏已作古。《黄钟》刊登此文,亦是表达对武汉音乐学院老校友陆华柏的追思与感怀——笔者。

2　2010 年 11 月,笔者在福建厦门参加中国音乐史学年会做陆华柏研究专题汇报后,大会主持人李岩先生对笔者的希望是:"希望你进一步弄清楚陆华柏是如何被变成一个'鬼';希望你不要把陆华柏变成一个'神',希望你能将陆华柏还原成一个真实的'人'"。由此引发笔者思考和上述文字。

3　丁卫萍:《陆华柏著述研究综述兼及音乐文论方面的贡献——为陆华柏先生诞辰 95 周年暨逝世 15 周年而作》,《人民音乐》,2009 年第 11 期,第 67—69 页。

至此,笔者仿佛完成了和陆华柏先生的一次心灵对话,似乎看着陆华柏正从一个英姿勃发的青年一路走来……1957 年,陆华柏被错划为"右派",从此他的名字和作品被学界淡忘,陆华柏先生仿佛已经沉睡了很多年。

居其宏先生在一篇音乐杂文《中国音乐:2020 随想》中写道:"此时的年轻学者已经完全不知道在 20 世纪中国音乐史上曾经吵吵嚷嚷了整整一个世纪的'左''右'之争及与此相关的'左派''右派'到底是怎么回事……那时人们已经坚决摒弃了在左右问题上的这种'20 世纪中国式理解',更乐意用其他更少政治色彩的名词概念来代替它,或者还'左''右'以'本来面目'。"[1]

在陆华柏逝世 20 年后的今天,人们正在提起他,追忆他[2]。探寻陆华柏青年时代的交往人群对其音乐人生的影响,旨在还历史以"本来面目",让人们进一步了解青年时代真实的陆华柏。

1　居其宏:《笑谈与独白——音乐杂文、散文选》,北京:中央音乐学院出版社,2006 年,第 97 页。
2　可参阅匡学飞:《怀念恩师陆华柏教授、曾理中教授》,载《黄钟》(武汉音乐学院学报),2014 年第 4 期;王晓宁、庞小连:《桂林抗战时期陆华柏的音乐创作与成就》,《艺术探索》,2014 年第 6 期;李莉:《陆华柏的作曲专业教学》,《艺术探索》,2014 年第 6 期等。

满怀赤诚　执着追寻
——1949 年后陆华柏的艺术追寻与心路历程

　　目前,学界关于音乐家陆华柏(1914—1994)研究,主要集中在他的音乐文论《所谓新音乐》[1]研究、陆华柏在音乐教育方面贡献研究[2]及部分音乐作品研究[3],且相关研究成果越来越深入并受到学界重视。[4] 本文从陆华柏的心灵深处进行考察、探寻,通过从陆华柏故居收集到的思想汇报、信件等史料入手,对陆华柏的心路历程进行梳理,以期增进学界对陆华柏艺术人生的认识。

　　1914 年 11 月 26 日,陆华柏出生于湖北荆门一个普通家庭。陆华柏一

1　《所谓新音乐》,是陆华柏于 1940 年 4 月 21 日发表在广西桂林《扫荡报》"瞭望哨"上的一篇千字杂文。文章刊出后即受到李凌、赵沨等人的严厉批评。可参李凌(署名绿永):《我们应该怎样来理解新音乐与新音乐运动——并答陆华柏先生》,载《新音乐》1941 年 1 月第 2 卷第 4 期;赵沨《释新音乐——答陆华柏君》,《新音乐》1940 年 9 月第 2 卷第 3 期。以上两篇均收入张静蔚:《搜索历史——中国近现代音乐文论选编》,上海:上海音乐出版社,2005 年,第 261—268 页、第 243—246 页。有关《所谓新音乐》的研究,可参笔者《陆华柏研究述评》,《天籁》(天津音乐学院学报),2009 年第 4 期,第 118—124 页。

2　丁卫萍:《陆华柏在音乐教育方面的贡献》,《音乐艺术》2014 年第 3 期,第 40—47 页;任颖佳:《陆华柏的音乐教育主张及其当代价值》,桂林:广西师范大学 2015 年硕士论文。

3　参阅施咏:《中西调和 相得益彰——陆华柏配〈刘天华二胡曲集〉(附加钢琴伴奏谱)研究》,《音乐研究》,2009 年第 2 期,第 86—95 页;李艺楠:《陆华柏配〈刘天华二胡曲集(钢琴伴奏谱)〉之研究》,东北师范大学 2008 年硕士论文;韦柳春:《春满漓河浪花飞　民族情韵永流长——陆华柏钢琴作品〈漓河之歌〉试析》,《黄钟》2012 年第 3 期,第 146—151 页。

4　近年来,涌现了系列陆华柏研究论文,如在陆华柏诞辰 100 周年的 2014 年,广西艺术学院学报《艺术探索》第 6 期刊载了系列研究论文 5 篇:王晓宁的《桂林抗战时期陆华柏的音乐创作与成就》、丁卫萍的《陆华柏在广西艺术学院》、徐希茅的《敬业、执着、勇于探索的楷模——纪念陆华柏先生逝世 20 周年》、李莉的《陆华柏的作曲专业教学》、徐辉强的《陆华柏钢琴曲集的创作特征》;另有匡学飞的《怀念恩师陆华柏教授、曾理中教授》,载《黄钟》,2014 年第 4 期。

生历经中国极为动荡的社会变化,他的音乐生涯时而冲向耀眼的辉煌,时而又陷入泥泞的深渊。陆华柏曾自称是"动荡的大时代中一位搞音乐的知识分子小人物"[1],我们可以从中领略几分辛酸。1994 年 3 月 18 日,走过八十个春秋风雨人生的陆华柏先生,长眠于广西南宁那片他深爱的热土。

从 1949 年起,他的心路历程具有那一代知识分子的共性:既经历了新中国成立初期的欢欣鼓舞,也品尝了 1957 年"反右"之后被无端迫害带来的压抑。虽然 1977 年陆华柏迎来春归大地的精神世界,但他的内心又由于一些特殊历史事件[2]而一度陷入彷徨苦闷,从而使陆华柏的心灵具有鲜明的个性遭遇。在洞察 1949 年后陆华柏心路之前,此将 1949 年前他的音乐人生作简要回顾。

陆华柏 1934 年毕业于私立武昌艺术专科学校艺术科,留校任教。1937 年暑假在南京访友时与友人组成"雅乐五人团",由画家徐悲鸿推荐,于抗日战争全面爆发前夕去广西。1937—1942 年间,陆华柏在广西从事推广音乐工作并在广西艺术师资训练班(广西艺术学院前身)任教,积极参加抗战活动,创作了包括《故乡》《勇士骨》在内的艺术歌曲及《保卫大西南》《磨刀歌》等抗日群众歌曲,在桂林抗战文化史上写下光辉篇章。1943—1945 年间,陆华柏任教国立福建音乐专科学校,音乐创作与教学工作进行顺利。1946 年至中华人民共和国成立前,陆华柏在江西体育专科学校及湖南音乐专科学校、香港等处任教[3]。

1　戴鹏海先生编:《陆华柏音乐年谱》,广西艺术学院 1994 年内部印刷,其扉页题记:"动荡的大时代中一个搞音乐的知识分子小人物的活动与遭遇"。

2　即由于《所谓新音乐》带来的风波。1984 年,《所谓新音乐》原文被重新发现,再次引起了陆华柏内心波澜。据陆华柏《读李凌同志〈旧题新论〉有感》,《上海音讯》,1986 年第 3 期记载,《所谓新音乐》原文是这样被发现的:"几年前,在一所音乐学院的音乐学系编辑中国现代音乐史文字资料,总想找到这篇李凌同志称之'新音乐理论战线上的第一次交锋'进行重点批判并且多次提到的'反面教材'作为附录。他们作了极大的努力,曾两度深入北京图书馆报刊仓库,上穷碧落下黄泉,居然像海底捞'黑匣子'一样找到了四十年前——1940 年 4 月 21 日(星期日)在桂林出版的这张《扫荡报》!但是读完之后,他们不免感到有点惊讶和困惑:原文('黑匣子'里的原始记录)并不能有力地证实李凌同志当年批判文中所引我的话,恰恰相反,许多话原文里竟没有!"

3　关于陆华柏 1949 年前的人生经历,参见:戴鹏海编《陆华柏音乐年谱》;丁卫萍《陆华柏在音乐教育方面的贡献》,《音乐艺术》2014 年第 3 期,第 40—47 页。

笔者将 1949 年作为探索陆华柏心路历程的重要年份,主要是根据陆华柏写于 1993 年 12 月 16 日的手稿。在这份标题为《陆华柏各个时期有代表性的音乐作品》手稿中,他将自己的人生阶段做如下分期:第一阶段"解放前";第二阶段"解放—划右派";第三阶段"再度回到广西(1963—现在)"。鉴于此,笔者在尊重陆华柏人生分期的基础上,根据陆华柏实际音乐生涯和社会时事变化,将 1949 年后陆华柏心路历程再细分为以下三个阶段:1949—1957 年;1957—1977 年;1977—1994 年。

一、1949—1957 年:满怀赤诚,谱写新篇

1949 年上半年,陆华柏在湖南音乐专科学校任教。长沙解放前夕,陆华柏因收到有人冒充贺绿汀、李凌从香港发来的一份假电报而来到香港。[1] 在香港,他得到地下党组织的帮助,在永华影片公司任作曲专员,并担任香港音乐院院长一职。1949 年 10 月,香港六国饭店举行港九音乐界庆祝中华人民共和国成立大会,由陆华柏主持,他在会上宣读了发表在香港《文汇报》上的文章《港九音乐工作者,在五星红旗下团结起来吧!》表达爱国热忱。

停留于香港的短暂时期,陆华柏满怀赤诚投入工作并取得了可观成果。1949 年 10 月 1 日,香港音乐教育出版社出版了陆华柏作曲的曲集《闹花灯组曲》,扉页题记为:"谨以此曲庆贺人民政治协商会议开幕和中华人民共和国诞生。"此曲集包括《解放军,向南开》(大众康塔塔)、《打到台湾去》(男女二部合唱)、《解放歌》(男女三部合唱)、《闹花灯组曲》等;1949 年 10 月 15 日,香港音乐教育出版社出版了陆华柏编曲的《红河波浪》(民歌独唱集),收集有带钢琴伴奏的云南民歌《红河波浪》、新疆民歌《洪里洪巴》、青海民歌《送大哥》、甘肃民歌《小放牛》等 12 首民歌改编

1　见 1980 年,陆华柏向党组织递交的"思想汇报"手稿,未发表。

曲。1949 年 10 月,香港音乐教育出版社出版了聂耳原作,陆华柏配四部和声的《中华人民共和国[代]国歌合唱谱》。同月,陆华柏还为中国人民政治协商会议刚决定的代国歌《义勇军进行曲》编写了管弦乐队谱,应征寄政务院。

可见,1949 年下半年到 1950 年上半年不到一年,陆华柏在香港满怀赤诚,声名显赫,为新中国及祖国音乐事业饱蘸激情,奋谱新篇。

1950 年春,应中央戏剧学院欧阳予倩之邀,陆华柏毅然决定回到大陆。他先在湖南衡阳第四十六军文工团、中央戏剧学院担任教学工作,后于 1952 年 11 月来到江城武汉,任武汉华中师范学院音乐系主任。这是一个百废待兴、欣欣向荣的年代。陆华柏写道:"1949 年全国(除台湾外)解放后,一直到 1957 年,我感到确实如此,社会主义革命和建设、工农业生产、文化教育事业……一切都处在朝气蓬勃、蒸蒸日上的进程中。"[1]陆华柏厚积薄发,伴随新中国建立后一切都呈现一片生机盎然,1952 年到 1957 年上半年,是陆华柏人生中最闪耀最丰收的年代[2];为了配合教学工作,陆华柏在武汉工作的几年中连续出版了多本曲集和钢琴独奏曲,还出版了一部管弦乐作品《康藏组曲》。

表 4 1952—1957 年陆华柏在武汉时期出版物一览表

出　版　物	出　版　社	出　版　时　间
《中国民歌钢琴小曲集》	上海万叶书店	1952 年 10 月出版, 1953 年 2 月再版
《二胡 三弦 钢琴三重奏曲集》(陆华柏编曲)	上海新音乐出版社	1953 年

1　见陆华柏 1980 年 8 月 18 日写于桂林的"思想汇报"手稿,未发表。

2　2016 年 4 月 18 日,笔者第三次到广西南宁陆华柏家中采访陆华柏夫人甘宗容老师,提起他们在武汉时期的生活,92 岁高龄的甘老师抑制不住内心的欢乐,甜美沉浸于武汉华中师范学院工作时的幸福回忆之中。她高兴地说:"最幸福的时候,就是在华中师范的时候,1952—1957 年,那是我们这一辈子中生活得最舒畅的时光。陆华柏和我就在那里教书,我在那里每天只知道唱歌教书……"

续　表

出　版　物	出　版　社	出　版　时　间
《浔阳古调》 （钢琴独奏曲）	上海万叶书店	1953 年
《农作舞变奏曲》 （钢琴独奏曲）	上海万叶书店	1953 年
《简易钢琴曲 新疆舞曲集》 （陆华柏编曲）	上海新音乐出版社	1953 年 7 月
《康藏组曲》（管弦乐总谱）	北京音乐出版社	1956 年 5 月
《中国民歌独唱曲集》 （陆华柏编曲）	北京音乐出版社	1957 年
《湖北民歌合唱集》 （陆华柏编曲）	武汉长江文艺出版社	1957 年 7 月
《刘天华二胡曲集》（附加钢琴伴奏谱），与刘育和合编	北京音乐出版社	1957 年
译著《和声与对位》（柏顿绍原著）	上海新音乐出版社	1953 年（1984 年北京人民音乐出版社重版）

二、1957—1977 年：身处逆境，依然执着

好景不长，正当陆华柏的艺术追求和音乐事业如日中天时，1957年 11 月，陆华柏被错划为右派[1]，进行劳动改造。陆华柏和夫人甘宗容双双被下放在江汉平原西端荆州与宜昌交界的草埠湖农场劳动。对于这段经历，陆华柏在 1980 年向党组织提交的思想汇报时这样写道：

> 1957 年我被错划为右派分子。我是个从旧社会来的高级知识
> 分子，思想意识、生活作风带有许多旧包袱，这是我自己也觉察到了

---

[1] "我在 1957 年被错划为右派分子时，这个问题也是重要的历史罪证之一"。"这个问题"，即由《所谓新音乐》引起（笔者注）。见陆华柏：《读李凌同志〈旧题新论〉有感》，《上海音讯》1986年第 3 期。

的。因此,改造,我并不抵触。但是我怎么会同党、同无产阶级、同
人民闹成敌我矛盾呢?这点我百思不得其解。[1]

尽管内心有冤屈,陆华柏还是努力接受劳动改造。据甘宗容回忆,在
草埠湖农场,因陆华柏体力太弱,不善于干农活,农场长让陆华柏负责照
看小毛驴。农场里上海知青多,陆华柏还负责为知青收发信件,陆华柏每
天骑着毛驴为知青们收发信件,养猪、养驴。甘宗容说:

> 当时我们一直在想,我们是从旧社会来的,一定带了很多不好
> 的思想,所以每次思想汇报都写得很好,虚心接受改造。当地农民
> 对我们很好,所以我们第二年就摘帽了,成了摘帽右派。[2]

摘帽后的陆华柏被遣往湖北艺术学院工作了近三年,1963 年 12 月,
陆华柏与妻子一起调往广西,1964 年起在广西艺术学院工作。刚开始的
几年,陆华柏随学生去广西少数民族聚居区采风,深入考察当地民间的多
声部现象[3]。陆华柏匿名发表的作品"彝族女民兵"经过层层筛选,该作参
加了 1964 年"全国少数民族业余艺术观摩会展"进京演出[4]。

> 1966 年"文化大革命"爆发,这场风波我们还是幸运的,没有挨
> 打。但毕竟是做了头号右派,我们与外界断了联系。陆华柏当时就
> 像一个机器人,广西所有的歌舞团演出,都让陆华柏配器,他们每天
> 晚上送来,第二天就要来取走。陆华柏最了不起的就是每天白天劳
> 动,晚上坚持翻译,他的英文全靠自学,他的口袋里都是装满英文单
> 词的小字条。他总是对我说,外语别丢。当时我们都被斗得要死,
> 谁还有精力学习。要是谁知道陆华柏学外语就会背上"里通外国"
> 的罪名。所以他晚上翻译完将译稿偷偷放在床底下。陆华柏对我

---

1 见陆华柏1980 年 8 月18 日写于桂林的"思想汇报"手稿,未发表。
2 笔者于2004 年 1 月12 日采访中,陆华柏妻子甘宗容教授于广西南宁家中向笔者口述。
3 据戴鹏海先生《陆华柏音乐年谱》记载,1964 年 3 月,陆华柏去广西左江、崇左一带采风;4 月
   德保、睦边一带采风。
4 参见《广西日报》1964 年 11 月18 日报道。又见陆华柏:《老年逢盛世 笔下又生辉——作曲家
   陆华柏自传》,载中国艺术研究院音乐研究所编,向延生:《中国近现代音乐家传》第 2 卷,沈
   阳:春风文艺出版社,1994 年,第502 页。

说,你信不信,以后我还有用。[1]

是什么样的精神支柱使得陆华柏即使身处"牛棚"依然悄悄翻译外国音乐理论著作[2]?是什么样的信念使得陆华柏坚信他"以后还有用"?下面这段思想汇报可以清晰地看到,陆华柏在面临委屈,深陷逆境中他所作的深层次思考,他对党未来的坚信和对人民的艺术执着的追求。

> 我想:这是一个社会大变革的时代,任何变革不能不付出代价,这种代价有时是要作出必要的牺牲,有时是也可能某种错误造成的牺牲;我自认为我和许多人就属于后者……我本来是革命部队在前沿阵地里的自己人,我们的炮兵从后方向敌人吊炮,出于测量的俯仰角低了一点,炮弹落在我们头上,造成牺牲。只有这样想吧!为了千千万万的人民能进入社会主义,能过幸福日子,我就在做不得不支付的代价的一部分吧。[3]

显然,陆华柏是把个人所受曲折作为将来社会能够过上好日子的不得不付出的代价的一部分……这等信念、这等忠诚犹如虔诚的信徒,彻底揭开自己的胸怀,为成全祖国和人民,牺牲自己也值得。

"从牛棚里出来,陆华柏第一件事情不是回家,而是先去琴房过'琴瘾'[4]。""文化大革命"中,陆华柏是一个"逍遥派"[5]。尽管如此,漫长的岁月仍削减着陆华柏的创作热情,20年间,陆华柏很难发挥各方面才能,音乐创作接近停滞。

支持陆华柏走过艰难岁月一是因为对音乐艺术的发自内心的爱,这

1　笔者于2004年1月12日采访中,陆华柏妻子甘宗容教授于广西南宁家中向笔者口述。

2　陆华柏的两本译著《对位法初步》(基特森著)、《节奏分析与曲式》(柏顿绍著)均完成于"文革"时期。这两本译著于1977、1978年作为广西艺术学院音乐系作曲教研组参考教材油印发行。

3　见陆华柏1980年8月18日写于桂林的"思想汇报"手稿,未发表。

4　甘宗容老师2008年10月29日在广西艺术学院音乐学院举办的《吴伯超、陆华柏纪念研讨会》上的发言。

5　陆华柏的学生、曾任广西艺术学院音乐学院院长、现任该校研究生处处长的王晓宁口述:陆华柏是"逍遥派",他在"文革"中能够时常随学生去各地采风。

份爱非常执着;二是因为他坚信正义之光必将出现,坚信党和社会是有希望的,这份信任也非常执着。因此,他努力地"顺应"时代,努力进行自我改造。他在维持个人与时代之间艰难平衡的同时,又在内心时刻进行着"反省"和自我激励。怀着对未来纯洁的信仰,跌入人生低谷的陆华柏依然勤奋工作,热爱音乐,坚信光明的未来。

三、1977—1994 年:老骥伏枥,苦乐彷徨

1977 年,陆华柏到广西东兰一带采风,被当地铜鼓舞深深感染,一气呵成完成了钢琴曲《东兰铜鼓舞》[1]。这首用西方奏鸣曲式写成的作品犹如陆华柏生命中的春天奏鸣曲,预示着艰难生活的终结,标志着陆华柏开始了一段崭新的生命和心灵旅程。那年,陆华柏 63 岁。陆华柏对国家和个人焕发出新生的活力:

> 接受了二十二年的严峻考验,虽然自己做得还是很不够,但坚定地相信党,相信群众,终于有了这样一天! 这不是一个人的恩怨问题,我看见的是党中央三中全会、四中全会、五中全会逐步展开的宏伟政治图景,特别是党中央执行书记的组成,确立了集体接班的做法和措施,我重又感到党和国家前途确实是光芒万丈。[2]

1979 年 9 月,陆华柏被任命为广西艺术学院音乐系主任。从此,陆华柏更常常工作到深夜。1980、1981 年,他向党组织提交了两份思想汇报,剖析自己经历,表达对党的忠诚,并第四次向党提交了入党申请书[3]。他在 1980 年的思想汇报中写道:

> 我申请入党,既不是出于虚荣心光荣感,也不是为谋求个人的好处,我觉得我在旧社会、新社会生活了几十年,从最初政治上的无

1　陆华柏:《漓河之歌　东兰铜鼓舞》(钢琴独奏曲),北京:人民音乐出版社,1981 年。
2　见陆华柏 1980 年 8 月 18 日写于桂林的"思想汇报"手稿,未发表。
3　参丁卫萍:《陆华柏在广西艺术学院》,《艺术探索》,2004 年第 6 期,第 105—109 页。

知盲目到应有觉悟到多懂得了一点马列主义道理,这无不与党直接
或间接的教育帮助或影响分不开。在总的趋势上我是一步一步更
靠近党的,所以我把入党成为一个无产阶级的先锋战士看成我的最
后的归宿。

1984 年,在第四次提交入党申请书后,70 周岁的陆华柏终于成为中
国共产党的一员。陆华柏常说:"共产党要我,我跟共产党走,共产党不要
我,我也跟共产党走!" [1]

很多人不理解陆华柏的做法,当时工作单位有的人散布此传言:"你
陆华柏拼死拼活,不就为捞得一顶红帽子吗? 红帽子,入党也……过去你
是右派,后来成了'脱帽右派',现在算是'改正右派'——你总还是个右
派吧" [2]。1979—1984 年陆华柏担任广西艺术学院音乐系主任期间,尽管
精神焕发,但常感工作阻力很大。陆华柏也曾反思过自己的一些弱点,如
不善于团结大多数同志一起工作、工作中不善于听取他人意见等。甘宗
容回忆陆华柏时,曾称他为"书呆子",说他一天到晚只会看书做学问,不
会与别人打交道,说话直来直去,容易得罪人。这些"不圆滑"的性格特点
也曾令陆华柏彷徨和苦恼。尽管面临困境,陆华柏还是希望在音乐系组
建"实验民歌合唱团""实验民族乐团""实验交响乐团",希望广西民族民
间音乐艺术逐渐发扬光大于世界音乐之林。在陆华柏和同仁共同努力
下,广西艺术学院音乐系形成了定期举办音乐会的优良传统,理论教学与
业务实践关系更加密切,为该校音乐系之后发展打下了坚实基础。

正当广西艺术学院音乐系在陆华柏及同事们的辛勤努力下渐有起色
时,1984 年,对于陆华柏来说是极不平凡的一年,也是他情绪起伏的一年。
那年,陆华柏检讨了 40 多年 [3] 的《所谓新音乐》原文被发现,一时激起千层

1　2008 年 10 月 28 日,陆华柏女儿陆和平告诉笔者,这也是他父亲临终前留下的最后一句话。
2　郑盛丰(时任人民日报驻广西记者站站长):《求索——记一位坚强的老音乐家陆华柏教授》,
　《广西日报》,1981 年 7 月。
3　陆华柏:《与中国现代音乐史有关的一篇资料性文章及其所引起的问题的回顾》,《音乐艺术》,
　1985 年第 2 期,第 4—8 页。

浪,打破了陆华柏的平静生活。对照原文,陆华柏发现 1940 年李凌批评他时的"引用部分"均未出自原文,陆华柏认为李凌"把我那篇文章中某些失之偏颇的提法极度夸大,特别是把音乐问题引申为政治问题"[1]。他开始为自己申辩,连续发表了 2 篇质疑文章,与李凌展开笔战。[2] 看来,虽距《所谓新音乐》发表时间已过去 40 多年,但此文给陆华柏带来的心灵伤害和精神包袱沉重如山,故而一触即发,"新音乐事件"无疑是陆华柏晚年生活中一道求证愈伤的重题。

1985 年,陆华柏教授从广西艺术学院音乐系主任职位退休,他对自己的处境颇感满意,因为退休意味着他过上了"专业作曲者"的生活:

> 我对我的退休,可从事专业写作,是很满意的……为什么向往过"专业"作者的生活呢?因为我觉得,只有"专业"作者的心情才适合于一个搞音乐创作的人的心情。[3]

> 1985 年 10 月我被"获准"退休,但没有放下笔,而是重新开始,当个过去向往已久的"专业"作者,争取再多做点贡献。[4]

退休后的陆华柏主要以写作音乐文论为主[5]。这些音乐文论有关于广西多声部音乐研究,一生创作经验总结,更多的则是回忆抗战音乐活动及对创作历程的回顾[6]。陆华柏的自传体文章《老年逢盛世 笔下

---

1 陆华柏:《读李凌同志〈旧题新论〉有感》,《上海音讯》,1986 年第 3 期,第 51 页。
2 《所谓新音乐》原文被发现后,陆华柏因发现当时李凌 40 多年前批判他的文章《我们怎样来理解新音乐与新音乐运动——并答陆华柏先生》中多处引用均未出自原文,所以写了《与中国现代音乐史有关的一篇资料性文章及其所引起的问题的回顾》,《音乐艺术》,1985 年第 2 期。李凌回应文章《旧题新论》,《音乐艺术》1985 年第 4 期;陆华柏遂又写了文章《读李凌同志〈旧题新论〉有感》,刊登于《上海音讯》,1986 年第 3 期。
3 陆华柏:《我当了"专业"作者》,载于广西文联编《广西文艺界信息》1986 年第 6 期,第 8 页。此文陆华柏写于 1986 年 2 月 22 日。
4 陆华柏:《老年逢盛世 笔下又生辉——作曲家陆华柏自传》,向延生:《中国近现代音乐家传》,载中国艺术研究院音乐研究所编,沈阳:春风文艺出版社,1994 年,第 502 页。
5 丁卫萍:《陆华柏著述研究综述及音乐文论方面的贡献——为陆华柏先生诞辰 95 周年暨逝世 15 周年而作》,《人民音乐》2009 年第 11 期,第 67—69 页。
6 1990 年,陆华柏写作了多篇为刘天华二胡曲编写钢琴伴奏的和声分析论文,此部分文章均为手稿,未发表。

又生辉》¹标题是他晚年生活情景的真实写照。

1987 年,陆华柏亲自赴广西桂林、江西南昌查找民国时期报刊上发表的音乐文论。当他查到 1946 至 1947 年间在《中国新报》发表的多篇音乐文论,体现了他较为全面的音乐观,而这些音乐文论与《所谓新音乐》的发表时间仅相距短短几年,更觉乐界长期以来仅关注《所谓新音乐》而一概忽略了其他音乐文论,内心波澜又一次激起。他遏制不住内心不平,立即从报刊上将文论复印下来,并很快将这些资料整理出来写成长文《四十年代我对"新音乐"的态度以及当时我的音乐观——为中国现代音乐史的研究工作提供一点有关参考资料》²,该文陆华柏以史料文献为证,将报刊复印的文论剪贴件原封原样贴在文中。只是此文未能发表成为陆华柏晚年的一件憾事。

然而,陆华柏的艺术创造和价值被世人尊重。1987 年,人民音乐出版社出版了《风和月亮——陆华柏歌曲选》。1988 年 12 月 25 日,广西艺术学院为陆华柏隆重举办了"陆华柏教授执教 55 周年纪念作品音乐会"。这场音乐会,是陆华柏一生音乐创作成就的回顾。他为此忘情投入,从向广西壮族自治区申请经费,到确定演出节目、撰写台词、组织音乐会排练及彩排等相关事项都付出了艰辛努力。音乐会上,特邀高伟任指挥,陆华柏的老朋友温可铮先生从上海赶到南宁,王逑、俞子正等都在音乐会上一展演技。音乐会非常成功,演出结束时,上台合影的陆华柏露出了发自心灵的幸福笑容。

陆华柏的晚年生活就在这样的心潮起伏、矛盾彷徨中度过。从他与台湾、香港地区及内地音乐学者的信件联系来看,陆华柏仍有未了的心愿:

譬如心愿之一:希望三首钢琴曲³能在台湾出版。1993 年 6 月 26 日

1　陆华柏:《老年逢盛世　笔下又生辉——作曲家陆华柏自传》,向延生主编:《中国近现代音乐家传》,载中国艺术研究院音乐研究所编,沈阳:春风文艺出版社,1994 年,第 502 页。
2　此文为陆华柏写于 1987 年手稿。
3　这三首钢琴分别为创作于 1946 年、1953 年由上海万叶书店出版的钢琴曲《浔阳古调》,1977 年写作的钢琴曲《东兰铜鼓舞》《漓河之歌》。

陆华柏曾写信给台湾学者欧阳如萍表达希望将他心爱的钢琴曲在台湾出版的心愿[1]："寄三首钢琴曲存你处,我是想作为'中国感情的作品(教材)'能够在台湾出版,并向海外华人学校及爱好音乐者推广,起些影响。你遇有机会,请你试向乐韵出版社或其他出版社介绍一下。"

心愿之二:希望《中国民歌钢琴小曲集》能重版。陆华柏曾收到一封来自人民音乐出版社第二编辑室 1985 年 12 月 11 日的回信。他一直期待着后续回应。[2]

心愿之三:希望音乐界不要片面认识陆华柏 40 年代的音乐观(前文已述)。

心愿之四:希望全国人民代表大会能对他为《中华人民共和国国歌》配伴奏的事情有全面认识与回复。陆华柏遗稿文件袋中,有一个名为"国歌提案"文件袋,袋里包括《义勇军进行曲》齐唱、合唱、钢琴伴奏、管弦乐伴奏规范的配套通用谱[3]。晚年陆华柏写的不少文章未能被发表[4],这给他增添了一层不被人理解的孤独与苦闷。

1990 年起,陆华柏患鼻咽癌,听力和与人交流日渐困难。生命最后几年中的陆华柏,最令他欣慰的是有戴鹏海先生为其编写《陆华柏音乐年谱》。对陆华柏来说,年谱是对他一生努力的如实记录。因此,陆华柏将多年来收集到的所有资料都提供给戴鹏海[5],并和戴鹏海通信多封,沟通探讨年谱编写。所幸《陆华柏音乐年谱》于 1994 年初(陆华柏逝世前三个

1　陆华柏信件手稿,写于 1993 年 6 月 26 日,未发表。
2　人民音乐出版社第二编辑部回信主要为:编辑室接到您寄来的稿件(钢琴小曲集)后,曾于 10 月 8 日给您一复信(航挂)想必已收到。目前我社的出版状况仍受种种条件的制约,估计一两年内此稿尚难列入出版日程,故先特稿寄回,待有条件出版时再和您联系。
3　1949 年 8 月至 1950 年 4 月,陆华柏在香港音乐学院工作期间,欣闻大陆将征集《国歌》配和声的消息,即为《国歌》编配和声,寄往北京,之后没有下文。长期以来,陆华柏一直质疑配器与他当年的应征稿疑似。可参陆华柏:《建国之初我为中华人民共和国"代国歌"——〈义勇军进行曲〉和声、配器的感受》,载《论聂选》,1985 年中国聂耳、冼星海学会《中国聂耳、冼星海音乐创作学术讨论会文集》,第 198—205 页。
4　丁卫萍:《陆华柏在广西艺术学院》,《艺术探索》,2014 年第 6 期,第 112—114 页,见第 108 页"陆华柏晚年未发表文论表"。
5　戴鹏海先生编写的《陆华柏音乐年谱》中所用的资料基本可在陆华柏现存遗稿中见到。

月）由广西艺术学院内部印刷，陆华柏得以在临终前看到年谱。

关于"新音乐"事件使他的晚年情绪产生波动。尽管心情有起有落，晚年陆华柏对自己要求愈发严格。据陆华柏夫人甘老师回忆，晚年陆华柏对"公家"有更多的顾忌，他们的外孙在小时候常问外婆："公家是什么？公家为什么那么可怕？"因为陆华柏坚决不让外孙翻动在他看来是"公家"的东西。陆华柏的女儿回忆说，陆华柏夫妇的公费医疗卡从来不用，俩人看病都是自己掏钱，连做系主任时办公室里的钟也是自己掏钱买的。陆华柏坎坷的人生经历，对他造成一次次的心灵冲击与伤害，难免有忧虑与苦闷，譬如，这些影响使得他并不支持家人后代学习音乐艺术的态度。1983 年起，陆华柏被选为广西壮族自治区第六届人民代表大会代表，陆华柏看不惯广西艺术学院招生中的不正之风，与其夫人甘宗容教授联合广西艺术学院另外四名教授，联名写信给《人民日报》编辑部投诉，揭发广西艺术学院招生中存在的不当现象[1]。当时的陆华柏和甘宗容，甚至还为民请命，被民众称为"青天"。[2]

＊　　＊　　＊

"回顾历史，我们不难发现，旧知识分子要想被新政权接纳，忏悔和表态是一道必须过的关口"。[3] 从陆华柏的思想汇报可以看出自我反省和表态。事实上，中华人民共和国成立后陆华柏的心路，是中国知识分子心路的一个缩影，但由于诸如数十年间《所谓新音乐》等事件影响，陆华柏又有其不同之处。1949 年后陆华柏是不断接受"改造"，不断将自己和时代艰难融合、再生创造的心路历程。陆华柏曾称自己经历了北伐战争、抗日战争、解放战争、新中国成立、反右斗争、"大跃进"、大饥荒、"文化大革命"、粉碎"四人帮"、改革开放等重大社会变动与变革。

1　戴鹏海编：《陆华柏音乐年谱》，广西艺术学院 1994 年内部印刷，第 144 页。
2　甘宗容、陆华柏：《我们要高呼"德""赛""李"三先生万岁》，《民主与法制》，1985 年第 1 期，第 11—12 页。
3　刘英：《丰子恺晚年的心路历程》，《博览群书》，2005 年第 5 期，第 77—81 页。

1949 年,当解放的消息传到香港,陆华柏毅然决定回国。一心想参与新中国建设的他,没有想到有一天会忽然被打成右派,更没有想到 1957—1976 的 20 年间会跌至人生泥泞深渊。然而即使生处逆境,他仍然对未来抱有希望。1984 年,《所谓新音乐》一文原稿被发现,瞬间打破了陆华柏原本平静的生活,他开始为自己辩护。1987 年,当他在江西南昌发现早年发表在《中国新报》上诸多音乐文论后,更加一发不可收,觉得自己蒙受了冤屈。所幸陆华柏生命的最后时光,有戴鹏海研究员为他编写《陆华柏音乐年谱》。陆华柏临终前几个月年谱得已印出,"陆华柏日夜捧读,爱不释手" [1]。晚年陆华柏内心矛盾彷徨,但他始终坚定信念,在第四次向党组织递交入党申请后,终于在 70 周岁成为中国共产党一员。陆华柏晚年彷徨却坚持笔耕,撰写了总结创作经验的文章、广西多声部音乐研究论文多篇和大量回忆录。陆华柏之所以在人生道路上不断取得成果,和他对音乐事业的热爱分不开,更和他坚定的个人信念分不开。了解陆华柏的心路历程,就能够理解陆华柏为何在逆境中仍能坚持学习音乐,从事翻译工作;也更能够理解晚年陆华柏依然老骥伏枥坚持笔耕取得了一系列学术成果。探究 1949 年后陆华柏心路,对于学界了解真实的陆华柏具有一定意义。

1　丁卫萍采访陆华柏夫人甘宗容老师,2004 年 1 月 10 日口述。

从 20 世纪四五十年代的音乐会节目单
看陆华柏的音乐活动

由于长期以来的政治原因,陆华柏的名字几乎被历史湮没了。2008年 10 月,笔者在陆华柏故居发现了尘封半个多世纪的音乐会节目单二十余张,节目单上频频出现陆华柏的名字。作曲、指挥、钢琴演奏,陆华柏表现出多方面的才华。本着历史唯物论的观点,对这些史料进行实事求是的研究,有助于我们全面了解陆华柏。希望本文能为客观、全面地评价陆华柏的音乐贡献提供有价值的资料。

节目单的时间跨度是 1944—1956 年(这十余年中,陆华柏辗转各地教学),包括福建音专时期 1 张,湖南音专时期 10 张,江西体专时期 2 张,湖北教育学院时期 1 张,华中师范学院时期 8 张,共 22 张(其中最早的一张距今已有 78 年),大部分是陆华柏生前珍藏的[1]。陆华柏一生参加过大量的音乐会演出活动,这些节目单还只是冰山一角,而正是这些珍贵史料为我们打开了一扇研究陆华柏之门。

从节目单来看,陆华柏的诸多作品常常在音乐会上演出,他还经常在音乐会上担任指挥、钢琴独奏或伴奏以及参加音乐会组织工作等。由此可以看出,陆华柏具有多方面的音乐才华。

---

1 这些节目单存放于陆华柏的文件袋中,文件袋封面有陆华柏笔迹"解放前后音乐会节目单(包括复印件)"。从相关信件中,笔者了解到有一部分节目单是陆华柏的学生(署名不详,92,3,12)收藏后寄给他的。信中写道:"现沪上有热心人为陆师写传记,资料室在为陆师清找过去的作品。我在书架底下发现了一些我过去存的节目单,现清理寄给您有关的部分。""沪上有人给陆师写传记"即戴鹏海先生编写《陆华柏音乐年谱》。——笔者

一、作 曲

节目单上显示的关于陆华柏作曲包括三个方面：原创作品、改编民歌、为民族器乐曲配和声。

1. 原创作品

陆华柏的作品有歌曲、钢琴曲、清唱剧、歌剧等。被评为"20 世纪华人音乐经典"的《故乡》，演出过 3 次，分别是 1944 年 4 月 5—6 日于永安中山纪念堂举行的国立福建音乐专科学校纪念音乐节暨音乐演奏会，1948 年 11 月 6—7 日湖南省立音乐专科学校创立一周年纪念音乐演奏会及 1949 年 6 月 4 日于淑志（女中音）、周自然（女低音）、萧扬（男高音）、吕耀南（男低音）联合歌乐会。

根据琵琶曲《浔阳月夜》改编的钢琴曲《浔阳古调》曾演出过 6 次，分别是 1949 年 6 月 28—29 日下午 2 时于长沙银宫电影院的陈琳（女高音）、万昌文（男高音）、曾飞泉（小提琴）、陆华柏（钢琴）联合演奏会，1953 年 5 月 16 晚 8 时正于华中师范学院礼堂的本院音乐系、科、艺术科演出音乐晚会，1956 年 8 月参加第一届全国音乐周四川、云南、贵州、广西、湖北五省代表团联合公演音乐会等。

清唱剧《汨罗江边》（1942）演出过 1 次（1948 年 6 月 1 日晚 9 点 15 分于湖南省立音乐专科学校的端阳音乐演奏会），《大禹治水》（1944）演出过 1 次（1944 年 4 月 5—6 于永安中山纪念堂举行的福建音乐专科学校纪念音乐节暨音乐演奏会）。

歌剧《牛郎织女》（1946）演出过 4 次（1947 年 6 月 27—29 日于南昌民德路志道堂），歌剧《牛郎织女》选曲清唱会，江西省立体专音乐专科主办。台湾《乐学》第三号（1947 年 8 月 31 日）"乐讯"记载："江西省立体育专科近举办'牛郎织女'选曲清唱会，作曲者为陆华柏"；1949 年 7 月 11、12 日下午 1 时半于长沙中山路银宫电影院的万昌文二胡独奏会；1949 年 6 月

28、29 日下午 2 时于长沙银宫电影院的陈琳(女高音)、万昌文(男高音)、曾飞泉(小提琴)、陆华柏(钢琴)联合演奏会;1951 年 5 月 4 日晚 8 时湖北教育学院"五四"音乐演奏会。

《挤购大合唱》(1949)演出过 5 次(见下文)。陆华柏音乐创作的题材大都取自民间,在创作手法上探寻西洋作曲技法与中国民族和声的结合。正如陆华柏描述《故乡》的艺术特点:"为了保持作品具有的民族风格的多声结构,着意侧重于自由运用复调写法。"[1]

2. 改编民歌

陆华柏改编民歌数量大、成果多,具体包括以下三方面工作:一是将民歌改编为合唱曲,如《湖北民歌合唱曲集》(1957 年,长江文艺出版社);二是为民歌编配钢琴伴奏,如《中国民歌独唱曲集》(1957 年,北京音乐出版社);三是将民歌改编为钢琴小曲作为教学资料,如《中国民歌钢琴小曲集》[1952 年,1953 年再版,上海万叶书店、《简易钢琴曲 新疆舞曲集》(1953 年),上海新音乐出版社]。

陆华柏改编的民歌来自不同地域和民族。演出率较高的有湖北民歌《三句歌》《龙舟梦》《这是人民的世纪》;新疆民歌《青春舞曲》《阿拉木汗》《我等你到天明》《沙里洪巴》;绥远民歌《墙头上跑马》《想卿卿》《割莜麦》;陕北民歌《傻大姐》《慰劳袋》《翻身道情》《蓝花花》《南风吹》;云南民歌《大河涨水沙浪沙》《大田载秧》;晋北民歌《一根扁担》、江南民歌《月儿弯弯》《四季情歌》《镰刀舞曲》等。

"我在改编民歌的态度上,是严肃从事的,我把它当作一件创造性的工作。我要求自己的是:在不歪曲原作精神的基础上,发挥、刻画和加强原作的特点;伴奏应有意义,不可为和声而和声。"[2]

陆华柏的民歌改编和实践在当时颇受欢迎,《国民新报》1948 年 6 月

1　陆华柏:《老年逢盛世 笔下又生辉——作曲家陆华柏自传》,向延生:《中国近现代音乐家传》第 2 卷,中国艺术研究院音乐研究所编。沈阳:春风文艺出版社,1994 年,第 494—503 页。

2　陆华柏:《中国民歌独唱曲集》,《编曲者的一点说明》,北京:音乐出版社,1957 年。

13 日第 3 版有《音专端阳演奏会昨下午圆满结束，"三句歌"作品最受欢迎》的报道："'三句歌'系江陵民歌，这个歌风格很纯朴，听来非常柔美悦耳，情调轻松愉快，唱时还配合有竹笛，有串铃，有小鼓，更加演出的'通俗化'味道。唱完一遍后，全场听众热烈鼓掌叫好，要求再唱一遍。结果又唱了一遍，大家才感到满足。'青春舞'也舞过两遍。"该报 1948 年 6 月 28 日第 4 版对陆华柏改编《青春舞曲》作了评价："音专这一次的演奏会，据一般听众的批评比以前几次要进步很多，这次他们的教授陆华柏做了很多新的歌曲，歌词大多是民歌，听众容易接受，了解，因此，最受听众的欢迎。"

3. 为民族器乐曲配和声

1943 年起，陆华柏为刘天华十首二胡曲编配了钢琴伴奏，为《梅花三弄》等古曲配和声。这些二胡曲在当时演出频繁。陆华柏编有二胡、三弦、钢琴三重奏包括《梅花三弄》(古调)、《光明行》(刘天华曲)、《击鼓催花》(陕北民歌)等，编有竹笛、二胡、三弦、钢琴四重奏《普庵咒》(古调，根据同名古琴曲改编)，还为王沛纶所作的《谐曲》配和声。陆华柏为刘天华十首二胡曲编配的钢琴伴奏具有较高的学术价值[1]，流传至今。

"在我颠沛流离的生活中，常有机会同许多二胡家合作，试弹这些伴奏，从一两个曲目到全部刘天华二胡作品独奏会都弹过，通过一次一次的演奏实践，积累了一些经验。"[2]这些艺术实践对陆华柏的音乐创作也起到了很好的推动作用。下图节目单演出了刘天华二胡曲七首，以及三重奏《梅花三弄》、四重奏《普庵咒》等，均为陆华柏配和声或编曲。

1　1995 年，中国文化大学艺术研究所的杨佩璇曾以《刘天华之十首二胡曲钢琴伴奏的研究》为题撰写了硕士论文;2008 年东北师范大学李艺楠撰写了《陆华柏配〈刘天华二胡曲集(钢琴伴奏谱)〉之研究》的硕士论文。还可参考施咏《中西调和 相得益彰——陆华柏配〈刘天华二胡曲集(附加钢琴伴奏谱)〉研究》(《音乐研究》，2009 年第 2 期)。

2　陆华柏:《我怎样为刘天华二胡曲编写钢琴伴奏的》，刘育和、陆华柏:《刘天华二胡曲集 附加钢琴伴奏谱》(配伴奏者陆华柏)，北京:音乐出版社，1957 年，第 59 页。

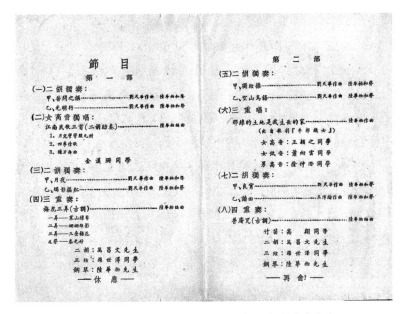

图 3　1949 年 7 月 11—12 日下午 1 时 30 分, 长沙中山路银宫电影院万昌文二胡独奏会节目单

　　以上表明, 无论是原创作品或民歌改编、为民族器乐曲配和声, 陆华柏都扎根于我国民族音乐土壤。他热爱民族音乐,"以极大的热情搜集、整理、编配民歌, 举行民歌演唱会和举办音乐教育的艺术实践活动,"[1]他的努力与国立音乐院"山歌社"的活动方式与宗旨是一致的, 陆华柏在此方面的探索和尝试是积极和有益的。

二、指　挥

　　陆华柏曾如此评价自己的工作经历:"作曲、音乐教学、指挥三位一体"[2]。在陆华柏长达 55 年的音乐教学活动中, 常担任作曲类课程及指

1　戴俊超:《国立音乐院"山歌社"及其活动历史回顾(上)》,《中央音乐学院学报》,2007 年第 1期, 第 3—10 页。

2　陆华柏:《思想汇报》(陆华柏手稿),1982 年。

挥。节目单中陆华柏的指挥才能得到了进一步证实。陆华柏并未系统学过指挥法,他对指挥的兴趣始于20世纪30年代与吴伯超的合作。这段时期,吴伯超除了在艺师班教合唱、视唱、和声课外,还在当时附在桂林版《扫荡报》上的双周刊《抗战音乐》发表《歌咏队的指挥法》一文,一共连载了五期;实际上每次都由他口讲,我代为执笔写的。我通过这一工作,也初步了解到他在欧洲大陆学习的指挥法体系。[1]

陆华柏指挥自己的作品,也指挥他人的作品,担任整场音乐会指挥的次数也很多。[2] 陆华柏指挥的自创作品有:《汨罗江边》[3]《大禹治水》[4]、民歌《傻大姐》《送大哥》《阿拉木汗》《卢沟问答》,合唱《挤购大合唱》等。指挥他人的作品有冼星海的《黄河大合唱》,吴伯超的《中国人》《冲锋歌》[5]等。

1949年,陆华柏在湖南音专举行的《合唱·舞蹈会》上担任整场音乐会指挥。"1949年3月11—13日,在长沙怡长街联华戏院连续举行了五场《合唱·舞蹈会》,它以鲜明的政治性与较高水平的艺术性相结合而引人注目。演出内容有序唱《这是人民的世纪》第一部:冼星海1939年作曲(光未然词)的《黄河大合唱》……第三部我的新作(羊牧[6]词)《挤购大合唱》,首次演出。听众对整个演出节目反应都是极为热烈的,尤其是《挤购》,五场,每次演唱均被要求再唱一遍,这在长沙实属罕见。这次演出活

1　陆华柏:《吴伯超抗战初期在桂林》,《音乐艺术》,1988年第4期,第35—37页。

2　1949年3月11日下午7时半;12,13日下午3时,7时半于长沙怡长街联华戏院,湖南省立音乐专科学校学生自治会主办的合唱、舞蹈会。陆华柏担任整场音乐会指挥。1947年1月10—12日晚7时15分南昌明德路志道堂,江西省立体专音乐专修科学生为筹款购置乐器书谱举行的清唱剧演唱会上,陆华柏也担任整场音乐会指挥。1949年5月30—31日下午1时长沙又一村和平戏院湖南省立音乐专科学校师生联合音乐舞蹈会上,陆华柏担任整场音乐会指挥。

3　1944年4月5—6日于永安中山纪念堂举行的福建音乐专科学校纪念音乐节暨音乐演奏会上演出过。

4　1947年1月10—12日晚7时15分,南昌明德路志道堂江西省立体专音乐专修科学生为筹款购置乐器书谱举行的清唱剧演唱会上演出过。

5　1949年5月30—31日下午1时长沙又一村和平戏院湖南省立音乐专科学校师生联合音乐舞蹈会。

6　羊牧即黎维新。

动,完全是在地下党领导之下组织得有条不紊。"[1]

《挤购》词作者羊牧(即黎维新)在回忆当年演出情景时写道:"1948年,在国民党的反动统治下,政治腐败,通货膨胀,民不聊生,我当时年轻,出于义愤,写了一首《挤购潮》,刊登在报纸上,您随即谱曲,组织音专学生在长沙市公演,并亲自担任指挥,抒发了人民当时的觉醒、抗争和追求,大大激发了人民群众的斗志。此情此景,至今仍然历历在目。"[2]

陆华柏还指挥过"万昌文,甘宗容歌乐会"等。台湾《乐学》第 2 号(1947 年 6 月 30 日)"乐讯"栏目记载:"万昌文,甘宗容'歌乐会',由江西省立体育专科校合唱团协助演唱,陆华柏指挥,谌亚新伴奏,在南昌演出……"

因此,陆华柏的音乐会指挥工作在当时具有一定社会影响,他指挥过较多的音乐作品,不少作品具有鲜明时代感,表明了陆华柏的爱国立场。

三、钢琴演奏

节目单中陆华柏的钢琴演奏包括独奏、钢琴伴奏以及参与重奏三个方面。

1. 独奏

陆华柏学习钢琴时已是十七八岁的青年。1932 年,陆华柏在武昌艺专学习时刻苦练琴,为日后的钢琴演奏打下坚实基础。抗战初期,陆华柏在桂林推广音乐时即经常担任钢琴独奏。"陆华柏,张沅吉、沈承明、杨振铎,祈文桂五人在广西省府组织雅乐五人团,……陆华柏君的钢琴独奏(前奏曲,拉哈马尼诺夫作曲等)。"[3]节目单中陆华柏多次担任钢琴独奏,

1　陆华柏:《橘子洲头的歌声琴韵》,《音乐教育与创作》,2006 年第 11 期,第 70—78 页。(陆华柏遗稿,由其夫人甘宗容老师整理推荐)
2　黎维新写给陆华柏的信件,1988 年 3 月 29 日。
3　缪天瑞:《音乐教育》,1937 年九、十月号。

特别是独奏他自己的作品,钢琴曲《浔阳古调》每次上演均由陆华柏担任独奏。

2. 钢琴伴奏

早在 20 世纪 30 年代后期,陆华柏就承担过大量钢琴伴奏。1938 年前后,陆华柏与吴伯超共事时,就常与吴伯超合作,担任钢琴伴奏。"白天尽管要跑警报,晚上广西音乐会合唱团却照常排练。……一般参加排练者有六七十人,演出时可达百人,吴伯超指挥,我弹钢琴伴奏。"[1]

音乐会节目单中,陆华柏的钢琴伴奏包括两方面,一是为二胡曲弹伴奏,二是为独唱曲弹伴奏。其中的二胡曲伴奏与万昌文的合作是较多的。为独唱曲弹伴奏中较多部分是为其夫人甘宗容的演唱弹伴奏,也为万昌文(男高音)、臧玉琰等人的独唱弹钢琴伴奏。

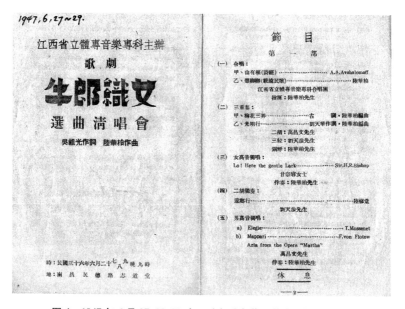

图 4 1947 年 6 月 27、28、29 晚 9 时音乐会节目单中,陆华柏担任
三重奏中的钢琴部分及独唱节目伴奏

1　陆华柏:《吴伯超抗战初期在桂林》,《音乐艺术》,1988 年第 4 期,第 36 页。

陆华柏也常是整场音乐会钢琴伴奏,如 1949 年 6 月 28、29 日下午 2 时长沙银宫电影院的陈琳(女高音)、万昌文(男高音)、曾飞泉(小提琴)、陆华柏(钢琴)联合演奏会。

3. 参与重奏

1934 年,陆华柏在武昌艺专读书时,就曾登台参与重奏演出。"四把小提琴合奏《双鹰旗下》的演奏者除贺老师外,还有周咸安、马丝白等,由陆华柏弹钢琴部分,这是他第一次登台演奏呢。"[1]

陆华柏编配了三重奏《击鼓催花》《梅花三弄》、四重奏《普庵咒》等,这些曲目每次上演均由陆华柏演奏钢琴(见本文第一张节目单)。由此可见,陆华柏具有较好的钢琴演奏功底,他在音乐会上担任钢琴独奏、钢琴伴奏,参与三重奏等,显示出了钢琴演奏方面的才能。

此外,陆华柏还进行译词和外国歌曲的改编工作。陆华柏译词的歌曲有《我看见轻巧的燕子》等;改编(配器)的外国乐(歌)曲有单簧管独奏《贝加尔湖之歌》(西伯利亚民歌)、《祖国进行曲》(杜那耶夫斯基作曲)等。身为江西体育专科学校音乐科主任、湖南音专教师以及华中师范学院音乐科主任,陆华柏还多次参与音乐会组织工作,如 1953 年 11 月 7—8 日晚 7 时 30 分于武昌云华林本院礼堂,由华中师范学院中苏友协,音乐系、科,艺术科主办的"庆祝伟大的十月社会主义革命卅六周年纪念会";1954 年 1—3 日(共五场)同为华中师范学院音乐系、科,艺术科举办的"以中国民歌底演唱和民族乐器演奏为主的音乐演奏会"等。

＊　　　＊　　　＊

"在我们评价历史上任何一位音乐家的历史贡献时,首先应当看这位音乐家在基本职岗位上,在其所从事的专业领域里,在当时特定的历史条

1　杨霜泉、栗仲凯、陆华柏(执笔):《贺绿汀老师 1932—1933 年在武昌艺专任教时的情况》,《星海音乐学院学报》,1990 年第 3 期,第 1—3 页。

件下,他究竟有没有做出于事业、于社会有利益的事。"[1]

20 世纪四五十年代,陆华柏在福建音专、湖南音专、华中师范学院从事行政、教学工作的同时,作曲上积极探索,在推广民歌和弘扬民族音乐方面做出了重要贡献;他经常亲自指挥和演奏自己的作品,他组织和参与的艺术实践活动在当时产生了一定的影响。陆华柏的努力有益于事业,也有益于社会。在中国近现代音乐史上,陆华柏集教学、作曲、指挥、演奏于一身,他多方面的才能与贡献必将受到越来越多人的关注,对于他历史功绩的评价也一定会越来越公正客观。

1 　王次炤:《尊重历史 弘扬优良学术传统——为原南京国立音乐院吴伯超院长诞辰 100 周年而作》,代序一。萧友梅音乐教育促进会:《吴伯超的音乐生涯》,北京:中央音乐学院出版社 2004 年,第 4 页。

一位不应该被遗忘的老音乐家陆华柏

"漓水滔滔,独秀苍苍;我们挥动画笔,我们歌声高放。

步伐整齐,热血满腔,在困苦中学习,在战斗中成长……"

2008 年 10 月 28 日下午,在广西艺术学院庆祝建校 70 周年的隆重典礼上,铿锵豪迈的《广西艺术学院院歌》回荡在艺院上空。这是一首经历了 70 年沧桑的老歌,原为《广西省艺术师资培训班班歌》(后被定为校歌),由张安治(即张帆,《故乡》词作者)作词,陆华柏作曲。1938 年 9 月,经吴伯超介绍,陆华柏来到广西艺术师资培训班(广西艺术学院前身)担任讲师,教授和声、合唱等课程。师生们目睹日寇铁蹄的蹂躏,义愤填膺,举办了抗日募捐音乐会,到街头举行抗日宣传画展等活动。这首歌曲就是在这样的社会背景下创作出来的。当时的陆华柏不仅是一名艺师班的教员,还是一名专业作曲者、一名指挥。他积极参与社会的群众音乐活动,将满腔的爱国热情融进音乐创作与音乐教学中,在桂林抗战音乐史上书写了光辉的一页。

陆华柏的音乐教育生涯遍及大江南北,而他在广西艺术学院工作的时间是最长的。他于 1937—1943 年间在广西桂林的艺术师资培训班任教。1943 年,艺术师资培训班解散,陆华柏离开广西。多年后,出于对桂林时期生活的眷恋和对广西少数民族音乐的兴趣,陆华柏一家于 1963 年重返广西,在广艺任教,从此一直在广艺生活。这位老音乐家为广西艺术学院音乐专业的学科建设和人才培养倾注了大量的心血。为了纪念陆华柏,校庆期间,广西艺术学院音乐学院举行了《音乐家吴伯超、陆华柏纪念研讨会》《金色的旋律——2008 广西艺术学院老音乐家纪念音乐会》等一系列活动,音乐会上演出了陆华柏的《故乡》《勇士骨》《康藏组曲》(管弦乐曲)。对于《故乡》[1],人们已经较为熟悉。然而,除了《故乡》,陆华柏还有多方面的音乐贡献。

一、陆华柏多方面的音乐贡献不应该被遗忘

陆华柏集音乐创作、音乐文论、音乐教育于一身,他多方面的音乐贡献不应该被遗忘。

1. 音乐创作

陆华柏创作了大量音乐作品,他的音乐创作有管弦乐、歌剧、清唱剧、钢琴曲、艺术歌曲、民歌改编曲、重奏乐曲、电影配乐、儿童歌曲等多种体裁的音乐作品近三百首。[2] 他的英文传略和学术成果被载入 1993 年《中国社会科学家大辞典》(英文版)。他的代表作《故乡》获得"二十世纪华人音乐经典作品"的殊荣。"上世纪二三十年代以来,专业音乐创作,在前辈作曲家赵元任、黄自等的影响之下,探寻中国民族风格和声之路者,颇不乏人,我也是其中一个……我在学和声学的头一天起,心里想的就是为

---

1 《故乡》被选入高等师范院校试用教材《声乐曲选集》中国作品(一),北京:人民音乐出版社,1986 年,还被选入《中国近现代音乐史教学参考资料》(下)第 473 页,汪毓和主编,北京:世界图书出版公司,2000 年。对于《故乡》的评价,可参考汪毓和《中国近现代音乐史》,北京:人民音乐出版社,2002 年,第 3 版,第 251 页:"当时还有不少抒情歌曲是通过对祖国的大好河山的歌颂,以及通过对家乡、亲人的思念等,来抒发人民群众对祖国的深厚感情,如刘雪庵的《长城谣》、张曙的《日落西山》……陆华柏的《故乡》等,这些作品的音乐大多与民间音乐的音调和形式有直接的联系,风格清新、明朗而深情,深受各地广大群众的喜爱";王小昆的文章《魂牵梦绕故乡情——艺术歌曲〈故乡〉浅析》,《艺术探索》,1998 年第 2 期;刘慧、刘忠《抗战时期四首著名"思乡曲"的艺术特征》,《社会纵横》,2002 年第 6 期等。另外,笔者最近还在陆华柏家中发现了此曲于 20 世纪 80 年代末 90 年代初,传唱于香港、新加坡、美国的音乐会节目单。

2 这是笔者于 2005 年撰写硕士论文《论陆华柏的音乐贡献》时的统计数字,主要参考了戴鹏海编写的《陆华柏音乐年谱》,并在此基础上加入少量笔者收集的资料。由于近期又发现了新的资料,有待于重新统计。

中国曲调配和声。"[1]1937 年,陆华柏在桂林象鼻山麓写下了艺术歌曲《故乡》,一举成名。抗战期间,陆华柏还创作了不少群众歌曲,在当时影响较大。1942 年,陆华柏创作了大型声乐套曲《汨罗江边》。"1943 年起,陆华柏为刘天华十首二胡曲、三首琵琶曲编配钢琴伴奏并进行实践演出,轰动一时,流传至今,获得各界人士极高的评价,对国乐乐坛亦一大贡献。"[2]1944 年,创作了清唱剧《大禹治水》。1946 年,陆华柏曾尝试歌剧创作,歌剧《牛郎织女》[3]上演多场,传唱一时。陆华柏于 1947 创作了钢琴曲《浔阳古调》。1948 年,陆华柏创作了大型声乐作品《挤购大合唱》[4]。陆华柏于1954 年创作的《康藏组曲》[5]是"探索交响音乐民族化的初步尝试。"[6]从1957 年起,陆华柏负冤 22 载,不过,他并没有放下手中的笔,"在创作上仍做一点'地下活动',1964 年'匿名'创作了一个舞蹈音乐节目《彝族女民兵》,通过层层选拔,居然还上北京参加了'全国少数民族业余艺术观摩演出',当时人民日报道过,还配发过舞蹈场面的木刻。"[7]陆华柏后期的音乐创作主要有钢琴曲《东兰铜鼓舞》(1977)、单簧管与钢琴二重奏《侗乡欢庆舞》(1980)、艺术歌曲《游思集》(1989)[8]等。陆华柏在各时期创作的歌曲分别收集在《红河波浪》(1949,香港音乐教育出版社)、《风和月亮——陆华柏歌曲选》(1987,人民音乐出版社)内。另外,为了配合教学的需要,

1　陆华柏:《探寻民族风格和声之路——谈谈我的一点创作经验之二》,《黄钟》,1990 年第 3 期,第 41—45 页。

2　颜廷阶:《中国近现代音乐家传略》,台北:绿与美出版社,1992 年,第 54 页。

3　可参考陆华柏:《只留下了一首二重唱的歌剧《牛郎织女》》,《歌剧艺术》,1991 年第 3 期。

4　该曲后更名为"挤购"潮大合唱,可参考陆华柏《关于〈"挤购"潮〉大合唱发表的后记》,《艺术探索》,1987 年第 2 期。

5　《康藏组曲》(管弦乐),1956 年由北京人民音乐出版社出版,1958 年收入莫斯科音乐出版社出版的《中国作曲家管弦乐作品集》。

6　戴鹏海:《陆华柏音乐年谱》,广西艺术学院印,1994 年,第 97 页。

7　陆华柏:《老年逢盛世 笔下又生辉——作曲家陆华柏自传》,载向延生:《中国近现代音乐家传》第 2 卷,沈阳:春风文艺出版社,1994 年,第 502 页。

8　《游思集——微型歌曲五首》载《音乐创作》1986 年 1 月第 1 期,后收入《风和月亮——陆华柏艺术歌曲集》,北京:人民音乐出版社,1986 年。《当代声乐大师温可铮中国艺术歌曲演唱精选》第 5 首为陆华柏的《游思集》,海文图书公司发行,盒带号:HM105—1。

陆华柏于 20 世纪 50 年代编写了多本由民歌改编的钢琴曲、独唱、合唱曲集。

2. 音乐文论[1]

目前所能收到的陆华柏最早音乐文论,是他在 1937 年《中华全国歌咏会成立大会》上的宣言(署名花白)。[2] 而他于 1991 年撰写的《陈啸空先生的〈湘累〉》(载于《黄钟》1994 年第 2 期)是目前所见的最晚一篇。现将陆华柏音乐文论中已发表的部分(包含少量未发表)分类如下:

关于"新音乐" 1 篇

抗战音乐 5 篇

对同时代音乐家的评论与回忆性文章 12 篇

学术论文 6 篇

推介性、讲演、音乐会评论、综述性文章、序言 91 篇

音乐美学 12 篇

音乐教育 4 篇

各类文章共计: 131 篇[3]

上列逾 130 篇的音乐文论,涉及音乐学诸多的研究领域。在陆华柏众多的音乐文论中,较为重要的是关于广西多声部民歌研究。20 世纪 60 年代初,陆华柏曾深入广西少数民族地区进行实地采风。通过多年研究陆华柏发现,广西壮族、瑶族、侗族等的民歌中都存在着多声现象,虽然尚处于萌芽状态,但毕竟突破了单声音乐的范畴。"运用现代科学技术理论把我国民族音乐的宝藏整理出来,通过研究、总结,作为创造我国新音乐文化重要的根据和基础。陆华柏同志正是这样做的。他的《论广西多声

1　关于《音乐文论》这一章节,由于陆华柏尚有一部分文论目前仍处于散失状态,因此未能作全面评价,本文仅将其文论进行简单分类,有待于进一步挖掘研究。

2　载中国近现代参考资料第四编(1937—1945)第一辑,《论文选集》(上册),第 6 页。中国音乐家协会、中国音乐研究所编,1959 年。

3　戴鹏海的《陆华柏音乐年谱》中详细记载了陆华柏每一年的音乐创作与音乐文论,笔者将该书中的音乐文论部分进行分类统计,并加入少量由笔者收集来的资料,得出这一数据。

部民歌》一书在这方面迈出了可喜的一步。"[1] 陆华柏在晚年主要以总结自己的创作经验和撰写回忆录为主,这些回忆录包括对从事音乐活动、音乐创作经历的回忆以及对以往音乐友人的回忆等,具有较高史料价值。

3. 音乐教育

陆华柏为学校专业音乐教育的发展做出了卓越的贡献。1943 年后,他曾在福建音专、江西体专、华中师范学院、北京戏剧学院、湖北艺术学院、广西艺术学院等多所学校任教,兢兢业业,将丰富的音乐知识传授给学生们。陆华柏家中有 80 多本笔记[2],其中备课笔记有 40 多本。陆华柏从事音乐教学工作 55 年[3],坚持耕耘在教学第一线,几十年中承担的课程有和声、对位、作曲、配器、合唱指挥等。他还编写和翻译教材。下面将1975—1979 年间,陆华柏在广西艺术学院任教时编写与翻译的教材罗列如下:

1975—1979 年编写与翻译了 80 万字教材

1975 《乐理—简谱与五线谱》 214 页 16 万字

1975 《配器法》(八开本) 188 页 29 万字

1976 《作曲知识》 153 页 11 万字

1977 《对位法初步》(译本) 93 页 6.5 万字

1　贺绿汀:《〈论广西多声部民歌〉序》,《艺术探索》,1988 年第 1 期,第 1—3 页。陆华柏关于广西多声部民歌研究的文章有四篇:《广西壮、瑶、侗、仫佬、毛南族二声部民歌的多声音乐构成初探》(《民族音乐学论文集》,南京艺术学院音乐理论教研室,1981 年,第 309—341 页);《广西壮族三、四声部民歌的和声分析》(《中国音乐》1982 年第 3 期);《广西壮族二声部民歌的和声思维》(《音乐学文集——纪念广西艺术学院建院六十周年》,南宁:接力出版社,1994 年,第67—90 页);《广西侗族民歌多声音乐构成的审美特征与规律》(《星海音乐学院学报》1990 年第 1 期)。这四篇论文原准备结集出版,书名为《论广西多声部民歌》,贺绿汀已为该书作序,后由于各种原因未成。

2　这些笔记本都是目前存有的。据了解,有不少笔记资料由于历史原因已经散失。"解放后,到1957 年,不料我被一场政治风暴席卷过去,我和我的家并先后遭受过两场水灾,一场火灾;'文革'中还被抄过三次家。"陆华柏《只留下了一首二重唱的歌剧〈牛郎织女〉》,《歌剧艺术》,1991年第 3 期。

3　为了纪念陆华柏执教 55 周年,广西艺术学院于 1988 年 12 月 25 日在南宁剧场举办了《陆华柏教授执教 55 周年纪念作品音乐会》,此活动作为广西艺术学院办学 50 周年校庆活动之一。贺绿汀为音乐会题词,高伟、温可铮、王述、俞子正等参加了此次演出。

1977 《节奏分析与曲式》(译本) 133 页 10 万字

1978 《应用对位法》第一部分(译本) 114 页 8 万字

以上共六种,油印本(十六开本或八开本 895 页,80.5 万字)[1]

当然,陆华柏编写与翻译的教材还不止这些,这只是一个缩影,我们可以从中发现这位老音乐家在音乐教育方面付出的艰辛。在教学思想上,陆华柏一向不赞成"满堂灌",主张启发学生的主动性和积极性。"要求学生除必要的技巧练习(练唱、练琴、作和声习题,这需要相当多时间)外,充分利用图书馆、资料室,在教师的关注和指导下独立钻研"。[2] 陆华柏采用理论联系实际的方法,经常写作品给学生当教材。"陆老师担任我们的《对位学》《作曲及配器法》课程,同时又兼合唱课指挥。他写作品给我们当教材,如歌颂抗日将领冯玉祥的清唱剧《白沙献金》、纪念屈原的《汨罗江边》,陆老师不顾自己身体健康,常写到午夜,真是呕心沥血地为音乐教育事业贡献自己的毕生精力。"[3]

几十年的辛勤教学使陆华柏桃李满天下。在他的学生中,有高校的音乐专业教师,如桂林旅游学院的教授王小昆,广西艺术学院音乐学院长王晓宁,还有著名的作曲家刘虹、台湾的音乐理论家颜廷阶等。他们都在各自的岗位上为我国音乐教育与音乐创作事业贡献力量。

二、陆华柏勤奋严谨的治学精神不应该被遗忘

陆华柏之所以能取得如此丰硕的成果,与他勤奋严谨的治学精神是分不开的。

---

1 陆华柏:《陆华柏1979 年 5 月改正错划右派后发表的文章、作品及有关音乐活动的报道等》,陆华柏手稿。1980 年。

2 陆华柏:《试论音乐师范专业在音乐教学上突出"师范"特点的问题——关于音乐师范专业教学改革的一些设想》,《艺术探索》,1987 年第 1 期,第 88—92 页。

3 陈炳煌:《一生傲骨不畏邪——回忆陆华柏教授二三事》,《国立福建音专校史资料集》,内刊,福建省艺术研究所编,1988 年,第 40 页。

1. 勤奋

陆华柏一生所受的专业音乐教育仅有三年。"他是中国近现代音乐史上罕见的主要靠自学成才的音乐家。"[1] 1931—1934 年，陆华柏入武昌艺专艺术师范科，随肖绮好特（白俄）学习钢琴，随贺绿汀学习乐理，从陈田鹤学习作曲。"那时候他就表现出了严肃认真刻苦学习的精神。"[2] 武昌艺专毕业后，陆华柏留校任教。"那一年，上海音专到内地招生，湖北考区只考取我一个，但我穷得从武汉到上海的路费都筹不起，眼巴巴地放弃了。入学不成，自学也不易。那时，关于对位法、曲式学、配器法等方面的音乐专业书，翻译出来的很少，非读原文不可，逼得我自学英文，然后再读音乐理论书。"[3] "陆华柏每天要做三件事：一是背英语单词，二是练钢琴，三是写东西。他常把写满英语单词的小字条放在口袋里，走路背，坐公交也背，因为背单词而坐过公交站点是常有的事。"[4] 经过多年努力，陆华柏有四部译著，其中有两本正式出版。[5] "陆华柏很努力，他的作品很多，他的创作手法在当时是很新的，他是我国一流的或者可以说是接近一流的作曲家。"[6]

2. 严谨

陆华柏治学严谨。大量的备课笔记就是实证之一。陆华柏严谨的工作作风还表现在他对资料的收集和整理上。陆华柏曾于 20 世纪 80 年代中后期亲自去武汉、南昌、桂林等地，收集发表在《中国新报》《扫荡报》上的早期文论。在报刊资料复印件中，陆华柏都将相关文字用红笔圈出，并

1　丁卫萍：《陆华柏生平二三事》，《人民音乐》，2004 年第 11 期，第 41—42 页。

2　贺绿汀：《〈广西多声部民歌〉序》，《艺术探索》，1988 年第 1 期，第 1 页。

3　陆华柏：《赌气练琴》，《音乐爱好者》1981 年第 1 期，第 4—5 页。

4　陆华柏夫人甘宗容教授在《音乐家吴伯超·陆华柏纪念研讨会》上的发言，2008 年 10 月 29 日。

5　这两本书是《和声与对位》（柏顿绍著），1953 年上海新音乐出版社出版，1984 年北京人民音乐出版社重版；《应用对位法》（上卷 创意曲，该丘斯著），1986 年，人民音乐出版社出版。另两本译著未出版，分别是《对位法初步》（基特森著，1977 年）、《节奏分析与曲式》（柏顿绍著，1978 年），这两本曾作为广西艺术学院音乐作曲教研组参考教材。

6　2008 年 9 月 23 日，笔者赴苏州参加中国音乐史学第十届年会，在会上见到了汗靇和先生。笔者对汗先生进行了采访，这是汗先生对陆华柏的评价。

详细注明报刊名称和刊登时间。他还将这些资料分装进文件袋,在文件袋上方标注目录;对于发表在期刊杂志上的文章曲谱,陆华柏则在每本载有他资料的杂志封面上标好页码。即使是已经发表过的作品,陆华柏也要做进一步的核对和修正。细心严谨的陆华柏还收有不少音乐会节目单,节目单上演出地点的变化折射出陆华柏当年的教学足迹。

＊　　＊　　＊

陆华柏的一生是坎坷的。陆华柏是动荡的大时代中一个搞音乐的知识分子[1],他的音乐人生必然与时代变化有着密切联系。1937 年,随着《故乡》问世,陆华柏就已是名人。[2] 1939 年,陆华柏写了一篇《所谓新音乐》的文章[3],在当时的音乐界引起了轩然大波。直到 20 世纪 70 年代末的几十年中,陆华柏的头上始终被压着一顶"一贯反对新音乐"的帽子,由于《所谓新音乐》所引起的争论还被写进了教科书。1957 年,一场政治风暴将陆华柏划为"另册"。这些都成为陆华柏被遗忘的主要原因。对于中国近现代音乐史上的"个案",不少专家进行了反思,提出了"重写音乐史"的主张[4]。我们也可以发现,在近几年出版的论著中,"陆华柏"的出现频率已有所增多[5],陆华柏工作过的学校也开始重视陆华柏做出的贡献。[6] 然而,对于这位为中国近现代音乐事业发展贡献了毕生精力的老音

1　见戴鹏海所编《陆华柏音乐年谱》,谱主题记。
2　"……李凌同志拍案而起,写了第一篇反批评的文章,接着好像我也写了一篇,当时我们还很年轻,水平也不高,可能在态度上也有过分激昂的不当之处,但是,李凌同志当时这种敢于向知名人士挑战的正义感和勇气,还是很值得敬佩和肯定的。"赵沨《庆贺李凌同志八十寿辰》,《音乐研究》,1994 年第 2 期。
3　此文 1940 年 4 月 21 日在广西桂林《扫荡报》副刊上发表。对于陆华柏的《所谓新音乐》,目前学界已有了较为客观全面的评价。可参考冯长春《中国近代音乐思潮研究》第 339—342 页,北京:人民音乐出版社,2007 年;明言《20 世纪中国音乐批评导论》第 183—188 页,北京:人民音乐出版社,2002 年。
4　可参戴鹏海:《还历史本来面目——20 世纪中国音乐史上的"个案"系列之一:陈洪和他的〈战时音乐〉》,《音乐艺术》,2002 年第 3 期;汪毓和《戴鹏海文章〈还历史本来面目〉读后感》,《音乐艺术》,2002 年第 4 期等。
5　可参丁卫萍:《陆华柏研究述评》,《天籁》,2009 年第 4 期。
6　可参汪义晓:《那些渐行渐远的背影哟——武汉音乐学院部分重要学科奠基人考并兼述历史时期划分暨学科建制沿革》,《黄钟》,2008 年第 3 期。

乐家来说,仅仅这些还是不够的。

"只要对中国音乐有过相当贡献的人,都要进行研究,根据他们的贡献和在历史中所起的作用,给予恰当的评价。"[1] 今天,《广西艺术学院院歌》回响在艺院上空,纪念陆华柏的研讨会也如期举行。笔者相信,这必将成为研究陆华柏音乐贡献的新起点,客观、全面地评价陆华柏历史功绩的日子已经为期不远了。

1　周畅:《不拘一格,广些、深些、精些》,《音乐研究》,1982 年第 1 期,第 17—21 页。

音乐创作研究

1937 年桂林象鼻山麓，由陆华柏作曲、张帆作词的艺术歌曲《故乡》一经问世，陆华柏就成了名人。1992 年，《故乡》被评为"20 世纪华人音乐经典"，为陆华柏带来持久的声誉，至今仍传唱不衰。陆华柏的音乐创作涉及艺术歌曲、群众歌曲、钢琴曲、合唱、歌剧、清唱剧、管弦乐等多种音乐体裁，此处论述的音乐作品只是其中的一些代表。陆华柏曾说过："我在学习和声的头一天起，心里想着的就是为中国曲调配和声。"[1] 他在 20 世纪 40 年代在国立福建音乐专科学校为刘天华十首二胡曲编写的钢琴伴奏以及为《光明行》《普庵咒》等编配的三重奏开创了洋为中用的独特风格的国乐改革演奏，在当时引起了极大的震动和评价。无论是原创音乐作品还是改编音乐作品，陆华柏的任何一部作品都是扎根民族，借鉴西洋音乐创作技法的结晶。"立足民族，中西结合"是陆华柏音乐创作坚守的根基。

1　陆华柏：《探寻民族风格和声之路——谈谈我的一点创作经验之二》，《黄钟》，1990 年第 3 期，第 41—45 页。

陆华柏抗战时期的群众歌曲创作

　　用现在的眼光看,陆华柏是一个集作曲、音乐教育、音乐理论研究于一身的音乐家。他为我国近现代音乐事业的发展做出了重要贡献。[1] 然而,长期以来,陆华柏并不为人们所了解,这是由于特殊的历史原因造成的——1939 年,陆华柏写了一篇名为《所谓新音乐》的文章,此文于 1940 年 4 月 21 日在广西桂林的《扫荡报》副刊上发表,其中有关"新音乐"的观点在当时的音乐界引起了轩然大波。由《所谓新音乐》引起的争论成为中国近现代音乐史中的一桩公案。[2] 陆华柏的后半生也为此付出了沉重的代价。[3] 直到 20 世纪 70 年代的几十年中,陆华柏的头上始终压着一顶"一贯反对新音乐"[4]的帽子,这场争论还被写进了教科书。[5]

　　如今,学术界对陆华柏的《所谓新音乐》有了较为客观全面的认识。[6]

1　丁卫萍:《陆华柏生平二三事》,《人民音乐》,2004 年第 11 期,第 41—42 页。

2　可参考陆华柏:《与中国近现代史有关的一篇资料性文章及其所引起的问题的回顾》,《音乐艺术》,1985 年第 2 期;陆华柏《读李凌同志〈旧题新论〉有感》,《上海音讯》,1986 年第 3 期;李凌:《旧题新论》,《音乐艺术》,1985 年第 4 期;赵沨:《庆贺李凌同志八十寿辰》《音乐研究》,1994 年第 2 期;王小昆:《中国现代音乐史上的一桩公案——〈所谓新音乐〉中有关问题的考证》,魏华龄、左超英主编:《桂林抗战文集》(六),第 182—227 页,桂林:广西师范大学出版社,2001 年。

3　1957 年,陆华柏错划为右派时,这也是重要的罪证之一。

4　陆华柏:《读李凌同志〈旧题新论〉有感》,《上海音讯》,1986 年第 3 期。

5　汪毓和:《中国近现代音乐史》(第二次修订版),北京:人民音乐出版社、华乐出版社,2002 年版,第 297、327、328 页。

6　"这是一篇饱含着真诚与勇敢精神的,在中国现代音乐批评历史上曾经引起过广泛影响的文章。短短千余字的批评,句句直逼新音乐的弱项。当然,这也是一篇瑕瑜互见的檄文。"参见明言《20 世纪中国音乐批评导论》第 183—184 页,北京:人民音乐出版社,2002 年;还可参考汪毓和:《戴鹏海文章〈还历史本来面目〉读后感》,《音乐艺术》,2002 年第 4 期;冯长春:《中国近代音乐思潮研究》第 339 页,北京:人民音乐出版社,2007 年。

但是,由于学术界主流言论的长期影响,陆华柏的名字连同他的作品一起还是被历史湮没了。在近几年的音乐史学研究中,对一些被遗忘的音乐家如程懋筠、吴伯超等人的研究已为学界所重视,当年曾和陆华柏一样被当"靶子"进行公开批判的音乐家陈洪[1]的研究亦进入人们视野。在"重写音乐史"的课题中,陆华柏作为十分重要的个案,对于他音乐贡献的研究目前还很少见。

陆华柏的群众歌曲紧跟时代,吸收了时代的最强音,亦是其音乐贡献中值得关注的部分。研究陆华柏的群众歌曲可以发现,陆华柏非但没有反对"新音乐",还积极地参与其中并取得了突出成就。他深入群众,用群众最易接受的音乐语言创作出来的群众歌曲,在当时广为流传,有的甚至传唱至今。如果要全面了解陆华柏,就不应该仅仅关心与"所谓新音乐"相关的话题。希望本文能起到抛砖引玉的作用,引起大家对此方面研究的重视。

陆华柏于1937年抗战前夕经美术大师徐悲鸿的推荐,与几名爱好音乐的友人一起来到桂林,主要从事介绍和推广西洋音乐的活动。[2] 1937年冬,广西音乐会与国防艺术社[3]联合组织了"桂林抗战歌咏团",开展群众性救亡音乐活动,这是陆华柏从事抗战音乐创作的开始。为了更好地发挥抗战歌曲的宣传作用,陆华柏与聂耳、贺绿汀、麦新等人一样,积极从事群众歌曲创作。笔者从收集到的资料中,选择了其较有代表性的四首并进行分析。它们按照创作时期的先后,分别是《广西学生军歌》《战!战!战!》《磨刀歌》《保卫大西南》。之所以选择这几首歌曲,是因为这些歌曲都诞生于全面抗战爆发的时期,都以抗战内容为题材,与时代合拍。而且它们都是进行曲风格,短小精悍,都采用大调写作,具有鼓舞士气的作用。

---

1 陈洪于1938年发表于《音乐月刊》一卷一号上的随笔《战时音乐》在当时也受到了批评。
2 "陆华柏等在桂林组织雅乐五人团并举行音乐会……"《音乐教育》1937年九、十月号记载。
3 "国防艺术社"是当时五路军政治部下属的综合文艺宣传队,包含戏剧、音乐、美术、文学、电影等部门。社长为李文钊(少将衔)……歌咏组组长为陆华柏,绘画组组长为阳太阳。参见广西社会科学院主编:《桂林文化城记事》,第374页,桂林:漓江出版社,1984年。

"《磨刀歌》与《战！战！战！》(陆华柏)等歌曲，都发出了迎接抗战、投入战争的豪迈歌声。"[1]

一、《广西学生军歌》

由李文钊[2]作词的齐唱曲《广西学生军歌》[3]，创作于 1937 年冬。当时，陆华柏在"国防艺术社"担任音乐指导员，广西桂林的学生军[4]正在组训中，他们委托陆华柏为该军军歌谱曲，《广西学生军歌》由此诞生。"广西学生军不管是行军路上、集会集中，还是前线鼓劲，街头宣传，都曾引吭高歌《广西学生军歌》。"[5]今见此曲的"回忆"版本载于"广西学生军北上抗日史料征集办公室"所编《烈火青春——广西学生军北上抗日史料专辑》。20 世纪 80 年代，当年参加过广西学生军而此时已白发苍苍的老同志曾聚在一起，回忆这首被历史失载的军歌。陆华柏记述道："他们后来发现我是原曲作者，就交给我，要我校正。说实话，我已完全忘记了，哼了一遍又一遍，才追忆起一点模糊的印象。我先是以为自己改得很正确了，后经另外的老同志(也是学生军)提出尚有误记之处，我再想一想，才恍然

1　陈应时、陈聆群：《中国音乐简史》，北京：高等教育出版社，2006 年，第 325 页。

2　李文钊(1889—1969)，1926 年毕业于莫斯科中山大学，抗战期间，在桂林从事抗日进步文化活动。曾任国防艺术社社长、中华全国文艺界抗敌协会桂林分会理事等职。《诗创作》月刊社社长，《艺术新闻》社编委。对桂林文化城做出过积极、有益的贡献。参见广西社会科学院主编：《桂林抗战文艺辞典》，第 26 页，南宁：广西人民出版社，1989 年。

3　《广西学生军军歌》现载于《烈火青春——广西学生军北上抗日史料专辑》，广西学生军北上抗日史料征集办公室编，1990 年 12 月南宁出版，第 389 页。

4　以抗日救亡为宗旨的广西学生军，共有 3 期，第一期组建于 1936 年，目的主要是为了反蒋(介石)，成立不久因局势变化很快解散，在广西历史上几乎没有留下什么痕迹。1937 年抗战爆发，广西当局决定联蒋抗日，于当年底组织了第二期学生军，这一期学生军主要是远赴省外参加抗战。1938 年 10 月，第三届青年学生军成立，第三届广西学生军是由国民党广西当局组建，得到中国共产党积极支持，并由共产党人在它的基层起主导作用的抗日救亡团体。承担的主要任务是宣传抗日、组织群众和参加作战。对抗日战争作出了重大贡献。(据陆华柏夫人甘宗容老师回忆及相关资料整理)。

5　郑盛丰：《珍藏在心中的歌——〈广西学生军歌〉和它的歌唱者》，《南宁晚报》，1984 年 11 月 18 日第 3 版。

大悟,觉得确实如此……"[1]

本曲为 G 大调,2/4 拍,进行曲速度,共八句。开头采用了抑扬格进行,从属音到主音四度大跳,动力性很强。这里可以明显感觉到其所受《马赛曲》的影响。这首歌曲和当时其他音乐家的作品,如聂耳的《义勇军进行曲》、贺绿汀《游击队歌》、陈洪《一致对外》《冲锋号》的开始句写法相似,均采用抑扬格进行。这在某种程度上证明,抑扬格进行在那时是很受欢迎的——能使歌曲形成内在的动力感和明显的力度感,从而使歌曲更具历史责任感与时代紧迫感。在抗战救亡歌曲的洪流中,陆华柏与同时代其他作曲家一样,善于捕捉当时最具效果的节奏型,以此来激励群众、发动群众,从而更好地发挥抗战音乐的力量。全曲以弱起拍后半拍起为特点的节奏型贯穿其中,唱起来统一和谐,能表现学生军血气方刚、胸怀大志的气质。

其结构图式如下:

$$a + a' + b + c + c' + d + b + a + a''$$
$$4 \quad 3.5 \quad 6.5 \quad 7 \quad 8 \quad 9.5 \quad 6.5 \quad 4 \quad 5$$

全曲有 9 句,共 54 小节。歌曲具有带再现的性质。当唱到"负起伟大的使命"时,出现了全曲最高音。第五句的节奏较第四句变密,似乎表达了学生军要与前线将士、全国同胞誓死战胜敌人的迫切心情。在第六句中,连续做二度上行模进,乐思连绵不断且将音乐推向高潮。歌曲的结束句是开始部分的变化再现。

这首歌曲的歌词不拘于传统的格律,无固定的格式,节奏自由,句子参差不齐,给音乐创作带来了难度。歌曲谱出以后,陆华柏觉得稍微难唱一点,不过,他认为"根据歌词的自然朗诵节奏,只能这样处理"[2]。

1　陆华柏:《〈广西学生军歌〉忆旧》,《烈火青春——广西学生军北上抗日史料专辑》,第 387—389 页。
2　陆华柏:《〈广西学生军歌〉忆旧》,《烈火青春——广西学生军北上抗日史料专辑》,第 389 页。

如今,在广西南宁青秀山帽子岭,高高耸立着广西学生军抗日烈士纪念碑,纪念在抗战中牺牲的 20 多位学生军。"广西南宁仍健在的学生军每月 27 号都要举行集会,每次集会都要高唱《广西学生军歌》。"[1] 这首经历了 70 年沧桑的老歌至今仍散发出勃勃生机。

谱例1　《广西学生军歌》

我们 是 铁 打 的 一 群, 我们 是

广 西 青 年 学 生 军。

二、《战！战！战！》

如果说《广西学生军歌》还在为战斗积蓄力量的话，那么，《战！战！战！》就是正式投入实战了。《战！战！战！》[1]（又名《战歌》），陆华柏词曲，作于 1937 年。陆华柏说，它"大概是我作品中最深入民间的一首，我常在米粉店听伙计们哼唱此调，笑问所唱何曲?! 实在比我在高贵的音乐会听到名家唱我的作品尤为感动。"[2]

歌曲虽然只有短短的十四小节，却用明快的音乐语言刻画了人们英勇抗击侵略者的形象。此曲采用了带再现的单二部曲式，歌曲结构图式如下：

$$
\begin{array}{ccc}
A & + & B \\
\overbrace{\text{a } \text{ a}'} & & \overbrace{\text{b } \text{ a}''} \\
4 + 4 & & 2 + 4
\end{array}
$$

谱例 2 《战歌》

战歌
（战！战！战！）

陆华柏曲（1937）

有精神

战！战！战！我们昂首入战场，我们勇力满身，勇力满身
战！战！战！我们昂首入战场，我们中华男儿，中华男儿

1　《战！战！战！》最初发表在刘雪庵主编的《战歌周刊》，第一卷第十一、十二期，1938 年。后被选入 1957 年解放军歌曲编辑部编的《抗日战争歌曲集》第一集 134 页。
2　陆华柏：《〈华柏歌曲集〉自序》，1940 年。

歌曲在明亮的 C 大调上进行,歌词简短明晰,易唱易记,便于传唱。全曲共有四句。歌曲的开头在主和弦上进行,嘹亮地喊出了"战！战！战！我们昂首入战场"的口号,第一句结束在属和弦上;第二句是第一句的变化重复,节奏型与歌词与第一句完全相同,结束在主音上。第三句为短句,仅有两小节,灵活运用了弱起节奏和变化音,使歌曲生动活泼。短句运用恰到好处,既与前后形成节奏上的对比,又使歌曲充满活力。歌曲最后一句是第二句的变化重复(末小节提高八度)。"战！战！战！"一字一音,节奏整齐鲜明,表达了将士们不怕牺牲、敢于同敌人拼杀的豪情壮志。这首歌曲虽短小,却朗朗上口,唱来洒脱振奋,深受人民喜爱。陆华柏在群众歌曲的创作中,灵活运用各种创作技巧,说明他已与群众打成一片,也十分了解群众歌曲的审美趣味。为了达到宣传的目的,这些群众歌曲采用的句式短促有力,如号令般呐喊出时代最强音,对抗战音乐起到了很好的推动作用。

当时,桂林已成为南方抗日救亡文化活动的中心,大批文化人聚居桂林活动,推动了桂林抗日救亡音乐活动的开展。陆华柏正是在这样的社会大环境中进行音乐创作的。"抗战初期,'桂林歌咏团'举行过一次规模空前的万人火炬歌咏大会。除了高唱聂耳、冼星海、麦新等的一些脍炙人口的抗战歌曲外,也唱我作的'战!战!战!'"[1]"当时的歌咏大会用扩音机领唱手电筒指挥,铜管乐队伴奏,高唱冼星海《保卫祖国》《救国军歌》,陆华柏的《战!战!战!》等歌曲。熊熊火炬配合万众歌声,振动了桂林,影响及于华南。"[2]当时的一篇文章这样写道:"在广西有几千人的火炬歌咏巡行,这还算头一次,那雄壮的歌声震动了桂林城,歌声钻进了每个人的心里!"[3]

三、《磨刀歌》

《磨刀歌》[4](二部合唱)创作于1938年,是陆华柏为章泯[5]的街头剧《磨刀乐》创作的主题歌,由章泯作词。歌曲篇幅不长,表达了人民对侵略者的刻骨仇恨以及决心把侵略者驱逐出境的坚定信心。歌曲结构图式如下:

```
        A      +    coda
      ┌──┬──┐
      a  b  b         6
      4+4+4
```

这首歌曲由两部分构成:第一部分为二部合唱,共三句。第一句为四小节,低声部是向下四度的移位模进卡农,颇具中国劳动号子中常见的一领众和型特征。第二句的低声部重复前句低声部的"磨哟磨",采用固定低音写法。第三句与第二句在旋律与声部安排上完全相同,仅高声部歌

---

1 陆华柏:《老年逢盛世 笔下又生辉——作曲家陆华柏自传》,向延生:《中国近现代音乐家传》第2卷,沈阳:春风文艺出版社,1994年,第494—503页。

2 李建平:《抗战时期桂林进步音乐活动述评》,《艺术探索》,1988年第2期,第112—120页。

3 力波:《广西的音乐运动》,《战时艺术》,1938年第5期。

4 《磨刀歌》最初发表在刘雪庵主编的《战歌周刊》,第1卷第7期,1938年4月。现刊登在《抗战歌曲精选》(朱绛编)第167页,1987年5月第1版,大江南北杂志社。

5 章泯(1906—1975),著名话剧、电影导演,戏剧理论家,艺术教育家,教授。原名谢兴、谢韵心。笔名杜山、陆擎。早年就读于北京艺术学院戏剧系,后在上海从事进步戏剧运动。1932年加入中国共产党。1937年抵桂林,任国防艺术社话剧团导演。参加桂林抗战戏剧运动。参见广西社会科学院主编:《桂林抗战文艺辞典》第65页,南宁:广西人民出版社,1989年。

词不同。第二部分为结尾部分,齐唱,重复歌词"好把日本强盗来杀",表达了人们对敌人的愤恨之情。此曲语言干练,直抒胸臆,附点节奏的运用铿锵有力。在抗战歌曲中,运用附点能使歌曲充满推动力与朝气。聂耳的《毕业歌》中附点较多,麦新的《大刀向鬼子们的头上砍去》也运用了较多的附点节奏。《磨刀歌》歌词反复多次,有利于老百姓记忆。在原简谱版本上,作曲家对前后两部分的音域作了标记,可见陆华柏在创作时的细心程度。

四、《保卫大西南》

《保卫大西南》[1](四部合唱),陆华柏词曲,作于 1939 年。1939 年秋冬之际,日寇在北海、钦州一带登陆,先是威胁,后是攻占了南宁。1939 年11 月 25 日,桂林开展大规模的"保卫大西南"宣传周群众歌咏活动,当时由陆华柏指挥的广西艺术师资训练班合唱团的学生也准备参加此次活动。学生们要求陆华柏写一首保卫大西南的新歌给他们唱,陆华柏一口气完成了《保卫大西南》的词曲创作。《保卫大西南》的乐谱,陆华柏写了两种谱本:齐唱谱、男女混声四部合唱谱。"艺师班的学生登台演唱时,是先唱齐唱,接着又唱合唱,我指挥。这样的作品和演唱形式在街头露面,在桂林,我相信是第一次。然而,确实,当时一般群众对此的反应是能理解、能接受,表示热烈欢迎的!这种办法展示出了歌咏的两个层次:齐唱——普及形式,合唱——提高形式,这里表现出了普及与提高的结合,群众性与专业性的结合。为此,我深感高兴。"[2] 当时,陆华柏身兼数职:

---

1 《保卫大西南》混声四部合唱谱最初发表于广西省艺术师资训练班所编《音乐与美术》创刊号(1940 年 1 月,第 1 卷第 1 期)。它的第一行女高音声部,也就是可以齐唱的主旋律谱,后被解放军歌曲编辑选选入 1957 年出版的《抗日战争歌曲集》第四集 182 页。

2 陆华柏:《抗战时期桂林文化城群众歌咏活动纪实——我参与了的和记得起的一些群众歌咏活动》载《广西新文化史料》,纪念中国共产党诞生 70 周年特辑,1991 年 1 月,内刊,广西新文化史料编辑部编,第 54—59 页。

既是作曲家,又是指挥;既担任钢琴伴奏,又是艺术师资班的教员,他积极参加各类音乐活动,尽最大力量发挥才干。

《保卫大西南》很快成为"保卫大西南"宣传周的主题歌。《扫荡报》自动印刷了该曲的齐唱(简谱)歌片一万份,当场免费分发,因此迅速扩大了这首歌曲的传播范围。[1] 1939 年 12 月 19 日,我军迂回进攻南宁日寇,收复了昆仑关,此曲很快在昆仑关前线后方流传,对战争的胜利起到至关重要的宣传动员作用。"《保卫大西南》是抗战期间众多驻桂音乐家创作的群众歌曲中流传最广、影响最大的一首。"[2]

该曲采用了 C 大调,曲风与《战歌》类似,结构图式如下:

$$
\begin{array}{ccc}
A & B & A \\
\overbrace{a\quad a'} & \overbrace{b} & \overbrace{a\quad a''} \\
4+4 & 4 & 4+4
\end{array}
$$

在本文选取的歌曲中,《保卫大西南》是结构最为方整的一首,为带再现的三段体。歌曲第一部分为两句各四小节的乐句构成,展现了抗日大军气势磅礴、波澜壮阔,披荆斩棘的宏伟气势,两乐句的旋律除了句末分别结束在属音和主音上的不同外,其余部分完全相同。歌词变化:前一句为"不论后方,不论前线",后一句为"军民合作,打成一片"。中段节奏型变密,配合歌词用了两个短句,附点与休止符的运用灵巧利索,生动描绘了抗日将士在作战过程中的机智勇敢与团结协作,旋律轻巧干练。再现段与第一部分基本相同,歌词"伟大的胜利就在眼前"表达了人们对胜利的信心。这首由陆华柏作词作曲的歌曲在词曲结合方面紧紧相扣,唱起来雄起起气昂昂。"保卫大西南"如战斗口号般不断反复,简明有力,有利

1 陆华柏:《抗战时期桂林文化城群众歌咏活动纪实——我参与了的和记得起的一些群众歌咏活动》载《广西新文化史料》,纪念中国共产党诞辰 70 周年特辑,1991 年 1 月,内刊,广西新文化史料编辑部编,第 57 页。
2 王小昆:《桂林版〈扫荡报〉与抗战音乐文化》,《中央音乐学院学报》,2003 年第 1 期,第 65—70 页。

于群众记忆并在群众中流传。《保卫大西南》为混声四部合唱,可见陆华柏在群众歌曲创作时,还十分注意歌曲的艺术性和多样性。在抗战合唱歌曲创作中,陆华柏做出了积极贡献。

以上论述的是陆华柏群众歌曲创作中影响较大的几首。通过这些歌曲,我们可以归纳出陆华柏群众歌曲的创作风格。这些脍炙人口的歌曲以齐唱为主,以强烈的感情表达了人们的爱国热情和对斗争胜利的坚定信心。它们大都采用具有进行曲风格的二拍子或四拍子创作,篇幅不长。擅用富于动力的附点节奏表达积极乐观的情绪,如《磨刀歌》《保卫大西南》中段部分;采用半音进行增添歌曲韵味,如《战歌》;采用抑扬格进行使歌曲坚定果敢,如《广西学生军军歌》。陆华柏还十分注重歌词与曲调的配合,结合歌词恰当运用短句,使歌曲节奏富于变化,如《战!战!战!》中句和《保卫大西南》中段等。这些歌曲不仅仅是单一的大齐唱,二部与四部合唱形式的运用拓宽了群众歌曲的演唱方式。陆华柏的群众歌曲融入了西洋音乐的因素,在创作手法上采用模仿对位等,歌曲结构具有 A—B—A 特征。

*　　*　　*

在轰轰烈烈的抗战斗争中,陆华柏的群众歌曲是一朵奇葩。他与进步人士章泯、李文钊等合作的群众歌曲像冲锋号,激励着人们为保卫祖国,保卫家乡而战斗,具有鲜明的时代性。由此可见,"陆华柏是抗战时期新音乐队伍中的人物,显然他对自己内部的问题所进行批评的陈述[1]中包含有启蒙派的一些因素,但不能够简单地将之划为'另册'。"[2]"陆华柏也是一位创作了大量抗战歌曲的作曲家。"[3]他和同时代的张曙、麦新等人一样,将肩负的历史责任感与强烈民族自尊心融入群众歌曲的创作中。"每个中国人都应将其能力贡献给国家,我们是一群音乐工作者,所以,我们

1　即《所谓新音乐》一文中的陈述。
2　明言:《20 世纪中国音乐批评导论》,北京:人民音乐出版社,2002 年,第 188 页。
3　冯长春:《中国近代音乐思潮研究》,北京:人民音乐出版社,2007 年,第 341 页。

也应当尽我们的力,那就是说,我们要用歌咏去发动民众、组织民众、把他们唱上战场,为中华民族的解放而斗争!"[1] 陆华柏是这样说的,也是这样做的。回顾陆华柏的群众歌曲可以看出:"陆华柏在这一时期也是一位积极地从事新音乐的创作与理论事业的人。"[2]

这是一位几乎被人们忘却的老音乐家,回顾陆华柏的群众歌曲,能勾起人们对峥嵘往事的回忆,并正确认识陆华柏为抗战音乐所做出的贡献。

1 陆华柏:《中华全国歌咏会成立大会上的演讲稿》(署名花白),载《中国近现代参考资料第四编（1937—1945）第一辑论文选集》,中国音乐家协会,中国音乐研究所,1959 年,第 6 页。
2 明言:《20 世纪中国音乐批评导论》,北京:人民音乐出版社,2002 年,第 217 页。

陆华柏的艺术歌曲《勇士骨》分析

陆华柏的艺术歌曲《勇士骨》，现刊载于人民音乐出版社 1987 年出版的《风和月亮——陆华柏歌曲选》。男中音歌唱家马金泉在 2001 年 11 月、2009 年 2 月于国家图书馆音乐厅举行的两次独唱音乐会上，《勇士骨》均名列其中。2009 年 4 月，《词刊》刊登了著名作家任卫新的文章《悲壮凄美至绝》，分析《勇士骨》歌词的艺术特色。如今，距创作《勇士骨》的 1938 年已过去 70 余年。该曲何以在 21 世纪的今天焕发出蓬勃生机？

一、《勇士骨》的创作背景

陆华柏于 1937 年夏秋间来到抗战文化名城桂林，参加桂林的抗战音乐活动。1937—1938 年间，陆华柏创作了不少抗战歌曲。《勇士骨》创作于 1938 年，由胡然、映芬作词。据陆华柏回忆，"词作者映芬生平不详，胡然又名胡曼伦，为当时著名男高音歌唱家，他在长沙大火后逃难至桂林，以此问请陆华柏谱曲。"[1]

卢沟桥事变爆发后，随着日本对华侵略的进一步扩张，前线伤病问题变得十分严峻，伤兵得不到及时治疗。结合实际，一些有志之士创立了"伤兵之友社"，纷纷募捐。广西音乐会积极响应并举行音乐会。"现在为了响应'伤兵之友活动，'特举行第七次音乐演奏会而筹款，因为伤兵是为

1　陆华柏：《关于〈勇士骨〉的创作说明》，1985 年 2 月 15 日（陆华柏手稿，未发表）。

了抗战救亡而流过血的民族英雄……我们在极端困难中筹备这次音乐会，来向社会募捐，以我们微薄的能力，也许成绩微不足道，不过我们希望社会各方尽力。"[1]

陆华柏"专门为这次音乐会创作了供胡然独唱所用的《勇士骨》。1939年2月7—8日，广西音乐会在桂林新华戏院举行第7次音乐会，《勇士骨》首演，由词作者胡然独唱，陆华柏担任钢琴伴奏。"[2] "首演时听众反应热烈，在座的作家丽尼尤其赞赏，认为是桂林艺术歌曲中绝对一流的作品。"[3] 由于《勇士骨》与《故乡》均创作于抗战初期，常被人们视为《故乡》的姊妹篇。

二、《勇士骨》的艺术特色

与屈原的《国殇》相似，《勇士骨》是一首祭歌，更是一首血泪交并的爱国主义、英雄主义的赞歌。歌词以文学的方式表达了词作者对民族灾难的忧思，追悼和礼赞抗战将士亡灵。这样的思想感情引起了陆华柏的强烈共鸣，创作《勇士骨》时，陆华柏年仅24岁。陆华柏将满腔热忱融进音乐，将歌词表达的意境用贴切的音乐语言以及富于效果的钢琴伴奏表现出来，歌曲同样是悲壮而富有激情。全曲跌宕起伏，具有较强的朗诵性和戏剧性，同时又不乏歌唱性的抒情段落。歌曲采用 C 小调写作，分为两个段落：第7—23小节为第一段，第24小节至31小节（结束）为第二段。《勇士骨》的艺术特色主要表现在三个方面：运用变换节拍使歌曲节奏与朗诵节奏相契合；扩展歌曲内涵的钢琴伴奏；较强的戏剧性。

1　胡然：《为响应伤兵之友运动举行七次音乐会的自白》，载于1939年2月8日桂林《扫荡报》副刊《抗战音乐版》。
2　戴鹏海：《陆华柏音乐年谱》，第19页，广西艺术学院内部印刷，1994年。
3　同1。

（一）运用变换节拍使歌曲节奏与朗诵节奏相契合

陆华柏创作的艺术歌曲十分注重诗词自然朗诵节奏与音乐节奏相匹配，以此来追求曲调与诗词的统一。他的旋律，好像是从歌词的朗诵中自然流注出来。正如歌曲标明的"朗诵风"。以第一句为例，歌词的朗诵节奏如下：

这/原野/曾流遍了/英雄的/血

为了使歌词的节奏韵律契合诗歌的朗诵节律，短短的第一句中，陆华柏灵活运用了 4/4、2/4、5/4 三种节拍，形成不同节奏型。三种节奏型产生不同的节奏重音，与朗诵重音相匹配。如："这"为弱起，重音落在"原野"的"原"上。"流遍了"巧妙地运用了三连音节奏，"英雄的"采用了切分节奏，与朗读节律相符。从音乐的节律来看，突出了"原野、英雄、血。"与歌词的自然节律相契合，令人想起屈原《九歌》中的"国殇"："天时怼兮威灵怒，严杀尽兮弃原野。"

谱例 3 《勇士骨》7—9 小节

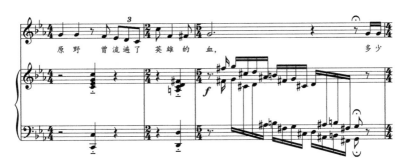

又如"多少战士为祖国作了光荣的牺牲"，运用了 4/4、5/4、4/4 的变换拍子。歌词的朗诵节奏如下：多少/战士/为祖国/作了光荣的/牺牲。"多少"用了十六分音符（见谱例 3），"战士"位于强音位置，以示强调。"光荣的"，用了附点节奏，拖长朗诵时值，有颂扬感。"牺牲"亦拉长朗诵时值，增强了歌曲英勇气氛。这些都与朗读重音"光荣""牺牲"相符，歌词节奏与旋律节奏和谐统一，从而极大地渲染了歌曲的英雄气氛。

谱例 4 《勇士骨》10—12 小节

　　"红叶,轻轻地抚着白骨",也运用了变换节拍,为 5/4、4/4,之前为 2/4。歌曲更具吟诵感,曲调与歌词配合得更加紧密。"红叶",用了四分音符和八分音符,与朗诵节律一致,"轻轻地"节奏均衡,"抚着"用了附点节奏,生动描绘手抚白骨的凄凉与忧伤,出神入化地展现歌词意境。

　　又如歌词最后一句:"我在等待最后胜利的消息。"用了 4/4、5/4、4/4 的变换节拍。"我在等待"弱起,"我在"用了十六分音符,有急促感。"最后胜利"连用四个四分音符保持音,以肯定从容的语气表达了战士对斗争胜利的信心;"消息"用了两个二分音符,与"最后胜利"一样,扩充朗诵时值,情绪更为激烈高亢,将歌曲推向最后高潮。

谱例 5 《勇士骨》29—31 小节

陆华柏如此注重歌词节奏与音乐节奏的吻合,与他深厚的文学素养是分不开的。据戴鹏海先生的《陆华柏音乐年谱》记载,陆华柏小时候未受过任何音乐熏陶,但爱吟诵《诗经》。初中时代,陆华柏倾心文学。1931年考入私立武昌艺术专科学校后,开始在武汉《时代日报》副刊上发表自由体新诗,1933年出版了诗集《雨中》。对文学的长期热爱使陆华柏对诗歌的语言节律有更深的了解和感悟,谱曲时注重歌词本身的韵律并使之与音乐节奏契合也就在情理之中了。陆华柏的《勇士骨》很好地继承了赵元任等前辈音乐家重视歌词与旋律结合的优良传统,以宣叙调的方式,使两者结合得更加贴切自然。正如戴鹏海先生所述:"特别是贺绿汀和陆华柏的几首作品中,转换自如地将抒情性和戏剧性、歌唱性和宣叙性融于一体,以扩大感情表现的幅度和音乐发展的动力,这种艺术手法在前一阶段的艺术歌曲创作中还没有出现过。"[1]

(二) 扩展歌曲内涵的钢琴伴奏

艺术歌曲的钢琴伴奏不只是起和声、节奏的衬托作用,而是用特定音型深化歌曲内涵。《勇士骨》钢琴伴奏织体有柱式和弦、分解和弦等,在弹奏手法上运用了断奏及震音等。灵活的织体写法与多变的弹奏手法在歌曲意境表达方面发挥了重要作用。

1. 柱式和弦

《勇士骨》中柱式和弦运用较多,且常出现在歌声休止处,与歌唱声部互为补充,为宣叙性音调提供支撑,歌曲情绪更显凝重沉稳。如谱例一、二、中的柱式和弦。《嘉陵江上》钢琴伴奏织体也较多运用了柱式和弦(第15—17小节、第50、52、53小节)。表明了柱式和弦在表达歌曲情感上的作用。

2. 分解和弦

分解和弦较具流动性。《勇士骨》的钢琴伴奏中用了不少分解和弦,

1　戴鹏海:《从体裁的嬗变消长看20世纪上半叶中国歌曲创作的发展》,《艺术探索》,1995年第3期,第9—20页。又载汪毓和、陈聆群主编《回首百年20世纪华人音乐经典论文集》,重庆:重庆出版社,1994年,第85—128页。

为宣叙性较强的歌曲增添了抒情浪漫气息。如开头六小节的引子,左手的分解和弦与右手双音断奏遥相呼应、错落有致,从引子即开始注重歌曲情境的烘染和创造,暗示了荒凉肃穆的战场,为全曲奠定了壮烈、深沉而凄凉的基调。"只有西风在那里哭泣,在那里凭吊",笔锋一转,采用了咏叹调写法,分解和弦的伴奏织体使旋律线条行进得更为流畅,力度起伏自如,细腻的感情真挚地流露出来。这是歌曲最具抒情性的一句,音乐更加流畅。与拟人的文学手法相辉映,旋律和伴奏都具有浓浓的诗意。

谱例6 《勇士骨》17—19 小节

歌曲第二段开始处,"红叶,轻轻地抚着白骨",音调似叹息,钢琴伴奏左手分解和弦采用跳音弹奏,具有凄惨萧瑟的气氛。《勇士骨》中还出现不少长音,陆华柏灵活运用分解和弦上行或下行,为长音提供烘托。如第九小节"英雄的血","血"字长音处钢琴伴奏织体采用了 20 世纪 30 年代作曲家常用的"造型手法",用双手分解下行描绘歌词意境(见谱例3)。当唱到"战士,你还躺在那里做什么?"时,在 27 小节第三拍延长音"么"上,钢琴伴奏采用了上行属和弦分解十连音,有力地表现了歌词气氛,将歌曲推向第二个高潮。在弹奏手法上,"我在等待最后胜利的消息"一句钢琴伴奏采用了震音,配合增六和弦属和弦的和声效果,音乐具有阳刚之气,表达了战士对斗争胜利的坚定信心与内心的豪情壮志。(见谱例5)

（三）较强的戏剧性

1. 调性方面

《勇士骨》采用 C 小调记谱。而纵观全曲，C 小调的属音 G（唱名 mi）统领全曲并成为歌曲的骨干音（如开始音、第 9 小节、第 11—12 小节、第 25 小节第二拍、第 27 小节第三拍及末小节），其中第 12、27、31 小节的高音 G 分别形成歌曲三个高潮。由此使歌曲兼具角调式的意蕴。"角调式的色彩是柔和而有些带压抑的格调的"[1]。这样的基调与风格与歌曲所表达的情绪是一致的。歌曲既有 C 小调特有的悲怆气氛，又具有角调式的忧郁特征，两者相辅相成，共同为表达歌词韵意服务。

2. 旋律方面

八度大跳是歌曲富于戏剧性的重要因素之一。如第 7 小节末音与第八小节开始音的八度大跳，突出强调了歌词"英雄的血"之"英"字（谱例一），歌曲气氛雄浑凝重。歌曲末句"我在等待最后胜利的消息"一句中，运用了两次八度大跳（谱例三），歌曲显得气势磅礴，极大地增强了歌曲的戏剧性。半音进行是旋律进行中另一个较为重要的方面。如第 7—8 小节升 F—G 音，第 13 小节还原 B—C 音，第 16 小节降 B—还原 A 音，第 17 小节 C—降 D 音。其中第 17 小节还原 A 音近乎"变徵之声"，在一定程度上强化了歌曲的忧伤情绪。另外，《勇士骨》还有机地运用旋律下行以突出歌曲悲哀、苍凉的气氛。如第 13 小节，第 19—21 小节，采用了降低一度模进手法，歌曲气氛愈发沉闷，音乐情绪更加伤感。

3. 节奏方面

《勇士骨》用了较多的休止符。如前八分音符休止多处出现，如第 7 小节第 3 拍，第 10 小节第 2、4 拍连续出现的前半拍休止，第 12 小节第 4 拍，第 12 小节第 2 拍以及第 19、20 小节出现的多处休止等。这样的处理有抽泣、哽咽感，增添了歌曲的悲伤，从而使歌曲更具戏剧性。弱起节奏

1　黎英海：《汉族调式及其和声》，上海：上海音乐出版社，2001 年，第 219 页。

也运用较多。全曲共 8 句,有 5 句采用了弱起进行,增强了歌曲的紧张感与急促感,歌曲情感表达越发真挚诚恳。此外,三连音运用也较多,出现了三处,分别是"流遍了""是一片""安静地",由此看出陆华柏对于歌曲节奏与朗诵节奏相吻合方面的匠心。

4. 力度方面

《勇士骨》的强弱处理十分细致,这是歌曲戏剧性形成的另一重要方面。包括渐强、渐弱等表情记号在内,全曲的表情术语记号共有 33 个之多! 这些表情记号,有的是针对歌唱者,有的是针对钢琴伴奏,足见陆华柏创作之严谨。如歌曲第一句,开始为弱起,至第九小节"血"处,钢琴伴奏标记为 f(见谱例 3)。又如"战士为祖国作了光荣的牺牲"一句,要求歌唱者做到 cresc、f 等,钢琴伴奏则需要达到 mp、mf、f、渐强等不同的力度要求,以此来增强歌曲的戏剧性。"炮火,已经熄了,现在是一片死一般的原野",演唱与钢琴都必须很弱,特别是第 17 小节末音的和弦音,要用 pp 的力度奏出,以表达炮火熄灭后死一般的沉寂。"只有西风在那里哭泣,在那里凭吊",对演唱者的要求是 mp,对钢琴伴奏的要求是 p,陆华柏谱曲的细致可见一斑。26 小节"战士你还躺在那里做什么",从歌声到钢琴伴奏力度逐渐增强,很好地衬托了高音。"我吗? 他安静地回答",则立即改为 p,表达了战士为国捐躯后内心的平静无悔,语气的微弱坚实,展示勇士的高风亮节,p 的力度处理与歌词十分匹配。最末句"我在等待最后胜利的消息"音量由 mf—f,末小节对演唱者与伴奏者都提出了渐强渐弱的细致要求。

当然,上述各音乐要素并不是截然分割的,《勇士骨》的戏剧性更多地源自多种音乐要素的相互渗透与补充。如歌曲第 11 小节、27 小节和 31 小节出现的三次高潮,在旋律上运用了高音、音程大跳以及力度方面的特殊处理、钢琴伴奏织体加厚等多种艺术手段。《勇士骨》时而忧郁低回,时而激情满怀,这些都极大地增强了歌曲的戏剧性。

*　　*　　*

综上所述,《勇士骨》在朗诵性音调的运用、钢琴伴奏、节奏的灵活把握等方面都较具特色,歌曲具有较强的戏剧性。《勇士骨》紧密联系当时社会局势,具有鲜明的时代性并在当时产生了广泛的社会影响。"居住在桂林或是在桂林参加过音乐会的歌唱者,几乎女高音无不唱《故乡》,男高音无不唱《勇士骨》。"[1]《勇士骨》与《嘉陵江上》《松花江上》等歌曲一起,是抗战时期艺术歌曲中的精品。

2005 年 5 月 11 日,美国达拉斯华人华侨在艾斯曼艺术中心隆重举行的《纪念抗日战争胜利六十周年音乐会》上,该地区"著名女高音韩冬梅女士独具匠心,演唱由胡然、映芬作词,陆华柏作曲的《勇士骨》,以其非常艺术的古典音乐作曲技巧,令观众耳目一新。"[2] 2008 年 10 月 28 日,广西艺术学院校庆 70 周年,当晚音乐会上,《勇士骨》再度搬上舞台。可见,"一首好的艺术歌曲绝不是一次性消费品,它是一种可跨越时空、经久不衰的音乐载体,永远起到陶冶人情操的作用。"[3] 诞生于抗战烽火中的《勇士骨》历经历史洗礼,永葆艺术青春。分析该曲能增进我们对陆华柏艺术歌曲的了解,正确认识陆华柏在歌曲创作方面取得的成就。

1　李岚清:《李岚清音乐笔谈 欧洲经典音乐部分》,北京:高等教育出版社,2004 年,第 103 页。
2　摘自新闻图片网,中新社发,2005 年 5 月 11 日。htpp://www.cnsphoto.com/ShowNewsDetail。
3　张强文:《戴鹏海教授谈艺术歌曲》,《南京艺术学院学报》(音乐与表演版),2005 年第 3 期,第 33 页。

陆华柏《"挤购"大合唱》浅析

　　《"挤购"大合唱》[1]在陆华柏的合唱作品中占有重要地位。该曲体现了生活在国统区的艺术家们拿起手中武器,用自己的创作才能表现当时社会情景,表达了他们支持解放、拥护解放的心声。

一、《"挤购"大合唱》的创作背景

　　1947—1949 年,陆华柏在湖南音乐专科学校任教并担任音乐科主任。当时国统区大量发行金圆券,造成物价飞涨。陆华柏在回忆录中写道:"在全国金圆券大幅度贬值之下,我从水陆洲坐划子到长沙大西门,上船时讲好 5 万元,快抵岸时已涨到 6 万元了。到馆子里吃面,牌价写的是每碗 20 万元,吃罢付款,已经涨到 25 万元了!"[2] 1948年 10 月,陆华柏在长沙报纸上读到一首新诗,题目是《挤购潮》,作

1　《"挤购"大合唱》有两个版本。1. 载于《中国近现代音乐史教学参考资料(上)》,第 606—626页。汪毓和主编,北京:世界图书出版公司,2000 年,曲名为《"挤购"大合唱》;2. 载于《艺术探索》(广西艺术学院学报),1987 年第 2 期,第 101—118 页,曲名为《〈"挤购潮"〉大合唱》。据陆华柏 1987 年撰写的《关于〈"挤购"潮〉大合唱发表的后记》记载:"诗人现在发表的原诗,保持了近 40 年前的原貌,我认为音乐亦宜步后尘,也是保持原貌,不做重大改动。"与 2000 年版比较,1987 的版本在钢琴伴奏部分有局部改动。因此,虽然"艺术探索版"发表在前,但笔者推断,《中国近现代音乐史教学参考资料(上)》收录的为原始版本。该文参考的是该版本,本文题目亦采用该版本标注的曲名。

2　陆华柏:《橘子洲头的歌声琴韵——关于解放前湖南音乐专科学校的若干回忆》,《音乐教育与创作》,2006 年第 11 期,第 70—78 页。

者署名羊牧 [1]。诗中写道：

> "老太婆,孩子,人力车夫,码头工人,穷公务员,小市民,他们来
> 了,他们跟跟跄跄地来了⋯⋯饥饿燃烧着他们的眼睛,饥饿使他们
> 发狂! ⋯⋯挤呀,挤呀⋯⋯他们愤恨地咬着牙看呀,手里花花的金
> 圆券一大把买不到一点东西。⋯⋯你说是谁使我们买不到米? 你
> 说,是谁使我们买不到油? 你说是谁使我们买不到布? 你说是谁使
> 我们一家三口五口八口不能生活? 呵,挤上前去! 要活命就要挤!
> 要活命不能不挤! ⋯⋯不要哭泣,不要叹气;你的心,我的心,我们
> 大家的心,饥饿使我们燃烧在一起!"

"我读后,觉得这首诗集中反映出了当前人民的苦难。有血有肉,形象具体,感情真实,而不是些概念化的呼喊。有可能谱成一首大合唱。不过篇幅较长,写不写得成功却有一点难度。我大概花了一个星期的时间,终于把它谱出来了。写得很顺利,几乎是一气呵成的。我心目中的演唱者就是湖南音专合唱团(专业水平);男女高音独唱声部我敢写到了HightC,因为我知道担任独唱的学生唱得出来。" [2]

就这样,《挤购》诞生了,乐谱原稿末附记的完成日期是 1948 年 11 月 14 日。

二、《"挤购"大合唱》的时代性

1949 年的湖南,国民党大势已去,湖南省的地下党员、共青团员在快速发展,其中最为进步的学生们联合起来,反对战争,高呼和平。陆华柏任教的湖南省立专科学校音乐系,教师发不出工资,部分同学家庭经济也

1　羊牧,即黎维新。"这位署名羊牧的诗作者,解放后才知是黎维新。"参见陆华柏:《橘子洲头的歌声琴韵——关于解放前湖南音乐专科学校的若干回忆》,《音乐教育与创作》,2006 年第 11 期,第 75 页。

2　陆华柏:《橘子洲头的歌声琴韵——关于解放前湖南音乐专科学校的若干回忆》,《音乐教育与创作》,2006 年第 11 期,第 70—78 页。

因战火中断。陆华柏发动和组织师生举行一系列音乐会,一方面筹集生活经费,一方面宣传革命思想。当年湖南音专的学生,如今已 70 多岁的梁秀雄先生回忆:"那时候唱的是我们自己老师陆华柏编的《湖南不要战争》《湖南学生是一家》《团结就是力量》这些歌,边喊口号一边唱歌一边发传单。"[1]

1949 年 3 月 11 日下午 7 时半,12、13 日下午 3 时、7 时半,由湖南音专学生自治会组织的"合唱舞蹈会"在长沙怡长街联华戏院上演,《挤购》与冼星海的《黄河大合唱》一起在国统区长沙唱响。"听众对整个演出反应都是极为热烈的,尤其是《挤购》,五场,每次演唱均被要求再唱一遍,这在长沙实属罕见。"[2]

《挤购》词作者羊牧(即黎维新)20 世纪 80 年代回忆当年演出情景:"1948 年,在国民党的反动统治下,政治腐败,通货膨胀,民不聊生,我当时年轻,出于义愤,写了一首《挤购潮》,刊登在报纸上,您随即谱曲,组织音专学生在长沙市公演,并亲自担任指挥,抒发了人民当时的觉醒、抗争和追求,大大激发了人民群众的斗志。此情此景,至今仍然历历在目。"[3]

1949 年 5 月 30、31 日下午一时,湖南音专师生组织的"师生联合音乐舞蹈会"在长沙又一村和平戏院演出,《挤购》再度在长沙唱响。这是来自黎明前黑暗中的歌声,它发出了群众内心的呼号,点燃了人们的热情,表达了人民团结一致迎接胜利的决心,具有鲜明的时代性。

三、《"挤购"大合唱》的艺术性

《挤购》气势宏伟,旋律优美,钢琴伴奏织体丰富,声部安排富有效果。

1　陈方正、蒋岚、管艳:《湖南,1949 之四:黎明前奏曲》,红网 2009 年 8 月 3 日,http://news.china.com.cn/chinanet/。

2　陆华柏:《橘子洲头的歌声琴韵——关于解放前湖南音乐专科学校的若干回忆》,《音乐教育与创作》,2006 年第 11 期,第 70—78 页。

3　黎维新写给陆华柏的信件手稿,1988 年 3 月 29 日。

从歌词内容及音乐风格来看,全曲可分为两大部分:1—85 小节是对"挤购"场面的描绘,86—134 小节则以雄壮的气势表达了人们不屈服于残酷社会现实,要求斗争的坚定信心。整部合唱高潮迭起,精彩纷呈。

(一)结构方面

1. 形式

《挤购》采用了多种演唱形式。独唱、四重唱、独唱与合唱队、四重唱与合唱队等多种演唱形式有机地结合在一起,组成一幅绚丽多彩的画卷,使听众的情绪时时保持新鲜感并从中获得美的享受。如歌曲开始部分即十分注重不同声部及音区在表现歌曲情感方面的作用。歌曲第一句"老太婆,孩子……"从深沉的女低音声部开始,随即女高作高四度模进,以清亮的高音唱出"孩子",旋律进行中渗透花腔。之后,雄浑的男低唱出"人力车夫",旋律同女低,接着由男高唱出"码头工人、穷公务员"。"他们来了,他们来了",从男低开始,由低到高,层层推进,直到第 11 小节四声部合唱:"他们踉踉跄跄地来了。"歌曲开头即以惊心动魄的气势拉开了"挤购"开始的序幕:老太婆、孩子、人力车夫、码头工人、穷公务员从各处赶来,加入"挤购"浪潮。

谱例7 《挤购》第1—7 小节

"挤购"大合唱

黎维新 作词
陆华柏 作曲

《挤购》中独唱与合唱队有机组合,共同实现歌曲情感表达。如第75小节开始的十小节中,分别由男低音、男高音、女低音、女高音担任两小节一个乐句的独唱,合唱队为衬托,一领众和,逐步深入,情绪渐趋激动,控诉了残酷的社会现实:"你说是谁使我们买不到米? 你说,是谁使我们买不到油? 你说是谁使我们买不到布?"之后是四重唱:"一家三口五口八口不能生活?"声部组合的多样性极大地丰富了歌曲的表现力。

谱例8　《挤购》第75—82小节

2. 速度

《挤购》结构较为庞大,共134小节。按照各段的速度标记,可分为10个小乐段。

歌曲从 Adagio(1—12)开始,首先描绘生活在社会底层的老百姓加入"挤购"浪潮的情形;Andante(13—22)是对人们心中绝望心情的描绘:"扬起手用干瘪的手掌招呼";"前面是人头,后面是人头"转为 Moderato(23—43);Moderato/Allegro(44—53)为女高音独唱与合唱队的相互配合,描绘了"那是米店,米店里没有米"的景象;Allegro non troppo(54—59)是该曲的第一个小高潮，为结束处理下情绪和音调上的伏笔，表达了群众的愤慨。Adante（60—69）段落可看作是该曲"转"的部分，调性不稳定，变化音较多，是对"风暴要来了，雨要来了，是炸雷敲打着他们的心弦"的精彩体现；Allegretto（70—85）开始处女高音哭诉："生活过得一天不如一天"，令人想起《黄河怨》的凄惨，紧接着是独唱与合唱队配合，速度加快；Allegro vivace（86—103）群众发出呼号："呵，挤上前去，要活命，就要挤。"在节奏拉宽、速度变慢的 Moderato（103—110）处，是高潮前的准备，为最后反抗积蓄力量；Allegro vivace（111—134）则以辉煌气势与英雄气概表达了人们决心同黑暗现实作斗争的顽强斗志。全曲既有抒情的广板，也有活泼的快板，细致的速度标记与歌词意境妥帖结合，跌宕起伏，高潮迭起。

3. 调性

《挤购》的调性安排在刻画歌曲情感方面起到了十分重要的作用。全曲调性布局如下：

C 小调（1—49）—降 B 大调—降 b 和声小调（50—59）—降 b 和声小调—降 B 大调（60—69）—g 和声小调—G 大调（70—85）—C 大调（86—134）。

宏观地看，歌曲的主要调性是从较为忧伤的 C 小调开始，结束在光辉的 C 大调，首尾呼应，情绪由阴暗到明朗。中间经过了一系列的转调（可视为过程调），主要是转入 C 小调属方向的近关系调（降 B 大调）及它的同名小调（降 b 小）、关系小调（g 小）及 g 小的同名大调（G 大）再至 C 大调。其中，C 大调前的 G 大调可看作是属准备。

可以看出，从 c 小到 C 大是《挤购》的主调性，开始的 c 小调着意刻画劳苦大众的凄苦情景，转调部分表现人们不满社会现状；C 大调部分则表明了人们要求奋起的决心："挤上前去！要活命，就要挤！"歌曲结尾处唱出的"饥饿使我们燃烧在一起"更是振奋人心，气势磅礴。调性的合理安排生动展示了人们从挣扎——呼号——奋起的"三部曲"。曲末 HightC 将歌曲推向光辉的顶点，表达了黑暗必将过去，黎明必将来临。

（二）旋律方面

《挤购》在旋律方面有三个十分显著的特点，一是大量运用模进手法，二是较多运用重复句和重复音。

1. 模进手法

《挤购》大量采用模进手法，将歌曲情绪逐渐推向高潮。如"饥饿，使我们燃烧在一起"一句。后两句分别是第一句的上方二度模进，在情绪上一浪高过一浪，情绪愈发激昂。

谱例9　《挤购》第111—119小节

又如，第113小节，歌词："你的心，我的心，我们的心"一句，也运用了上方二度模进，生动表现了劳苦大众心心相印，团结一致的壮阔情景。

谱例10　《挤购》第108—110小节

再如，第25—27小节"前面是人头"也采用了上方二度模进手法，形象描绘了"挤购"时到处是人的场面；第44—48小节"那是米店，那是油行，那是匹头店"用了下方二度模进；第75—80小节"你说是谁使我们买不到米，你说是谁使我们买不到油"（谱例8）等等，都运用了模进手法，层层推进音乐情绪。

2. 重复句及重复音

重复句与重复音的使用也是旋律特点中十分突出的一个方面。重复句方面，如"挤呀，挤呀……"仅在女高声部就重复了20次之多，生动地表现了"挤一步又后退两步"的场面。"哎哟,挤呀"重复了 4 次。"呵挤上前去,要活命,就要挤"歌词重复了一遍,配合歌词,旋律几乎做原样重复。这样既加深了对旋律的印象,更有效地表达歌曲意境。"前面是人头,后面也是人头"重复 2 次,节奏基本相同,仅在后一句增加了一个"也"字。"生活过得一天不如一天,贫穷跟着来的还是贫穷。"两句旋律完全相同,加深描绘了人们对苦难生活的印象。重复音方面,第 28 小节"他们轮着眼珠看",运用了同音反复,"饥饿,使我们燃烧在一起"重复了 3 次,极大地渲染了歌曲情绪。(谱例 9)

另外,音程大跳也是旋律进行的一个十分重要的方面,如"发狂、炸雷、铁锤、心弦"等处,八度跳进表达了群众内心的愤恨已到达顶点。这些都极大地烘托了歌曲气氛,使歌曲更具戏剧性。

(三) 节奏方面

1. 三连音的运用

《挤购》中大量运用三连音。三连音的运用加强了歌曲的紧张感和局促感,形成歌曲内部张力,歌曲情绪更显激动。它形成源源不断的前进动力,既符合歌词的朗诵节律,又以不可抵挡的潮流和气势表达了人民群众终将冲破黎明前的黑暗,直至争取最后胜利的决心。如"他们愤恨地咬着牙看呀,手里花花的金圆券一大把买不到一点东西"一句,有多处用了三连音。又如"饥饿,使我们燃烧在一起"一句(谱例 9),使用三连音更具推动力。

谱例 11 《挤购》第 55—58 小节

2. 巧用休止

《挤购》中较多地运用了休止符(见谱例 8 和谱例 10),休止的恰当运用,生动传达出人们的心声。休止处钢琴伴奏作补充,节奏更具动感,也更显精神与斗志。又如"饥饿,使我们燃烧在一起"(见谱例9),运用八分休止符,语气更坚强肯定,短促有力。"呵,挤上前去"后,休止一小节,有"此时无声胜有声"之感。第120小节的休止是四重唱与合唱队演唱到热血沸腾之时,所有声部的戛然而止,屏足气息,为后一句更加豪迈且节奏拉宽的"饥饿使我们燃烧在一起"做好情绪上的转化和铺垫作用。

(四)钢琴伴奏方面

《挤购》中钢琴伴奏所起作用大致有两个方面。一是刻画歌曲形象。如歌曲开始的两小节前奏(谱例7),从八度强奏开始,右手为和弦连奏,和声为主—属—主。这样的固定音型一直持续了八小节,为歌曲提供了厚实的低音烘托,同时具有沉重前行的感觉,在一定程度上表达了人民生活的黑暗与痛苦。"挤呀,挤呀"一句,钢琴伴奏采用了连续六小节的震音处理以及快速跑动的华彩性音型,表现"挤购"场景。"风暴要来了,雨要来了"处的钢琴伴奏则用了三十二分音符双手快速交替弹奏衬托紧张的社会局势。"你说是谁使我们买不到米"处,钢琴伴奏的和弦以持续三连音的形式持续七小节,极具斗争性与动力性。

钢琴伴奏在歌曲中起的第二个作用是与合唱队交相辉映,为合唱队作补充。如"呵,挤上前去"后的休止处,钢琴伴奏柱式和弦重复前一小节旋律和节奏型,与合唱队相互衬托,气势雄伟。这样的例子还有很多,在此不再一一列举。

＊　　＊　　＊

总之,《挤购》无论在结构、调性、旋律、声部安排及钢琴伴奏等方面都较具特色。诞生于1949年前的《挤购》大合唱,反映了黎明前的黑暗中,生活在社会底层劳苦大众的呐喊,具有一定的历史性和现实性。可见,陆华柏是继承了冼星海提出的"音乐应当是大众化、民族化、艺术化"的创作理念,他的音乐创作从人民利益出发——在人民受煎熬时,用音乐表达情感,唤醒同胞,将自己的音乐创作和民族、人民的命运紧密地结合了起来。作品具有一定的历史意义。

一首尘封多年的钢琴曲
——陆华柏《浔阳古调》的艺术特色及演奏要点

钢琴音乐是陆华柏音乐创作中十分重要的部分并在论述中国钢琴音乐发展的文献中，《浔阳古调》被多次提及，而此曲的"庐山真面目"迄今为止很少见过。《浔阳古调》是陆华柏创作较早的一首钢琴独奏曲，其艺术特色在于用西洋乐器钢琴再现原琵琶曲古色古香的高雅内涵和情趣。

20世纪40年代，陆华柏听了琵琶弹奏的《夕阳萧鼓》(又名《浔阳夜月》)，1946年春于江西九江(古浔阳城)创作了钢琴独奏曲《浔阳古调》。同年七月作者本人首次演奏于庐山牯岭小礼堂的一次音乐会上，1953年由上海万叶书店出版。

《浔阳古调》问世后的10年中，在江西庐山、湖南长沙、湖北武昌等地演出过，尤以在武昌的上演最为频繁，且基本由陆华柏担任独奏。1956年，北京举行全国第一次"音乐周"，此曲作为湖北省代表团的节目之一而演奏，反响较好，并有郭迪扬写的评论文章《我爱〈浔阳古调〉》，刊登在大会会刊上。由此可见，《浔阳古调》在当时是很受欢迎的。1957年，陆华柏被错划为右派，《浔阳古调》从此被埋没。后来，陆华柏回忆说"'文化大革命'期间，一位音乐爱好者冒极大风险保存了十来本乐谱，其中即有此曲在内，'四人帮'下台后，他专程把这批乐谱赠送给当时南京艺术学院副院长声乐家黄友葵教授，1980年黄教授又将此谱转送我，这样我才在二十多年之后得以重见旧作。曲如其人，道路坎坷。"

图 5 1991 年陆华柏于广西南宁家中

图 6 钢琴曲《浔阳古调》封面

　　《浔阳古调》不是原琵琶曲的移植，也不是改编，而是采用原琵琶曲的主题，在钢琴上再现琵琶曲的意蕴与白居易《琵琶行》的情境。包括序奏和尾声在内，全曲共有七个段落。1953 年出版时，并未加注标题，在 1949 年演出节目单上，各段均有文字标题，文中将标题加入。

　　序奏　夕阳箫鼓(1—5 小节)

　　谱例 12　《浔阳古调》1—5 小节

艺术特色

序奏为行板，第一小节钢琴在低音区模仿鼓点节奏、鼓声雄浑凝重，醇厚低沉。力度由强变弱,似鼓声由近及远,鼓点节奏的疏密相间描绘了鼓声的时断时续。第三小节右手部分为第二小节模进,左手保持固定音型。第四、五小节右手由复倚音作装饰,左手低音连续八度下行,发挥了钢琴音域宽广的特点,由弱至强、由慢变快,似阵阵鼓声由远及近、由疏及密、由清亮至低沉从远方传来,拉开了春江迷人景色的序幕。序奏结束处左手运用了颤音,模仿箫等民族乐器奏出的轻微波音,展现了夕阳映江面,熏风拂涟漪的画面。

乐曲调号虽标注为一个降号,但属民族调式中"虚设调号"写法,本曲通过下属方向记谱,变清角为宫,每段均结束于$^\flat$B宫系统的C商。这样的安排有利于在调性上有更大的发挥空间,加深乐曲内涵。序奏标记为5/2拍,在演奏处理上,更像散板,强调的是意境。序奏无论是在钢琴模仿民族乐器音色、音区运用及速度、力度变化和踏板运用方面都作了细微处理,传达了空寂的心境,描绘了晚霞渐收,皓月当空的自然风光,奠定了乐曲典雅沉稳的基调。犹如白居易《琵琶行》中"转轴拨弦三两声,未成曲调先有情。"

演奏要点

序奏第一小节虽未标注踏板记号,可先将踏板踩下,使音色丰满厚实。开始处左手从强奏开始,鼓点逐渐密集,音量上逐步减弱,要让音色逐渐消失在乐曲意境中。第二、三小节的高音旋律要弹奏得清晰而优雅,装饰音要圆润,勾勒出月淡风清的画面。第四、五小节具有民间音乐散板的感觉,节奏有伸缩性,也给演奏者一定的自由发挥空间,情绪应激动些,以发挥出钢琴乐器的戏剧性效果。末小节左手颤音持续时间较长,要均匀而有节制,尽量想象吹奏乐器发出的轻微波音。序奏结束处右手部分既是该段结尾,又是后段开始,要连接得天衣无缝、紧密妥帖。序奏的演奏要十分细致地按照乐谱中的力度、速度标记,演奏者可根据对乐曲的理解稍做个性化处理,力求气韵生动与情景交融。

第一段　花蕊散回风(6—18 小节)

谱例 13　《浔阳古调》6—10 小节

小行板（Andantino）

艺术特色

钢琴在高音区弱奏出优美如歌的原琵琶曲主题,共 13 小节。此段的写作特色是运用了西洋对位法。主题以三部对位的形式出现,两个外声部为严格的八度模仿。为了保持作品的民族风格,陆华柏在创作时常从音的横向结合考虑。"以这些原材料和它的衍生材料进行自然模仿、移位模仿等交织迎合,我称这种作曲法为'随机模仿和声法'。"这样的创作技法"既体现了欧洲复调技术的规格与精神,又融进了中国式的旋律思维,从而成功地显示了西方对位技法与我们的民族音乐语言相结合的巨大潜力。"高音部清丽的音响轻盈剔透,左手的严格模仿强化了乐曲主题,给人留下深刻印象。乐段从平行四度音开始,空旷悠远。第 15 小节右手运用了♭A 音,有导和弦至主和弦进行的意味,造成色彩变化,听觉上颇有新意。该段有《琵琶行》序中的所谓"铮铮然有京都声"。

演奏要点

该段为主题,古老的琵琶曲主题直抒胸臆。开始处四度音程可想象和模仿"笙"奏出的声音,有空灵感。主旋律柔和轻奏,要弹得飘逸典雅,有抑扬顿挫的吟诗效果。要做到良好的触键和细腻的分句处理,奏出歌唱般的音色,发挥模仿技法形成的声部间此起彼伏等相互补充作用。

第二段　关山临却月（19—35 小节）

谱例 14　《浔阳古调》19—29 小节

小快板（Allegretto）

艺术特色

此段是变奏一，主旋律采用加花变奏手法。该段的写作特色是模仿琵琶演奏技法，产生弹拨乐器中的"颗粒音"音色，具有清澈圆润的音响效果，以体现乐曲的民族风格。左手为平行五、八度和弦，空灵谐和，有民族特色，在强调宫音时用了三和弦。乐段开始处有调性游移感，如 F 徵的降六级音，音响效果十分谐和。此段和声效果朴实，突出了"淡"字，传达出空静之美,清幽之境,体现"天人合一",描绘了月上东山江风习习的画面。段末结束与前段相同,为 C 商音。诗人感叹于"谪居卧病浔阳城……其间旦暮闻何物,杜鹃啼血猿哀鸣。"

演奏要点

该段在演奏时要突出右手变奏旋律,指尖要站好,尽可能表现琵琶饱满、通透的音色,营造出青翠欲滴的意境。装饰音要弹奏得精致灵巧,运用指尖触键,音色要纯净可爱。在换和弦时应及时更换踏板,以保持音色的干净利落。左手的和弦要弹奏得轻柔些,如天鹅绒般为婉转的高音旋律作铺垫。该段像一副恬淡的水墨画,素雅宁静。

第三段　箫声红树里(37—77 小节)

谱例 15 《浔阳古调》37—46 小节

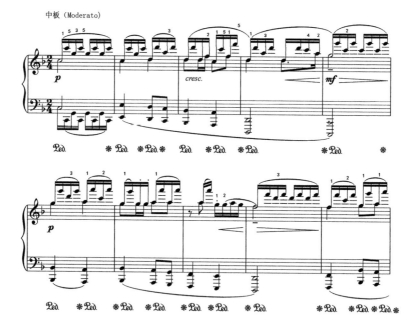

艺术特色

该段为变奏二,写作特色在于隐伏旋律。右手以分解和弦为主,旋律在内声部出现,陪衬的和声甚为简明。主旋律在变奏时采用了原琵琶曲"顶针、咬尾"的手法。"顶针手法的运用,和宛转深沉的抒情气息和古朴典雅的风格相协调。"曲调环环紧扣,统一整齐。变化的主旋律在钢琴分解和弦织体的衬托下清新宜人,光彩亮丽,彰显出中西音乐调和之瑰丽。速度为中板,音乐柔美典雅。高低音声部旋律线条交相辉映,描绘出多彩的画卷。调性安排上,前段偏重于 C 徵,段末三小节回归至主旋律,结束于 C 商音。如《琵琶行》中的"大弦嘈嘈如急雨,小弦切切如私语。"

演奏要点

该段的主旋律在右手内声部,如琵琶演奏中的"挑弦",应弹奏得十分清晰。分解和弦要弹出高音区清亮的效果。该段气息悠长,音色纯正,要弹奏得晶莹而有光泽。左手音区较低,弹奏时应避免过于厚重且要注意长短不一的分句。

第四段　临江远眺(78—105)

谱例 16　《浔阳古调》78—84 小节

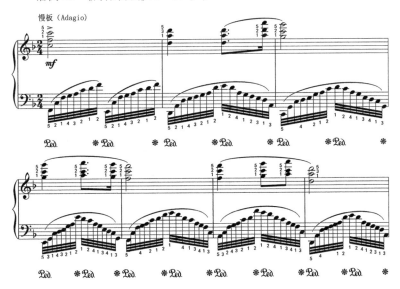

艺术特色

该段为变奏三,写作特色在于充分运用钢琴流畅的五声或六声音阶分解织体,刻画意境。如行云流水般,好似"临江远眺"时,江面上卷起的阵阵波涛,又似惆怅满怀的思绪。该段右手为加五度音的八度和弦,较前段更为厚重,力度上适当增强。左手密集的三十二分音符跑动将"间关莺语花底滑,幽咽泉流冰下难"的情形演绎得淋漓尽致。此段为慢板,伴随着渐强渐弱等力度标记,旋律悠长缠绵。从 97 小节第二拍开始,主旋律由八度奏出,音色纯净,十分动人。段末结束于小字二组的 C 商音。

演奏要点

从力度标记及所用织体来看,该段都较前几段有所增强加厚。弹奏时右手的和弦要突出最上方旋律音,铿锵有力并保持和弦间旋律线条的连贯性,左手可根据上行或下行作相应的强弱处理。应尽量运用已有指法,流畅连贯地弹奏。弹奏时应联想起波光粼粼的江面以及诗人跌宕起伏的心境。97 小节重现的主旋律应弹奏得清新明朗,有"柳暗花明"之感。

第五段　江上归舟(109—147)小节

谱例 17 《浔阳古调》109—120 小节

艺术特色

该段为变奏四,是全曲高潮,写作特色在于表现钢琴的炫技性。双手在高音区快速交替弹奏八度,洒脱奔放,有卡农的感觉,造成此起彼伏、连绵不绝的效果,表现洄澜拍岸,渔舟竞归的情景。这样的音响效果使人联想起民族乐器古筝。从第 130 小节起,主旋律在高音区出现,乐曲完满统一,结束于 C 商音。此段有《琵琶行》中"银瓶乍破水浆进,铁骑突出刀枪鸣"的意境。

演奏要点

该段为"甚快板",演奏时速度极快,需要演奏者具有较好的钢琴技巧,酣畅淋漓一气呵成地完成演奏,表现出小舟竞相归去时江面浪花飞溅的欢乐场景。快速弹奏时应尽量根据力度标记,进行渐强渐弱的细腻处理。130 小节回归主旋律,要有华丽的音响效果。

尾声(148—160)小节

谱例 18 《浔阳古调》148—154 小节

急 板（Presto）

艺术特色

《浔阳古调》的尾声是耐人寻味的。表现为在速度上有行板、急板、行板之分,另有渐慢、加速度、轻巧等表情术语。相应的画面从静到动,由动至静重返动并加速度结束,达到全曲的又一高潮。尾声开始处右手为平行四度音程,颇似二重调性并置,左手为平八平五度和弦。尾声的急板部分运用了前一段织体,情绪热烈高涨。后转为行板,末小节为华彩性补充终止,双手交替弹奏 G 羽和 C 商音,轻巧加速至 C 商结束音。"曲终收拨当心画,四弦一声各裂帛"。

演奏要点

尾声与序奏遥相呼应,加强了原琵琶古曲浓郁的民族风味并有效地发挥了作品的"钢琴化"特色。平行四度与左手空五度和弦齐奏,采用了切分节奏,如欸乃归舟时传来的声声摇橹,应弹得灵动、有韵味。之后,速度逐渐加快,急板部分要弹得热情奔放,后部逐步减速回归至行板。末小节错落有致的单音五度上行,应弹得轻巧活泼,直至末音强奏结束全曲。

*　　*　　*

《浔阳古调》在主题发展,虚实对比,力度强弱,速度快慢安排,音色处理等方面都做了巧妙处理。为了增强乐曲的民族性,乐曲比一般的变奏曲增添了序和尾声,着力刻画乐曲意境。主题旋律尽管有多种变化,各段织体也有较大差异,但每段都结束于同一乐句。这种民族音乐中常用的

"换头合尾"的手法使全曲在变化中求统一。作曲家在表情术语和踏板运用及钢琴音域等方面都有周密考虑,各段艺术特色各异,将诗、乐、韵融为一体。在演奏时,要尽量想象箫、古筝、琵琶等民族乐器的演奏效果,使乐曲意境与原琵琶古曲意境相吻合。同时,需要演奏者具备一定的传统文化底蕴和民族审美心理,才能演奏好这首作品。

根植传统　中西融合[1]
——析陆华柏的钢琴曲《东兰铜鼓舞》

　　《东兰铜鼓舞》是陆华柏创作于 1977 年的钢琴曲,该曲吸取广西东兰民间铜鼓节奏,运用民族调式,采用了西方常见的"奏鸣曲式",将东兰铜鼓舞场景用钢琴表现出来,表达了陆华柏欢欣鼓舞的心情。

一、《东兰铜鼓舞》创作背景

　　东兰县[2]位于广西西北部,云贵高原南端,这个县几乎村村都有铜鼓,逢年过节、红白喜事都要敲打铜鼓。1977 年 3 月,陆华柏去广西少数民族地区巴马、东兰采风,在东兰看了当地铜鼓舞,为其气氛所感染写下《东兰铜鼓舞》。陆华柏这样介绍《东兰铜鼓舞》:"桂西山区东兰县为壮族、瑶族、苗族同胞与部分汉人(反而成了'少数'民族)和睦相处聚居之地,民间每逢节日喜庆,多盛行敲击铜鼓大家围而舞之;乐曲即表现此'铜鼓舞'的豪迈热烈气氛"[3]。

　　关于此曲创作背景,陆华柏写道:"这是一首远离政治的器乐作品。粉碎'四人帮'是 1976 年 10 月 6 日的事,此曲创作于 1977 年 3 月 22 日,

1　本文与常熟理工学院音乐系同事耿仁甫合写。
2　东兰县是广西壮族自治区北部一个以瑶族为主的多民族杂居的县城,铜鼓舞是当地流行的一种舞蹈。
3　陆华柏手稿:《东兰铜鼓舞》介绍,1993 年 12 月 26 日。未发表。

即尚不到半年之后。"原稿末有这样的附记:"闻到一举打倒'四人帮',壮、汉、瑶、苗共饮欢庆酒'。这个壮、汉、瑶、苗各族人民的中的'汉',实在就作者自己。'鸣起而攻之'是这首作品隐含的主题思想。东兰县铜鼓舞,各族人民共饮欢庆酒……都是借题发挥。一百几十小节的器乐曲结构,用的是小奏鸣曲式。主题建立在铜鼓音调上。"[1]

二、《东兰铜鼓舞》曲式分析及演奏要点提示

引子(1—4 小节)

引子采用纯五度双音(A、E,主属关系)在钢琴较低音区强力度弹出,沉雄豪迈,似胜利号角吹响。东兰铜鼓音乐普遍以四面鼓演奏,分两对(由一面公鼓和一面母鼓组合成一对),类似西方音乐的主属关系,可见作曲家运用空五度双音不是偶然,是基于对铜鼓音乐充分了解的基础上的采用,也体现了西方音乐中纯五度通常是表现"田园风"的作用。弹奏引子时,要用整个肩臂力量使钢琴音色饱满下沉通透,弹奏时可想象人们手持棒槌敲击铜鼓的豪迈情形,尽量表达出原始、粗犷感,踏板运用使得钢琴声像辉煌的鼓乐一样共鸣扩散绵延开来。

谱例 19 《东兰铜鼓舞》第 1—4 小节:

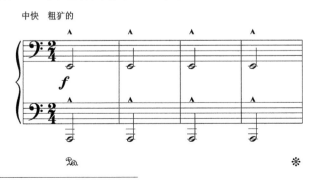

中快 粗犷的

---

1 陆华柏手稿:《东兰铜鼓舞》介绍,1993 年 12 月 26 日。未发表。

呈示部(5—71 小节)

四小节铜鼓引子表达铜鼓声的豪迈之后,呈示部主部主题开始了:右手由引子部分的二分音符演变为均衡节奏的八分音符,情绪逐渐热烈,似四面八方的人们纷纷赶来庆贺胜利。左手延续乐曲刚开始时二分音符和弦强音弹奏,仍似鼓声隆隆。右手弹奏时应注意每个音都要弹得饱满厚实,指尖站住并适当运用手臂力量,使音响饱满有力。

谱例20 《东兰铜鼓舞》第5—6 小节:

主部主题(5—28):主部主题旋律采用广西北部壮族地区四音列为基础(la do re mi)的民族调式五声音阶,5—8 小节是旋律的反复强调,实质结构是 1 小节,因此主题由4+4 两个小乐句构成,后半句"顶针格"开始(mi sol sol mi re)一气呵成。值得注意的是作曲家在和声处理方式方面借鉴了西方现代和声技法,采用非三度叠置,半音化和声,如5—8 小节左手和弦,在五度(A、E)基础上,叠置了"A—G—#F—♮F—E"的半音化的旋律线,这样既植入了新鲜元素,又保持了原汁原味的铜鼓音响特征。弹奏时要尽量突出左手低音部半音化线条。主部第 15 小节不完满终止在主调 a 羽调式的Ⅲ级和弦(C宫调)上。之后的 11 小节音乐是主题的整体移位,右手和弦,旋律移至左手,巧妙利用 A 音与♭A 音的对比下行三度模进至 f 羽调式上,主部结尾处两小节扩充,调式交替至 F 宫,渐慢结束主部主题。在弹奏时,第 15 小节处可稍做延长停顿,第 16 小节开始旋律转移至左手时既要突出左手旋律,又要将右手部分旋律音半音下行表达清晰。对于

主题中强调的两对主属双音(la mi,fa do),弹奏时要适当突出。27小节呈示部结束处速度渐慢并延长时值。

连接部(29—41):由于西方"奏鸣曲式"中连接部主要体现"承上启下"的功能特点,本曲连接部分为两小部分,连接部伊始(29—32),左手低音区切分节奏扑面而来,既是对主部主题的呼应,更预示着气氛愈热烈、舞蹈性更强的音乐段落的出现。演奏时,既要突出右手部分模仿敲击铜鼓的浑厚音响,又要注意将左手部分尽量弹出切分节奏的特殊效果,要注意第30、32小节节拍重音均出现在第二拍。

谱例21 《东兰铜鼓舞》第29—32小节:

接着,在低音部相同节奏型及内声部隐含重复前四小节的旋律线的基础上,右手为弱起的十六分音符快速跑动下行音阶进行。随着双手相距八度的下行音阶 A—G—F—E 到达 a 羽调式的属方向调式——e 羽调式。弹奏此段落时右手部分应注意音的颗粒性和轻巧性,突出左手旋律。第37小节开始双手音阶下行,四小节后进入副部主题。

谱例22 《东兰铜鼓舞》第33—37小节:

副部主题(42—57)：副部主题在属调 e 羽调式上呈现,为平行乐段结构。连接部结束与副部主题的起句形成较紧密的无缝连接,乐句处理为弱起,采用 2+2+4 的方式,增强了动力性,形成了具有舞蹈风格又英姿飒爽的副部主题。副部主题由于左手部分低音八度强有力的参与使整个段落更富戏剧性,情绪也显得更加奔放热情。在演奏时,右手部分每小节第一个和弦要强奏,突出作者内心欢愉之情。左手八度可相对突出,与右手双音和弦构成的反向进行相呼应。

谱例23 《东兰铜鼓舞》第49—54 小节：

结束部(58—71)：结束部的音乐肯定了副部主题,继续延续切分舞蹈性的节奏型,声部加厚,音响浓稠,情绪更加热烈。此部分采用模进手法进一步烘托气氛(62—65 小节)后,通过终止四六、属七和弦的连接完全终止在 e 羽调式主和弦(66—71 小节),洒脱有力。整个结束部就像是力度逐渐加强的声声铜鼓,两次模进后逐渐将音乐推向高潮。弹奏时要注意乐句起落层次分明,音量逐步增强到达结束部末尾辉煌璀璨的五次和弦强奏并延长时值而结束。

为了突出民间铜鼓喜庆欢腾气氛,《东兰铜鼓舞》呈示部所用节奏型十分丰富,多变节奏型如丰富的铜鼓敲击声向人们传达欢乐气氛。这些节奏形态主要有两种类型,一为均衡律动型,二为切分节奏与均衡律动相结合。陆华柏将民间铜鼓节奏巧妙运用到钢琴曲中,使作品具有独特的民族风格。这些富于变化的民间铜鼓节奏,融会贯通于快速变化的音乐进行中组合巧妙。渐趋密集的节奏渲染了节日情景,表达了人们欢庆胜利的愉快心情。

展开部(72—87 小节)

作品展开部音乐形象陡转。这是全曲中十分宁静的段落,悠长的旋律诉说绵绵深情。陆华柏采用的是具有独立意义(相对独立,材料来源于结束部)的主题——插部(句)的形式。出现在眼前的展开部犹如月光下翩翩起舞的仙子,又如欢庆过后人们短暂休憩时的轻歌曼舞。弹奏这一部分时触键要柔和,注意双手各自旋律声部的清晰与乐句走向,弹出晶莹透明的优美音色。

谱例 24 《东兰铜鼓舞》第 72—75 小节:

展开部的前 8 小节(4+4)是全曲唯一的抒情段落,调性巧妙地在 b 羽调和 e 羽调式之间游离,更添朦胧之美。值得一提的是,此段音乐体现出作曲家的和声配置的风格,作者曾提出:"三个、四个或更多不同音同时发响构成和弦,这种纵向结合,无论采用什么样的音程结构,都难以产生确定的民族风格效果,然而,如果横向综合考虑,民歌旋律片段……都是会带有民族风格特征的因素。以这些原材料和它的衍生材料交织应和,形成多声部音乐,可以充分保持整个乐曲确定的、统一的民族风格"[1]。基于

1　陆华柏:《探寻民族风格和声之路——谈谈我的一点创作经验》,《黄钟》,1990 年第 3 期,第 41—45 页。

这种"随机模仿和声"的理念,这段音乐横向上表现出复调构思、民族风格旋律的特色,又在纵向上很好地体现出民族和声韵味。展开部的"启后"部分是再现部的导入,调整为四四拍,左手和弦分解,右手辅以十六分音符的连续四个八度下行,华丽的钢琴分解和弦下行犹如夜色中波光粼粼的湖面泛起的点点星光,弹奏时要注意由上及下的乐句的音量处理,弹出璀璨的钢琴音色。

再现部(88—147小节)

本曲再现主部主题时与呈示部相比有所缩减,直接终止在 a 羽调式主和弦上(三音旋律位置,不完满)。这个终止和弦所蕴含的调式的交替游移更显民族五声调式"五音互为主从"调性关系魅力,也是为了促进乐思发展之需要。副部主题再现在主调 a 羽上,稍有展开,采用带有变奏性重复的写法。结束部分更加热烈,特别是最后三小节的震音部分,音量持续,用钢琴模拟了铜鼓敲击时轰鸣场面,震撼人心,形象鲜明,推动全曲在高潮中结束,又具"余音缭绕"之美感。整个再现部弹奏处理基本与呈示部相仿,在弹奏作品结尾时,要充分发挥钢琴辉煌音色,模仿鼓乐隆隆的音响效果,突出东兰铜鼓的魅力。

《东兰铜鼓舞》曲式结构图如下:

奏鸣曲式

一级曲式结构	引子	呈示部				展开部(插部)		再现部			
二级曲式结构		主部	连接部	副部	结束部	I	II	主部	连接部	副部	结束部
起止小节数	1-4	5-28	29-41	42-57	58-71	72-87		88-98	99-107	108-131	132-147
三级曲式结构		a a¹		b b¹	I II	I	II	a		b b¹	I II
小节数	4	11 11 2	13	8 8	4 10	8	8	11	9	8 8 8	4 12
调式调性	a 羽	C、降A、F(宫) e 羽		e 羽		b 羽-e 羽	离调准备→	a 羽			

可见,陆华柏的《东兰铜鼓舞》采用了西方奏鸣曲式,运用民族调式,在节奏方面又汲取了民间铜鼓节奏,旋律方面较好地保持了民族音调,声部细腻,织体丰富,借鉴西方作曲技法,既体现时代特色、民族神韵又具有个人风格。二十世纪以来,中国音乐经历了"吸收、融合、发展"的创作历程,作曲家要把感性和理性做极佳的融合,才能创作出经典的音

乐作品。陆华柏先生在时代大潮中用自己的优秀作品为中国现代音乐发展做出了贡献。

三、《东兰铜鼓舞》的出版及之后的演出情况

《东兰铜鼓舞》与另一首同创作于 1977 年的钢琴曲《滏河之歌》1981年 4 月由人民音乐出版社出版。1983 年 10 月，在天津、济南、北京举行的"中央乐团音乐会——中国音乐家小组赴菲前公演"节目单中，陆华柏的《铜鼓舞》[1] 位于第三首，由中央乐团钢琴家鲍蕙荞演奏。1983 年，此曲由鲍蕙荞录制成唱片、盒带发行。1988 年 12 月 25 日，陆华柏任教的广西艺术学院举行纪念陆华柏从教 55 周年活动，在广西南宁剧场举行了陆华柏作品音乐会[2]。音乐会上，《东兰铜鼓舞》由广西艺术学院学院音乐系教师韦柳春演奏，此曲为第一部分之第四首。1993 年，陆华柏于病中曾给台湾学者欧阳如萍[3] 写信，提及希望将他的三首钢琴曲[4] 在台湾推广出版。[5]2002 年[6] 中国广州唱片公司发行了"鲍蕙荞中国大师级钢琴名品精选2—

1　此演出节目单中，《东兰铜鼓舞》简写为《铜鼓舞》。

2　可参戴鹏海：《陆华柏作品音乐会在邕举行》，《人民音乐》，1989 年第 3 期。

3　据《中国音乐家词典》(黄胜泉主编，人民出版社，1998 年，第 630—631 页)记载，欧阳如萍 1920年 6 月生于广西桂林，歌唱家，音乐教育家，书画家，定居台湾。早年就读于福建音乐专科学校。欧阳茹萍著有《歌唱与声乐艺术》一书，陆华柏在收到欧阳茹萍寄来的书后给她的回信中，提议希望他的三首钢琴曲在台湾出版。此信写于 1993 年 6 月 23 日，当时陆华柏已经病重(陆华柏于 1994 年 3 月 18 日逝世)。

4　陆华柏向欧阳茹萍推荐的三首钢琴曲为 1.《浔阳古调》(1947 年创作)，(可参笔者《陆华柏〈浔阳古调〉的艺术特色及演奏要点》，《乐器》，2009 年第 8 期)；2.《滏河之歌》(1977 年创作)，可参韦柳春《春满滏河浪花飞　民族情韵永流长——陆华柏钢琴作品》，《黄钟》，2012 年第 3 期；3.《东兰铜鼓舞》。

5　信中写道："寄三首钢琴曲存你处，我是想作为'中国感情'的作品(教材)能够在台湾出版，并向海外华人学校及爱好音乐者推广，起些影响。你遇有机会，请你试向乐韵出版社或其他出版社介绍一下。"可见陆华柏对《东兰铜鼓舞》的重视。陆华柏给欧阳茹萍的信。写于 1993 年 6月 23 日。

6　2002 年，鲍蕙荞将《东兰铜鼓舞》灌成唱片公开发行时，陆华柏早已作古(陆先生于 1994 年 3 月18 日逝世)。

彩云追月"[1],《东兰铜鼓舞》为第 12 首[2]。

＊ ＊ ＊

陆华柏写作《东兰铜鼓舞》的时间是 1977 年 3 月,当时在政治上还是一名遭受歧视的"脱帽右派"[3]。1957 至 1977 年的漫长岁月,压抑着他的创作热情。1977 年响起的一声春雷,预示着欣欣向荣的祖国春天的到来,对于陆华柏来说,也预示着他盼望已久的音乐创作的春天的到来。虽然春天姗姗来迟,但他仍抑制不住内心激动,在东兰一带采风后,运用民间铜鼓节奏,采用西洋音乐创作技法,在最钟爱的乐器——钢琴上,内心的欢乐一泻千里,奔腾不息的乐思倾注进乐谱,欢腾雀跃的景象由钢琴和盘托出。这首作品,犹如陆华柏生命中的"春天奏鸣曲",表达了陆华柏内心对自由和光明的渴望,也传递着他对民间艺术和民间音乐的挚爱。虽然在创作手法上,此曲未采用当时最先进的作曲技法,但是该曲将我国少数民族的铜鼓节奏型贯穿其中,采用民族调式,运用西洋奏鸣曲式,是一首中西合璧的作品。这首钢琴曲在一定程度上体现了陆华柏的音乐创作风格特征:扎根民族,借鉴西洋作曲技法。

陆华柏作为我国老一辈作曲家,在创作经验上如此总结道:"新中有旧,旧中有新……新中有旧,包含着继承,旧中有新,包含着发展。"[4]在创

---

1 此专辑中,第 12 首为《铜鼓舞》,即陆华柏的《东兰铜鼓舞》。唱片信息:专辑英文名:Coloured Clouds Chase Moon,艺术家:鲍蕙荞,音乐类型:民乐/纯音乐/钢琴,资源格式:FLAC,版本:[中唱总公司 CCD－1442]HDCD,发行时间:2002 年,地区:大陆,出版发行:中国唱片广州公司。唱片编号:CCD－1442ISRC:CN－A01－02－408－00/A.J6,录音:刘怀萱。唱片封面为:《彩云追月》—中国大师级钢琴名品精选,中国钢琴现代作品精华集,当今中国音乐界最活跃的女钢琴演奏家鲍蕙荞钢琴独奏。封面标有"中国名家钢琴乐典"。可参 http://bbs.musicool.cn/thread－365117－1－1.html。该唱片中《铜鼓舞》位于第 12 首。

2 唱片图片可见 http://q.115.com/t－10675－8029.html。

3 1940 年 4 月 21 日,陆华柏在广西桂林《扫荡报》上发表了《所谓新音乐》,受到乐界批判,陆华柏于 1957 年被错划为右派。

4 陆华柏:《新中有旧 旧中有新——谈谈我的一点创作经验》,《黄钟》,1989 年第 4 期,第 21－24 页。

作《东兰铜鼓舞》时代,作曲新技法层出不穷,但作曲家秉承了他音乐创作的一贯原则,在我国传统音乐文化与西方音乐文化之间作巧妙平衡,走的是一条"洋为中用"的路子:立足传统,音乐语言质朴;借鉴西方作曲技法,根据作品内容及表现需要有选择的运用。陆华柏的音乐作品与时代结合密切,此曲为一例证。[1] 如今,当我们再次聆听这首钢琴曲[2],还是会被声声铜鼓、美妙乐声所感动。

1　我们还可以从另外一些音乐作品中看出陆华柏音乐创作的时代性特征:1949 年创作的《挤购大合唱》,是陆华柏结合新中国成立前人民生活苦难而作;1949 年陆华柏在香港生活期间,创作了多首解放题材歌曲如《解放军向南开》等;艺术歌曲《故乡》及"姊妹篇"《勇士骨》。诞生于桂林抗战时期。因此,陆华柏音乐创作的时代性特征有待进一步挖掘总结。

2　http://www.tudou.com/programs/view/cN5dymGMOdw/此链接可听到鲍蕙荞演奏的《东兰铜鼓舞》。

室内乐体裁民族化的早期探索与实践[1]

——陆华柏编配的三重奏《光明行》与相关版本比较

1943 年,陆华柏逐一为刘天华十首二胡曲编写钢琴伴奏[2]。在此基础上,同年,陆华柏探索二胡、三弦、钢琴三件中西乐器组合,为《光明行》等作品编写了三重奏。通过多年演出实践,1953 年,陆华柏编曲的《二胡 三弦 钢琴三重奏曲集》[3] 由上海新音乐出版社出版(以下简称《三重奏》)。《刘天华二胡曲集 附加钢琴伴奏谱》与《三重奏》同时收有《光明行》,陆华柏为何对此曲情有独钟? 两个版本在编写手法上有何异同? 与刘天华《光明行》比较,三重奏做了哪些变化? 文章追溯陆华柏编写三重奏的外因与内因,对《光明行》各版本做比较分析,探寻陆华柏在发挥中西乐器同台演出取长补短,致力于室内乐体裁民族化探索的历史意义。

一、陆华柏探索室内乐体裁民族化的外因与内因

"20 世纪 30 年代,中国乐界开始全面学习借鉴西方音乐,其中重要一环是学习以多声思维为核心的西方音乐表现技术。"[4] 作为 1931 年起在湖

1　本文与常熟理工学院音乐系同事杨立合写,写作过程得到钱仁平、王小龙、金振岐、吴志军等帮助。

2　陆华柏为刘天华十首二胡曲编写的钢琴伴奏谱 1944 年由福建音专学生李广才自办的"乐艺出版社"油印出版。1957 年,北京音乐出版社出版了刘育和、陆华柏编《刘天华二胡曲集 附加钢琴伴奏谱》。

3　曲集收有根据刘天华二胡调编曲的三重奏《光明行》《空山鸟语》及根据古调改编的三重奏《梅花三弄》《普庵咒》《击鼓催花》等 5 首作品,并附三弦、二胡分谱及三重奏舞台演出图式。

4　冯长春:《中国近代音乐思潮研究》,北京:人民音乐出版社,2007 年,第 136—141 页。

北私立武昌艺术师范科学习的陆华柏来说,不可能不受该思潮影响。20
世纪 30 年代,吴伯超的《秋感》是钢琴伴奏二胡的最初尝试[1]。20 世纪 40
年代,我国室内乐创作领域出现了赵元任的长笛与钢琴二重奏《无词歌》、
冼星海的钢琴与小提琴二重奏《阿曼盖尔德》、谭小麟《小提琴与中提琴的
二重奏》、马思聪《钢琴五重奏》等,这些作品均为西洋乐器间的组合,未加
入我国民族乐器。1943 年,陆华柏尝试将二胡、三弦、钢琴三件乐器相结
合,无论从作品产生年代及演奏形式都拓展了吴伯超引领的西洋乐器为
我国民乐作伴奏的创作形式,探索西洋室内乐体裁民族化,令人耳目一
新[2],在我国近现代民族室内乐创作历史长河中具有重要历史意义。

　　陆华柏尝试用钢琴伴奏民乐始于 1943 年 29 岁时[3]。当时在国立福
建音乐专科学校任教授的陆华柏在音乐创作上已经有了明确的音乐观[4]。
陆华柏曾说,当时福建音专的师生有轻视民族音乐的倾向,他希望通过为
刘天华二胡作品配钢琴伴奏引起师生对二胡和民族音乐的重视[5]。其时,
福建音专师资鼎盛,是我国三所专业音乐院校之一,学风教风极好,虽尚
处抗战后期物质生活贫乏时期,师生仍能潜心学习创作[6]。当时,陆华柏
的同事王沛纶拉得一手好二胡、刘天浪弹得一手好三弦,俩人又具有较好

1　1938 年起,陆华柏与吴伯超同在广西艺术师资训练班(广西艺术学院前身)任教。陆华柏在指挥方面
　　受吴伯超影响,探索民族室内乐有没有可能受吴伯超影响? 笔者写作时存此疑问,还未有答案。
2　颜廷阶:《中国现代音乐家传略》,台湾"文化建设委员会",1992 年,第 54 页。
3　事实上,1941 年前后,陆华柏在桂林期间,就曾与研究职业教育旁通国乐的陈仲寅先生合作,为
　　他的竹笛演奏配上钢琴伴奏,很得观众欢迎;1943 年,陆华柏为同事王沛纶创作的二胡曲《谑
　　曲》配弹钢琴伴奏,均得朋友赞赏,从而鼓起了用钢琴伴奏民乐的勇气。可参陆华柏:《国乐演
　　奏的新途径》,《联合周报》,1944 年 7 月 1 日第 4 版。
4　陆华柏认为,作曲家应该创作具有中国情趣的作品。可参陆华柏《中国音乐之路》,《战时艺
　　术》,1938 年第 2 卷第 3 期,7 月 10 日出版。
5　可参刘育和、陆华柏合编:《刘天华二胡曲集 附加钢琴伴奏谱》附言:我怎样为他们编写钢琴
　　伴奏。北京:音乐出版社,1957 年。
6　1943—1945 年,陆华柏在福建音专任教。期间创作的抗战题材的音乐作品有新闻清唱剧《白沙
　　献金》(1944)、歌曲《抗战山歌》(1943)、《血肉长城东海上》(1943),另有女声三部合唱《三句
　　歌》(1944,竹笛伴奏)及清唱剧《大禹治水》(1943)等。陆华柏曾说:"我虽是研究西洋音乐的,
　　但也关心和热心支持国乐的发展,并曾试图探索中西音乐的结合之道,作了以钢琴伴奏二胡、
　　二胡、二弦、钢琴三重奏等初步尝试。"可参陆华柏:《抗战后期的"福建音专"》,《音乐艺术》,
　　1990 年第 2 期,第 49—53、61 页。

的西洋音乐理论素养[1],这些都为三重奏编写实践提供了可能。因此,选取二胡、三弦、钢琴这三件乐器的组合,不排除因地制宜、就地取材的因素。

从陆华柏自身来讲,探索中西乐器结合一方面是出于对刘天华作品的热爱,另一方面是为了探索中国气派和声[2]。陆华柏认为:"国乐器中能奏完善和声者尚不见之;而在西洋乐器中如钢琴,便极能胜任,因此我便想探彼之长,补己之短,用钢琴伴奏国乐。"[3]

陆华柏在《三重奏》"序"中写道:"七八年来我同朋友们断断续续做过一些试探——把这三种乐器结合起来演奏。目的是扩展民族乐器演奏的领域——向和声与对位方面发展。"[4]陆华柏认为,民族乐器二胡与三弦有一个共同的特点:"音位不固定,因而可以得到比较正确的音,并且一音到另一音之间不至生硬死板",而这正好弥补了钢琴"一音到另一音之间生硬死板"的"缺点";而钢琴"长于奏和声",解决了"三弦虽尚可奏简单的和声音程,二胡在同一时间就绝不能有两个音响"[5]的问题。

二、三重奏《光明行》与相关版本比较

(一) 二胡声部

《三重奏》中的《光明行》(刘天华二胡调),根据刘天华先生1931年创作的二胡独奏曲《光明行》编配而成。《光明行》三重奏二胡声部与刘

1 可参戴鹏海:《陆华柏音乐年谱》(1994),广西艺术学院,第51页。
2 可参刘育和、陆华柏合编:《刘天华二胡曲集 附加钢琴伴奏谱》附言:我怎样为他们编写钢琴伴奏。北京:音乐出版社,1957年。
3 陆华柏:《国乐演出的新途径》,《联合周报》,1944年7月1日第4版。
4 陆华柏:《二胡 三弦 钢琴三重奏曲集》序,上海:新音乐出版社,1953年。
5 陆华柏:《二胡 三弦 钢琴三重奏曲集》序,上海:新音乐出版社,1953年。

天华原作[1]比较，二胡声部在保留原独奏曲旋律风貌的基础上，做了部分特殊处理。

1. 曲式结构的保留

三重奏《光明行》以刘天华二胡独奏曲《光明行》为基础，采用单一的节拍和速度，进行曲风格编配而成。整首乐曲均贯穿有明确的旋律声部，线性思维清晰，且多数旋律声部由二胡担当，仅在第三、第四段有部分内声部安排，基本保留了刘天华二胡独奏曲的曲式结构特点：带引子和尾声的三部曲式，借鉴了西洋的"静止再现"方式，形成三部曲式结构，但又与西洋的三部曲式有所不同。其曲式结构如下：

	Int	A		B	A	Coda
段落：	引子	一、二		三、四	一、二	尾声
小节：	1—4	5—36	37—68	69—112	113—148	149—197
调性：	D 宫－－－－			G 宫	D 宫－－－－－	

三重奏《光明行》二胡声部除引子部分为四小节休止，其余与独奏版本大致相同，以演奏旋律声部为主。因此三重奏《光明行》的二胡声部完整保留了刘天华版独奏曲的结构布局。

2. 弓法的特殊安排

三重奏的二胡声部以刘天华《光明行》旋律演奏为主体，作者标注了部分弓法。在旋律相同的部分，其弓法演奏要求，与刘天华二胡独奏谱主要有两处明显不同：把连弓改为分弓进行演奏。

第一处在5—8小节，《光明行》独奏谱第5小节第一拍后半拍起到第6小节结束为一弓，作连顿的八分音符加四分音符的演奏，要求连贯而带有弹性，第7、8小节作相同处理。而三重奏的二胡声部在此处为分弓演奏的顿音。

1　刘育和：《刘天华全集》，北京：人民音乐出版社，1998 年，第43—45 页。

谱例 25 《光明行》三重奏,第 1—6 小节

第二处在第 21—24 小节,与第一处类似,独奏谱第 21 小节第一拍后半拍起到第 22 小节结束为一弓,要求连贯,附点音符节奏鲜明,第 23、24 小节作相同处理。而三重奏的二胡声部在此处为分弓演奏。两处弓法处理都是把连弓改为分弓,据笔者推测,这很可能是陆华柏为了达到室内乐"严格"演奏效果而作的刻意安排,因为这样可以降低演奏技术难度,使演奏把握性更大,发音清晰度易于控制,三件重奏乐器间也可以更好地协作配合。这是陆华柏先生多年努力探索的"扩展民族乐器演奏的领域——向和声与对位方面发展"的一个有力支撑点。

3. 指法的特殊安排

通常,曲谱中不会把所有指法一一标注于谱面,谱面标注的指法起到提示、指导作用。其中部分指法标注是曲作者为区别常规演奏方式而作的有意处理。三重奏二胡声部旋律部分在指法安排上,有多处与独奏曲《光明行》指法安排不同。

(1) 独特的音色效果

三重奏二胡声部第一段 21 小节,"6""5"两音,用内弦演奏:第二把

位内弦三指与二指。之后,二指"同指换把"到第一把位演奏"3"音。独奏
谱《光明行》中,"6""5"两音,用外弦演奏:第一把位外弦一指与空弦。换
把动作在"6"音起始之前完成,所用的是一指的"同指换把"。此处两种指
法都可完成演奏,而且都会用到"同指换把"的演奏技法,但演奏所得音色
不同:内弦音组偏低沉,外弦音组偏明亮。三重奏谱第 23—24 小节,作为
第 21—22 小节的平行乐句,其中"6""5"两音的谱面指法,与独奏曲《光明
行》相同。所以,"6""5"两音,在第 21—24 小节的两个平行式乐句,虽然
两个版本音高相同,但音色方面产生了不同的效果:三重奏二胡声部内弦
音组暗沉,而独奏曲《光明行》外弦音组明亮。另外,从三弦与钢琴声部的
创作来看,两个平行乐句从强弱变化、节奏音型、演奏技法等方面,并未出
现对比情况。如此标注谱面的原因,可能是追求独特的音色变化效果,也
可能是陆华柏为了使三重奏各声部间进一步融合变化,不排除源于创作
者的演奏习惯。

谱例 26 《光明行》三重奏,第 21—24 小节

(2) 精妙的无痕连接

第 40 小节二胡声部标注了指法,"1""2"二音均要求用一指演奏,
"1"演奏之后,作向下的大二度"同指换把"到"2"音。这里"同指换把"的
演奏方式加上连弓的演奏,很容易在两音的转换、连接、换把时,奏出滑

音,自然过渡、不露痕迹,这里实现了陆华柏在《三重奏》"序"中所说的二胡演奏"一音到另一音之间不至生硬死板"的愿望。

谱例27 《光明行》三重奏,第37—42小节

同样乐汇的演奏指法还出现在第56小节、第168小节等处。在独奏曲的版本中,这里并未对指法作标注,演奏时可有多种指法版本。

类似刻意标注指法,运用"同指换把"而使连接自然的,还有多处"3"与"5"音的连接。如:第110小节的"3532",其中的"353"三音演奏,标注都用二指演奏。演奏时,由二指从第一把位演奏完"3"音后,"同指换把"到第二把位"5"音,再"同指换把"回第一把位演奏"3"音。另外,第131小节和132—133小节的两处高八度"5"音到"3"音的演奏,标注都用三指演奏。演奏时这两处都由三指从高八度"5"音,向上"同指换把"到第二把位的高八度"3"音,可以奏出滑音,使连接自然。在刘天华谱中,两处的高八度"5"音,均标注为四指演奏,不用"同指换把",故不可能出现滑音连接的情况。因此这些地方二胡指法的特殊标注有利于演奏顺畅过渡自然。

(3)作者的演奏习惯

除上述两种情况的指法标注外,谱面还有部分提示换把与音位的指

法标注。有部分与独奏谱不同,如:第 105 小节"5"音谱面标注为外弦空弦演奏,独奏谱标注为内弦四指演奏;第 107 小节,高八度"1"音用第一把位三指演奏,独奏谱用第二把位一指演奏;第 109 小节高八度"3"音用一指演奏,独奏谱用第二把位三指演奏;第 142 小节"7"音用第一把位二指,高八度"2"音用第一把位四指,独奏谱两音都在第二把位"7"音用伸展指法一指,高八度"2"音用二指……这些指法标注提示了具体换把音位,能使演奏更加精准。两个版本的指法都易于演奏,其不同的指法安排主要取决于曲作者自身的不同演奏习惯,并无优劣之分。

4. 其他演奏技法的运用

从二胡声部谱面上看,陆华柏要求在二胡演奏中运用多种演奏技法。这些演奏技法并非首创,但从这些技法的安排运用中,能体现出曲作者乐器法方面的造诣。

(1)断音。三重奏乐谱中,二胡声部多处运用"断音"演奏,在附录一"二胡记号说明"中,作者注释为"断音:即 staccato,在简谱上以▽为记",在五线谱中作者标记为"·"。这里的"断音"即二胡演奏技法中"顿弓"的运用,要求发音短促而有弹性。其中,第一段第一句,作者改连顿弓为分顿弓(在上文"弓法的特殊安排"中已作阐述);第 20、112、135、197 小节,与独奏曲版本中顿弓标注相同;其余各处,如第 35、52、68、113 小节等,均为作者根据演奏需要而加注的断音,此处发音短促,能使声部间对位更为齐整,内外声部"点"与"线"的对比更为清晰,从而使《三重奏》的二胡声部表现力更为丰富。

(2)颤音。"tr"或"tr〰〰〰",在二胡演奏中即为左手颤指演奏技法。独奏曲《光明行》中未运用该技法,《三重奏》版本二胡声部的颤音主要在长音中出现,如第 31—34 小节的长音"5",第 121—125 小节的长音"5""6"等,这两处旋律交由三弦声部演奏,二胡声部作持续音衬托,使音乐织体结构更为丰满,音响效果富于变化。

谱例28 《光明行》三重奏,第31—36小节

(3)弹音。二胡声部第35小节(见谱例28),"5"音标注了弹音演奏技法,这是独奏版本中没有的。作者在附录一"二胡记号说明"中,注释为"弹音:即 pizzicato,欲得内弦弹音,则以弓紧压外弦,左指弹之或拨之;欲得外弦弹音,则以弓紧压内弦。""5"为外弦空弦音,所以演奏时,由弓紧压内弦,左指拨奏而得。音色清脆、短促而带有余音。这里也显示了陆华柏在三重奏中对二胡音色方面的特殊要求。

(4)抖弓。抖弓出现在尾声部分,二胡演奏旋律声部,与独奏曲版本相同(谱例35)。

可见,三重奏《光明行》在保留刘天华二胡曲《光明行》曲式结构与主要旋律的基础上,在二胡指法上做特殊安排和处理,从而取得独特的音色效果和精妙的无痕连接。在演奏手法上,顿音,颤音和抖弓的运用进一步丰富了二胡表现力,体现了陆华柏对刘天华《光明行》的进一步解读以及二度创作性。

(二)钢琴声部

陆华柏在为《光明行》编写三重奏之前,已为《光明行》写过钢琴伴奏谱[1]

---

1 下文谱例引自刘育和、陆华柏合编:《刘天华二胡曲集 附加钢琴伴奏谱》,1957 年,北京:音乐出版社。

（以下简称《钢伴谱》）。对比分析三重奏《光明行》钢琴部分以及《钢伴谱》《光明行》的钢琴部分[1]，可以发现既有承继部分，也有变动较大部分。

1. 原封不动的部分

《光明行》三重奏的钢琴部分与《钢伴谱》的钢琴伴奏有部分段落从织体到和弦选择都完全相同。说明编配三重奏时，陆华柏借鉴了之前的钢琴伴奏谱。主要有以下几个段落：

A 段第二部分（第 37—68 小节）钢琴伴奏编配，两个版本完全相同：均是左手低音右手和弦分解。此音型干净利落，充满动感，表现了作者内心对光明前景的渴望，富有朝气。

谱例 29　《光明行》钢琴伴奏谱，第 37—42 小节

将谱例 29 与谱例 27 钢琴部分对照，仅有一处细微差别：即《三重奏》中增加了钢琴踏板记号。这可能是陆华柏认为加上踏板音乐效果更佳而作的一个微小调整。两个版本的 53 小节—68 小节，钢琴伴奏写法也完全一致（谱例略）。B 段开始处四小节（69—72），两个版本的钢琴部分亦完全相同，均采用和弦齐奏型，整齐铿锵有力（谱例略）。这些都显示出陆华

1　三重奏《光明行》小节总数为 197 小节，比独奏谱《光明行》多一小节（这是陆华柏为了更好发挥钢琴震音效果而有意在乐曲倒数第二小节处扩充了一小节），《钢伴谱》小节数为 192 小节，比独奏谱少了 4 小节，缺少的 4 小节是原独奏谱的 140—143 小节，应为乐谱传抄过程中疏忽遗漏所致。

柏对《钢伴谱》的借鉴吸收。

2. 截然不同的部分

(1) 四小节引子处理不同:

《钢伴谱》四小节引子由二胡演奏,钢琴伴奏完全休止;《三重奏》引子由三弦奏出(用划、弹手法),钢琴右手部分与三弦主旋律相同,左手为八度,起到强化主旋律的作用,为《光明行》奠定昂扬奋发的基调,较《钢伴谱》引子部分二胡由单音演奏更具气势与感染力(见谱例25)。这里可以明显看出,在《钢伴谱》中,钢琴声部主要承担伴奏功能,而在《三重奏》中,陆华柏注意从引子开始就运用三件乐器间的组合,三弦与钢琴合奏突出《光明行》气势之美。

(2) B段第四部分(第113—148小节)不同:

这一部分的《钢伴谱》主要采用左手八度低音右手分解和弦织体,在二胡主旋律烘托下,抒情细腻也略显活泼。

谱例30 《光明行》钢琴伴奏谱,第113—116小节

《三重奏》中,主旋律由三弦奏出,钢琴部分采用了固定音型重复,富有动感,(谱例31)与《钢伴谱》(谱例30)截然不同。陆华柏对此段音乐形象处理有较大变化,《三重奏》更注意发挥三弦演奏主旋律的作用,与《钢伴谱》相比,音乐风格上更倾向于坚定,这是陆华柏对《光明行》的一个新的解读,或许是陆华柏欲突出"室内乐"写作特点,使各乐器都参与

其中,是三重奏《光明行》音响效果与《钢伴谱》产生较大不同的重要
方面。

谱例31 《光明行》三重奏,第113—116小节

在随后的第121—126小节(谱例略),钢琴部分采用和弦齐奏,总体
上延续了之前的动力性特征,情绪上更为肯定。《钢伴谱》从第129小
节[1]——144小节,均采用了左手为八度低音右手为分解和弦的形式,情
绪上偏抒情活泼(谱例32)。

谱例32 《光明行》钢琴伴奏谱,第129—132小节

1　此谱例中乐谱上标注是127小节,有误。实际应为129小节。为印刷或传抄乐谱时疏忽致使漏
数两小节所致。至134小节开始乐谱上的小节数标记恢复正确。

谱例 33 《光明行》三重奏,第 129—132 小节

而《三重奏》(谱例 33)相应部分则显得洒脱奔放。显然,陆华柏在三重奏编配时常采用了西洋固定音型手法,钢琴部分更显整齐划一,作品更具昂扬特征。由此我们可否推断:为了进一步配合三弦发音短促跳跃的特点,在三重奏写作时,钢琴声部在一些段落一改原来的抒情处理为坚定型果敢型,此处可视为陆华柏对《光明行》新的解读与尝试。

（3）尾声段落不同

谱例 34 《光明行》钢琴伴奏谱,第 149[1]—153 小节

1　谱例标记为 145,笔者推断应为乐谱传抄时遗漏了 4 小节（140—143）,应为 149。

　　《钢伴谱》尾声部分主旋律由二胡奏出,钢琴伴奏主要为加流动低音的和弦式,总体上较为活泼跳跃,主要起到烘托二胡主旋律的作用(谱例34)。而《三重奏》钢琴部分(谱例35)右手八度奏出与二胡抖弓和三弦滚奏完全相同的主旋律,钢琴右手部分在顷刻间"放声歌唱"(可视为三件乐器的"大齐唱"),左手采用了低音加和弦,加入踏板使音响更为浑厚,有力烘托了主旋律。可见,陆华柏在编配三重奏时,有意增加了钢琴声部的厚度与浓度并发挥钢琴音色明亮音域宽广的特征。特别是乐曲结束时的六小节(谱例略),钢琴左手部分为了协助将音乐情绪推向高潮,采用了震音手法,结合谱面渐强标记,音乐效果更加丰满华丽。相比较,《钢伴谱》的钢琴伴奏则一直维持流动低音与和弦式不变直至结尾,两者音响效果相差甚远。因此,三重奏《光明行》尾声部分更加雄浑饱满,对"光明"的渴望愈加热烈,进一步凸显和阐释了刘天华《光明行》原作对美好未来的坚定信心与热切渴望。

　　谱例35　《光明行》三重奏,第149—153小节

　　如此看来,陆华柏在为《光明行》编配钢琴伴奏谱后,或许是感觉到在某些方面存在不足尚待改进,因此在同事的帮助配合下,《三重奏》钢琴部分在吸收原钢琴伴奏织体同时,风格处理发生变化,特别是最后一段尾声

段落,三重奏进一步挖掘了刘天华原作的内在含义,显示出陆华柏对刘天华向往的"光明"的理解到达了一个新的高度。

(三)三弦声部

三弦在三重奏《光明行》中时而演奏主旋律,时而作为伴奏,更多的时候,三弦和其他乐器一起,相互衬托互为交织而体现出"室内乐"的性质。三弦在《光明行》中的演奏技法多样,三弦加入使《光明行》更具民族风味。

1. 三弦演奏主旋律

三重奏《光明行》引子(谱例25),三弦与钢琴声部节奏型相同,三弦采用了划、弹手法,与钢琴声部一起奏出雄壮有力慷慨激昂的引子部分。31—36小节三弦担任主奏乐器,表达积极向上的精神面貌(谱例28)。第113小节开始(谱例31),三弦再次演奏主旋律。由于三弦发音短促清晰,旋律线条明显容易辨别。

2. 三弦作为伴奏

三弦以分解和弦奏出与钢琴伴奏织体相和谐,常作为伴奏,对主旋律起烘托作用。如第37—52小节(谱例27)、第53—69小节,三弦均以主属更替的单音,与钢琴右手部分节律相同,为二胡主旋律作陪衬。三弦声部的节奏型偶尔会采用《钢伴谱》钢琴左手的附点节奏型。主要表现在《三重奏》三弦节奏型有时与《钢伴谱》钢琴左手节奏型一致(第9—10小节、第13—14小节),第17小节,三弦又移植了《钢伴谱》钢琴声部右手部分完全相同的音。由此可见陆华柏编写三重奏时对《钢伴谱》的吸收借鉴。

3. 三弦作随机模仿保持统一的民族风格

三重奏《光明行》中,三弦常与其他声部交织应和形成陆华柏所说的"随机模仿和声法。"《光明行》三重奏中采用随机模仿较多,主要有第17小节,三弦提前三拍模仿二胡主旋律声部节奏型,第18小节为二胡主旋律的随机模仿。第73小节开始,主旋律先后在三弦、钢琴、二胡三件乐器间呈现,各声部间作短暂的随机模仿,如影随形,此起彼伏,加强了主旋律的民族化特征。随机模仿还出现在第77小节的后半拍至第78小节。又如第79—84小节,主旋律在二胡与三弦两者间如应答式交错出现的卡农形式,主旋律在各个声部间顺畅交接,妙笔生辉,明显比二胡钢琴伴奏谱中主旋律完全由二胡演奏,钢琴仅弹奏和弦要丰富得多。这些均为三重奏编曲之妙处。

又如第88小节后半拍至第91小节第一拍,三重奏中主旋律由钢琴弹奏八度,明亮有力,三弦与二胡均为同音反复的伴奏声部。第91小节第二拍起,三重奏谱主旋律重新交给二胡,三弦相隔一小节重复二胡主旋律,主旋律分别在钢琴、二胡、三弦上进行,颇具"室内乐"特征。第109小节后半拍起(谱例36),二胡、三弦与钢琴分别相差一拍依次出现,形成三重模仿,二声部复对位等形式,丰富了原二胡曲的旋律表现手法。

谱例36 《光明行》三重奏(第109—112小节):

4. 三弦用不同演奏技法获得多种音响效果

《三重奏》第41页,有"附录二"三弦记号说明。包括定弦,用指以及手法记号。三弦手法记号标注有"弹"(右手食指向外弹,得音);挑(右手大指向内挑,得音);夹弹(一弹一挑,间隔为之);划(右手食指从缠弦经过老弦、子弦弦然弹去);滚(或称撚,急速反复弹挑一音);划后接滚;分(食指、大指弹、挑同时为之);撼(食指、大指同时向内合撼);哑弹(左手轻按琴弦——不要按在泛音位置——弹之作拍拍声。)[1] 这些不同弹奏方法出现在乐谱各个部分[2]，与其他声部一起，丰富了原二胡曲表现。

在和声配置方面，两个版本基本相同。唯一不同的是第 7 小节，《三重奏》钢琴左手部分采用了和声大调降六级和弦，使乐曲在雄壮的基础上揉进了柔暗温和的因素。这可能体现了陆华柏在《三重奏》写作时，对《光明行》的一种新的思考。

《三重奏》编写完成后，并没有局限于"纸上谈兵"。陆华柏提醒演奏者："演奏这些东西，应该注意："这是一种'室乐'的演奏形式，一般说来，三件乐器同等重要，无宾主之分。当然，在演奏过程中时而二胡为主，时而三弦为主，时而钢琴为主；时而互相对答，时而八度并进。演奏者须细心体会，彼此关照，表现才能恰当。"[3] 陆华柏曾和王沛纶、刘天浪合作，在福建永安举行过一次"雅乐演奏会"，"全部节目均系从此三种乐器之配合：钢琴伴奏二胡，钢琴伴奏三弦，及二胡、三弦与钢琴之三重奏。"[4] 陆华柏说："民族乐器的演奏，一般是不很严格的，多弹一音与少弹一音都无所谓；现在不行了，要求比较严格，必须完全正确地照谱演奏。'室乐'中，这种'自由、即兴'是不被允许的。这一点，有别于民间传统器乐合奏出现的即兴性。"[5]

《三重奏》还收有由古调改编的《梅花三弄》《击鼓催花》《普庵咒》及刘天华《空山鸟语》三重奏，《光明行》是其中的一首。本文选取《光明行》几个版本的比较分析，旨在以小见大，管窥陆华柏《三重奏》的编写手法。那么，陆华柏为何对《光明行》情有独钟？陆华柏曾写道："赋予二胡这乐器以进行曲性质的演奏，《光明行》是首创的作品。刘天华从'苦闷'到

---

1 该页有陆华柏写的附注："大部分手法记号是我创用的，尚待斟酌。"

2 引子处用划、弹；第 69 小节开始，三弦采用夹弹，第 113 小节，三弦采用滚奏，第 129 小节，三弦采用弹、挑；137 小节，三弦又再次采用滚奏手法。尾声部分，三弦全部用滚奏手法等。

3 陆华柏：《二胡 三弦 钢琴三重奏曲集》序，上海：新音乐出版社，1953 年。

4 陆华柏：《国乐演奏的新途径》，《联合周报》，1944 年 7 月 1 日第 4 版。

5 陆华柏：《二胡 三弦 钢琴三重奏曲集》序，上海：新音乐出版社，1953 年。

'光明'的追求,这是一种进步的表现。《光明行》蕴藏着进步的因素。我们现在欣赏的,是一种勇于改革、追求光明的气魄。《光明行》曲趣勇往直前,伴奏则增加着这种气势。"[1]

正是由于欣赏刘天华《光明行》显示出的气魄和追求光明的精神,陆华柏既为此曲编写了钢琴伴奏谱,还编写了三重奏。附加钢琴伴奏的刘天华二胡曲以及《三重奏》在当时的福建永安、江西南昌、湖南长沙、湖北武汉等多地演出过,产生了一定的社会影响。[2] 陆华柏常在演出时担任钢琴部分。

表5　三重奏及附加钢琴伴奏的刘天华二胡曲在当时的演出情况

序号	时　间[3]	地　点	音乐会名称	所在学校	节目位置	演奏者
1	1947年6月27—29日晚9时	南昌民德路志道堂	歌剧《牛郎织女》选曲清唱会(吴祖光词、陆华柏作曲)	江西省立体育专科学校	2三重奏(乙)《光明行》	二胡:万昌文三弦:刘天浪钢琴:陆华柏
2	1949年5月26—29日下午1时	长沙又一村和平戏院	湖南省立音乐专科学校师生联合音乐舞蹈会	湖南省立音乐专科学校	第一部分音乐节目之六:甲,《病中吟》,乙《空山鸟语》	二胡:万昌文伴奏:陆华柏
3	1949年5月30、31日下午1时	长沙又一村和平戏院	师生联合音乐舞蹈会	湖南省立音乐专科学校	第一部音乐节目之六二胡独奏:甲,《良宵》,乙,《光明行》	二胡:万昌文伴奏:陆华柏
4	1949年6月28—29日下午2时	长沙银宫电影院	陈琳(女高音)万昌文(男高音)曾飞泉(小提琴)陆华柏(钢琴)联合演奏会	湖南省立音乐专科学校	第一部(二)二胡独奏 甲,《苦闷之讴》,乙,《光明行》	二胡:万昌文钢琴:陆华柏

1　刘育和、陆华柏:《刘天华二胡曲集 附加钢琴伴奏谱》序言,北京:音乐出版社,1957年。
2　可参丁卫萍:《全方位的音乐教育实践——陆华柏在华中师范学院》,《音乐与表演》(南京艺术学院学报),2017年第2期,第33—37页。
3　表格中音乐会演出时间均采用节目单上的标记。

续　表

序号	时　间	地　点	音乐会名称	所在学校	节目位置	演奏者
5	1949 年 7 月 11—12 日下午 1 时半	长沙中山路银宫电影院	万昌文二胡独奏会 钢琴伴奏：陆华柏教授	湖南省立音乐专科学校	《苦闷之讴》《光明行》《月夜》《烛影摇红》《梅花三弄》《独弦操》《空山鸟语》《良宵》《普庵咒》	二胡：万昌文 钢琴：陆华柏
6	1953 年 5 月 16 日晚 8 时整	本校大礼堂	音乐系、科、艺术科演出音乐晚会	华中师范学院	11 二胡、三弦、钢琴三重奏《光明行》	二胡：葛诸英 三弦：方炳云 钢琴：彭静如
7	1954 年 1—3 日（共五场）	武昌昙华林本院礼堂	以中国民歌底演唱和民族乐器演奏为主的音乐演奏会华中师范学院音系系、科、艺术科主办	华中师范学院	（八）二胡、三弦、钢琴三重奏 甲《梅花三弄》（古调）乙《光明行》	二胡：吴慧 三弦：方炳云 钢琴：陆华柏
8	1955 年 4 月 4—6 日每晚 7 点 30 分	武昌昙华林本院礼堂	音乐演奏会华中师范学院音乐系	华中师范学院	2 三重奏《击鼓催花》《普庵咒》	二胡：葛诸英 三弦：方炳云 钢琴：陆华柏

＊　　＊　　＊

陆华柏曾说过："我在学和声学的头一天起，心里想的就是为中国曲调配和声"。[1] 陆华柏为刘天华二胡曲及《普庵咒》等古曲编写三重奏，正是他探索中国民族风格和声的一个重要方面。它丰富了原二胡独奏曲的表现形式，对刘天华的二胡作品进行新的拓展和演绎，对推广我国民族音乐起到了积极作用；《三重奏》拓展了三弦的表演形式，推动了三弦的普及，三弦表现了奋进向上的正面形象。陆华柏提倡的"室乐"演奏形式，"和王沛绵、刘天浪等的钢琴民乐三重奏大大增强了艺术交流和学术探讨"[2]；"开创了洋为中用的独特风格的国乐改革演奏，引起了极大的轰动

1　陆华柏：《探寻民族风格和声之路——谈谈我的一点创作经验之二》，《黄钟》，1990 年第 3 期，第 41—45 页。
2　戴鹏海：《陆华柏音乐年谱》，广西艺术学院内部印刷，第 50 页。

和评价"[1]。

从《光明行》几个版本比较看《光明行》三重奏的具体编配手法,有助于我们探寻陆华柏创作心迹的细微不同,回望陆华柏在西洋室内乐体裁民族化方面做出的努力。虽然,三重奏编配手法在今天看来尚显简单,但在 20 世纪 40 年代,我国民乐创作陷入低谷、民族室内乐创作近乎荒芜之时,陆华柏本着弘扬我国民族音乐的愿望,选取我国民族音乐为编写素材,探索中西乐器同置一台,扬长避短相互合作,重视在音乐创作体现民族性特征,使西洋室内乐体裁民族化,并亲自参加演出实践,这样的做法和探索精神难能可贵。

陆华柏此方面的探索为抗战后期福建音专的创作、研究、演奏实践以及学校优良学风的形成起到了积极作用,也为后来我国民族室内乐创作提供启发和借鉴。这是陆华柏提倡的用西洋音乐作曲技法丰富我国民族音乐的重要成果之一,本文以陆华柏《二胡 三弦 钢琴三重奏曲集》之《光明行》为研究对象,旨在引起学界对陆华柏民族室内乐创作方面的关注,进一步探索他"立足民族、中西结合"[2]的音乐思想,挖掘《二胡 三弦 钢琴三重奏曲集》的学术价值和史料价值。

---

1 戴鹏海:《陆华柏音乐年谱》,广西艺术学院内部印刷,第 34 页。
2 施咏:《中西调和 相得益彰——《陆华柏配〈刘天华二胡曲集〉(附加钢琴伴奏谱)研究》,《音乐研究》,2009 年第 2 期,第 88 页。

音乐文论研究

陆华柏的音乐文论集中发表于 1949 年前和 1980 年后。由于长期以来的历史原因,《所谓新音乐》一文造成了大家对陆华柏有"一贯反对新音乐"[1]的片面印象,陆华柏的一生也为此付出了沉重的代价。然而,阅读陆华柏早期文论可看出,陆华柏并没有"一贯反对新音乐",相反,他全身心支持抗战音乐,立志创作有中国情趣的音乐,提倡创作新的、中国人民的音乐。陆华柏晚年文论篇幅最长的是他的广西多声部民歌研究,比重最大的是回忆录,他回忆与音乐友人的交往,创作经历,从事的抗战音乐活动以及音乐教育。陆华柏较早关注音乐与其他学科的美学关系问题,重视师范音乐教育,他的几部译著推进了西方音乐理论在中国的传播。

随着时间推移,陆华柏音乐文论数量不断更新。即将出版的《陆华柏音乐文集》收录了迄今为止所见陆华柏发表和未发表的文论 148 篇,包括已发表的 122 篇和未发表的 26 篇,为进一步了解陆华柏的音乐思想和音乐创作历程提供资料基础。

1　陆华柏:《读李凌同志〈旧题新论〉有感》,《上海音讯》,1986 年第 3 期。

从民国时期陆华柏的音乐文论看其音乐观

　　提起陆华柏，除了熟知他是歌曲《故乡》曲作者，大概就是那篇引起乐界长期争论的《所谓新音乐》[1]。在汪毓和先生编写的《中国近现代音乐史》中，陆华柏的名字首先由这篇文论映入眼帘[2]。尽管汪毓和先生对《所谓新音乐》的评价和关注在他的各个版本中已发生变化[3]，但长期以来，人们对于陆华柏民国时期音乐文论的了解却依然停留在他的《所谓新音乐》。《所谓新音乐》是陆华柏被错划为右派的重要证据[4]，几十年来，陆华柏逃不脱被骂为"一贯反对新音乐"的命运[5]。

　　21 世纪初，汪毓和及陈聆群等先生均对陆华柏、陈洪等个案进行了反思。进入 21 世纪，明言和冯长春两位学者先后在他们的论著中提及陆华柏的《所谓新音乐》，虽然他俩在指出陆华柏《所谓新音乐》存在措辞等方

1　《所谓新音乐》载广西桂林《扫荡报》副刊，1940 年 4 月 21 日"瞭望哨"1152 期。目前该文被全文收录于以下出版物：1. 汪毓和、胡天虹编著：《20 世纪中国音乐史论研究文献综录——中国近现代音乐史卷》，北京：人民音乐出版社，2006 年，第 156—157 页；2. 张静蔚：《搜索历史——中国近现代音乐文论选编》，上海：上海音乐出版社，2004 年，第 273—238 页；3. 明言：《20 世纪中国音乐批评文献导读》，北京：人民音乐出版社，2010 年，第 140—141 页。

2　汪毓和先生的《中国近现代音乐史》，北京：人民音乐出版社，1984 年，第 173 页，提及陆华柏的文字如下："另一方面，《新音乐》还发表了……等文章，反驳那些对当时新音乐运动进行嘲讽谩骂的谬论。""谬论"后有当页注："参看随笔《论战时音乐》……和《所谓新音乐》，陆华柏……"

3　可参丁卫萍：《陆华柏研究述评》，《天籁》，《天津音乐学院学报》，2009 年第 4 期。

4　陆华柏原文如下："我在 1957 年被错划为右派分子时，这个问题也是重要的历史罪证之一。"见陆华柏《读李凌同志〈旧题新论〉有感》，《上海音讯》，1986 年第 3 期。"这个问题"即由《所谓新音乐》引起的问题——引者。

5　见陆华柏：《读李凌同志〈旧题新论〉有感》，《上海音讯》，1986 年第 3 期，第 51 页。

面的不足以及文章发表得不合时事的同时,对《所谓新音乐》的闪光点进行了肯定,但仍不能改变长期以来由于《所谓新音乐》所导致的对陆华柏民国时期其他音乐文论无从知晓的事实[1]。

截至目前,笔者收集到陆华柏先生生前已发表的音乐文论126篇。其中,1949年前的音乐文论67篇,1949—1979年15篇,1980年至1994年44篇。从数量可见,民国时期音乐文论[2]在陆华柏一生所撰音乐文论的比重较大。鉴于1980年后陆华柏的音乐文论笔者已有论述,故本文主要论述对象为1949年前陆华柏发表的音乐文论。

已收集到的陆华柏于民国时期发表的音乐文论67篇[3](目录详见文后)可分类如下:抗战音乐观9篇;推广音乐知识11篇;对报纸杂志的建议3篇;乐人印象3篇;陆华柏本人学习创作音乐心得6篇;散文随笔6篇;时事评论3篇;音乐观9篇;音乐会推介与评论12篇;音乐与其他姊妹艺术的美学关系5篇。本文拟以涉及陆华柏音乐观点的18篇音乐文论为基础,论述这些文论体现的支持抗战的音乐观,探索中国气派和声和改进国乐的音乐观以及立志创造新的、中国人民的音乐的音乐观。

自1937年陆华柏发表第一篇音乐文论算起[4],这些资料已尘封了

---

1 据笔者了解,目前,陆华柏先生的所有遗稿封存于广西艺术学院。因此学界对陆华柏民国时期音乐文论了解接近空白。

2 丁卫萍:《陆华柏著述研究综述兼及音乐文论方面的贡献——为陆华柏先生诞辰95周年暨逝世15周年而作》,《人民音乐》,2009年第11期,第67—69页。该文主要论述了陆华柏在1980年后发表的音乐文论。"由于早期文论为复印资料,字迹模糊。因此,文中对于陆华柏早期文论论述尚浅,有待深入。"近年来,笔者查找到陆华柏于20世纪三四十年代发表的音乐文论原件,方得机会撰写此文。

3 2005年,笔者据戴鹏海先生《陆华柏音乐年谱》统计到陆华柏于1937—1949年间发表音乐文论篇目70篇。当时,笔者仅是对照年谱进行了分类整理,未全部见到史料。近年来找到原件63篇,另从各处挖掘到4篇,因此目前笔者所得陆华柏于民国时期发表的音乐文论67篇。详见本文附录。

4 戴鹏海所编《陆华柏音乐年谱》记载,陆华柏发表的第一篇音乐文论为《建设广西的新音乐》,载1937年8月9日《广西日报》(桂林版)。此文笔者尚未找到原文。截至目前,笔者亦尚未发现陆华柏发表于1937年前的音乐文论。

近 80 年[1]。在陆华柏先生手稿中,多次将 1949 年作为他人生阶段的一个重要分期[2],因此本文涉及的陆华柏音乐文论时间段为 1937—1949 年间。这是陆华柏音乐人生较为顺利,成果丰硕时期[3]。

一、支持抗战音乐

1937 年夏,陆华柏经徐悲鸿介绍到广西桂林从事推广音乐教育的工作,稍后又在广西桂林艺术师资训练班(广西艺术学院前身)任教。当时正值抗战全面爆发,陆华柏撰写了数篇与抗战音乐相关的音乐文论,这些文论发表时间是 1937 年至 1943 年,表达了他支持抗战的满腔热忱。

在《中华全国歌咏协会成立宣言》中,陆华柏这样写道:

"在全面抗战中,除了军事上的工作以外,政治上的工作,便是一方面巩固已有的民众和组织已觉醒的民众,一方面加快地唤醒尚未觉悟的民

1　为何这些音乐文论沉寂了几十年?为什么陆华柏的名字包括他的诸多音乐贡献被遗忘?笔者以为,主要有以下三点原因,一是政治上的原因(最为重要的原因),由于《所谓新音乐》,陆华柏于 1957 年被打成"右派",从此在乐界陷入寂静。二是地域上的原因,1963 年后,陆华柏在广西艺术学院任教一直到 1994 年逝世,偏远的广西使陆华柏更加远离乐界;三是性格上的原因,据陆华柏夫人甘宗容老师(广西艺术学院前任院长,声乐教授)所言,陆华柏不善与人交流,常闷头做学问,因此也"得罪"了不少人。这也造成广西艺术学院长期以来对陆华柏研究少重视。笔者 2004 年第一次赴南宁收集资料时,陆华柏故居遗稿还保存着他生前的摆放样式,陆华柏在去世后的十年中,无人问津。

2　笔者收集到的陆华柏先生最后一份手稿写于 1993 年 12 月 16 日。陆华柏于 1991 年开始患鼻咽癌,1994 年 3 月 18 日逝世。写这份手稿时他的双耳已完全失聪且字迹歪歪扭扭。此份手稿陆将自己的人生阶段做如下分期:第一阶段"解放前",第二阶段"解放——划右派";第三阶段"再度回到广西(1963——现在)"。手稿标题为:"陆华柏各个时期有代表性的音乐作品"。在陆华柏的另外一份手稿《幻想曲》(写于 20 世纪 80 年代初),陆华柏也将人生分期分为"抗战——解放";"解放到划右派"……等。因此,1949 年可作为陆华柏音乐人生阶段划分的一个重要历史年份。

3　陆华柏 1940 年发表的《所谓新音乐》虽然在当时受到一些批评,但自新中国成立前,陆华柏并未由此受到太大挫折。从 1937 年抗战开始到全国解放的 1949 年,在音乐教育方面,陆华柏先生先后在广西桂林艺术师资训练班(广西艺术学院前身)、福建音乐专科学校、江西体育专科学校以及湖南音乐专科学校等校任教,教学工作也较为顺利。可参考卫萍:《陆华柏在音乐教育方面的贡献》。音乐创作方面,他的成名曲《故乡》创作于 1937 年,之后又创作了《勇士骨》、歌剧《牛郎织女》等作品,音乐创作道路也比较平坦。

众,把他们组织起来。唤醒民众的方法,救亡歌咏运动正是其中的一种,因为歌咏最能感动人,煽动的力量最大,所以我们便把歌咏作为我们斗争的武器。每个中国人都应将其能力奉献给国家,我们是一群音乐工作者,所以,我们也应当尽我们的力,那就是说,我们要用歌咏去发动民众,组织民众,把他们唱上战场,为中华民族的解放而斗争!"[1]

这篇宣言表达了陆华柏希望身处抗战洪流中的人们将抗日救亡歌咏作为斗争武器,因为"歌咏最能感动人,煽动的力量最大"。他号召大家"要用歌咏去发动民众,组织民众,把他们唱上战场,为中华民族的解放而斗争!"

确实,当广西桂林抗战文化城的抗日救亡运动开展得如火如荼的时候,陆华柏以各种形式投入抗战音乐活动:他从事音乐创作,创作了成名曲《故乡》、群众歌曲《战!战!战!》《磨刀歌》等;他参加桂林文化城抗战群众性歌咏活动[2];他担任指挥,活跃在桂林抗战音乐活动的第一线;他撰写抗战音乐文论,希望音乐帮助抗战。且看陆华柏先生于 1940 年 1 月 1 日,发表在《音乐与美术》创刊号上的《音乐与抗战》:

"音乐与抗战保持着十分密切的关系:音乐帮助了抗战,同时抗战也帮助了音乐……抗战不但无情地把音乐家从琴室里赶到了街头,而街头的一些人士反因了抗战得到更多的与音乐接触的机会……从琴室里出来的音乐家,总以为自己是正统,根本不把街头野生的小子放在眼里;而街头野生的音乐家却目他们以'学院派','为艺术而艺术',而以为只有他们自己的艺术才是有生命的,有价值的。彼此都不免失之余褊狭?从琴室里出来的音乐家总脱不掉傲慢和自大的习性,街头的音乐家又太忽略了技巧与修养。其实他们都有值得互请教益的地方。"[3]

1 陆华柏:《中华全国歌咏协会成立宣言》(1937 年,署名花白)。中国音乐家协会、中国音乐研究所编:《中国近代音乐史参考资料第四编(1937—1945)》第一辑《论文选辑》(上册),1959 年。
2 见陆华柏:《抗战时期桂林文化城群众歌咏活动纪实》,《广西新文化史料》,1991 年第 1 期。
3 陆华柏:《音乐与抗战》(署名花白),《音乐与美术》(创刊号),1940 年 1 月 1 日出版。

该文发表时间为 1940 年 1 月 1 日,与《所谓新音乐》的发表时间相隔四个多月。从这篇批评发表的时间和文中观点来看,"他的批评观念是相对地客观与全面的"[1]。文中,陆华柏将"学院派"音乐家和"非学院派"音乐家形象地比喻为"从琴室里走出来的音乐家"和"街头野生音乐家",认为双方都有"值得互请教益的地方",从而提出了"音乐帮助了抗战""抗战帮助了音乐"的观点。较《所谓新音乐》辛辣、讽刺的文风相比,该文措辞较为婉转。陆华柏在文中表达了他希望音乐界消除成见,加强团结一致抗日的愿望。事实上,"陆华柏也是一位积极从事新音乐理论事业的人,他的音乐观念与新音乐派的主要人物也基本上是'一脉相承'的"[2]。

如何使抗战歌曲更加贴近群众,被群众喜爱,在提出抗战歌曲深入农村的两条途径的同时,陆华柏向作曲家提出了"写作民谣风格的抗战歌曲"的希望。陆华柏希望能用胡琴、箫笛等民族乐器伴奏民谣,使抗战歌曲保持民谣特质:

"我以为能够深入农村的抗战歌曲之产生,有两个途径:一是利用农村中固有的民谣——山歌小调之类的曲调,改填以新的歌词;一是由诗人与作曲家有意识地写作民谣风格的抗战歌曲……前者是过渡的办法。后者方为真正的途径。作曲家须尽量保持民谣的特质,巧妙地运用民谣的音阶,节奏与曲调;并应进一步尝试写作基于民谣音阶的和声,配为重音唱歌或合唱曲。伴奏则可采用固有的胡琴,箫笛等乐器。"[3]

陆华柏与当时不少音乐家一样,认为和声在音乐表现手法中非常重要。[4] 在《略谈"合唱"》中,陆华柏指出了"合唱"与"齐唱"区别,在宣传抗

1　明言:《20 世纪中国音乐批评导论》,北京:人民音乐出版社,2002 年,第 217 页。

2　同上。

3　陆华柏:《抗战歌曲到农村去》,《扫荡报》,1939 年 1 月 31 日附刊"抗战音乐"第 1 期。

4　20 世纪上半叶,萧友梅、赵元任、沈知白、贺绿汀等人都相继写了关于中国音乐在多声思维方面落后的文论。可参冯长春:《中国近现代音乐思潮研究》,北京:人民音乐出版社,2007 年,第 126—129 页。

战音乐的同时向群众普及音乐知识,希望抗战群众歌曲的演唱形式能从"齐唱"提升到"合唱":

"一般唱救亡歌曲或学校唱歌,不分男女老幼,大家唱同一的曲调,严格地说起来不能算作'合唱',只能称为'齐唱'。合唱是另外一回事……吴伯超先生的'冲锋歌'第一次演唱的时候,有的人批评说:'唱得高高低低,各自起落,一点也不整齐'。这几句话正是说明了合唱是怎么一回事。"[1]

《作曲与理论》一文,则表达了陆华柏对于抗战音乐创作应从量的普遍到质的提高的希望:

"抗战音乐到现在已从量的普遍逐渐转到了质的提高,这是一个可喜的现象。我们不是说量的普遍不重要,它是质的提高的基础。但量的普遍到某一个程度便要求质的提高,乃是一种自然的趋势。"[2]

在《怎样教唱抗战歌曲》一文中,陆华柏将自己教唱抗战歌曲的体会付诸文字。由此可见,在抗战歌曲如火如荼唱响的时代,陆华柏躬身力行,亲自跳上台去教唱抗战歌曲:

"一个教抗战歌曲的人,他自己光会唱几首抗战歌曲是不够的;对于乐曲的理解这一点非常重要。所谓对于音乐的理解并非止于识谱而已,而是指理解乐曲内在的精神和作曲者的企图——所预期的效果……抗战歌曲施教的对象,当然以一般未受过教育民众为主……至于发声,我们当然不能苛求一般民众,要求他们唱出如何完美圆润的音质。要紧的是要他们唱得自然,像说话一样的自然……教歌是一种技术,同别的技术一样,经验愈丰富则愈纯熟。要想获得纯熟的教歌技术,必须自己跳上台去'教'——所谓'从做中学'。"[3]

1　陆华柏:《略谈合唱》,《扫荡报》,1939 年 2 月 8 日第 4 版附刊"抗战音乐"第 2 期。
2　陆华柏:《作曲与理论》,《扫荡报》,1940 年 6 月 27 日第 4 版。
3　陆华柏:《怎样教抗战歌曲》(署名华柏),《扫荡报》,1939 年 3 月 2 日第 4 版,"抗战音乐"第 3 期。

1945 年,陆华柏的《东南音乐界新的努力》在《联合周报》发表:

"配合着抗战的新的形势,东南文艺工作者有了新的觉醒,提出了'东南文艺运动'的口号。作为艺术之一部门的音乐,也有检讨过去并作新的努力的打算的必要……沉闷下去么? 不,决不! 生活困苦,环境恶劣,社会冷淡,都不足以阻止我们勇往直前的信心……我们没有一点怀疑,在动员一切力量作总反攻的时候,音乐是最有效的精神武器……我们要用最强的声乐召唤: 东南的音乐家们! 请你们走出书房,走出琴室! 站得高一点,看得远一点! 记住我们在什么地方,什么时代。我们的四面八方都是敌人;倚在情妇窗前拉小夜曲的抒情时代早已过去。现在所需要的是 Trumpet,是鼓,是风吼雷鸣的抗战歌声! 我们要像'纯协和音程'一样手携着手,加倍地做着新努力。"[1]

这是抗战胜利前夕陆华柏支持抗战音乐的呼声。表达了陆华柏想努力挽救抗战音乐发展的低迷局势,希望音乐家团结一致,加倍努力,动员一切力量作总反攻,争取抗战最后胜利。

上述与抗战音乐相关的文论表明了陆华柏对抗战音乐的去向和作用进行的思考——如何用音乐唤醒民众,如何用歌咏去发挥组织群众争取抗战胜利,如何使抗战歌曲更好地到农村去,如何使"学院派"音乐家更好地走上街头,发挥专业特长,如何在抗战紧要关头号召音乐家走出书房走出琴室,"像纯协和音程一样手携手"为抗战音乐服务等。置身抗战洪流,陆华柏拿起笔杆,以一位音乐家的良知撰写的抗战音乐文论在我国 20 世纪三四十年代的音乐文论中闪烁着光芒。

二、探索中国气派的和声,改进国乐

陆华柏晚年一篇总结音乐创作经验文论中写道:"我在学和声学的头

---

1 陆华柏:《东南音乐界新的努力》,《联合周报》,1945 年第 2 卷第 19 期,第 39 页。

一天起,心里想的就是为中国曲调配和声"。[1] 以下几篇音乐文论是陆华柏探索中国气派和声的发端。

《和声学的学习》文中写道:

"无论如何,我们中国的音乐想得到发扬光大,在世界乐坛占有一席地位,向和声方面发展是必要的。五声音阶,没有和声这些并不是我国音乐的特色,倒是没有进步,滞留在原始阶段的痕迹!其情形之惨,犹如处在飞机、大炮……各种武器日新月异的今日,我们仍用大刀、戈矛作战!要说大刀、戈矛是我们的特点,必须经过一番很大的努力,使大刀、戈矛自动飞上天把敌机击落下来。如此伦敦的英国人才会重视这个特点,而用以抵抗纯粹的空袭。"[2]

陆华柏将我国当时的音乐风趣地比作为"大刀""戈矛",提出若要发展我国音乐"大刀、戈矛"特色,要"做一番很大的努力"。此文表达了他欲丰富我国民族音乐形式,探索民族和声,以此与欧美音乐抗衡:"使大刀、戈矛自动飞上天把敌机击落下来"。这与曾志忞所言"吾国将来音乐,岂不欲与欧美齐驱。吾国将来音乐家,岂不愿与欧美人竞技"[3]有相近的愿景。

《我怎样为它们写伴奏》,写于 1942 年,论述的是陆华柏在军委会剧宣七队为上演的新型舞蹈《生产三部曲》及《新年大合唱》编写伴奏的体会,该文提及探索尝试"中国气派的和声":

"我在支配和声方面的态度是尽可能地简易化,绝不卖弄太多的不协和弦(那是我们一般人还听不惯的);但也决不拘泥欧洲气派的和声,我在探求中国气派的和声方面没有得到一点点值得欣喜的地方,仍在探索尝

---

1 陆华柏:《探寻民族风格和声之路——谈谈我的一点创作经验之二》,《黄钟》,1990 年第 3 期,第 41—45 页。
2 陆华柏:《和声学的学习》,《扫荡报》,1941 年 7 月 6 日"星期版"56 期。
3 曾志忞:《音乐教育论》,张静蔚:《搜索历史中国近现代音乐文论选编》,上海:上海音乐出版社,2004 年。

试之中……《新年大合唱》，这是冼星海一人的作品，收尾照应，前后统一，我写起伴奏来也顺手的多。全部饶有浓厚的中国风味，曲调甘美可嘉。铜鼓鞭炮开场。第一段由第一小提琴与钢琴重复主调，其余的乐器协奏，以示愉快欢乐的情绪。"[1]

陆华柏的音乐创作有不少为中国民歌改编曲。如改编单旋律的湖北民歌《湖北民歌合唱曲集》[2]、以新疆民歌为素材编写的简易钢琴曲集《新疆舞曲集》[3]、为民歌配钢琴伴奏的《中国民歌独唱曲集》[4]等。这些曲集是陆华柏探索中国风格和声的成果，以上音乐文论所体现的正是陆华柏早年探索中国气派和声的心路，记录了陆华柏探索民族风格和声的开端。

何为国乐，如何发展国乐？20世纪三四十年代，萧友梅、刘天华、陈洪、杨荫浏等都著文论述[5]。陆华柏在不同文论中阐述了运用西洋音乐改进国乐的愿望。《音乐工作者的苦闷》一文中，他阐述了当时人们对国乐的两种不同看法，指出国乐如同我们的骨肉一样亲切，是祖先数千年遗留下来的文化财富，并希望用西方音乐理论武装国乐：

"一般人士对于国乐的看法除了漠视以外便是各趋极端的。有的人——尤其是研究国乐的——往往视国乐为高不可攀，至神至圣，玄之又玄的艺术；有的人——尤其是研究西洋音乐的——却又往往把国乐看得不值半文钱。这两种看法我都不能同意……国乐，尚未能脱离原始的阶段(乐器的简陋，表现力的贫弱，乐曲的单调都是无可掩饰的事实)。我们毅然抛弃她们么？她们却如同我们的骨肉一样亲切！她们不仅是我们的祖先数千年遗留下来的，唯一可以代表我们的文化之一的财富，而且是四万

1　陆华柏：《我怎样为它们写伴奏》，《扫荡报》，1942年12月18日第4版。
2　陆华柏：《湖北民歌合唱曲集》，武汉：长江文艺出版社，1957年。
3　陆华柏：《简易钢琴曲 新疆舞曲集》，上海：万叶书店，1953年。
4　陆华柏：《中国民歌独唱曲集》，北京：音乐出版社，1957年。
5　20世纪30、40年代，对于中国音乐往何处去，西洋音乐与中国音乐的关系等问题，许多音乐家陷入苦闷。可参陈原、黄迪文、余荻、玉虹似编《二期抗战新歌初集》，香港：新知书店，1940年第2版，第136页。亦可参冯长春：《一份尘封了半个多世纪的珍贵史料——陈洪〈绕圈集〉解读》，俞玉姿、李岩主编：《陈洪文选》，南京：南京师范大学出版社，2008年，第370页。

五千万同胞(占全世界四分之一的人口)所熟习的呢! 以西方高度的音乐理论与技术武装我们的国乐是一件讲起来容易,做起来颇不容易的事。"[1]

诚然,文中述及"国乐,尚未能脱离原始的阶段",至今看来,有其历史局限性。然陆华柏提出的"以西方高度的音乐理论与技术武装国乐",与20世纪上半叶主流音乐思潮相一致。短短一个多月后,陆华柏又撰文《谈国乐》,提出改进国乐的途径和推广国乐的建议:

"至于如何改进我们今日的国乐,我以为有如下的几个途径:一、乐器的改良——乐器的改良不必刻意模仿西洋乐器。二、演奏的技术之改进——各种乐器之旧的演奏手法均须经过专家的整理。三、提倡合奏——旧的国乐偏于'独奏',即有数种乐器在一起,也不过是'齐奏'。我们现在应该提倡和声化的'合奏'。合奏的好处甚多。四、整理创作国乐谱——国乐曲谱之整理(改编)与创作是十分重要的事……我们希望这样的新国乐能广泛地推行到全国各省县乃至于各乡镇。她无疑可以提高我国人民在音乐方面的精神生活。"[2]

关于陆华柏所提出的改进国乐途径之三的"合奏",陆华柏实践为刘天华十首二胡曲编配钢琴伴奏,并将古曲《普庵咒》等改编成二胡、三弦、钢琴三重奏。他在《国乐演奏的新途径》中写道:

"国乐之改良或改造,牵涉的范围极广,问题极多。我想与其长时间在理论上讨论,毋宁在实际演奏和作曲方面多作种种新的尝试…… 我打算把这个尝试的范围扩展得更大一点,同王沛纶先生及曾专习三弦的刘天浪先生合作,在永安举行一次'雅乐演奏会',全部节目均系从此三种乐器之配合:钢琴伴奏二胡,钢琴伴奏三弦,及二胡,三弦与钢琴之三重奏。内容多从故国乐大师刘天华氏之名曲如《空山鸟语》《光明行》《烛影摇红》……等所改编。东西乐器之配合,不敢说有何价值,不过想找寻一条

1　陆华柏:《音乐工作者的苦闷》,《中国新报》,1946年5月21日第4版。

2　陆华柏:《谈国乐》,《中国新报》,1946年6月3日第4版。

国乐演奏之新的途径耳。"[1]

丰富国乐要借鉴西方音乐技法,探索中国气派和声也要借鉴西方音乐,因此,陆华柏的这些音乐文论旨在表述他希望用西方音乐技法丰富我国国乐,创作出具有中国气派的中国音乐。文中,陆华柏并没有对中西乐器进行简单的优劣比较,认为中国乐器可以改良而不必刻意模仿西洋乐器,他希望新国乐可以推行到各省各地,成为沟通中西音乐艺术的桥梁。正是出于这样的音乐观,1943 年,陆华柏在国立福建音乐专科学校任教时,曾与二胡教师王沛纶、三弦教师刘天浪一起进行二胡、三弦、钢琴三重奏艺术实践,倡导数种乐器进行合奏。陆华柏改编《普庵咒》《击鼓催花》等古曲为三重奏,为刘天华二胡曲《光明行》编配三重奏,整理改编国乐谱,探索中西乐器同台合奏的演奏形式,并亲自登台演出进行艺术实践[2]。《刘天华二胡曲集(附加钢琴伴奏谱)》[3]和《二胡三弦钢琴三重奏曲集》[4]是陆华柏于 20 世纪 50 年代出版的弘扬国乐的重要成果。

三、提倡创作中国情趣的、新的、中国人民的音乐

20 世纪二三十年代,不少音乐家都曾思考中国音乐之路往哪里去,陆华柏也是其中之一。请看陆华柏写的《中国音乐之路》:

"中国音乐究竟应该走一条怎样的路呢? 我只能写一点我所想得到的意见,主观与肤浅,自是不免……我们应该创作有中国情趣的音乐。这

---

1 陆华柏:《国乐演奏的新途径》,《联合周报》,1944 年 7 月 1 日第 4 版。
2 笔者收集到的民国时期节目单中,由陆华柏改编参与演出的三重奏演出过两次。分别是:1. 1947 年6.27—29 日连续三天晚九时在南昌民德路志道堂,由江西省立体专音乐专科主办的《歌剧〈牛郎织女〉选曲清唱会》(二胡: 万昌文;三弦: 刘天浪;钢琴: 陆华柏),三重奏曲目是《梅花三弄》《光明行》;2. 1949 年 7 月 11、12 日下午一时半,在长沙中山路银宫电影院演出的《梅花三弄》三重奏(二胡: 万昌文;三弦: 罗世泽;钢琴: 陆华柏)。编配钢琴伴奏的刘天华《光明行》等演出过多次。可参丁卫萍:《从 20 世纪四五十年代的音乐会节目单看陆华柏的音乐活动》,《人民音乐》,2011 年第 7 期,第 48—51 页。
3 刘育和、陆华柏编:《刘天华二胡曲集》(附加钢琴伴奏谱),北京: 音乐出版社,1957 年。
4 陆华柏编:《二胡 三弦 钢琴三重奏曲集》,上海: 新音乐出版社,1953 年。

也可以说是追随世界乐潮的倾向……作曲家应该创作有中国情趣的(中国音阶,中国曲调与中国和声的)歌曲,合唱曲,钢琴曲,弦乐曲,乃至于交响乐曲。这些,不正是有人在尝试么……这些尝试已足够告诉我们,这是一条远大的路,正待我们摸索而进。"[1]

陆华柏在文中论述了从事音乐创作的鲜明观点:"创作有中国情趣的音乐。"这是陆华柏音乐创作的毕生追求。他曾在晚年音乐文论中这样写道:"本世纪二十年代、三十年代以来,专业音乐创作,在前辈作曲家赵元任、黄自等的影响之下,探寻中国民族风格和声之路者,颇不乏人,我也是其中一个。"[2] 回顾陆华柏一生的音乐创作,创作具有中国情趣的音乐,是陆华柏始终坚持的音乐观。探索中国音乐创作的民族性特色,也是 20 世纪上半叶众多音乐家的共同心愿。陆华柏认为:中国音乐到底要往何处去,要将中国风味曲调与西洋近代派和声相交融。他提倡中国作曲家应该创作有中国情趣的音乐。这样的音乐创作理念与萧友梅的音乐思想相吻合,也与 20 世纪上半叶中国音乐现代化的主流音乐思潮和主张相一致。陆华柏一生都在追求将西洋音乐作曲技法与中国民族风格和声相结合。可以这么说,他的每一部作品,都是中西合璧的结晶[3]。

1946 年,陆华柏在《中国新报》上发表了《歌曲创作之研究》一文。该文从作曲角度论述了音乐与文学特别是诗歌的密不可分,全文分为歌曲、民歌与艺术歌、歌曲写作之重要、歌词选择的研究、音乐与诗的表情之一致、歌曲伴奏作法要点和结论七个部分,以下为结论部分文字,是他本人的音乐创作誓言以及对其他作曲者的希冀:

1　陆华柏:《中国音乐之路》,《战时艺术》,1938 年第 2 卷第 3 期,7 月 10 日出版。
2　陆华柏:《探寻民族风格和声之路——谈谈我的一点创作经验》,《黄钟》,1990 年第 3 期,第 41—45 页。
3　陆华柏的成名曲《故乡》即为"中西合璧"的代表作之一,1943 年,陆华柏为刘天华十首二胡曲编写钢琴伴奏,则是另一重要成果。陆华柏的一些大型声乐作品如清唱剧《大禹治水》(未发表),歌剧《牛郎织女》(只留下一首二重唱)题材取自于神话传说而运用了西方音乐体裁进行创作;他为各地民歌编写钢琴伴奏,将其改编成合唱曲,都是探索将西洋音乐技法与我国民族音乐元素相结合。

　　"要能在自己不断的习作中得到宝贵的经验,要热爱生活,正视现实,让自己成为人民大众的一员,与人民同所苦乐,同所爱憎,同所奋斗,我们的学习要技术与内容并重,把音乐当着技术游戏的时代早就过去了,今日仍有不少音乐家尚迷恋或自炫于这一点,我们则应该自觉地走我自己的正确的道路。"[1]

　　那么,怎样才能创作"有中国情趣的音乐"? 怎样才能自觉地走陆华柏所认为的正确的音乐创作的道路? 陆华柏崇尚音乐创作与民歌的结合,他在《民歌简论》中写道:

　　"民歌是诗与音乐最原始的结合。她是诗的起源,也是音乐的起源。民歌是人民的艺术。她的内容是人民的——人民现实生活的反映;她的形式是人民的——与人民的现实生活相配合的……我们要建立的新音乐是人民的音乐……民歌是真正的人民的艺术,所以她是新音乐的酵母……民歌必须经过西洋音乐理论与技术的武装才能成为新音乐的美酿。但经过高度西洋音乐理论与技术武装过的民歌,仍须交还民间——这是国民乐派与新音乐的不同之点……我们只有彻底研究民歌——她的节奏、音阶、曲调、隐含和声、曲体结构、演唱方式、伴奏配器等等,才能摸索出一条创作新的人民的音乐的正确的道路。"[2]

　　陆华柏认为,要彻底研究民歌,才能摸索出一条创作新的人民的音乐的正确道路。他认为,经过高度西洋理论与技术武装过的民歌,仍需交还民间,因为它的内容和形式都是人民的。文中提出了民歌发展要经历"酵母"(胚胎)——"美酿"(提升)——"交还民间"(回归)三部曲,这样才能摸索出一条音乐创作民族化的正确道路。

　　陆华柏钟爱我国民族艺术,热爱民歌,提倡弘扬民族音乐,希望通过吸收西洋音乐作曲技法丰富民歌,并将民歌"交还民间"(民歌必须回归到

1　陆华柏:《歌曲创作之研究》,《中国新报》,1946 年 11 月 10 日第 4 版,"文林"副刊。
2　陆华柏:《民歌简论》,《中国新报》,1946 年 6 月 6 日第 4 版,"文林"副刊。

群众中去)。正是出于此音乐观,20 世纪 40 年代起,他开始收集整理各地民歌,对民歌进行改编并为民歌编写钢琴伴奏。1949 年,陆华柏在香港音乐院任院长期间发表的《红河波浪》[1]是他此方面工作的开始。之后,他又相继出版了多本以民歌为素材的钢琴曲集和合唱曲集。

《民歌简论》发表后短短一个月,1946 年 6 月 3 日《中国新报》,发表了陆华柏的《人民的音乐》,这是陆华柏向音乐界发出的大声疾呼:

"时至今日,无论是西洋音乐或是中国音乐,几乎都是与我们人民的生活脱节的。有头脑的音乐工作者都在觉悟这一问题了。我们不能迷信西洋音乐,我们也不能迷恋旧的中国音乐,我们要创造新的——中国人民的音乐。"[2]

陆华柏再度向乐界呼吁:"我们要创造新的——中国人民的音乐!"正是由于他对我国民族音乐的深深热爱,陆华柏号召乐界不能迷信西洋音乐,也不能迷恋旧的中国音乐,而是要创造新的人民的音乐。

长期以来,陆华柏的音乐活动指挥、作曲、教学三位一体[3]。在指挥《黄河大合唱》后,他在《〈黄河大合唱〉练习记》中写道:

"《黄河大合唱》是冼星海有力量的作品之一,在抗战期间早已流传海内外。这作品有很多特点:作风非常纯朴、新鲜、健康。曲调的节奏、音阶富有中国情调,并且很明显的摄取了若干民间音乐的养料。星海先生的作品,把聂耳先生所走的路更大大地推前了一步,并且确立了新音乐该走的正确的道路。"[4]

此文鲜明肯定了冼星海《黄河大合唱》在曲调节奏音阶上的中国情调和对民间音乐养料的摄取(这也正是陆华柏所追求的),指出冼星海将聂

---

1 《红河波浪》(民歌独唱曲集),香港音乐教育出版社作为该社所编"歌乐丛刊独唱一集",1945 年 10 月 15 日出版。
2 陆华柏:《人民的音乐》,《中国新报》,1946 年 6 月 10 日第 4 版,"文林"副刊。
3 丁卫萍:《从 20 世纪四五十年代的音乐会节目单看陆华柏的音乐活动》,《人民音乐》,2011 年第 7 期。
4 陆华柏:《〈黄河大合唱〉练习记》,《中国新报》,1947 年 1 月 10 日第 5 版,"文林"副刊。

耳所走的道路大大推前一步，确立了新音乐该走的正确的道路。由此可见，陆华柏拥护新音乐创作，高度评价冼星海其人其作。

1947年，面对抗战后社会音乐状况，陆华柏发表了《奔向大海——第五届音乐节杂感》一文：

"对日抗战八年期间，新音乐运动确曾经历过一个非常蓬勃的阶段，那时在音乐界真是充满了光、热与希望。但到对日抗战结束以后以迄现在，却逐渐归于沉寂了！原因是复杂的，我们可以从一切文化艺术的沉寂找到答案。是真的沉寂么？我们以为不会的，或许大家把口里的声音改成心里的声音在歌唱吧……从表面上看，抗战后的音乐走向分为三条道路：第一条道路，新毛毛雨派的色情音乐；第二条路，是向西洋音乐牛角尖里钻。第三条路，承继新音乐运动的音乐工作者。"[1]

文末，陆华柏鲜明抛出他的观点：

"在新音乐运动的洪流里，新毛毛雨派的色情歌曲是渣滓，是污泥；钻西洋音乐的牛角尖者是缥缈的浮云，只有承继新音乐运动的音乐工作者才可以是冲破一切力量奔向大海的长江的主流。"[2]

至此，陆华柏明朗、积极的音乐观完整呈现了。陆华柏认为，"只有承继新音乐运动的音乐工作者才可以是冲破一切力量奔向大海的长江的主流。"表达了陆华柏支持新音乐创作的观点和态度。从《中国音乐之路》的"中国音乐家要创作具有中国情趣的作品"；《民歌简论》的"我们要建立的新音乐是人民的音乐、实现新的人民的音乐道路只有彻底研究民歌"；《人民的音乐》的"我们要创造新的，人民的音乐！"《奔向大海——第五届音乐节杂感》的"只有承继新音乐运动的工作者才可以是冲破一切力量奔向大海的长江的主流"，可见他的音乐观也在一步步成熟。无论是他所主张的探求"中国气派的和声"和创作有"中国情趣的作品"还是"创造新

1　陆华柏：《奔向大海——第五届音乐节杂感》，载《中国新报》，1947年4月5日第4版，"文林副刊"。
2　同上。

的,中国人民的音乐",均表达了陆华柏提倡创作具有中国民族风格音乐作品的愿望。这是陆华柏早期音乐文论的闪光点,但至今仍被学界所忽略。

＊　　＊　　＊

如今,距陆华柏发表《所谓新音乐》的1940年已经过去了70余年,笔者曾在《陆华柏研究述评》中写道:"对于陆华柏研究,我们不能'一叶障目,不见泰山'。"[1] 这里的"一叶"指的就是陆华柏的《所谓新音乐》。笔者以为,在《所谓新音乐》发表的1940年,正值抗战时期,在抗战时期音乐普遍将"新音乐"基本认同为"思想的新"的时代大潮中,陆华柏先生大胆提出要重视音乐创作技术的不同观点,其勇气值得赞赏。但由于他不谙政事,行文又有过激之处,《所谓新音乐》一经发表即引起轩然大波,原本探讨的学术问题被引申为政治问题,陆华柏的一生也为此付出了沉重的代价。然而,这篇引起乐界长期争议的文论今天看来仍有闪光点,不能全盘否定。在对陆华柏先生民国时期其他音乐文论很少了解的情况下,我们很难对陆华柏早年音乐观作出全面客观评价。

事实上,陆华柏并没有"一贯反对新音乐",相反,他全身心支持抗战音乐,立志创作有中国情趣的音乐,创作新的中国人民的音乐。本文所引与抗战相关的音乐文论表明了他拥护抗战的坚定立场;挖掘整理民歌,用西方作曲技术丰富我国民族音乐是他的音乐创作理念。陆华柏并不仅仅停留于"纸上谈兵",而是将他的音乐观与创作理念付诸行动,1949年前多篇音乐文论实际上是他在进行音乐创作改编实践后的思考体会。

20世纪三四十年代,民不聊生,战争频繁。不少音乐家为我国新音乐的创作、弘扬和发展立下功勋。从陆华柏诸多音乐文论以及多方面的音乐贡献来看,他应该算是其中的一位。随着中国近现代研究不断深入

1　丁卫萍:《陆华柏研究述评》,《天籁》,2009年第4期。

及史料的新发现,"重写音乐史"[1]话题正持续展开[2]。本着"应还近代音乐史以本来面目要给前辈音乐家以科学评价"[3]的学术精神,笔者将陆华柏民国时期部分音乐文论呈现的音乐观整理出来,旨在抛砖引玉。要说明的是,本文涉及的近 20 篇文论,属陆华柏民国时期音乐文论的一个部分,对陆华柏音乐文论的研究仍有待深入,对陆华柏的研究任重而道远。

附录:笔者目前所见陆华柏先生 1937—1949 年间发表的音乐文论目录[4]

1. 1937《中华全国歌咏协会成立宣言》(署名花白)。载《中国近代音乐史参考资料》第四编(1937—1945)第一辑《论文选辑》(上册),第 6 页。中国音乐家协会、中国音乐研究所,1959 年 4 月 11 日

2. 1938《中国音乐之路》载《战时艺术》2 卷 3 期

3. 1938《纯正音乐的提倡》(署名华柏)载《黎明旬刊》第 4 期,8 月 1 日出版

---

1 1988 年,受"重写文学史"的鼓舞和启发,戴鹏海先生率先提出了"重写音乐史"口号。可参:冯长春主编:《"重写音乐史"争鸣集》,北京:文化艺术出版社,2015 年。

2 中国艺术研究院的李岩先生曾大胆提出"以'民国·乐史'理念重新书写 1912—1949 时段中的音乐史",可参李岩:《独上高楼——"民国·乐史"的现代性及前世今生》,《星海音乐学院学报》,2013 年第 4 期,第 1—15 页。

3 这是黄旭东先生在《天籁》(1998 年第 3 期、1999 年第 1 期)连载的文章主标题,完整标题为《应还近代音乐史以本来面目要给前辈音乐家以科学评价——评汪毓和先生〈中国近现代音乐史〉》。

4 此目录根据笔者于 2005 年硕士论文《论陆华柏的音乐贡献》附录"陆华柏学术成果目录"修订而成。2005 年,陆华柏学术成果目录初稿根据戴鹏海先生编写的《陆华柏音乐年谱》(广西艺术学院,1994 年,未公开出版)记载的每一年陆华柏发表的作品与文论分类整理而成。近年来,笔者将收集到的和新发现的史料与《陆华柏音乐年谱》进行了比对,发现一些失误和遗漏,笔者进行了更正补遗,此目录为最新版,为目前笔者所掌握的资料。《陆华柏音乐年谱》记载 1937—1949 每一年间陆华柏发表的音乐文论中,有以下 7 篇仍未找到,因此在此目录中未被收录。此七篇为:1. 1937《建设广西的新音乐》载《广西日报》8 月 9 日(桂林版);2. 1937《漫谈今晚所演奏的乐器》载《广西日报》9 月 4 日(桂林版)"乐艺专刊";3. 1941《广西艺术师资训练班第三届成绩展览音乐会》载《扫荡报》6 月 29 日第 4 版;4. 1946《悼恩新中国剧社死伤诸友》载《中国新报》10 月 10 日"文林"副刊;5. 1946《音乐理论的学习》载《体育与音乐》创刊号(11 月版);6. 194?《音乐演奏会节日》载《中国新报》4 月 6 日"文林"副刊;7. 1947《歌剧〈牛郎织女〉选曲浅译》载《中国新报》6 月 26 日"文林"副刊。

4. 1939《抗战歌曲到农村去》载《扫荡报》1 月 31 日"抗战音乐"第 1 期

5. 1939《略谈"合唱"》(署名华柏)载《扫荡报》2 月 8 日"抗战音乐"第 2 期

6. 1939《怎样教抗战歌曲》(署名华柏)载《扫荡报》3 月 2 日"抗战音乐"第 3 期

7. 1939《东北谈片》(上、下)载《扫荡报》12 月 2—3 日副刊"瞭望哨" 1040—1041 期连载;《民族(浙江於潜)》,1940 年第 21 期,27—28 页

8. 1940《音乐与抗战》(署名花白)载《音乐与美术》创刊号,1 月 1 日 出版

9. 1940《谈合唱》(署名花白)载《音乐与美术》创刊号,1 月 1 日出版,第 10—12 页

10. 1940《抗战三年来的桂林论坛》(署名淡秋)载《扫荡报》1 月 27 日第 4 版

11. 1940《与〈新歌初集编者论和声〉》载《音乐与美术》1 卷 2 期(2 月 1 日 出版),第 5—6 页

12. 1940《谈歌曲》载《扫荡报》3 月 13 日"瞭望哨"1127 期

13. 1940《诗与音乐》(上、下)3 月 14 日、16 日《扫荡报》"瞭望哨"1128、 1129 期连载

14. 1940《创作与演奏》载《扫荡报》3 月 19 日"瞭望哨"1131 期

15. 1940《行都乐坛》(署名花白)载《扫荡报》3 月 28 日"瞭望哨"1138 期

16. 1940《所谓新音乐》载《扫荡报》4 月 21 日"瞭望哨"1152 期

17. 1940《伴奏问题》载《扫荡报》5 月 6 日"瞭望哨"1167 期

18. 1940《关于"纪念黄自先生遗作演奏会"——兼答周辛、胡伦两先生》 载《扫荡报》5 月 16 日"瞭望哨"1177 期

19. 1940《〈华柏歌曲集〉自序》载《扫荡报》11 月 24 日"星期版"

20. 1941《病中小言》载《扫荡报》1 月 9 日第 4 版

21. 1941《病》载《扫荡报》2 月 27 日第 4 版

22. 1941《春在桂林》载《扫荡报》3 月 2 日"星期版"38 期

23. 1941《我与钢琴》载《扫荡报》6 月 26 日第 4 版

24. 1941《作曲与理论》载《扫荡报》6 月 27 日第 4 版

25. 1941《和声学的学习》载《扫荡报》7 月 6 日"星期版"56 期

26. 1941《乐坛上》载《扫荡报》7 月 20 日第 4 版

27. 1941《养病日记》载《扫荡报》11 月 16 日起,"星期版"76、79、80 期上连载

28. 1942《我怎样学音乐》载《扫荡报》1 月 6 日"音乐"半月刊(广西艺术馆音乐部主编)第 1 期

29. 1942《谈音乐书》载《扫荡报》1 月 18 日"星期版"

30. 1942《〈苏联名歌集〉中对国歌解说的商榷》载《扫荡报》1 月 23 日"音乐"半月刊第 2 期

31. 1942《音乐与绘画戏剧》载《扫荡报》6 月 22 日第 4 版

32. 1942《内容形式浅说》(署名华)载《音乐与美术》3 卷 4、5、6 期合刊(8 月出版)

33. 1942《介绍广西省艺术师资训练班音乐组》(署名华)载重庆《新华日报》8 月 10 日第 4 版。

34. 1942《马思聪弦乐钢琴演奏会听后感》载《扫荡报》9 月 3 日第 4 版

35. 1942《我怎样为它们写伴奏》载《扫荡报》12 月 18 日第 4 版

36. 1943《桂林乐坛》载《扫荡报》1 月 1 日第 4 版

37. 1943《民歌演唱会前奏》载《扫荡报》1 月 2 日第 4 版

38. 1943《关于唱片音乐会的中文节目单》载《扫荡报》3 月 13 日第 4 版

39. 1943《杂忆大野禾塘》载《扫荡报》3 月中旬(日期待查)

40. 1943《女性与音乐——为"春之声歌乐会"写》载《扫荡报》3 月 21 日第 4 版

41. 1943《精彩的演奏》载《扫荡报》4 月 25 日第 4 版

42. 1943《柳庆旅行演奏记》载《扫荡报》5 月 22 日第 4 版

43. 1944《怎样学习音乐》载《联合周报》2 月 19 日星期六,第 2 版

44. 1944《国乐演奏的新途径》,载《联合周报》7 月 1 日星期六第 4 版

45. 1945《东南音乐界新的努力》载《联合周报》,第 2 卷第 19 期,39 页

46. 1946《音乐与绘画戏剧》载《中国新报》2 月 24 日第 4 版"文林"副刊

47. 1946《音乐工作者的苦闷》载《中国新报》5 月 21 日第 4 版,"文林"副刊第 159 号

48. 1946《音乐艺术的严肃性》载《中国新报》5 月 25 日第 4 版,"文林"副刊

49. 1946《谈国乐》载《中国新报》6 月 3 日"文林"副刊

50. 1946《民歌简论》载《中国新报》6 月 6 日第 4 版,"文林"副刊第 170 号

51. 1946《人民的音乐》载《中国新报》6 月 10 日第 4 版,"文林"副刊

52. 1946《〈海韵〉——歌曲介绍——》载《中国新报》6 月 22 日星期六第 4 版

53. 1946《乐人印象记序》及《马思聪(乐人印象记之一)》载《中国新报》6 月 25 日第 4 版"文林"副刊

54. 1946《贺绿汀——乐人印象记之二》载《中国新报》7 月 2 日第 4 版

55. 1946《吴伯超——乐人印象记之三》载《中国新报》7 月 5 日第 4 版

56. 1946《旅行演奏杂记》载《中国新报》7 月 25 日第 4 版

57. 1946《体育与音乐》载《中国新报》9 月 24 日第 4 版

58. 1946《歌曲创作之研究》载《中国新报》11 月 10 日第 4 版

59. 1946《我对于"文林"的希望》载《中国新报》"文林"副刊(日期待查)

60. 1947《〈黄河大合唱〉练习记》载《中国新报》1 月 10 日第 5 版

61. 1947《纪念贝多芬感言》载《中国新报》3 月 26 日第 4 版

62. 1947《奔向大海——第五届音乐节杂感》载《中国新报》4 月 5 日第 4 版"文林"副刊,第 378 号

63. 1947《〈春思曲〉——歌话之一》载《中国新报》5 月 6 日第 4 版

64. 1947《〈上山〉——歌话之二》载《中国新报》月 5 月 7 日第 4 版

65. 1947《〈江城子〉〈也是微云〉〈大江东去〉——歌话之三一五》载《中国新报》5 月 8 日第 4 版

66. 1947《我怎样谱〈筑〉的插曲》载《中国新报》5 月 20 日第 4 版

67. 1948《八人音乐会节目简介》载《国民日报》11 月 28 日第 4 版

陆华柏著述研究综述兼及音乐文论方面的贡献[1]

——为陆华柏先生诞辰 95 周年暨逝世 15 周年而作

陆华柏在作曲、音乐教育等多个领域做出了贡献。陆华柏有译著 4 部,撰写音乐文论 130 余篇,主要包括广西多声部民歌研究以及作曲理论著述等。

一、作曲理论方面的著述

陆华柏作曲理论方面的著述主要有三个方面:译著、广西多声部民歌研究、音乐创作经验总结。

(一)译著——丰富了我国音乐理论文库

陆华柏有四本译著。其中正式出版的有两本:《和声与对位》(柏顿绍著,陆华柏译),上海新音乐出版社,1953 年,1984 年人民音乐出版社重印;《应用对位法》(上卷,创意曲,柏西·该丘斯著,陆华柏编译),人民音乐出版社,1986。另两本为油印本,曾作为广西艺术学院音乐系作曲教研室参考资料:《对位法初步》(基特森著),1977 年;《节奏分析与曲式》(柏顿绍著),1978 年。

---

1 本文以研究陆华柏 20 世纪 80 年代后著述为主。陆华柏共有文论近 130 篇,其中推介性、讲演、音乐会评论约 91 篇,这些均未作为本文的研究对象,文中论及的是目前收集到的资料部分。由于陆华柏早期文论目前仅有复印资料,字迹模糊。因此,文中关于陆华柏早期文论论述尚浅,有待深入。

陆华柏从事翻译的动机有两个：一是通过翻译自学西方作曲理论。陆华柏曾考取上海音专，因家庭贫困而未能进入。"入学不成，自学也不易，那时候，关于对位法、曲式学、配器法等方面的音乐专业书，翻译出来的很少，非读原文不可，逼得我自修英文，然后再读音乐理论书。"[1] 二是受到了缪天瑞先生的影响。[2] 陆华柏的翻译工作始于 20 世纪 40 年代，持续了几十年。"'文化大革命'时期，他白天被监督劳动，晚上还偷偷搞翻译。"[3] 有些文稿在"文化大革命"中被毁，他就另找原书，重新编译。

这些完成于不同时期的译著促进了西洋作曲理论在中国的传播，为教学和自学复调音乐提供了重要参考。陆华柏的译著丰富了我国音乐理论文库，为我国音乐理论建设和音乐教育事业的发展做出了贡献，即使在今天，也有一定的参考价值。

（二）广西多声部民歌研究——为少数民族多声音乐研究做出了贡献

陆华柏从 1964 起对广西民歌进行实地采风。经过多年研究发现广西少数民族民歌中存在着多声现象。20 世纪 80 年代，陆华柏完成了四篇学术论文，分别是：《广西壮、瑶、侗、仫佬、毛南族二声部民歌的多声音乐构成初探》（《民族音乐学论文集》，南京艺术学院音乐理论教研室编，1981年，第 309—341 页）；《广西壮族三、四声部民歌的和声分析》（《中国音乐》1982 年第 3 期）；《广西壮族二声部民歌的和声思维》（《音乐研究》1985 年第 3 期，后收入《音乐学文集——纪念广西艺术学院建院六十周年》，接力出版社，1999 年第 1 版，第 67—90 页）；《广西侗族民歌多声音乐构成的审美特征与规律》（《艺术探索》1988 年第 1 期）。这四篇论文原准备结集出版，书名为《论广西多声部民歌》，贺绿汀已为该书作序，后由于

1　陆华柏：《赌气练琴》，《音乐爱好者》，1981 年第 1 期，第 4—5 页。
2　陆华柏 1943—1945 年在福建音专任教时，缪天瑞是当时的教务主任。缪天瑞与陆华柏相约，将柏顿绍著音乐学课程全部译出来作为教本，缪译第一部，陆译第二部，另一期友译第三部。后来负责第三部的同志一直未动笔，第三部《节奏分析与曲式》也由陆华柏翻译。可参考《应用对位法》，编译者序，《和声与对位》，译者序。
3　甘宗容教授（陆华柏夫人）于广西艺术学院举办的《吴伯超、陆华柏纪念研讨会》上的发言，2009年 10 月 29 日。

各种原因未成。

《广西壮、瑶、侗、仫佬、毛南族二声部民歌的多声音乐构成初探》从二声部民歌的构成材料、声部进行、终止、体裁等方面,对广西壮、瑶、侗、仫佬、毛南族二声部民歌进行了细致分析;《广西壮族三、四声部民歌的和声分析》总结出广西多声部民歌中三、四声部的产生与壮族民间风俗的出嫁、歌圩对歌之类活动可能有关系,存在着或多或少的即兴性和不稳定性;《广西壮族二声部民歌的和声思维》从旋律音乐形象、歌词格调、音阶、调式等方面分析了壮族二声部民歌进行,总结出二声部潜在的以及表现出来的和声规律;《广西侗族民歌多声音乐构成的审美特征与规律》从旋律、和声、调式、调性方面总结出侗族民歌的审美特征——柔和美。

"陆华柏运用现代科学技术理论把我国民族音乐的宝藏整理出来,通过研究、总结,作为创作我国新音乐文化重要的根据和基础。他的《论广西多声部民歌》一书在这方面迈出了可喜的一步。"[1]

(三)音乐创作经验总结——有利于人们了解其音乐创作特点

这类文章主要有 2 篇:《新中有旧 旧中有新——谈谈我的一点创作经验》(《黄钟》1989 年第 4 期);《探寻民族风格和声之路——谈谈我的一点创作经验之二》(《黄钟》1990 年第 3 期)。

陆华柏的一生都在探索民族化和声。"我在学和声学的头一天起,心里想的就是为中国曲调配和声。"[2] 为了突出作品的民族风格,陆华柏在作曲技法上经常采用"随机模仿和声法"。陆华柏把一生走过的音乐创作道路归结为八个字:"新中有旧,旧中有新。新中有旧——包含着继承,旧中有新——包含着发展。"这些论文为我们总结陆华柏音乐创作特点提供了最为有力的理论支撑。

1　贺绿汀:《〈论广西多声部民歌〉序》,《艺术探索》,1988 年第 1 期,第 1—3 页。
2　陆华柏:《探寻民族风格和声之路——谈谈我的一点创作经验之二》,《黄钟》,1990 第 3 期,第 41—45 页。

二、回忆录方面的著述——为后人研究提供珍贵史料

20 世纪 80 年代,陆华柏撰写了大量回忆录。这些回忆录为后人研究提供了重要参考。陆华柏撰写回忆录出于他高度的责任心和事业心,正如他在《抗战后期的"福建音专"》中所言:"我觉得我们这些当时的亲身经历者,有责任把它们记下来,供后人研究、参考。"回忆录还涉及他 1940 年的《所谓新音乐》等。[1]

(一)从事音乐教育的回忆——增进人们对当时音乐教育状况的了解

此类文章主要有 2 篇:《抗战后期的"福建音专"》(《音乐艺术》1990 年第 2 期);《橘子洲头的歌声琴韵——关于解放前湖南音乐专科学校的若干回忆》(《音乐教育与创作》,2006 年第 11 期。该文为陆华柏遗稿,由陆华柏夫人甘宗容老师整理推荐)。这些文章能增进我们对当时社会音乐教育状况的了解,具有一定的史料价值。

陆华柏总结了福建音专的优良办学传统,认为"这所音乐学府的'精神风貌'可能是一种宝贵经验,一种精神财富,属于我国近现代专业音乐教育办学的优良传统的一个组成部分。"陆华柏对湖南音专的回忆是湖南解放史上的重要资料。

(二)从事音乐活动的回忆——加深人们对抗战音乐活动的认识

陆华柏参加过 1938 年 1 月 8 日、1939 年 5 月 7 日、1939 年 11 月 25 日桂林三次规模较大的群众性歌咏活动,在活动中负责歌咏团训练工作,为"广西省会国民基础学校抗战歌咏比赛"献计献策,配合"保卫大西南宣传周"创作了歌曲《保卫大西南》,该曲成为宣传周主题歌。陆华柏还担任合唱团与管弦乐队指挥工作,为桂林抗战音乐做出了贡献。那时的陆华柏,

---

1 可参考明言:《20 世纪中国音乐批评导论》第 183—186 页,人民音乐出版社,2002 年。在此不赘述。

可以说是一位社会活动家。

这方面文章主要有《抗战中期广西艺术馆的音乐活动》(原载《广西日报》,1982 年 11 月 10 日第 3 版,后收入《桂林文化城纪事》,广西社会科学院主编,漓江出版社,1984 年 11 月第 1 版,第 454—457 页);《我协助剧宣七队演出的回忆》(《南天艺华录》1938—1946,中共广东省委党史研究会、广东省文化厅编,《广东党资料史丛刊》编辑部出版,1989 年 12 月,第 219—220 页);《抗战时期桂林文化城群众歌咏活动纪实——我参与了的和记得起的一些群众歌咏活动》[1](《广西新文化史料》纪念中国共产党诞辰 70 周年特辑,《广西新文化史料》编辑部编,1991 年 1 月,内刊,第 54—59 页)。这些回忆录为广西桂林文化城的音乐活动留下了宝贵史料,提高了人们对桂林抗战音乐活动认识。

(三)创作过程的回忆——为作品研究提供原始材料

陆华柏创作过歌剧、大合唱等大型声乐作品。这些作品有的已佚失,有的不为人们了解。此类文章为后人分析作品提供了确凿资料。

《〈广西学生军歌〉忆旧》(原载《南宁晚报》,1988 年 8 月 11 日,后收入《烈火青春》——广西学生军北上抗日史料专辑,广西学生军(1937—1940 年)北上抗日史料征集办公室编,1990 年,第 388—389 页);《只留下了一首二重唱的歌剧〈牛郎织女〉》(《歌剧艺术》1991 年第 3 期);《关于〈"挤购"潮〉大合唱发表的后记》(原载《艺术探索》1987 年第 2 期,后收入《在第二条战线上——三湘革命文化史料荟萃》,湖南省文化厅革命文化史料征编领导小组编,1995 年 8 月,第 191—192 页);《建国之初我为中华人民共和国"代国歌"——〈义勇军进行曲〉和声、配器的感受》(《论聂耳》,中国聂耳、冼星海音乐创作学术讨论会文集,中国聂耳、冼星海学会编,1985 年,第 199—205 页);《我对〈大路歌〉的一些体会》(原载《湘江歌

1　该文文末标注 1991 年 2—3 月写于广西医学院附院干部病房。陆华柏打算在身体还好的情况下续写桂林抗战活动之器乐活动、演出活动、音乐教育篇。遗憾的是后来陆华柏身体欠佳,未见此类文章发表。

声》1956 年第 3 期,后收入《永生的海燕——聂耳、冼星海纪念文集》,人民音乐出版社,聂耳、冼星海学会编,1987 年 12 月,第 177—179 页);《陈啸空先生的〈湘累〉》(《黄钟》1994 年第 2 期)。

陆华柏在 1946 年曾将吴祖光的歌剧脚本《牛郎织女》谱成歌剧。由于当时条件的限制,"《牛郎织女》无法争取到排练上演的机会,最后连乐谱原稿都散失了,只剩下一首二重唱《织女啊! 一年了》。"[1] 有了这些文章,我们掌握了部分作品的创作背景和动机,也体会到陆华柏欲将聂耳音乐创作传统发扬光大的心愿。

(四) 音乐友人的回忆——陆华柏的音乐人生折射出友人的高尚品格

这方面的文章主要有:《我也想起张曙同志》(《湘江歌声》1980 年第 1 期);《吴伯超抗战初期在桂林》(原载《音乐艺术》1989 年第 4 期,现收录于《吴伯超的音乐生涯》,萧友梅音乐教育促进会编,中央音乐学院出版社,2004 年,第 92—95 页);[2]《贺绿汀老师 1932—1933 年在武昌艺专任教时的情况》(陆华柏执笔,《星海音乐学院学报》1990 年第 3 期);《回忆我和冼星海、张曙的一点交往》(《星海音乐学院学报》1990 年第 1 期)。

陆华柏回忆了 1937 年初夏与冼星海、张曙的初次相识以及 1938 年与张曙的第二次交往。虽然交往不多,但冼星海对陆华柏提出要注意音乐创作的群众性和普及性的建议对陆后来的创作起了作用。"我在桂林后创作的群众歌曲,就由于注意了大众化,当时在群众中流传。"[3] 陆华柏将张曙的《壮丁上前线》改编为混声四部合唱,在桂林亲自指挥演出多次,受到群众欢迎;1947 年 1 月、1949 年 3 月,陆华柏指挥江西体专、湖南音专学生演出了冼星海全部《黄河大合唱》,并在南昌《中国新报》上发表纪念文章。陆华柏通过实际行动表达对友人的崇敬和怀念。同时,音乐友人的

1　陆华柏:《只留下了一首二重唱的歌剧〈牛郎织女〉》,《歌剧艺术》,1991 年第 3 期,第 19—21 页。
2　《吴伯超的音乐生涯》中收录的该文与《音乐艺术》上发表的原文略有删减。
3　陆华柏:《回忆我和冼星海、张曙的一点交往》,《星海音乐学院学报》,1990 年第 1 期,第 10—11 页。

高尚品格对陆华柏产生了重要影响。陆华柏一生勤奋,执着追求,与贺绿汀、张曙、冼星海等人的影响分不开。这些文论语言质朴,叙述亲切自然。

三、音乐美学方面的著述——阐述了音乐创作理念

陆华柏在文中阐述了吸收外来先进文化弘扬民族音乐的"中西合璧"的创作理念。陆华柏的《乐坛上》(1941 年,《扫荡报》,7 月 20 日第 4 版)指出:"吸收西方音乐的理论与技巧,更须加倍努力。"基于此,陆华柏用复调、对位等西方作曲技法改编和丰富各地民歌,为传承民族音乐做出贡献。《谈国乐》(《中国新报》,1946 年 6 月 3 日"文林"副刊)写道:"就社会的观点言之,我们不能抛弃国乐,一是乐器要改良;二是演奏技术要改进;三是提倡合奏,四是整理及创作国乐谱。"陆华柏在 20 世纪 40 年代为刘天华十首二胡曲编写了钢琴伴奏,将古曲《普庵咒》等改编成二胡、三弦钢琴三重奏,都源自他弘扬国乐的创作理念。

陆华柏还论及音乐美学中的内容与形式问题和"中西并存"问题。《音乐艺术"中西并存"的问题》(原载《人民音乐》1956 年 9 月号,后收入《二十世纪中国音乐美学文献卷》,王宁一、杨和平主编,现代出版社,2000 年 1 月第 1 版,第 185—187 页);《试谈音乐的内容问题》(《人民音乐》,1962 年 3 月号)。前者针对 20 世纪 50 年代中期音乐周几次大型座谈会上一些同志提出的论点展开;后者主要论述音乐的内容问题以及由此牵涉到的标题音乐和非标题音乐问题。

四、师范教育方面的著述——重视和关心师范教育

陆华柏一生从事音乐教育事业。他曾在多所专业或师范院校任教,在音乐教育方面积累了丰富经验。他的一些观点主要体现在两篇文章中:《应重视中小学和师范院校的音乐教育》(《人民音乐》1956 年 9 月号,

与老志诚、陈洪、刘雪庵、张肖虎、杨大钧、刘天浪、黄廷贵共同署名);《试论音乐师范专业在音乐教学上突出"师范"特点的问题——关于音乐师范专业教学改革的一些设想》(《艺术探索》1987 年第 1 期)。前一篇针对当时音乐教育存在的问题向教育部、高等教育部、文化部提出十项具体建议,众教授一起为振兴我国音乐教育事业大声疾呼。后一篇论述了师范教育的特殊性并在课程设置方面提出了意见。

*　　*　　*

陆华柏的译著推进了西洋音乐理论在中国的传播,他关于广西多声部民歌研究是我国少数民族多声音乐研究的组成部分,大量回忆录为后人研究提供了资料,他还在师范音乐教育上倾注心血。陆华柏多方面的著述值得我们深入研究。

热忱直率　激情真挚
——陆华柏在广西桂林《扫荡报》上发表的音乐文论

近年来,笔者整理了陆华柏先生一生发表和未发表的音乐文论共计 148 多篇[1],已发表的文论中,刊登于 1949 年前 67 篇,其中发表于广西桂林《扫荡报》的共 34 篇[2]（多为短文[3]）。陆华柏的《所谓新音乐》于 1940 年 4 月 21 日在《扫荡报》副刊发表后曾引起轩然大波并引发长期争论而引起学界关注[4],对他的其他文论研究较少[5]。除了《所谓新音乐》,陆华柏在《扫荡报》上还写了什么? 陆华柏缘何常在该报发文? 这是笔者的写作动因。

一、陆华柏遇见广西桂林《扫荡报》

《扫荡报》的前身《扫荡三日刊》创刊于 1931 年 5 月江西南昌。1932

1　陆华柏的 148 篇音乐文论包括已发表的 122 篇及未发表的 26 篇,74 万余字,目前已汇编成《陆华柏音乐文集》,苏州大学出版社 2021 年 8 月出版。

2　戴鹏海先生 1994 年编写的《陆华柏音乐年谱》(广西艺术学院内部印刷,未公开发行)中记载陆华柏在《扫荡报》上发表的文论篇目共 35 篇,截至目前,刊登于该报 1941 年 6 月 29 日第 4 版的《广西艺术师资训练班第三届成绩展览音乐会》仍未收集到。

3　篇幅较长的有三篇,均以连载方式：1.《东北谈片》,分"上、下"于 1939 年 12 月 2、3 日连载；2.《诗与音乐》,亦分"上、下"自 1940 年 3 月 14、16 日"瞭望哨"第 1128、1129 期连载；3.《养病日记》自 1941 年 11 月 16 日起分三次在"星期版"第 76、79、80 期连载。

4　可参看笔者拙文《陆华柏研究述评》,《天籁》,2009 年第 4 期。

5　2017 年,《音乐与表演》2017 年第 1、2 期"陆华柏研究特约专栏"刊登文章中,杨和平：《简论陆华柏的音乐美学思想》关注陆华柏的《音乐艺术"中西并存"的问题》；丁卫萍：《从陆华柏民国时期的音乐文论看其音乐观》论述陆华柏 1949 年前体现陆华柏音乐观的文论,未对《扫荡报》上陆华柏的文论作总体研究。笔者另有《陆华柏著述研究综述兼及音乐文论方面的贡献》主要侧重陆华柏晚年文论研究。《人民音乐》,2009 年第 11 期。

年 6 月，《扫荡三日刊》更名为《扫荡日报》。1935 年迁往汉口更名为《扫荡报》。抗战全面爆发后，汉口《扫荡报》报社力量逐渐向重庆、桂林大后方撤退，1938 年 10 月 1 日，重庆《扫荡报》正式出刊，同年 12 月 15 日，桂林《扫荡报》开始发行。"顾名思义，《扫荡报》最初是蒋介石在政治、军事上为了扫荡红军力量而创办的，在桂林几家报纸中，政治态度最右。但副刊却和桂林其他报纸[1]差不多，较倾向进步，栏目形式多样，内容充实。"[2]

随着国内外时局不断变化，《扫荡报》的办刊基调也产生变化。抗战爆发后，《扫荡报》逐渐从"反共"转向抗日。"国民党办的桂林版《扫荡报》追随进步报刊，发表了大量的抗战歌曲以及宣传抗战的音乐文论，对国统区抗战音乐文化运动所产生的积极影响不容忽视。"[3]据笔者了解，郭沫若、夏衍、阳朔、伍禾、欧阳予倩、张安治、吴伯超、焦菊隐、熊佛西等经常为桂林版《扫荡报》副刊[4]撰稿。以 1939 年 3 月 31 日(星期五)《扫荡报》第 4 版为例，该版副刊"抗战儿童"栏目设有"儿童献金"专栏，包括文论《怎样开展"儿童献金运动"》《儿童献金运动和抵制仇货》《今年的儿童节献金运动》、诗歌《儿童献金》以及画作"聚沙成搭"等。"从 1938 至 1944 年中，《扫荡报》(桂林版)作为国民政府在广西出版的全国性报纸，在抗战宣传中发挥着极为重要的作用。"[5]

1937 年抗战全面爆发前夕，陆华柏在徐悲鸿推荐下和几位音乐朋友从南京到桂林。初抵桂林的他还不到 23 岁，主要从事古典音乐推广并很快转向抗战音乐创作宣传及在广西桂林艺术师资训练班(广西艺术学院

1　抗战时期桂林报纸包括《广西日报》《新华日报》(航空版)、《扫荡报》《救亡日报》(桂林版)、《力报》《桂林晚报》等。《桂林文化城概况》，广西社会科学院、广西师范大学主编，广西人民出版社，1986 年。

2　同上，第 321 页。

3　王小昆：《桂林版〈扫荡报〉与抗战音乐文化》，《中央音乐学院学报》，2003 年第 1 期。

4　桂林《扫荡报》副刊具体分为两种，一种是综合性质的每日副刊，一种则是专门性质的每周一刊或双周刊。每日刊有"瞭望哨"，每周或双周刊有《抗战与建国》(逢星期一出版)、《抗战音乐》(双周刊，星期四出版)、《抗战儿童》(逢星期五出版)、《伤兵之友》(逢星期日出版)。《桂林文化城概况》第 321—322 页。

5　彭继良著：《广西新闻事业史：1897—1949》，南宁：广西人民出版社，1998 年版，第 274 页。

前身)任教。当时的桂林文化城云集了文学艺术界一大批仁人志士,文艺期刊也如雨后春笋般涌现。[1] 1938 年 12 月《扫荡报》在桂林发行后,1939 年 1 月 31 日,陆华柏即在该报副刊"抗战音乐"第 1 期发表了《抗战歌曲到农村去》。至 1943 年 5 月 22 日《柳庆旅行演奏记》,陆华柏(含署名"华柏""淡秋""花白")在该报共有 34 篇音乐文论。从发表时间来看,包括 1939 年 4 篇,1940 年 9 篇,1941 年 8 篇,1942 年 6 篇,1943 年 7 篇;从文章内容来看,包括抗战音乐宣传 6 篇,传播音乐知识 7 篇,商榷评论(包括艺术美学)12 篇,日记、散文型随笔 9 篇。陆华柏在《扫荡报》还发表了 8 首歌曲[2]。1943 年下半年,陆华柏离开桂林前往国立福建音乐专科学校任教授,《扫荡报》发文随之终止。下文引录缩微胶卷上陆华柏文论除将繁体字改为简体外,均以原貌呈现。

二、推广抗战音乐

1937 年 12 月,陆华柏在桂林象鼻山麓写下成名曲《故乡》后,还创作了《故乡》的姊妹篇《勇士骨》[3]及抗战群众歌曲[4]等。桂林时期的陆华柏正值青春年华,精力充沛,他在提笔作曲同时还写作文论,满腔热忱地投

---

1 据《桂林文化城概况》记载,抗战时期桂林文艺刊物有超百种,其中 86 家期刊有明确的创刊日期。与音乐相关的刊物有《新音乐》(1939 年 12 月创刊于桂林)、《音乐与美术》(1940 年 1 月 1 日创刊于桂林)、《音乐知识》(1943 年 1 月 16 日创刊于桂林)等。《桂林文化城概况》第 186、190、201 页记载。

2 1.《军民联欢歌》,1939 年 4 月 13 日"抗战音乐"第 6 期;2.《垦荒歌》,1939 年 6 月 15 日"抗战音乐"第 9 期;3.《保卫大西南》,1939 年 11 月 26 日"保卫大西南特辑";4.《挖战壕》,1940 年 1 月 27 日"瞭望哨"1096 期;5.《催眠歌》,1942 年 3 月 6 日"音乐"半月刊第 5 期;6.《并肩作战》,1942 年 1 月 6 日"音乐"半月刊第 1 期;7.《爱护伤兵歌》,1942 年 2 月 6 日"音乐"半月刊第 3 期;8.《女工之歌》,1942 年 3 月 6 日"音乐"半月刊第 5 期。

3 "陆华柏的这两首作品(《故乡》及《勇士骨》——笔者),以其严谨而富有表现力的音乐形式和强烈的爱国激情与抗战情怀,成为抗战时期中国艺术歌曲创作当之无愧的代表作"。冯长春:《九首抗日救亡体裁艺术歌曲研究》,《音乐与表演》(南京艺术学院学报)2020 年第 1 期,第 38 页。

4 可参阅丁卫萍:《简论陆华柏抗战时期的群众歌曲创作》,《音乐与表演》(南京艺术学院学报),2009 年第 3 期。

入抗战洪流。陆华柏在《扫荡报》上的抗战音乐文论有 5 篇：《抗战歌曲到农村去》[1]、《怎样教唱抗战歌曲》[2]、《抗战三年来的桂林乐坛》[3]、《乐坛上》[4]、《桂林乐坛》[5]（1943）。

在《抗战歌曲到群众中去》中，陆华柏认为："我以为能够深入农村的抗战歌曲之产生，有两个途径：一是利用农村中固有的民谣——山歌小调之类的曲调，改填以新的歌词；一是由诗人与作曲家有意识地写作民谣风格的抗战歌曲。前者是过渡的办法。后者方为正当的途径。"陆华柏和当时的其他音乐家一样，关注救亡音乐的"中国化"问题，较早提出新音乐的民族形式问题。[6]

抗战时期的陆华柏并没有满足于写歌，他走上街头亲自教唱指挥抗战歌曲，曾在桂林参加过多次群众性歌咏活动[7]。他写道："一个教抗战歌曲的人，他自己光会唱几首抗战歌曲是不够的；对于乐曲的理解这一点非常重要……要想获得纯熟的教歌技术，必须自己跳上台去"教"——所谓"从做中学。"[8]在《抗战三年来的桂林乐坛》中，陆华柏结合时局指出桂林乐坛情况及前途的不可限量。陆华柏认为："音乐帮助抗战，抗战也帮助音乐。"（其他艺术亦莫不如此。）[9]1943 年 1 月 1 日，陆华柏向桂林艺术界提出新年愿望："一，希望桂林的音乐人团结在一起，'欢欢喜喜不分离'。二，希望桂林能有一个较完整的管弦乐队出现。三，希望桂林的剧作家，

1　陆华柏：《抗战歌曲到群众中去》，《扫荡报》，1939 年 1 月 31 日附刊"抗战音乐"第 1 期。这是一篇由几位作者合作的文论，胡然撰写文章开头，陆华柏撰写（一），其余由以下作者撰写：（二）马宗符、（三）张安治、（四）王孝存、（五）何作良、（六）徐德华、（七）陆其清。

2　陆华柏：《怎样教唱抗战歌曲》，《扫荡报》，1939 年 3 月 2 日"抗战音乐"第 3 期。

3　陆华柏：《抗战三年来的桂林乐坛》，《扫荡报》，1940 年 1 月 27 日第 4 版。

4　陆华柏：《乐坛上》，《扫荡报》，1941 年 7 月 20 日第 4 版。

5　陆华柏：《桂林乐坛》，《扫荡报》，1943 年 1 月 1 日第 4 版。

6　可参冯长春：《中国近代音乐思潮研究》，人民音乐出版社 2007 年版，第 325—326 页。

7　可参陆华柏：《抗战时期桂林文化城群众歌咏活动纪实——我参了了的和记得起的一些群众歌咏活动》，《广西新文化史料》编辑部内刊，1991 年第 1 期，第 54—59 页。

8　陆华柏：《怎样教唱抗战歌曲》，《扫荡报》，1939 年 3 月 2 日"抗战音乐"第 3 期。

9　陆华柏：《乐坛上》，《扫荡报》，1941 年 7 月 20 日第 4 版。陆华柏的《音乐与抗战》（署名花白）全面论述了音乐与抗战的关系。《音乐与美术》，1940 年 1 月 1 日创刊号。

诗人,作曲者合作,能产生几部新的歌剧。"[1]

以上文论表现出陆华柏对桂林抗战音乐创作和时事的关注,对桂林抗战艺术界未来充满期望:希望音乐帮助抗战,期待作曲家创作出有民谣风格的抗战歌曲,盼望作曲家能融入抗战激流,"跳"上台去教唱抗战歌曲。陆华柏将支持抗战的满腔热忱转化为文字体现在《扫荡报》上。

三、传播音乐知识

桂林时期的陆华柏还是一位音乐知识传播者,此方面文论有 8 篇:如向民众普及合唱及歌曲常识的《略谈"合唱"》[2]、《谈歌曲》[3];指出创作与演奏关系的《创作与演奏》[4]、提出可以在音乐教学中用二胡作为音乐课堂伴奏乐器的《伴奏问题》[5];指出作曲应从"普通乐理"课程学习开始,依次深入"和声学""对位法""卡农""赋格""曲体学""配器法"等课程学习最后到达"自由作曲"境界的《作曲与理论》[6];勉励青年人要学习一点和声知识的《和声学的学习》;向从事理论作曲的音乐家发出倡议应尽力做音乐理论方面的译述和著作从而使乐坛更蓬勃的《谈音乐书》[7];以及分享为贺绿汀的《垦春泥》等作品写乐队伴奏的《我怎样为它们写伴奏》等。这些文论深入浅出,通俗易懂,循循善诱,体现了陆华柏向民众普及音乐知识的良苦用心:"年轻的朋友们对于作曲很有兴趣。以他们的热情与想象力,加上聪敏,有时的确产生了不少清新可喜的作品。但是,他如果希望他的工作获得更进一步的成就,那我就要奉劝他们及早修习和声学这门

1　陆华柏:《桂林乐坛》,《扫荡报》,1943 年 1 月 1 日第 4 版。
2　陆华柏:《略谈"合唱"》(署名华柏),《扫荡报》,1939 年 2 月 8 日"抗战音乐"第 2 期。
3　陆华柏:《谈歌曲》,《扫荡报》,1940 年 3 月 13 日"瞭望哨"1127 期。
4　陆华柏:《创作与演奏》,《扫荡报》,1940 年 3 月 19 日"瞭望哨"1132 期。
5　陆华柏:《伴奏问题》,《扫荡报》,1940 年 5 月 6 日"瞭望哨"1167 期。
6　陆华柏:《作曲与理论》,《扫荡报》,1941 年 6 月 27 日第 4 版。
7　陆华柏:《谈音乐书》,《扫荡报》,1942 年 1 月 18 日"星期版"。

功课。"[1] 1943 年,陆华柏为"军委会剧宣七队现在上演的新型舞蹈'生产三部曲'及'新年大合唱'"写伴奏,他将创作心得总结为:"我在支配和声方面的基本态度是尽可能的简易化,绝不卖弄太多的不协和弦(那是我们一般人还听不惯的);但也决不拘泥欧洲古典派的和声,我在探求中国气派的和声方面没有得到一点点值得欣喜的地方,仍在探索尝试之中。"[2]

以上文章表达了陆华柏对我国民族音乐和民族乐器的重视。该时期是陆华柏探索中国气派和声的开端。陆华柏对青年人学习音乐提出建议和希望,这些都是出于他的责任心和对青年人的爱护心和殷切期望,语气诚恳热忱。

四、即时商榷评论

《扫荡报》上陆华柏的音乐评论文论主题较为零散,为了使论述相对集中,此处将陆华柏的音乐会评论 5 篇、商榷文 5 篇及 2 篇艺术美学文论包括在内,共 12 篇。这些都是陆华柏有感而发即时记下的文字。其中音乐会评论有:《马思聪弦乐钢琴演奏会听后感》[3]、《民歌演唱会前奏》[4]、《女性与音乐——为"春之声歌乐会"写》[5]、《精彩的演奏》[6]、《柳庆旅行演奏记》[7]。

陆华柏的音乐会评论文笔优美,如 1942 年 9 月对马思聪音乐会的评价:"他的左手在指板上移动,其轻妙灵活,殆似行云流水,而他的右腕引弓,其力量,我们只能从书法的笔力中,体会到那种韵致圆熟,干净,好像

1　陆华柏:《和声学的学习》,《扫荡报》1941 年 7 月 6 日"星期版"56 期。
2　陆华柏:《我怎样为它们写伴奏》,1942 年《扫荡报》12 月 18 日第 4 版。
3　陆华柏:《马思聪弦乐钢琴演奏会听后感》,《扫荡报》,1942 年 9 月 3 日第 4 版。
4　陆华柏:《民歌演唱会前奏》,《扫荡报》,1943 年 1 月 2 日第 4 版。
5　陆华柏:《女性与音乐——为"春之声歌乐会"写》,《扫荡报》,1943 年 3 月 21 日第 4 版。
6　陆华柏:《精彩的演奏》,1943 年 4 月 25 日第 4 版。
7　陆华柏:《柳庆旅行演奏记》,《扫荡报》,1943 年 5 月 22 日第 4 版。

是磨光了的宝玉一般：哪怕是一个最简单的音，都可以直抵我们的心之深处，使我们觉得无限感激。"[1]《民歌演唱会前奏》记载了桂林省立艺术馆与艺术师资训练班联合举办音乐会演出的曲目，让我们看到抗战时期陆华柏将民歌编成合唱曲并附钢琴或乐队伴奏，从中了解陆华柏的创作心得："为充满了中国情味的民歌写和声是极饶兴趣而困难的进行，它的本身是完全没有和声观念的。把西洋全部和声理论搬到这里来是徒然的，而且极感棘手，我的尝试还没有得到满意的结果，不过我在探索一条新的道路而已。"[2]《柳庆旅行演奏记》记录了陆华柏带领小规模管弦乐队及二十余人的合唱团赴柳州、宜山、沙县等地旅行演出的经过，记录了抗战后期陆华柏为民歌配和声及推广音乐的史实。

除了《所谓新音乐》，陆华柏在《扫荡报》上的商榷文还有 4 篇：《行都乐坛》[3]、《关于"纪念黄自先生遗作演奏会"——兼答周辛、胡伦两先生》[4]、《〈苏联名歌集〉中对国歌说明的商榷》[5]、《关于唱片音乐会中的中文节目单》[6]。这些文章批评直率、富有激情。由于《所谓新音乐》对陆华柏造成很大影响，此处着重谈论与该文同体裁的商榷文。

事实上，《所谓新音乐》并非陆华柏第一篇商榷文，他在"元月十九日，于望灯楼"写下的《与〈新歌初集〉编者论和声》[7]才是。首篇商榷文即显示了他感情冲动文字辛辣。请看该文文末："我现在有一点感想：觉得现在的青年胆子大了，自己对于某一学问还没有入门（至少还没有能够消化）便开始著书立说。这种勇气固然可嘉；不过贻害读者，却也铸成不可

1　陆华柏：《马思聪弦乐钢琴演奏会听后感》，《扫荡报》，1942 年 9 月 3 日第 4 版。

2　陆华柏：《民歌演唱会前奏》，《扫荡报》，1943 年 1 月 2 日第 4 版。

3　陆华柏：《行都乐坛》，《扫荡报》，1940 年 3 月 28 日"瞭望哨"第 1138 期。

4　陆华柏：《关于"纪念黄自先生遗作演奏会"——兼答周辛、胡伦两先生》，《扫荡报》，1940 年 5 月 16 日"瞭望哨"第 1177 期。

5　陆华柏：《〈苏联名歌集〉中对于国歌解说的商榷》，《扫荡报》，1942 年 1 月 23 日，"音乐"半月刊第 2 期。

6　陆华柏：《关于唱片音乐会的中文节目单》，《扫荡报》，1943 年 3 月 13 日第 4 版。

7　此文发表于《音乐与美术》，1940 年第 1 卷第 2 期，第 5—6 页。

宽恕的罪恶。"对比《所谓新音乐》末段:"……如果他们这种说法,只有他们自己听到,我也不必再写这篇文章;问题是他们俨然以学者的态度,来写文章,编书,骗年轻的人,我就忍不住了。"我们会发现两篇文论文末语气极为相似。

《所谓新音乐》发表后不久即受到赵沨、李凌等人的批评[1]。"该文发表的 1940 年正值抗战时期,在抗战音乐普遍将'新音乐'基本认同为'思想的新'的时代大潮中,陆华柏大胆提出要重视音乐创作技术的不同观点,其勇气值得赞赏,但由于他不谙政事,行文又有过激之处,原本探讨的学术问题被引申为政治问题,陆华柏的一生也为此付出了沉重的代价。"[2]"我在 1959 年被错划为右派分子时,这个问题也是重要的历史罪证之一"。[3]

其实,1940 年贺绿汀的《抗战音乐的历程及音乐的民族形式》[4]对于当时的陆华柏来讲,"有过之而无不及,却没有立刻招徕猛烈的反弹。究其缘由,不外乎他的这些批评是相对学理性、科学化的,没有相对感性化的词语,也没有容易刺伤对方的言辞"。[5] 尽管如此,明言还是这样评价《所谓新音乐》:"多么真挚的内心,多么开诚布公的心态。中国 20 世纪音乐史中,这种瑕瑜互见的真诚的批评是多么的稀少……陆华柏与贺绿汀一样,也是对中国现代新兴的音乐事业爱之愈深才恨之愈切的。"[6]

"二月二十九日于望灯楼",陆华柏写下第 2 篇商榷文:《行都乐坛》,这篇早于《所谓新音乐》20 多天发表的文论继续他犀利的文笔:"他们把Orchestra 一字译为'弦乐合奏'也是欠通的,应该是'管弦乐合奏',弦乐合

1 可参赵沨:《释新音乐——答陆华柏君》,《新音乐》,1940 年 9 月第 2 卷第 3 期;李凌(署名绿永):《我们应该怎样来理解新音乐与新音乐运动——并答陆华柏先生》,《新音乐》,1941 年 1 月第 2 卷第 4 期。

2 丁卫萍:《从陆华柏民国时期的音乐文论看其音乐观》,《音乐与表演》(南京艺术学院学报),2017 年第 1 期。

3 陆华柏:《读李凌同志〈旧题新论〉有感》,《上海音讯》,1986 年第 3 期,第 51 页。

4 贺绿汀:《抗战音乐的历程及音乐的民族形式》,重庆:《中苏文化》(三周年专刊),1940 年。

5 明言:《作为新音乐批评家的贺绿汀——对贺绿汀部分音乐批评文论的历史批评》,《交响——西安音乐学院学报》,2004 年第 3 期。

6 明言:《20 世纪中国音乐批评文献导读》,上海音乐学院出版社,2010 年,第 142 页。

奏是光指 string 的乐器而言、从这一点小事可以看出他们实在太过'洋化',而对于简单的本国文字都不能够理解。教育部最近通令各大学注重发扬我国固有文化,而他们似乎做着与这毫不相干的事。"

　　1940 年 5 月 9—10 日,桂林音乐界在新华剧院举行"黄自遗作演奏会",陆华柏指挥演出了黄自遗作 30 余首。之后,周辛、胡伦两先生在《力报》发表了音乐会评论。《"纪念黄自先生遗作演奏会"——兼答周辛、胡伦两先生》是陆华柏对评论的回应商榷。1941 年大半年间陆华柏生病养病,无商榷文,之后的 1942 及 1943 年又各有 1 篇:《〈苏联名歌集〉中对于国歌解说的商榷》是陆华柏对陈原先生编译《苏联名歌集》一书的商榷:"'……但大抵唱成 Andante 或 Maestoso 即可。'这更不成话! Andante 意译出来是如步行之速度(即行板),Maestoso 则谓庄严然,这两个词儿一指速度一指表情,何许可以混同呢?"《关于唱片音乐会的中文节目单》中,陆华柏写道:"Symphony 译成'和乐'实在令人莫名其妙! 怎么个'和'法呢? 这个名词普遍都译成'交响乐',何必多费脑筋?""'共八章!'天晓得! 贝多芬还没有创造这种包含八个乐章的交响乐形式——那是八'张'(面)唱片罢?"

　　如此直言不讳毫不留情的文字! 让今天的我们读来仍感震惊! 当我们重读陆华柏在《扫荡报》上发表的音乐文论,才知《所谓新音乐》确为陆华柏多篇商榷文之一。秉笔疾书富有激情,直率地批评与鞭挞是陆华柏商榷文文风。评论类文论还包括论及艺术美学的两篇:《诗与音乐》[1]、《音乐与绘画戏剧》[2],陆华柏较早关注音乐与其他学科的美学关系问题。

五、抒发真情实感

　　如果说以上文论显露了陆华柏容易冲动的性格,文字感性的话,

1　陆华柏:《诗与音乐》,《扫荡报》1940 年 3 月 14、16 日"瞭望哨"第 1128、1129 期连载。

2　陆华柏:《音乐与绘画戏剧》,《扫荡报》,1942 年 6 月 22 日第 4 版。

他的日记、散文型随笔则更加生动,体现了他情感的淳朴真挚。这些文字主要写于 1941 年 1 月至 11 月患病养病期间。1940 年底,陆华柏因工作过累患肺结核住在广西省立医院,病情稍好后经向培良[1]介绍到湖南耒阳养病,略好转后到附近小水铺干训团教书兼排练合唱上指挥课。这些随笔有:《〈华柏歌曲集〉自序》[2]、《病中小言》[3]、《病》[4]、《春在桂林》[5]、《我与钢琴》[6]、《养病日记》[7]、《我怎样学音乐》[8]、《杂忆大野禾塘》[9]。这些文字细腻动人,表达了陆华柏真实的内心世界,体现了情感丰富的陆华柏。

陆华柏患病后的第一篇文论是《病中小言》:"在要开音乐会[10]的前两天,就吐了几次血,病倒了。"病中的他怀念童年时期的武昌城紫阳湖、想念钢琴:"现在,朝夕放歌面对的地方呢,我兴过幻想的五棵古老的柳树下的石头呢,我弹过的钢琴呢?……"[11]"现在得了这种麻烦的病症,就只好率性放弃不弹了! 但想到辛辛苦苦用的一番功夫,一旦抛弃,总觉不舍。呜呼!

1　陆华柏:《杂忆大野禾塘》,《扫荡报》,1943 年 3 月中旬。原文为:"我能到大野禾塘养病、向培良兄知遇之恩是不可忘记的。"据笔者了解,向培良是陆华柏在武昌艺专读书时的《艺术概论》课程老师。

2　陆华柏:《〈华柏歌曲集〉自序》,《扫荡报》,1940 年 11 月 24 日"星期版"第 52 期。该书汇集了陆华柏的音乐作品共 38 首:包括独唱曲 4 首,齐唱歌曲 15 首,二部合唱 1 首,大合唱 7 首,儿童歌曲 6 首,编曲 5 首(刘雪庵的《长城谣》、贺绿汀的《可爱的家乡》、古调《苏武牧羊》、郑律成的《延水谣》、张曙《壮丁上前线》)。目前仅收集到这篇序言,未找到这本曲集。

3　陆华柏:《病中小言》,《扫荡报》1941 年 1 月 9 日第 4 版。

4　陆华柏:《病》,《扫荡报》,1941 年 2 月 27 日第 4 版。

5　陆华柏:《春在桂林》,《扫荡报》,1941 年 3 月 2 日"星期版"第 38 期。

6　陆华柏:《我与钢琴》,《扫荡报》,1941 年 6 月 26 日第 4 版。

7　陆华柏:《养病日记》,《扫荡报》,1941 年 11 月 16 日起在"星期版"76、79、80 期连载。

8　陆华柏:《我怎样学音乐》,《扫荡报》,1942 年 1 月 6 日"音乐"半月刊(广西艺术馆音乐部主编)第 1 期。

9　陆华柏:《杂忆大野禾塘》,《扫荡报》,1943 年 3 月中旬。

10　据戴鹏海先生《陆华柏音乐年谱》记载,这场音乐会是 1941 年 1 月 9 日广西音乐会在乐群社礼堂举行的第十次音乐演奏会。陆华柏任教的广西桂林艺术师资训练班学生合唱团演唱了陆华柏的新作《抗战到底》《战士之歌》《最后胜利是我们的》,李志曙和狄润君分别演唱了陆华柏的新作《游子吟》和《第二吻》。张安治(又名张帆,《故乡》词作者——笔者)在同天《扫荡报》发表的《春雷一声——祝广西音乐会第十次演奏成功》一文写道:"这次音乐会原定上年底举行,因主持人陆华柏先生劳累过度,骤然略血,而延期十天演出。"

11　陆华柏:《春在桂林》,《扫荡报》,1941 年 3 月 2 日"星期版"第 38 期。

弄得目前甚至连听听钢琴的机会都没有了。更是可叹。"[1]《我与钢琴》《我怎样学音乐》等篇什均为美文，是陆华柏迷上钢琴爱上音乐的记忆。

1941年11月26日起连续三次在《扫荡报》连载的《养病日记》开篇之编者按："这位作曲家，我们久违了，今日好容易才得悉他近况"记载了陆华柏因病离开桂林的史实，日记中关于躲避敌机的记录让人身临其境[2]，还记载了陆华柏的日常音乐活动[3]。病好后，陆华柏的《杂忆大野禾塘》怀念三岁半夭折的女儿玲儿的文字令人动容——这是作为一名普通人、一名父亲对早亡幼女的悲痛回忆，陆华柏也有常人的悲伤："我现在而且永远再不能看见她的哭与笑了，也永远听不到她喊我'爹呀'的声音了！这个创伤在我心里实在太深，一直到现在，我偶一想及，仍要感到一阵难言的空虚和悲痛……又是一片春光了。昔之绿荫红飞，塘水粼粼，而稚子戏于身边者，其许我再一窥此境乎？果尔，则我真愿再咯几口血了。"

*   *   *

在慷慨激昂的抗日救亡运动中，音乐家们纷纷将音乐作为武器，为抗战胜利贡献了他们的才华和力量，陆华柏也是如此。他曾说过："每个中国人都应将其能力奉献给国家，我们是一群音乐工作者，所以，我们也应当尽我们的力，那就是说，我们要用歌咏去发动民众，组织民众，把他们唱上战场，为中华民族的解放而斗争！"[4]

才华横溢的陆华柏在桂林既写歌教歌当指挥担任教学，还发表了诸

1　陆华柏：《我与钢琴》，《扫荡报》，1941年6月26日第4版。

2　陆华柏：《养病日记》1941年9月29日："……走不多远即发紧急警报，我离目的地尚有一段路，漪苹抱着玲儿在后面，母亲更是还没有看见！敌机隆隆之声大作，我殊不能镇定，恐怖着急万状……"

3　《养病日记》："九月二十三日：《歌曲指挥法概说》讲义油印出来了。""九月二十五日：下午学员练《国歌》（四部），《巷战歌》及《当兵好》（二部）等，尚过得去。""十月三日：培良兄草成《长沙大捷歌》词，当即为之谱成合唱曲。""十月四日：与学员练《长沙大捷歌》。"

4　陆华柏：《中华全国歌咏协会成立宣言》（1937年，署名花白）。载中国音乐家协会、中国音乐研究所编：《中国近代音乐史参考资料第四编（1937—1945）》第一辑《论文选辑》（上册），1959年。

多音乐文论,他的一切行动都围绕桂林抗战文化建设。1939 年 1 月至 1943 年 5 月,陆华柏在桂林《扫荡报》发文的前后 4 年多是他身兼数职血气方刚又激情燃烧的岁月(25—29 岁)。4 年多时间在陆华柏一生中只是短短一瞬,却发表了占他一生文论总量近四分之一的文论。不竭的写作动力源自何处? 除了他说的“无非是那位副刊编辑(名叫肖铁的)常来我们处拉稿罢了”[1],他是否有过“言多必失”的担心? 在笔者看来,是燎原的抗战烽火使陆华柏迸发了蓬勃的写作热情,出于音乐家的良知,对正义和真理的追求和渴望,“天下兴亡匹夫有责”的信念甚至“粉骨碎身浑不怕,要留清白在人间”的勇气,使得他在全民抗战的紧要关头认定作为一名文艺工作者,有责任在提笔作曲的同时写文章宣传抗战音乐,有使命向普通民众推广音乐知识,有义务将不同学术观点及内心情感表达出来。锋芒毕露的商榷文更体现了陆华柏心直口快一身正气。病中陆华柏抒发心情的文章让我们捕捉到作为一名普通人的陆华柏的悲欢离愁,体会到他文论的丰富性。

　　从宏观的 20 世纪中国音乐史发展脉络来看,陆华柏旅居桂林期间在《扫荡报》及其他刊物、报纸发表的文论与歌曲[2],对桂林抗战音乐史乃至

---

[1] 陆华柏:《与中国现代音乐史相关的一篇资料性文章及其所引起的问题的回顾》,《音乐艺术》,1985 年第 2 期第 4 页。

[2] 据笔者统计,除了在《扫荡报》上发表的文论和歌曲,陆华柏桂林期间在其他报纸杂志上还发表了 5 篇文论、14 首歌曲。由于《华柏歌曲集》仅找到“序”而未见曲集,此曲集收集的未在其他刊物发表但陆华柏提及的 5 首原创歌曲及 5 首歌曲改编未统计在内。文论有:1.《中国音乐之路》,《战时艺术》,1938 年第 2 卷第 3 期;2.《纯正音乐的提倡》,《黎明旬刊》,1938 年第 4 期;3.《音乐与抗战》(署名花白)、4.《谈合唱》(署名花白),同载于《音乐与美术》1940 年 1 月 1 日创刊号;5.《介绍广西艺术师资训练班音乐组》,重庆《新华日报》,1942 年 8 月 10 日第 4 版。歌曲有:1.《磨刀歌》,《战歌》,1938 年第 1 卷第 7 期;2.《战! 战! 战!》,《战歌周刊》(刘雪庵编),1938 年第 1 卷第 11、12 期;3.《钢军歌》,《全面战》,1938 年第 17 期;4.《广西学生军军歌》,《抗战歌选》,广西绥靖主任公署编;5.《壮丁上前线》,《音乐与美术》,1939 年第 1 卷第 3 期;6.《再上前线》,《救亡日报》,1939 年 7 月 10 日第 4 版;7.《巩固统一歌》,《音乐与美术》,1940 年第 1 卷第 4 期;8.《最后五分钟》,《乐风》,1941 年新 1 卷第 2 期;9.《军民联欢歌》,《音乐与美术》,1940 年第 1 卷第 6 期;10.《抗战到底》,《乐风》,1941 年新 1 卷 5、6 期合刊;11.《艺术师资训练班校歌》、12.《从军歌》,同载于《音乐与美术》,1941 年第 2 卷第 5 期;13.《一个国家》,《乐风》,1941 年新 1 卷第 10 期;14.《游击队员》,《音乐与美术》,1941 年第 2 卷第 12 期。

全国的抗战音乐文化建设发挥了重要作用。从微观角度音乐家陆华柏的生命历程来看,自歌曲《故乡》问世,陆华柏就已是名人,并在桂林音乐家群体中有重要影响[1],该时期的音乐活动成就了他音乐生涯的第一个巅峰。当血气方刚年轻气盛的陆华柏适逢如火如荼的抗战音乐文化,促成了他快速成长成名。限于篇幅,上文引录的陆华柏文论均为片段。陆华柏在《扫荡报》上发表的所有文字是他漫漫人生留下的流年碎影,是他内心情感自然流露和真实思想以及实际行动的反映。这些文字让我们进入桂林抗战音乐历史深处并"回到现场"(余峰语),为我们重新认识陆华柏提供了一把"钥匙",也让我们知晓:除了《所谓新音乐》,陆华柏还有其他文论,我们要阅读它们,才能全面了解这位为中国近现代当代音乐发展做出重要贡献的音乐家陆华柏。

1　《〈华柏歌曲集〉自序》编者按:"爱好艺术的朋友们:你们看一个音乐家他是怎么样成功的,并且又是怎么样在谦虚的贡献他的第一部作品。"《养病日记》编者按:"这位作曲家,我们久违了,今日好容易才得悉他近况。"

音乐教育研究

陆华柏的音乐教育生涯从 1938 年广西桂林艺术师资训练班(广西艺术学院前身)开始。之后,在辗转了多所音乐院校:国立福建音乐专科学校、江西体育专科学校、湖南音乐专科学校、香港音乐院、湖北教育学院、华中师范学院、湖北艺术学院后,于 1963 年,又和夫人甘宗容一起回到广西艺术学院任教,前后在广西度过了 37 年。陆华柏出生于湖北荆门,少年陆华柏在武昌一带生活,加上 1951—1963"大起大落的武汉 12 年",陆华柏在湖北生活的时间有 34 年。此部分主要以陆华柏对广西艺术学院及华中师范学院(华中师范大学前身)的贡献为主。1952—1957 年,陆华柏担任华中师范学院音乐系首任系主任,为该校音乐学科发展奠定坚实根基。无论在创作、教学、科研、音乐表演和民族音乐整理,陆华柏都作出了卓越的贡献。陆华柏一生的音乐创作、音乐实践、音乐理论都以音乐教育为中心,全方位的音乐活动促成了他多方面的音乐贡献。

陆华柏在广西艺术学院

——为陆华柏先生诞辰 100 周年暨逝世 20 周年而作

南疆广西有一颗耀眼的艺术明珠——广西艺术学院。1938 年在抗日烽火中诞生的广西艺术学院至今已走过了 76 个春秋。薪火传承,生生不息,一代代广艺人的才艺和艰苦卓绝的奋斗造就了广艺辉煌的今天。在广艺校史上,陆华柏的名字是不会被忘记的。2014 年是陆华柏诞辰 100 周年、逝世 20 周年纪念。回顾陆华柏的音乐人生,我们会发现陆华柏在广西艺术学院前后工作了 30 多年[1],他的音乐人生与广艺结下了不解之缘。陆华柏为广艺做过什么?陆华柏在广艺最重要的贡献是什么?让我们循着历史的足迹,翻开他和广西艺术学院的缘分。

陆华柏在广西艺术学院生活工作有两个时间段,第一段为 1938—1942 年;第二段为 1963—1994 年。1938 年,广西艺术学院前身桂林艺术师资训练班成立,陆华柏和吴伯超等人一起,担任音乐教学,组织合唱队,和学员一起参加抗日音乐宣传工作;1963 年时,陆华柏已近 50 岁,他随夫人甘宗容老师一起回到广西,在广西艺术学院任教至 1985 年从系主任岗位退休。自 1963 年重返广西到 1994 年陆华柏逝世,陆华柏生命中的最后 30 多年都在广西艺术学院度过。

1　1938—1942,陆华柏在广西桂林艺术师资训练班任教,1963 重返广西,在广西艺术学院任教,1989 年,广西艺术学院为陆华柏举行了"陆华柏教授执教 55 周年纪念作品音乐会",因此,从1963 年—1989 年,陆华柏又在广西艺术学院工作了 26 年。

一、广西桂林艺术师资训练班(1938—1942)

在徐悲鸿老师(广西省政府顾问)满谦子老师(广西省教育厅督学)的倡议下,于 1938 年元月创办广西省国民基础学校艺术师资训练班。1938 年元月 16 日开学,班主任是满谦子。[1] 广西省艺术师资训练班[2](以下简称艺师班)成立于抗战第二年,可说是广西省造就中小学艺术师资唯一的机关。[3] 当时,艺师班延揽了各地来到桂林的人才,阵容相当强盛。音乐专业的教师阵容如下:声乐方面有胡然、谢绍曾、狄润君等;键盘乐器方面有石嗣芬、马卫之等;民族乐器(主要是二胡)有李元庆等,理论、指挥方面有吴伯超、陆华柏、刘武昕、姚牧等。[4] 1938 年 9 月,经吴伯超先生介绍,陆华柏来到艺师班担任教员,主要担任合唱以及和声课教学并负责训练学校合唱团等。抗战期间,全国文化人士云集桂林,抗日文化活动繁荣,许多名流学者都曾到艺师班开设学术讲座,他们是徐悲鸿、丰子恺、茅盾、欧阳予倩等。[5] 艺师班的办学特点,是既重视美术、音乐业务课的基本训练,又引导学生热情参加抗战文艺宣传活动。该班还举行专题的"民歌演唱会""苏联歌曲演唱会"等。编辑《音乐与美术》刊物一种,出版了 3卷 12 期。[6] 陆华柏在艺师班的主要贡献是带领学员举办音乐会,参加抗战音乐活动。

1 余武寿、吴祥乃、龙廷坝、冼海松回忆,吴祥乃整理:《广西艺术师资训练班大事记》手稿。1987 年 2 月 28 日。

2 1938 年 9 月第一届广西省立国民基础学校艺术师资训练班学员结业后,改称"广西艺术师资训练班",由吴伯超任班主任。可参考戴鹏海《陆华柏音乐年谱》第 17 页,广西艺术学院,1994 年,未出版。

3 陆华柏:《介绍广西省艺术师资训练班音乐组》(署名华),《新华日报》,1942 年 8 月 10 日;后收入《1937—1945 抗日战争时期音乐资料汇集》,重庆《新华日报》专辑,重庆:西南师范大学出版社,1985 年,第 345—346 页。

4 马卫之:《广西艺术师资训练班、广西省立艺术专科学校纪事》,《艺术探索》,1997 年第 3 期,第 15—19 页。

5 蔡世贤:《广西艺术学院音乐师范系沿革概略》,《艺术探索》,1998 年第 1 期,第 13—22 页。

6 陆华柏:《开学,谈谈学院第一代》,《广西艺术学院》院刊,1990 年 10 月 18 日第 4 版。

（一）带领学生举行音乐演奏会[1]，参加抗战音乐活动

艺师班在桂林音乐运动方面的贡献是音乐演奏会，大概每半年左右一两次乃至三次的举行。他们把音乐演奏会当作上课一样的重要：动员全班师生筹备，日夜加紧练习，必要时甚至连课都不上了。往往是一个音乐会开过之后，新学员的读谱能力便大为进步。[2] "广西艺师班有两个特点值得介绍：一是他们师生之间的融洽，差不多到了朋友一般的不分彼此；二是学员们自学的精神极好，而且空气极为自由。教师们既从不板起面孔说只此一家是对的，别人都不行，学员们也没有只有我的先生所说的是对的习惯。大家都在虚心的研究：学员们读书，唱歌，弹琴，作曲；教师们也在读书，唱歌，弹琴，作曲。"[3] 由此可见，当时艺师班学习气氛极好，教学形式生动活泼，师生团结，音乐会活动师生一起参加，呈现出教学演出方面的勃勃生机。

抗战时期，救亡抗战歌声一直缭绕着桂林城，成为这座古老城市进步文化活动最生动的一个组成部分。除了学校、机关、团体众多的歌咏团队分散活动外，每隔一段时间，还有一次规模较大的联合歌咏活动，群众情绪热烈，场面声势浩大，更具抗战歌咏宣传的广泛影响，成了桂林文化城

1　"一九三九年八月广西艺术师资培训班毕业音乐会，指挥陆华柏老师。并演出话剧、舞蹈、同时售票（为抗日募捐）群众踊跃购票，报纸也赞扬艺师班的爱国精神。""一九三九年十二月，省艺师班、省艺术馆、省电台、桂林市抗战后援会联合为前方将士募捐寒衣举行音乐会义演，桂林各种报纸义务宣传，贴出海报，艺师班全体师生组织若干小组，打起义卖小旗，上街沿路向行人商店售票（入场券），三天的义卖收获不小，演出两晚，座无虚席，陆华柏老师钢琴伴奏，最后的节目是大合唱《中国人》，吴伯超老师词曲和指挥由广西省广播电台录音。""一九四〇年二月吴伯超主任因事离开桂林，音乐老师原来有十位，走了六位，只剩陆华柏、马卫之、狄润君等老师。高级班音乐组大多数教员在一九三八年元月已在艺师班学过两年多音乐，采取互教互学，陆华柏、马卫之老师个别辅导，初级班同学由狄润君老师一人教。""一九四〇年春艺术馆欧阳予倩领导桂林艺术界举行抗日救国募捐慰劳前方将士募捐举行戏剧、音乐及街头画展，艺师班全体学员参加。""一九四〇年九月艺师班第一届高级班毕业时举行音乐会，指挥陆华柏老师，马卫之老师钢琴伴奏唱《故乡》（张安治老师词，陆华柏老师曲）、《勇士骨》（陆华柏词曲并指挥，深受群众欢迎。演出甫毕，群众一再鼓掌，要求再唱。）"以上均出自余武寿、吴祥乃、龙廷坝、冼海松回忆，吴祥乃整理：《广西艺术师资训练班大事记》手稿。

2　陆华柏：《介绍广西省艺术师资训练班音乐组》（署名华），《新华日报》，1942 年 8 月 10 日。

3　同上。

坚持团结抗战的象征。[1] 陆华柏与学生参加过许多抗战音乐活动[2]，1939年 11 月 25 日开始的"保卫大西南宣传周"，是陆华柏和艺师班学生在桂林参加的规模较大的群众歌咏活动。在宣传周里，全体师生沸腾，上午上课，下午进行宣传准备工作，音乐组创作歌曲并练唱，美术组制作各种宣传画，大幅标语，漫画连环画。"我指挥的广西艺术师资训练班学生合唱团，也准备参加这一活动，学生们要我写首保卫大西南的新歌给他们唱。我便一口气完成了《保卫大西南》[3]的词曲创作"。《保卫大西南》成了宣传周的主题歌。据说当晚流动观众达两千人次。《扫荡报》自动印刷了《保卫大西南》(齐唱简谱)歌片一万份，当晚免费分发，迅速扩大了这首歌曲的传播范围。

（二）创作抗战歌曲，撰写音乐文论推动抗战音乐传播

自 1937 年冬陆华柏在广西桂林象鼻山麓创作成名曲《故乡》后，陆华柏在艺师班任教时创作的艺术歌曲还有《勇士骨》[4]、《血肉长城东海上》[5]，群众歌曲《保卫大西南》《磨刀歌》[6]《战！战！战！》[7]等在抗战时期流传甚广。《艺术师资训练班校歌》[8]至今已成为广西艺术学院院歌而载入广艺史册。

陆华柏先生一方面带领学生参加如火如荼的抗战音乐活动，创作抗战歌曲，另一方面沉潜静心，发表了多篇与抗战音乐相关的音乐文论，最

1　陆华柏：《抗战时期桂林文化城群众歌咏活动纪实——我参与了的和记得起的一些群众歌咏活动》，广西新文化史料编辑部：《广西新文化史料》，纪念中国共产党诞辰 70 周年特辑，内刊，1991 年，第 54—59 页。

2　据戴鹏海先生《陆华柏音乐年谱》记载，陆华柏与学生参加的抗战音乐活动还有《张曙殉难周年纪念大会》(1939 年 12 月 24 日)，《七·七纪念歌咏大会》(1939 年 7 月 2 日)等。

3　可参丁卫萍：《陆华柏的艺术歌曲〈勇士骨〉分析》，《音乐创作》，2010 年第 2 期，第 103—106 页。

4　《故乡》姊妹篇，创作于 1938 年。

5　此曲为卢冀野词，收入蔡曲旦所编《中学音乐教材》。

6　《磨刀歌》创作于 1938 年，是陆华柏为章泯的街头剧《磨刀乐》创作的主题歌，章泯作词。

7　《战！战！战！》最初发表在刘雪庵主编的《战歌周刊》，第 1 卷第 11、12 期，1938 年，后被收入《抗日战争歌曲集》第一集 134 页，1957 年，解放军歌曲编辑部编。

8　《艺术师资训练班校歌》，张安治词，载《音乐与美术》第 2 卷 5 期，1941 年。

具代表的是《音乐与抗战》。文中写道："音乐与抗战保持着十分密切的关系：音乐帮助了抗战，同时抗战也帮助了音乐……抗战不但无情地把音乐家从琴室里赶到了街头，而街头的一些人士反因了抗战得到更多的与音乐接触的机会……从琴室里出来的音乐家总脱不掉傲慢和自大的习性，街头的音乐家又太忽略了技巧与修养。其实他们都有值得互请教益的地方……我们应该具有这样一种观念：（再说一遍）音乐帮助了抗战，同时抗战也帮助了音乐。"[1]《抗战三年来的桂林论坛》[2]、《怎样教唱抗战歌曲》[3]等文论促进了人们对桂林抗战音乐的了解；《我怎样为她们写伴奏》《略谈"合唱"》《谈歌曲》等则是陆华柏在改编新音乐作曲家的作品进行演出以及指挥合唱和创作抗战歌曲时的体会文章。[4] 这些音乐文论在一定程度上推进了抗战音乐传播。

二、广西艺术学院（1963—1994）[5]

（一）研究广西多声部音乐

1963 年回到广西不久，陆华柏在广西艺术学院任教。刚开始时陆华柏担任课务并不多，1964、1965 年跟随学院采风队，到广西德保、靖西、睦边等地进行民歌采风活动。陆华柏发现广西壮、瑶、侗等族的民歌中都存在着多声现象，逐步将这方面的研究成果整理成文，陆华柏关于广

1　陆华柏：《音乐与抗战》（署名花白），《音乐与美术》创刊号，1940 年 1 月 1 日。

2　此文署名淡秋，载《扫荡报》，1940 年 1 月 27 日。文中写道："目前桂林乐坛的情况：教育方面仍以艺术师资训练班最为活跃……出版物方面有资训练班的'音乐与美术'月刊，林路君主编的'每月新歌选'救亡日报副刊等。"

3　陆华柏：《怎样教唱抗战歌曲》（署名华柏），《扫荡报》，1939 年 3 月 2 日"抗战音乐"第 3 期。

4　1938—1942 年间，陆华柏先生写作了 30 多篇音乐文论。此文仅列出部分。关于陆华柏早期音乐文论研究，笔者将另辟专文。

5　关于陆华柏先生为何于 1963 年回到广西，据笔者了解，约有以下原因：一是陆华柏夫人甘宗容老师是广西龙州壮族人；二是抗战时期，年轻时在桂林抗战时期的印象一直没有随着年龄增长而减弱，陆华柏热爱桂林，怀念青年时代在广西的音乐生活；三是当时年迈的陆华柏岳母很想回广西。

西多声部音乐的研究成果是四篇学术论文:《广西壮、瑶、侗、仫佬、毛南族二声部民歌的多声音乐构成初探》[1]《广西壮族三、四声部民歌的和声分析》[2]《广西壮族二声部民歌的和声思维》[3]《广西侗族民歌多声音乐构成的审美特征与规律》[4]。贺绿汀曾这样评论陆华柏在广西民族音乐方面的研究:"陆华柏同志掌握了充分的音乐理论技术知识,因此他对广西各民族民间音乐的记录整理和研究工作是可靠的。他的这本富于学术价值的《论广西多声部民歌》就是这方面最有说服力的实证……运用现代科学技术理论把我们民族音乐的宝藏整理出来,通过研究,总结,作为创作我国新音乐文化重要的根据和基础,陆华柏同志正是这样做的。"[5]

(二)为音乐系教学编译教材

笔者收集到的陆华柏先生遗稿中,有一本纸质已经发黄的油印本译著《节奏分析与曲式》[6]。封面标有"广西艺术学院音乐系作曲教研组,校改本,1978 年 2 月 25 日。"[7] 20 世纪六七十年代,陆华柏为广西艺术学院作曲教研组编译的教材还有《对位法初步》[8] 等。据 1980 年 7 月 13 日陆华柏手稿记载,1975—1979 年间,陆华柏编写与翻译了 80 万字(油印本 16开或 8 开本 895 页,共计 80.5 万字)[9] 在当时我国作曲理论教材稀缺的年代,这些教材为广西艺术学院音乐系作曲教学起到了重要作用。陆华柏的翻译工作是在"文化大革命"中悄悄进行的。1965—1971 年,因四清

1　载《民族音乐学论文集》,南京艺术学院音乐理论教研室编,1981 年,第 309—341 页。

2　载《中国音乐》1982 年第 3 期,第 24—27 页。

3　载《音乐学文集——纪念广西艺术学院建院六十周年》,南宁:接力出版社,1994,第 67—90 页。

4　载《星海音乐学院学报》,1990 年第 1 期,第 4—15 页。

5　贺绿汀:《广西多声部民歌》序,《艺术探索》,1988 年第 1 期,第 1—3 页。

6　柏顿绍著,油印本,广西艺术学院音乐系作曲教研室参考资料,1978 年。

7　全书包括乐句与分句、小节划法、小节与动机・乐节的关系、奏鸣曲・奏鸣曲式・套曲形式、模仿,卡农与赋格、赋格与奏鸣曲式的结合等十六章。

8　基特森著,油印本,广西艺术学院音乐系作曲教研室参考资料,1977 年。

9　可参考笔者拙文《陆华柏:一位不应该被遗忘的老音乐家》,《艺术探索》,2008 年第 6 期,第 24—27 页。

及"文化大革命"广西艺术学院未招生。1966 年 6 月以后,因"文化大革命"全院教学陷于停顿。[1] 在学院教学陷于停顿陆华柏被当作"牛鬼"关牛棚、挨批斗的日子里,陆华柏进行翻译工作。陆华柏翻译的西洋作曲理论著作还有《和声与对位》[2]、《应用对位法》[3]。这两本重版和出版于陆华柏在广西艺术学院工作时期的译著为广西艺术学院音乐系教学立下功劳。

(三)为学科发展呕心沥血

1979 年陆华柏获得平反担任广西艺术学院音乐系主任,他重视教学与艺术实践相结合,提倡学生多搞音乐会。1978 年 6 月,广西首次在广艺确定招收音乐师范专业学生,陆华柏认为,"音乐师范专业"与演唱、演奏、作曲专业不但在开设的课程上有不同,即使是同一课程,在内容的侧重、繁简以及教学方式上,也应有所不同。他认为,在音乐教学中,音乐师范专业应突出"师范性"。[4] 他认为,声乐(唱歌)、钢琴、和声是音乐师范专业的三大基本功,在练好基本功的情况下,还可以选修民族乐器或西洋乐器。"一般选科"可设音乐史论和民族民间音乐概论等,"特别选科"针对学生不同基础进行教学。陆华柏认为只有提高了小学、中学的音乐教育质量,整个社会的音乐活动热情与欣赏能力才会普及和提高,高等院校音乐师范专业担当培养师资的重要任务。

任系主任不久,陆华柏着手草拟音乐系发展"十年规划",想把音乐系办成既重视自治区各少数民族,又能培养出优秀的创作、研究、演唱及教学人才的系;在系里建立三个高水平的实验演出团体——包括实验民歌合唱团、实验民族乐团和实验交响乐团,使广西民族民间音乐逐渐发扬光

1 蔡世贤:《广西艺术学院音乐师范系沿革概略》,《艺术探索》,1998 年第 1 期,第 13—22 页。
2 上海新音乐出版社出版,1953 年,并有"附录"——专门译名中外对照表,1984 年北京人民音乐出版社重版。
3 柏西·该丘斯著:《应用对位法》上卷,创практ曲,人民音乐出版社,1986 年。
4 陆华柏:《试论音乐师范专业在音乐教学上突出"师范"特点的问题——关于音乐师范专业教学改革的一些设想》,《艺术探索》,1987 年第 1 期,第 88—92 页。

大于世界音乐之林。总之一句话：把音乐系办成面向广西 11 个民族的，为其培养和输送建设社会主义音乐文化的合格人才单位[1]。如今，广艺音乐系早已成为音乐学院，在各方面取得了更大成绩，而在音乐专业建设发展进程中，陆华柏的贡献是不可磨灭的。

1988—1990 年，陆华柏在广西艺术学院夜大学任教。当时陆华柏健康状况已开始衰退但仍关心成人高等教育。他认为："由于多年来我们不重视中小学音乐教育，我区大量中学、中师音乐教师本身所受教育不够，现在正可利用各种形式的成人高等教育提高他们的业务水平，使其达到音乐师范专科或本科的学历，这间接有利于提高全自治区中等教育的音乐教学质量。"这是陆华柏于 1990 年 11 月完成了《培养音乐人才与成人高等教育》[2]长文。文章分析了音乐人才的五个系列，培养音乐人才的特殊性以及成人高等教育对培养音乐人才的意义，认为多种形式的成人高等教育可作为培养音乐人才的重要补充。他提出两个建议："一，大力举办音乐学科成人高等教育的夜校、函授班、进修班和各类培训班等，灵活多样，根据师资、设备力量从无到有，从小到大，不断总结经验，谋所改进；二，在成人高等音乐教育中，充分利用现代化教学手段，如录音、录像、电脑等，以保证和提高教学质量；三，由国家试举办独立的音乐分级考试制度，不论参加考试者学历、学习方式，凡达到某一级水平者，即认为具有某一级的正式资格，授予证书，与就业工资等挂钩。"陆华柏的这些教学理念和建议即使在今天看来也具有一定参考价值。

（四）坚定信念，老骥伏枥

陆华柏曾四次申请入党[3]，1980 年，他向党组织又一次提交了入党申

1　郑盛丰：《求索——记一个坚强的老音乐家陆华柏教授》，1981 年，手稿。

2　此文为陆华柏参加"广西成人高等教育研究会第 2 次会议"交流材料，1990 年 11 月，打印稿校正版，未出版。

3　第一次申请入党是在 1952 年，陆华柏担任华中师范音乐师范科主任时。当时，党组织建议他先加入民主党派锻炼一下，未成。1956 年，陆华柏第二次申请入党，已通过支部讨论（转下页）

请书和思想汇报："作为一个老兵,我的用处可能已不大了,但我仍愿严肃地向党组织提出申请,在我的入党条件基本具备了的情况下,请接纳我为中共党员。我将在党组织的教育下,继续改造思想,努力工作,为无产阶级的宏伟革命事业贡献出我的力量。我申请入党,既不是出于虚荣心、光荣感,也不是谋求个人好处,我觉得在旧社会、新社会生活和工作了几十年,从最初的无知、盲目,到应当有的觉悟,到多懂得了一点马列主义真理,在总的趋势上我也是一步一步更靠近党的。我把党看成我的最后的归宿。"[1]。1984 年陆华柏终于成为一名中国共产党员时,他已七十高龄且到了他退休的前一年。1985 年,陆华柏从音乐系主任的岗位上退休,退休后的他如获新生。他在《我当上了专业作者》[2]中写道:"我在年轻时就向往过'专业作曲者'的生活。在音乐界、教育界'两栖'活动了五十多年,现在到了 72 岁,获准退休——终于当了'专业'作者,才算如愿以偿……作为一个'专业'作者,我的任务还是'写'。——不怕写不出,只怕写不好。"那么,退休后陆华柏在写些什么?

据笔者统计,1985—1994 年,陆华柏发表音乐文论 26 篇。包括回忆录,音乐创作经验总结,音乐友人的交往,音乐创作心得等方面内容[3];未发表的音乐文论手稿 24 篇(见下表)。这十年里,陆华柏还偶有音乐作品[4]出版发表,晚年陆华柏笔耕不辍。

(接上页)并填写了入党志愿书,但是一场突如其来的政治风暴将陆华柏席卷过去。此后的 22 年,从讲台到"牛棚",陆华柏一直和右派、"脱帽右派""改正后的右派"朝夕相处。1978 年,错划右派的问题得到改正,陆华柏精神大振,于 1979 年第三次递交入党申请书。这次,系党总支大会通过了,但上报党委没有回音。1984 年,陆华柏终于实现了夙愿,成了一名光荣的中国共产党新战士。

1　陆华柏 1980 年向党组织提交的申请入党思想汇报,手稿。

2　陆华柏:《我当上了专业作者》,《广西文艺界信息》,1986 年第 6 期,广西文联编,1986 年 2 月出版,第 8 页。

3　可参丁卫萍:《陆华柏著述研究综述兼及音乐文论方面的贡献——为陆华柏先生诞辰 95 周年暨逝世 15 周年而作》,《人民音乐》,2009 年第 11 期,第 67—69 页。

4　钢琴曲《澧河之歌、东兰铜鼓舞》,1981 年 4 月,北京:人民音乐出版社;《风和月亮——陆华柏歌曲选》,1987 年 12 月,北京:人民音乐出版社。

表6 陆华柏未发表的音乐文论手稿情况

编号	手稿标题	写作时间	主要内容
1	《钢琴小曲集》重版小记	1985.8	原书为1952年由万叶书店出版,谈及出版动因,希望重版
2	关于吴伯超合唱曲《中国人》的情况及现在所发表的乐谱之订正——《音乐创作》1986年第1期所载"旧曲拾遗"引起的回忆	1986年	对《音乐创作》107—113页所发表的乐谱进行详细修正并介绍了吴伯超创作《中国人》时的情况(铅笔)
3	悼忆聂绀弩同志	1986.4.3	回忆与聂绀弩先生的几次相聚与分别,表达了对聂绀弩八十高龄笔耕不辍的敬佩
4	幻想曲	不详,约1980	回顾各时期的"幻想",写出了对于广西艺术学院宏伟未来的"幻想"
5	"忆江南"(四重唱或四部合唱)	1986.5	在广艺前身艺术师资班成立四十八年后,重读丰子恺先生词《忆江南》,回忆当年情景,信口谱之,供老同学一唱,重温旧梦,并为"艺师班校友会成立做纪念"
6	吴伯超先生传略	1987.7.28	陆华柏所了解的当年的同事吴伯超(铅笔)
7	桂林—长沙—南昌—永安之行杂记	1987.11	记载了1987年11月上旬开始的搜集资料行程及收获
8	歌曲创作的基本知识	不详	包括歌词选择的研究,音乐与诗表情的一致,歌曲伴奏作法要点等
9	电视剧《魂绕昆仑》配乐札记	1989.4	记录了写作过程,音乐在电视剧中的设计,各段音乐总谱,录音计划等
10	读戴鹏海《人品与文品的和谐统一》	1989.11.9	读戴鹏海先生写贺绿汀的文章(发表在1989年《艺术探索》第1期)后的感想,表达了对贺绿汀的尊重和敬仰
11	中国艺术歌曲创作兴衰的历史成因初探	1990.3.4	中国艺术歌曲为什么兴,为什么衰,分析了新中国成立后几乎绝迹的原因
12	刘天华《空山鸟语》分析	1990	分为上下两篇:曲式分析和和声分析
13	关于陆华柏的资料	1990.4.30	为《中国当代文化艺术名人大辞典》提供资料

编号	手 稿 标 题	写作时间	主 要 内 容
14	关于湖南音专的若干回忆	1990.5.26	以亲身经历回忆新中国成立前后湖南音专的一些重大事件,此文在陆华柏逝世后经甘宗容整理发表于《音乐创作》,题目为《橘子洲头的歌声琴韵——关于解放前在湖南音乐专科学校的若干回忆》
15	国歌(义勇军进行曲)齐唱、合唱、钢琴伴奏、管弦乐伴奏规范化的配套通用谱	1990.8.8	包括目录、前言、国歌齐唱旋律及和声方案以及国歌和声配器的说明
16	附加钢琴伴奏的弹奏说明	1990.8.19	论述了钢琴与二胡两件乐器的不同性能特点以及在弹奏时应该注意的事项
17	刘天华二胡曲《悲歌》分析	1990.8	包括曲式分析与和声分析
18	《病中吟》附加钢琴伴奏的弹奏说明	1990.8	讲述了二胡钢琴各自的乐器特色,《病中吟》所用和声材料并校正了出版谱例中的错误
19	《闲居吟》分析	1990.8	包括曲式分析与和声分析
20	《海韵》分析	不详	《海韵》各段落分析
21	刘天华《空山鸟语》分析	1990.8	包括曲式分析与和声分析
22	《苦闷之讴》分析	1990.8	包括曲式分析与和声分析
23	《良宵》分析	1990.8	包括曲式分析与和声分析
24	1979 年 5 月改正错划右派后发表的文章作品及有关音乐活动的报道等	不详	1979 年后发表的作品及文论以及为什么入党及生活轨迹

歌曲《故乡》被评为"20 世纪华人音乐经典"的消息传来,1993 年元月 18 日,病重的他用歪歪扭扭的字迹向领导汇报:"区党委宣传部:同志们好! 我近日接到北京中央音乐学院音乐研究所的通知,我创作的歌曲《故乡》经'20 世纪华人音乐经典'评定,已被列为 21 世纪中国音乐的 24 部'经典作品'之一。我是一个党员作曲工作者,入党时间虽不长(1984 年

才入党),但接受马列主义、毛泽东思想和党的教育实践还是很长的。因此,这一荣誉仍应归功于党。据说,西南各省区,包括广东、广西、湖南、云、贵、川乃至陕、甘、宁夏、青海、新疆、内蒙古、西藏等地的作曲家中,仅广西我一人的作品入选,因此,这也是我们广西壮族自治区的荣誉。退休后我日益衰老多病,耳聋眼花,不能为党做什么工作了,偶得此荣誉,特向区党委做个报告。并致敬礼——陆华柏,1993 年元月 18 日"。

可见,陆华柏老骥伏枥,将自身获得的荣誉归功于党。陆华柏曾说过:"共产党要我,我跟共产党走;共产党不要我,我也要跟共产党走"。写于 1993 年元月 18 日的思想汇报见证了陆华柏执着信念,决心为党的事业奋斗一生。

*　　*　　*

广西艺术学院这座美丽的校园,它的一砖一石、一草一木都铭刻着几代广艺人的奋斗和追求。[1] 陆华柏在广西从事音乐活动多年,不论在创作、教学、科研和民族音乐的整理等方面,都作出了卓越的贡献。[2] 对于陆华柏来说,社会主义的、民族的音乐文化繁荣,专业、师范的乃至中、小学的音乐教育的普及与提高,是他几十年来关心和全力以赴的工作。[3] 陆华柏在广西艺术学院工作的几十年里,为音乐系发展尽心尽力,他的教学理念和为教学所付出的一切都显示出他忠诚于党,为我国音乐事业奉献一生的孜孜追求。在陆华柏先生诞辰 100 周年的今天,我们缅怀陆华柏为广西艺术学院付出的努力,广艺不会忘记他,历史不会忘记他。

1　黄格胜:《广西艺术学院建校 70 周年庆典大会致辞》,《艺术探索》,2008 年第 6 期,卷首页。
2　贺绿汀:《广西多声部民歌》序,《艺术探索》,1988 年第 1 期,第 1—3 页。
3　郑盛丰:《求索——记一个坚强的老音乐家陆华柏教授》,《广西日报》,1981 年 7 月。(据戴鹏海先生《陆华柏音乐年谱》记载,郑盛丰为人民日报社记者站站长,笔者收集到是手稿。)

全方位的音乐教育实践

——陆华柏在华中师范学院

    陆华柏在音乐教育方面的贡献,学界比较明显的研究成果是 2015 年度广西艺术学院任颖佳的硕士论文《陆华柏的音乐教育主张及其当代价值》[1] 及笔者的《陆华柏在音乐教育方面的贡献》[2]。2014 年陆华柏先生诞辰 100 周年之际,学界涌现了三篇纪念陆华柏音乐教育贡献的文章[3],主要从陆华柏的学生的角度怀念师恩,体现陆华柏敬业执着关爱学生的教师形象。陆华柏的音乐教育足迹遍及大江南北,笔者曾于 2014 年撰文《陆华柏在广西艺术学院》[4] 梳理陆华柏为广西艺术学院做出的贡献。2016 年 11 月 27 日,笔者应邀参加了华中师范大学 2016"首届桂子山音乐节暨恢复建系 30 周年"系列活动之一的"纪念陆华柏先生诞辰 102 周年高峰论坛",特撰此文,回顾陆华柏先生为华中师范学院音乐系做出的贡献。

1　任颖佳:《陆华柏的音乐教育主张及其当代价值》,广西师范大学硕士学位论文,2015 年。指导老师:高敏,研究方向:教育学科与教学论。该文第一、二章主要概述了陆华柏先生生平以及在音乐创作等方面的贡献;第三、四章主要论述了陆华柏的音乐教育的主张和特点,诸如重视爱国教育,强调基础音乐教育等,并总结出陆华柏音乐教育的特点:重视基础性、突出地域性、强调普及性、重视思想性。

2　丁卫萍:《陆华柏在音乐教育方面的贡献》,《音乐艺术》(上海音乐学院学报),2014 年第 3 期,第 40—47 页。该文从宏观角度梳理了陆华柏的音乐教育足迹及音乐教育思想。

3　这三篇论文分别是:匡学飞:《怀念恩师陆华柏教授曾理中教授》,《黄钟》(武汉音乐学院学报),2014 年第 4 期,第 193—196 页;徐希茅:《敬业执着勇于探索的楷模——纪念陆华柏先生逝世 20 周年》,《艺术探索》(广西艺术学院学报),2014 年第 6 期,第 110—111、114 页;李莉:《陆华柏的作曲专业教学——写于陆华柏教授诞辰 100 周年》,《艺术探索》(广西艺术学院学报),2014 第 6 期,第 112—114 页。

4　丁卫萍:《陆华柏在广西艺术学院——为陆华柏诞辰 100 周年暨逝世 20 周年而作》,《艺术探索》(广西艺术学院学报),2014 年第 6 期,第 105—109 页。

据戴鹏海《陆华柏音乐年谱》第 93 页记载,陆华柏自 1951 年起在湖北教育学院任教开始武汉时期的生活。1952 年 11 月,根据全国高等院校院系调整方案,湖北教育学院(包括音乐科)与华中大学(包括音乐系)合并为华中师范学院并建立音乐系和音乐科,由陆华柏和刘已明分别任系主任及科主任。戴鹏海将陆华柏在武汉生活的 1951—1963 年概括为"大起大落的武汉 12 年",主要是因为 1951—1957 年上半年,陆华柏的人生道路顺利平坦,1957 年下半年起,陆华柏被错划为"右派",从而进入"大落"时期。1963 年陆华柏离开武汉前往广西艺术学院任教,直至终老。本文将研究时间段框定为 1952 年 11 月华中师范大学音乐系成立至 1957 年陆华柏被划为右派之前。此时期陆华柏的音乐贡献主要集中于运用西洋作曲技法改编民歌创编教材和组织音乐系师生举行面向社会的艺术实践两个方面。作为一名作曲家,陆华柏在武汉时期创作了他的第一部管弦乐作品《康藏组曲》。陆华柏在教学、艺术实践、音乐创作等方面的努力,为成立之初的华中师范学院音乐系奠定了根基。

一、中西合璧 编译教材

(一) 翻译原作推介西洋作曲理论

贯穿陆华柏一生的音乐创作理念是借鉴西洋音乐作曲技法弘扬中国民族音乐。他的每一部作品、曲集都是这一理念的结晶。青年时代,陆华柏自学英语,早在 20 世纪 40 年代在福建音乐专科学校任教时,就开始从事翻译工作[1],

---

1　《和声与对位》,[英] T.H.柏顿绍著,陆华柏译。北京:人民音乐出版社出版,1953 年 5 月上海第 1 版,1984 年北京人民音乐出版社重版,1990 年 5 月北京第 3 次印刷。译者序:"这本书是柏顿绍著《音乐学程》的第二部。第一部《乐理初步》已由缪天瑞同志译出(音乐出版社出版)。还是远在七八年前,我们同在福建教书时就想把它全部译出来作为教本,当时相约缪天瑞同志译第一部,我译第二部(我译了一点就丢下来了)……我的译本现在也算脱稿了;第三部《节奏分析与曲式》,我正在开始移译……"陆华柏,一九五一年十二月,北京。一九五二年十月,改写于武昌。

1953 年完成了《和声与对位》,《节奏分析与曲式》[1]也从该年度开始翻译。从《和声与对位》的再版、重版和多次印刷可以看出这部译著在 20 世纪对我国专业音乐工作者学习西方音乐理论的影响。陆华柏在华中师范学院音乐系任教期间,曾将这本《和声与对位》作为教材[2]。在 20 世纪中叶通讯尚不发达时,翻译和介绍外来文化是学习西方文明的主要方式。陆华柏逐字逐句翻译完成于武汉的西洋音乐理论著作,和丁善德等音乐家当年的翻译工作一样[3],为人们打开了学习西方音乐的窗口,促进了音乐工作者对于西洋传统的和声、对位理论的学习,启蒙音乐学子及大众,促成封闭文化的开放,在很长一段时间内起着重要作用。

(二)改编民歌丰富教材建设

陆华柏希望借鉴西洋音乐作曲技法研究民歌,创作出新的中国人民的音乐。陆华柏认为:"我们只有彻底研究民歌——她的节奏、音阶、曲调、隐含和声、曲体结构、演唱方式、伴奏配器等等,才能摸索出一条创作新的人民的音乐的正确的道路。"[4]

陆华柏在华中师范学院时期出版的民歌及民族器乐曲改编的曲集有 6 本,为 2+2+2 的构成:2 本钢琴曲集:《中国民歌钢琴小曲集》[5]、《新疆舞曲集》[6];2 本声乐曲集:《中国民歌独唱曲集》[7]、《湖北民歌合唱曲

1　《节奏分析与曲式》,1978 年 2 月油印本作为广西艺术学院作曲系教材。该教材陆华柏从 1953 年起翻译,完成于"文化大革命"时期。

2　《和声与对位》,[英] T.H.柏顿诺著,陆华柏译。北京:人民音乐出版社出版,1953 年 5 月上海第 1 版,1984 年北京人民音乐出版社重版,1990 年 5 月北京第 3 次印刷。再版附记:"这个译本出版后,我在华中师范学院音乐系的两个班作为和声教本试用过,都是在三个学期中教完。看来学生具有修了相当于缪天瑞同志编译的《乐理初步》的程度,进而学习这个本子,没有感到什么特别的困难。"译者 1955 年 11 月,武昌。

3　丁善德编译:《复对位大纲》,丁善德:《丁善德全集》,卷八、著作卷。上海:上海音乐出版社,2011 年。1952 年,丁善德生根据法国作曲家马塞尔·杜帕莱 Marcel Dupre 所著对位法及巴黎音乐院教授艾尔·伽隆 Noel Gallon 讲授的对位法教材编译了《单对位法》。

4　陆华柏:《民歌简论》,南昌:《中国新报》第 4 版副刊〈文林〉,1946 年 5 月 21 日,第 159 号。

5　陆华柏:《中国民歌钢琴小曲集》,上海:万叶书店,1953 年。

6　陆华柏:《简易钢琴曲 新疆舞曲集》,上海:新音乐出版社,1953 年。

7　陆华柏:《中国民歌独唱曲集》,北京:音乐出版社,1957 年。

集》[1];2 本民族器乐曲改编曲集:《二胡 三弦 钢琴三重奏曲集》[2]、《刘天华二胡曲集》(附加钢琴伴奏谱),与刘育和合编。[3] 陆华柏的民歌改编曲集共有 8 本[4],其中 6 本出版于武汉时期[5]。20 世纪中叶,我国高等师范院校音乐教材还十分缺乏,陆华柏通过改编民歌的方式为音乐系学生创编教材(6 本民歌改编曲集中有 4 本是声乐、钢琴教材),既推进了师范院校的教材建设,又推广弘扬了我国民族音乐。他在《中国民歌钢琴小曲集》序言中写道:"为了想初步解决音乐学校或音乐科系的学生在键盘乐器上的教材问题,我陆续编写了一些以中国各地民歌为主体的钢琴小曲。"[6] "《简易钢琴曲 新疆舞曲集》的程度较前略深,相当于'小奏鸣曲'(sonatina)的深浅,而比较难的小奏鸣曲则还要容易些。因而这适合于音乐学校、师范学校音乐系或艺术系科的学生,以及一般学习钢琴的人弹用的。"[7] 显然,这些曲集是为了解决当时师范类音乐系钢琴教材缺乏问题。

陆华柏的民歌改编有如下目的:"为声乐家或声乐工作者提供材料;为声乐学生编作独唱教材;为探索民族风格的和声作'练习'"[8]。《中国民歌独唱曲集》中,陆华柏为每首民歌编了钢琴伴奏;《湖北民歌合唱曲集》则是将湖北民歌编写成无伴奏合唱,用对位手法将民歌旋律丰富起来。这本曲集中,湖北民歌曲调基本保持原样不动或者变动不大,而只作和声或对位处理。对歌曲的演唱形式作了变动(70 首民歌合唱曲,至少有 28 种不同的演唱形式,所有作品都为无伴奏合唱形式)。陆华柏通过这些工作"加深对于湖北民歌一般规律的认识,以及探索湖北民歌作和声或对

1　陆华柏:《湖北民歌合唱曲集》,武汉:长江文艺出版社,1957 年。

2　陆华柏:《二胡 三弦 钢琴三重奏曲集》,上海:新音乐出版社,1953 年。

3　陆华柏、刘育和:《刘天华二胡曲集 附加钢琴伴奏谱》,北京:音乐出版社,1957 年。

4　另两本为 1949 年由香港音乐教育出版社刊行的《闹花灯组曲》《红河波浪》。两本曲集中大部分歌曲为我国各地民歌改编曲。

5　丁卫萍:《满怀赤诚 执着追寻——陆华柏 1949 年后的艺术追寻与心路历程》,《黄钟》,2016 年第 3 期,第 139—147 页。该文第 141 页有武汉时期陆华柏出版物表格。

6　陆华柏:《中国民歌独唱曲集》序,北京:音乐出版社,1957 年。

7　陆华柏:《简易钢琴曲 新疆舞曲集》序,上海:新音乐出版社,1953 年。

8　陆华柏:《中国民歌独唱曲集》序,北京:音乐出版社,1957 年。

位处理的各种可能性,作为建立民族风格和声体系的一种实践性的基本工作的一部分。"[1]

那么,陆华柏为何一而再、再而三地将民歌改编为钢琴、声乐教材?陆华柏认为:"音乐学生耳朵里听西洋曲调太多,它所产生的影响对于发展民族音乐来说是一种阻碍……我们应该有更多机会接触我们自己民族音乐的'语汇',希望大家起来共同努力,有计划地'接管'所有的西洋音乐阵地——从创造有高度思想性、艺术性的民族新歌剧,新交响乐、一切声乐作品和器乐作品,一直到音乐教材、教本:用来迎接祖国继伟大的经济高潮之后即将到来的文化建设高潮。"[2]

可见,陆华柏热爱我国的民族音乐,他实践用西洋作曲技法丰富我国单旋律民族音乐,洋为中用,推广弘扬我国民族音乐。他的音乐创作理念和实践经验在今天仍具价值。

二、艺术实践　促进教学

华中师范学院音乐系在成立之初的几年里举办了各种不同类型音乐会,这些音乐会为音乐系师生提供了舞台实践机会,是教学实践的常规模式,也是学校艺术实践不可或缺的部分。从收集到的 7 份节目单来看,音乐会体现了综合性特征,一台音乐会常常演出 10 个以上节目,有的多达20 个,节目形式多样,体现了当时的教学水平。部分音乐会面向社会,向社会展示教学成果。这些音乐会体现出以下特点:

(一) 音乐会演出地点不限于校内,师生同台演出

除了校内演出,音乐系也举行校外演出。7 份音乐会节目单中有 5 份节目单演出地点为本校大礼堂,另外两份节目单的演出地点为"彭刘杨路

1　陆华柏:《湖北民歌合唱曲集》序,武汉:长江文艺出版社,1957 年。
2　陆华柏:《简易钢琴曲 新疆舞曲集》序,上海:上海新音乐出版社,1953 年。

省府大礼堂"及"中山公园人民会场"。这说明当时华中师范学院音乐系的艺术实践活动已不仅局限于校内而向校外扩展。音乐会产生的影响在一定程度上丰富了武汉的音乐文化建设。

这些音乐会还有一共同特点:每一场音乐会均由师生同台演出共同完成。当时的华中师范学院音乐系成立了"声乐教研组小型合唱团""音乐系小型管弦乐队",合唱团与管弦乐队以教师为主,有少量同学。[1] 这些节目单主要以教师音乐会居多[2],学生起一些辅助作用,如参加音乐系小型管弦乐队、共同参与合唱节目等。可见当时的华中师范大学音乐系教风良好,教师首先以身作则参加演出,带动学生参与艺术实践的积极性。从节目单频频出现的陆华柏及其夫人甘宗容以及俞玉姿[3]等人的名字,可看出当时的艺术实践活动由系主任带头,音乐系教师踊跃参与。

表7　20世纪50年代华中师范学院音乐会节目单主要信息及
与陆华柏和其夫人甘宗容相关节目一览表[4]

序号	演出时间	演出地点	主办单位及音乐会名称	与陆华柏及其夫人甘宗容相关的节目所在位置及曲目
1	1953年5月16日晚8时整	本校大礼堂	华中师范学院音乐系、科、艺术科演出	(三)女高音独唱:《朴日晖之歌》,演唱甘宗容,伴奏陆华柏;(七)民族乐器合奏:《春光舞》《金蛇舞》(粤曲),陆华柏编曲,演奏:音乐科二年级全体同学

---

1. 1954年1月1日—3日节目单后标注"声乐教研组小型合唱团"每一个声部的成员除了史的、隋星桥(特请)之外,其余均为本系教师。"音乐系小型管弦乐队"各乐器演奏成员名字中,除程白舟同志(特请)外,还有部分学生参与:如担任第一小提琴的严梯云、游泳源、刘德明同学,担任第二小提琴的吴庭樾、林竞仁同学,以及演奏大锣的胡光健同学和演奏铃的郎振国同学。其余均为本系教师。

2. 这些音乐会节目单多为教师演出节目单。节目单中,身份为老师的参演人员均以"先生"或"同志"称谓,学生则以"同学"称呼。

3. 在1954年1月1日至1月3日连演5场的"以中国民歌的演唱和民族乐器的演奏为主的"《音乐演奏会》节目单中,笔者看到了2016年10月29日逝世的音乐教育家俞玉姿的名字。俞玉姿老师是"声乐教研组小型合唱团"成员之一,担任女低音。该小型合唱团有女高音3人,女低音2人,男高音2人,男低音2人。

4. 为了再现当年节目单细节,栏目中所有涉及演出日期和节目次序的数字均按节目单上的数字标记。

续　表

序号	演出时间	演出地点	主办单位及音乐会名称	与陆华柏及其夫人甘宗容相关的节目所在位置及曲目
2	1953年5月24日下午7时30分	彭刘杨路省府大礼堂	华中师范学院音乐科、艺术科演出音乐晚会武汉市武昌区工会、文化馆主办	3.女高音独唱:《朴日晖之歌》,陆华柏曲,甘宗容独唱,陆华柏钢琴伴奏;7.钢琴独奏:《浔阳古调》,陆华柏编曲;8.二胡、三弦、钢琴三重奏:《光明行》,陆华柏编曲
3	1953年11月7—8日晚7时30分	武昌县华林本院礼堂	华中师范学院中苏友协、音乐系、科,艺术科主办,庆祝伟大的十月社会主义革命卅六周年纪念	演奏会组织者:陶军、田家农、范宗先、陆华柏、刘已明、刘依问(五)女生独唱:甲、《苏丽珂》(俄罗斯民歌),乙、《夜莺》(俄罗斯民歌),甘宗容演唱,陆华柏钢琴伴奏,(九)单簧管独奏:甲、《贝加尔湖之歌》(西伯利亚民歌,陆华柏改编),乙、《祖国进行曲》(杜那耶夫斯基作曲,陆华柏改编)
4	1954年1月1—3日(连演五场)	武昌县华林本院礼堂	华中师范学院音乐系、科,艺术科主办,以中国民歌的演唱和民族乐器的演奏为主的音乐演奏会	演奏会组织者:陆华柏、刘已明、刘依问(七)乙、《大田栽秧》(云南民歌),陆华柏编曲,丙、《赞美祖国》(新疆民歌,陆华柏编曲),(八)二胡、三弦、钢琴三重奏:甲、《梅花三弄》(古调),陆华柏编曲,乙、《光明行》(刘天华二胡曲),陆华柏编曲,钢琴:陆华柏,(九)女高音独唱:乙、《大河涨水沙浪沙》(云南民歌),陆华柏编曲,(甘宗容演唱,陆华柏钢琴伴奏),(十四)合唱:甲、《龙舟梦》(纪念屈原的歌),陆华柏编曲,乙、《三句歌》(江陵民歌),陆华柏编曲,丙、《割莜麦》(绥远民歌),陆华柏编曲,丁、《蓝花花》(陕北民歌),陆华柏编曲
5	1954年7月1日晚8时,1954年7月4日晚8时	中山公园人民会场	武汉市群众业余艺术学校主办,庆祝中国共产党诞生三十三周年首次音乐演奏会	十二、女高音独唱《朴日晖之歌》(出自歌剧《打击侵略者》),陆华柏作曲,演唱:甘宗容,钢琴伴奏:陆华柏,十四、合唱:1.《蓝花花》(陕北民歌),陆华柏编曲,2.《朝鲜人民站起来了》(金久作词),陆华柏编乐队伴奏谱,十五、二胡、三弦、钢琴三重奏:1.《击鼓催花》(古曲),陆华柏编曲,2.《光明行》(刘天华曲),陆华柏编曲,钢琴:陆华柏

序号	演出时间	演出地点	主办单位及音乐会名称	与陆华柏及其夫人甘宗容相关的节目所在位置及曲目
6	1955 年 4 月 4—6 日每晚 7 点 30 分	武昌昙华林本院礼堂	华中师范学院音乐系音乐演奏会	（一）合唱：甲、《一定要解放台湾》，陆华柏曲，丙、《船大调曲》（陕北民歌），陆华柏编曲，丁、《卡什噶尔》（新疆民歌），陆华柏编曲，（二）二胡、三弦、钢琴三重奏：甲、《击鼓催花》陆华柏编曲，乙、《普庵咒》，陆华柏编曲，钢琴演奏：陆华柏，（三）女生独唱：甲、《绣荷包》（晋北民歌），陆华柏编伴奏，（十二）女声独唱：甲、《我等你到天明》（新疆民歌），陆华柏编曲，乙、《我看见轻巧的燕子》，陆华柏译词，演唱者：甘宗容，伴奏：陆华柏，（十四）无伴奏大合唱：《"五四"赞歌》（李实词），陆华柏曲，演唱者：音乐系合唱团，指挥：陆华柏
7	1956 年 7 月 13 日晚 7 时半	武昌昙华林本院礼堂	华中师范学院音乐系、科学生毕业演奏会	十四：钢琴独奏《浔阳古调》，陆华柏曲

从上表来看，陆华柏在音乐会中常常担任钢琴伴奏，在二胡、三弦、钢琴三重奏节目中演奏钢琴，他还常任指挥、作（编）曲、译词等工作，担任音乐会组织者，显示出多方面才能[1]。这些节目单信息仅仅是目前笔者所能收集到的[2]，当年华中师范大学音乐系的音乐会应该不止这 7 场。这些有限史料已可反映出当时华中师范学院音乐系在艺术实践方面的情形：音乐会演出由系主任带头，教师学生踊跃参与。如今，名字出现在节目单上的老师大部分都已作古，然而节目单却留住了当年华中师范学院音乐系艺术实践的历史。

1　丁卫萍：《从 20 世纪四五十年代的音乐会节目单看陆华柏的音乐活动》，《人民音乐》，2011 年第 7 期，第 48—51 页。

2　陆华柏遗稿中，有"解放前后音乐会节目单（包括复印件）"文件袋。从相关信件中，笔者了解到有一部分节目单是陆华柏的学生收藏后寄给他的。这位学生（署名不详）在 1992 年 3 月 12 日给陆华柏的信中写道："现沪上有热心人为陆师写传记，资料室在为陆师清找过去的作品。我在书架底下发现了一些我过去存放起的节目单，现清理寄给您有关的部分。""沪上有人给陆师写传记"即戴鹏海为陆华柏编写《陆华柏音乐年谱》——笔者。

（二）演出节目涵盖中外作品，中西乐器同台

7份节目单中每场音乐会的演出节目基本涵盖中外音乐作品：如1953年5月16日的音乐会有肖邦的《波兰舞曲》（A大调）；1954年7月1日、4日的音乐会包括莫扎特的《费加罗的婚礼》序曲，舒伯特《未完成交响乐》第一乐章，俄罗斯民歌《伏尔加船夫曲》；1955年4月4、5、6日的"音乐演奏会"演出了纳谢兹的《吉普赛舞曲》、多南怡的《第三狂想曲》（钢琴独奏）；俄罗斯民歌《沿着贝加尔湖草原》（男声独唱）；1956年7月的音乐系、科学生毕业演奏会有勃拉姆斯的大提琴独奏《匈牙利舞曲》、小提琴独奏《花之歌》等。

以1954年1月1日至3日华中师范学院音乐系、科，艺术科主办"以中国民歌的演唱和民族乐器的演奏为主"的音乐会为例，尽管节目单标明了音乐会主题是民歌演唱及民族乐器演奏，但曲目演奏形式仍体现出用西洋乐器演绎中国作品的特点，如单簧管独奏《牧童短笛》、钢琴独奏《花鼓》《蒙古组曲》、小提琴独奏《绣金匾》。二胡、三弦、钢琴三重奏《梅花三弄》《光明行》，则是中西乐器在同一节目实现同台演奏。因此，当时的音乐会在主要演奏演唱我国民族音乐作品的基础上兼顾演出西洋音乐作品。这些音乐会演出活动作为教学活动不可分割的部分增强了师生舞台实践能力，成为系科教学活动的重要部分。

三、深入民间 "康藏组曲"

作为作曲家的陆华柏在武汉时期影响较大的作品是1955年创作的管弦乐《康藏组曲》。解放初期，毛泽东同志曾向人民解放军进藏部队发出"为了帮助各兄弟民族，不怕困难，努力筑路"的号召。解放军与筑路职工和藏族同胞克服了艰难险阻，终于修通了位于世界屋脊的康藏公路（现名川藏公路）。1955年，修筑康藏公路（现称川藏公路）通向世界屋脊西藏这一喜讯传遍祖国大地，喜悦之情震撼着陆华柏，他情不自禁地把解放

前深深喜爱的流传在藏族的民歌和歌舞音乐旋律作为素材,用管弦乐配器手法,写出《康藏组曲》。这首作品采用四川康定、巴塘一带藏族民歌、歌舞音乐旋律为素材,分七段,反映康藏高原高山深谷宁静神秘的自然景色和淳朴善良的风土人情,表现藏族同胞的欢乐、爱情与忧伤,最后以节日歌舞场景作结尾。[1]《康藏组曲》(管弦乐总谱)1956年由北京音乐出版社出版,同年由武汉人民艺术剧院管弦乐队在武汉作首次演奏,客席指挥是捷克斯洛伐克音乐家琴斯基。1958年,该作品由苏联音乐出版社收入《中国作曲家作品集》在莫斯科出版。香港唱片公司录制的《中国管弦曲选》收有此曲[2]。2008年10月27日晚,广西艺术学院校庆70周年期间举办的《广西艺术学院老音乐家音乐会》上,《康藏组曲》再次奏响。"陆华柏的《康藏组曲》是20世纪50年代中期探索交响音乐民族化的为数不多的作品之一,是一部紧密结合时代的作品。"[3]

* * *

1952—1957年,陆华柏在武汉华中师范学院度过的日子,是他一生中所取得的学术成果最为丰硕的时光:5年多时间里连续出版了10部学术成果(包括曲集、译著和作品),到达了他音乐生涯的巅峰。这是陆华柏音乐生涯的黄金时期,正值中年的他精力充沛,有了比较成熟的音乐创作理念,积累了丰富教学、办学经验[4],他将自己的音乐创作理念和音乐教育和艺术实践结合起来,共同实现孜孜以求的人生目标:用西洋音乐技法丰富我国民族音乐、推广民族音乐。20世纪50年代初至50年代中期,新中国成立之初欣欣向荣的景象为陆华柏实现人生理想提供保障,陆华柏在华中师范学院音乐系从事的音乐教育实践是全方位的。

1　陆华柏关于《康藏组曲》创作背景的手稿。无标题,无时间标注。

2　该唱片由林克昌指挥,日本群马交响乐团演奏,《康藏组曲》位于第三首。该唱片还包括冼星海的《黄河协奏曲》、丁善德的《中国民歌变奏曲》以及王义平的《貔貅舞曲》。唱片号:HK8.240055。

3　上海音乐出版社:《音乐欣赏手册》续集,上海:上海音乐出版社,1989年版,第592页。

4　陆华柏在50年代初武汉前先后在广西桂林艺术师资训练班、福建音乐专科学校、江西体育专科学校、湖南音乐专科学校、中央戏剧学院等校任教。

遗憾的是,1957年7月,武汉长江文艺出版社出版陆华柏编曲的《湖北民歌合唱曲集》之时,陆华柏就被错划为"右派"。1963年,"摘帽右派"陆华柏回到阔别20年的广西,在广西艺术学院任教。直至1976年,陆华柏几乎在文艺界消失。然而这些都无法抹去陆华柏家人对1952—1957年间在武汉华中师范学院工作时的幸福记忆。陆华柏的夫人甘宗容教授在谈及当时的工作学习时发自内心的欢乐:"那时我们最幸福了,一天到晚只知道唱歌、弹琴、教书……" [1]

1　2016年4月18日,笔者随华中师范大学音乐学院副院长康瑞军教授一行,在广西艺术学院教师公寓采访甘宗容老师,甘老师口述。

陆华柏在音乐教育方面的贡献

中国近代音乐史上许多卓有成就的音乐家,也大多是音乐教师,甚至以音乐教育为终身职责[1]。陆华柏亦是其中之一。陆华柏自 1934 年从事音乐教育直至 1989 年离开音乐教育岗位,从事音乐教育工作 55 年。若以 10 年为一代,先生真可谓"五代学人"的宗师。然而,对于陆华柏音乐教育方面的贡献,迄今为止学界未有专门研究。从陆华柏一生的学术经历及其实践的最主要方面来看,他为我国现代专业音乐教育与师范音乐教育做出了贡献,是岭南边陲音乐教育的先驱者。

一、音乐教育生涯

1934 年,陆华柏从武昌艺专毕业后留校任教,担任乐理和钢琴教学。"从那时起我教了半个多世纪书,一直是交替担任师范音乐专业教学、非师范音乐专业教学(主要是音乐系作曲系或是作曲专业)的教学工作"[2]。

1. 广西桂林艺术师资训练班时期(1938—1943)[3]

广西艺术学院前身广西艺术师资训练班成立于抗战第二年(1938 年 9 月),这是广西省造就中小学艺术师资唯一的机关,主要培养美术和音乐

1　陈应时、陈聆群:《中国音乐简史》,北京:高等教育出版社,2006 年,第 206 页。
2　陆华柏:《从我自己五十年来从事教育工作谈起》,1987 年,陆华柏手稿,未发表。
3　由于 1934 年陆华柏留校任教后不久,还在湖北省立第二小学教过半年多音乐课,后到南京访友演出,1937 年来到桂林,1938 年起在桂林艺术师资训练班任教,所以此处以 1938 年作为陆华柏从事音乐教育生涯的第一个完整时期。

两方面的人才。当时担任音乐班教师的有吴伯超、马卫之、狄润君、陆华柏、胡然、姚牧等[1]。担任美术班教师的有张安治[2]、丰子恺等。这是陆华柏从事音乐教育的第一个时期。当时,广西桂林文化城抗战音乐开展如火如荼,陆华柏和他的学生们一起,轰轰烈烈地投入抗战群众音乐宣传活动中,为桂林抗战音乐开展做出了贡献。除了这些活动,他还参与艺师班主编的刊物《音乐与美术》并负责音乐部分[3]。陆华柏教学一丝不苟,我们可以从一篇学生回忆录中发现陆华柏的教学态度。"华柏老师在我人生进击的道路,给我指引和鼓励,是我终生难忘的。当我第一次拿着我的练习,一首小小的二段体儿童歌曲《小朋友》去请教他时,心情是极为不安的。谁知第二天,他一见到我,就和蔼地叫住了我,递给我一份线谱稿,他替我改好了,而且给我在歌曲前面加了一段小号前奏,并给整个曲子配了钢琴伴奏。这时,我心里真是激动极了。望着他从眼镜中透露出的慈爱和激励的目光,我一时不知说些什么是好"[4]。陆华柏当时担任的课程有作曲指挥合唱等。他还创作了不少脍炙人口的抗战歌曲,如《广西艺术师资训练班班歌》(后定为广西艺术学院院歌,张安治词),《保卫大西南》《广西学生军军歌》《战!战!战!》[5]等。陆华柏在广西桂林的教学与音乐活动是他青年时代音乐生涯的第一个高峰[6]。

2. 国立福建音乐专科学校时期(1943—1945)

如果说广西桂林艺术师资训练班时期,陆华柏更多的是带领学生们一起参加抗战音乐宣传活动,那么,福建音专工作时期的陆华柏,则是他

---

1 孙继南:《中国近现代音乐教育史纪年(续二)》,《星海音乐学院学报》,1995 年第 1、2 期,第 111 页。

2 张安治,又名张帆,陆华柏作曲的《故乡》词作者。

3 戴鹏海:《陆华柏音乐年谱》第 25 页,1994 年,广西艺术学院,未公开出版。

4 任士奇:《沧桑话旧忆师恩》,《柳州日报》,1985 年 5 月 21 日,第 3 版。

5 参丁卫萍《简论陆华柏抗战时期的群众歌曲创作》,《音乐与表演》(南京艺术学院学报),2009 年第 3 期。

6 关于陆华柏参加广西桂林抗战音乐活动的文章,可参考陆华柏:《抗战时期桂林文化城群众歌咏活动纪实——我参与了的和记得起的一些群众歌咏活动》,《广西新文化史料》,纪念中国共产党诞辰 70 周年特辑,1991 年 1 月(内刊)。广西新文化史料编辑部。

潜心教学研究,重视提高自身理论素养的重要时期。1942 年,广西艺术师资班解散,陆华柏受当时在国立福建音乐专科学校工作的缪天瑞先生之邀,于 1943 年冬开始在福建音专担任教授。这一时期陆华柏所取得的教与学两方面进步,为他之后的工作和学习打下了坚实基础。

在福建音专,陆华柏担任《和声学》《作曲及配器法》课程,同时又兼任合唱课指挥。"他写作品给我们当教材,如歌颂抗日将领冯玉祥的清唱剧《白沙献金》,借纪念伟大诗人屈原而创作的康塔塔《汨罗江边》,和历史题材合唱曲《大禹治水》等,陆老师不顾自己身体健康,常常写到半夜,真是呕心沥血为音乐教育事业贡献自己的毕生精力。"[1] 在福建音专十分艰苦的教学环境中,陆华柏非常突出的贡献是陆华柏为刘天华十首二胡曲、三首琵琶独奏曲写了钢琴伴奏,并和他的同事王佩纶、刘天浪一起,巡回于福建永安、南平、福州等地公演,轰动一时,获得各界人士极高评价[2]。作曲、翻译音乐理论教材、教学、举行音乐会,陆华柏与福建音专师生们一起进行着多方面的音乐教育实践。[3] 福建音乐专科学校培养了一大批音乐师资,为我国学校音乐教育的发展做出了重要贡献,我国一些著名的音乐家、音乐教育家,如杨民望、汪培元、沙汉昆、叶林、颜廷阶等均毕业于该校[4]。

3. 辗转各地[江西体专(1946)—湖南音专(1947—1949)—衡阳解放军四十六军文工团(1950)]

1946 年 8 月,江西省立体育师范专科学校增设音乐专修科,创办人为刘天浪。[5] 陆华柏在江西体专工作的时间并不长,短短的一年多时间里,他担任音乐科主任,在做好教学和行政工作的同时,带领师生们举行了多

1　陈炳煌:《一生孤傲不畏邪——回忆陆华柏教授二三事》,《国立福建音专校史资料集》,福建省艺术研究所编,1988 年,第 46 页。
2　颜廷阶:《中国现代音乐家传略》,台北:绿与美出版社,1992 年,第 54 页。
3　可参考陆华柏:《抗战后期的"福建音专"》,《音乐艺术》,1990 年第 2 期。
4　马达:《20 世纪中国学校音乐教育发展概况(七)——抗战时期至新中国成立之前的师范音乐教育(1936—1949)》,《中国音乐教育》,2000 年第 7 期。
5　同上。

场音乐会。[1] 在教学工作之余,该时期也是陆华柏早期音乐文论写作较为集中期,这些文论主要发表在《中国新报》。1947 年秋,陆华柏开始担任湖南音专教授,解放前夕,陆华柏带领师生们一起,指挥演出冼星海的《黄河大合唱》,并指挥他创作的《挤购大合唱》等,在当时产生了一定影响。1950 年[2],他在衡阳解放军四十六军文工团担任音乐教员,负责文工团管弦乐队指挥工作。

　　4. 湖北教育学院(1951)—中央戏剧学院(1951)—华中师范学院(1952—1958)—湖北艺术学院(1959—1963)

　　1951 年上半年,陆华柏任武昌湖北教育学院音乐科主任同时兼任合唱课。1951 年 5 月 4 日,带领和组织音乐系师生举行了"五四音乐会",这场音乐会还是湖北教育学院历史上的第一次。1951 年 7 月至 1952 年初,陆华柏在中央戏剧学院工作了半年,1952 年 11 月华中师范学院成立后,陆华柏担任音乐师范科主任。为了配合教学需要,陆华柏在 50 年代初连续出版了多种音乐教材,这使得他的音乐事业到达了又一个巅峰。作为华中师范学院的一代元老,陆华柏为该校发展奠定了坚实根基。音乐创作、从事教学、举行音乐会,陆华柏身兼数职全面展开工作。1957 年,陆华柏被错划为右派下乡劳动,1958 年华中师范学院与中南音专中南美专合并为湖北艺术学院,陆华柏回校任教,当时的湖北艺术学院实行作曲技术理论"一条龙"的教学方法,传统的"四大件"由一个老师包教到底。陆华柏班上的学生有匡学飞、刘虹等。在匡学飞回忆师恩的信中这样写道:"在大学时代,有四位教师给我影响最大,陆老师是第一位。我永远忘不了他给我这个穷学生的教诲、指点、支持之恩……"[3]

1　参丁卫萍《从 20 世纪四五十年代的音乐会节目单看陆华柏的音乐活动》,《人民音乐》,2011 年第 7 期。
2　1949 年 8 月—1950 年 4 月,陆华柏曾在香港生活工作过一段时间。
3　匡学飞于 1994 年 4 月 1 日写给陆华柏夫人甘宗容老师的信件(陆华柏于 1994 年 3 月 18 日去世,匡在信中表达了对陆华柏的追思和感激。)

5. 广西艺术学院时期(1963—1989)

1963 年,陆华柏重返阔别二十多年的广西,来到广西艺术学院工作。当时陆华柏背负着沉重的政治包袱,在"改造"自己思想的同时对广西多声部民歌研究产生了浓厚兴趣。[1] 1979 年,陆华柏获得平反,担任广西艺术学院音乐系主任。在担任音乐系主任的五年时间里,为了加强理论教学与业务实践的联系,他主张每个学期中间,搞两次院内的"双周音乐会";每半年搞一次院外音乐会;每届学生毕业还搞毕业音乐会。[2] 陆华柏积极探索音乐专业办学模式,曾设想在学院建立从小学到大学的一贯制教育模式并探索师范音乐教育应突出"师范性"。在广西艺术学院,陆华柏担任的课程有作曲理论及指挥等。由于陆华柏在音乐教育上的长期贡献,1989 年 12 月 25 日,广西艺术学院举行了《陆华柏教授从教五十五年纪念作品音乐会》,

图 7 陆华柏教授执教 55 年纪念作品音乐会现场(1989 年 12 月 25 日)

1　贺绿汀:《〈广西多声部民歌〉序》,《艺术探索》,1989 年第 1 期。
2　戴鹏海:《陆华柏音乐年谱》第 25 页,1994 年,广西艺术学院,未公开出版,第 141 页。

音乐会上演出了陆华柏各个时期不同风格不同体裁的代表作品多部。[1]

半个多世纪的辛勤教育,陆华柏的学生桃李满天下。这些学生中,有高校音乐教师如王小昆,王晓宁,他们是陆华柏在广西艺术学院的学生;有台湾音乐学家颜廷阶,他是陆华柏在福建音专时期的学生;有《音乐创作》副主编邹启炎,他是陆华柏在华中师范学院时期的学生;有作曲家刘虹、武汉音乐学院教授匡学飞等等,他们是陆华柏在湖北艺术师范时期的学生。这些人才都为我国音乐事业的发展贡献着力量。

二、以音乐教育为中心的多方面音乐活动

陆华柏承担的音乐教育课程主要有作曲理论、指挥、和声等。以上文字也可以看出,陆华柏并不是普通的音乐教员,他常常担任音乐系科主任,兼任行政职务。陆华柏先生自 1937 年创作《故乡》,就已是一个名人。[2] 他在中国近现代音乐史上与其他音乐教育家最显著的不同是:他是以一位作曲家的身份,兢兢业业从事音乐教学的。他将作曲才能与音乐教学相结合,为学生写作品编教材,还从事音乐理论研究。长期以来,陆华柏的多方面音乐活动构建了一个以音乐教育为中心,涵盖和涉及了音乐创作、音乐理论研究、音乐实践活动等全方位多角度的音乐活动框架:

图 8 陆华柏多方面音乐活动关系图

---

1 可参考戴鹏海:《陆华柏纪念音乐会在邑举行》,《人民音乐》,1989 年第 3 期。

2 "……李凌同志拍案而起,写了第一篇反批评的文章,接着好像我也写了一篇,当时我们还很年轻,水平也不高,可能在态度上也有过分激昂的不当之处,但是,李凌同志当时这种敢于向知名人士挑战的正义感和勇气,还是很值得敬佩和肯定的。"赵沨:《庆贺李凌同志八十寿辰》,《音乐研究》,1994 年第 2 期。"反批评的文章",即为反对陆华柏 1940 年 4 月 21 日发表在广西桂林《扫荡报》副刊上的《所谓新音乐》一文——笔者。从赵沨上述文字可以明确,当时,陆华柏已是名人。

如图所示,陆华柏终身从事音乐教育并以此为核心。从核心与外圈的关系来看,音乐教育阵地使得他始终都有一些学生,陆华柏常常带领学生举行音乐会实践演出活动(这里的"音乐实践"指的是音乐会实践)。音乐会上,陆华柏的作品频频演出,陆华柏从中洞悉其作品在群众中的受欢迎程度并受到检验,这些音乐会实践推动教学;由于从事音乐教育本身就需要教师有较高的音乐理论修养,陆华柏不断更新知识储备,自学英文,从事音乐理论书籍翻译工作都是他获得提高的途径,而音乐理论知识储备越深,对教学就越有利;陆华柏是一位作曲家,音乐创作成果越丰富,就越能促进教学,而教学对音乐创作又有推进作用。因此,从上图看出,核心音乐教育对外圈的三方面音乐活动具有作用与反作用。从图表外圈来看,音乐创作推动音乐会实践,音乐会实践又为音乐理论研究提供素材,音乐理论知识总结又对音乐创作有利。所以外圈也是互为影响。正是这个和谐有机的全方位音乐活动框架,使陆华柏在音乐创作、音乐理论研究、音乐会实践诸方面紧密地与音乐教育结合并为音乐教育服务,它们相互作用,互为促进,周而复始,循环往复,全面提高。

1. 音乐创作为教学服务

作为作曲家的陆华柏,能将音乐创作才能与教学相结合,他常常为了更好地开展教学而进行音乐创作。1944 年,陆华柏逐一为刘天华十首二胡曲编配钢琴伴奏并进行实践演出。在谈及创作动因时,他提及是因为他当时在福建音专教书,师生们有轻视民族音乐倾向[1],他想通过这些工作引起学生对民族音乐特别是二胡的重视。陆华柏为刘天华的十首二胡曲编写钢琴伴奏奠定了二胡与钢琴合作的里程碑[2],也为后来钢琴作为二

---

1 《刘天华二胡曲集 附加钢琴伴奏谱》,刘育和、陆华柏合编,北京:音乐出版社,1957 年。陆华柏在附言《我怎样为刘天华二胡曲编写钢琴伴奏的》这样写道:"当时的动机不外:第一我听过人们演奏这些作品,我很喜爱这些作品。第二,其时我在永安福建音专教书,师生有轻视民族音乐的倾向,我企图通过为这些作品编配伴奏,引起学生对二胡的重视。第三,我是一直在探索中国气派的和声,正好把二胡曲当着十道中国和声的练习题,当时的动机只是如此。"

2 笔者 2005 年度硕士论文《论陆华柏的音乐贡献》,第 25 页。

胡演奏伴奏乐器的音乐创作提供借鉴。福建音专工作时期,他担任的合唱课缺少教材,他就结合当时社会情形创作作品给学生,合唱作品《汨罗江边》《白沙献金》就是他创作给学生当合唱教材的。一位既擅长于音乐创作,又专心音乐教学的教师,是能够受到学生们广泛欢迎的。因此,学生们评价陆华柏是一位才华横溢的作曲家和老师,既能演奏钢琴,又能担任指挥,还能写作品给学生当教材。

2. 创编教材丰富教材建设

20 世纪中叶,我国高等音乐教育教材还十分缺乏,陆华柏创编了一系列音乐教材,这些教材既融进了他的音乐创作理念,丰富了教材建设,弘扬了我国民族音乐。陆华柏曾说过:"民歌是人民的艺术,她的内容是人民的,她的形式是人民的。只有彻底研究民歌——她的节奏、音阶、曲调、隐含和声、曲体结构、演唱方法、伴奏配器等等,才能摸索出一条创作新的人民的音乐的正确的道路。"[1] 1949 年香港音乐教育出版社出版的《红河波浪》[2]是陆华柏在 20 世纪 40 年代从事民歌改编工作的首要成果。之后,为了使出版的教材便于学生学习,陆华柏继续创编了一系列声乐钢琴教材。他在《中国民歌钢琴小曲集》序言这样写道:"为了想初步了解解决音乐学校或音乐科系的学生在键盘乐器上的教材问题,我陆续编写了一些以中国各地民歌为主题的钢琴小曲⋯⋯我没有按深浅为序排列,但在题后标有星号: * 表示最浅易, ** 表示尚浅易, *** 表示稍困难。"[3]

1985 年,陆华柏在《中国民歌钢琴小曲集》"重版小记"[4]中这样说:"我的编作是不足道的。但是,民歌旋律本身却具有一种内在的生命力,在蛰伏了一代人的时光之后,偶然回忆起,她与人民纯朴深厚感情的联

1　陆华柏:《民歌简论》,载《中国新报》,1946 年 6 月 6 日第 4 版"文林"副刊。
2　《红河波浪》(民歌独唱集),陆华柏曲谱。香港音乐教育出版社刊行,1949 年 10 月 15 日。
3　陆华柏:《中国民歌钢琴小曲集》序,陆华柏编曲。上海: 万叶书店。1952 年,第 1 页。
4　1985 年,陆华柏曾将 1952 年由上海万叶书店出版、1953 年再版的《中国民歌钢琴小曲集》重新整理,写信至人民音乐出版社争取重版并写了"重版小记"。后因各种原因,未果。

系,与祖国美丽山河风光的联系,仍未稍减! 甚至显得更浓、更深!"[1]回顾陆华柏改编民歌的初衷,我们可以发现陆华柏此举也是为音乐教育服务,正如他所说的:"我改编民歌,有如下目的: 为声乐家或声乐工作者提供独唱材料;为声乐学生编作独唱教材;为探索民族风格的和声作'练习'。"[2]

3. 翻译教材拓宽教学文献

陆华柏从事音乐理论书籍的翻译工作始于福建音专时期。当时,缪天瑞先生是教务主任,缪天瑞与陆华柏相约,将柏顿绍的音乐教程全部译出来作为教本。陆华柏共翻译了四本译著,其中正式出版的有两本:《和声与对位》[3]、《应用对位法》[4]。这些译著丰富了我国音乐理论文库,为当时的教学提供了理论资料。

陆华柏通过翻译促进了自身音乐理论学习,将这些学习成果运用于教学。当时福建音专教授音乐理论的有好几个老师,所讲体系也不同,但是他们互相学习,互不相悖。这在一定程度上促进了福建音专良好教学风气的养成。这些完成于不同时期的译著促进了西洋作曲理论在中国的传播,为教学和自学复调音乐提供了重要参考。陆华柏的几部译著为我国音乐理论建设和音乐教育事业的发展做出了贡献,即使在今天,也有一定的参考价值。

4. 理论研究与教学相结合

陆华柏在从事音乐教学的同时笔耕不辍。陆华柏的不少音乐文论与教学相结合,以上世纪30、40年代发表的早期文论为例,与教学相关的音乐文论主要有《略谈"合唱"》[5]《怎样教唱抗战歌曲》[6]《作曲与理论》[7]《创

1　陆华柏:《中国民歌钢琴小曲集》重版小记,1985年9月,陆华柏手稿,未发表。
2　陆华柏:《中国民歌独唱曲集》,编曲者的一点说明,北京:音乐出版社,1957年。
3　柏顿绍著,陆华柏译,上海新音乐出版社,1953年,1984年人民音乐出版社重印。
4　柏西·该丘斯:《应用对位法》上卷,创意曲,陆华柏编译,人民音乐出版社,1986年。另两本为油印本,曾作为广西艺术学院音乐系作曲教研室参考资料:《对位法初步》(基特森著),1977年;《节奏分析与曲式》(柏顿绍著),1978年。
5　陆华柏:《略谈合唱》,《扫荡报》,1939年2月8日,"抗战音乐"第2期。
6　陆华柏:《怎样教唱抗战歌曲》,《扫荡报》,1939年3月2日,"抗战音乐"第3期。
7　陆华柏:《作曲与理论》,《扫荡报》1941年6月27日,"抗战音乐"第4版。

作与演奏》[1]《伴奏问题》[2]《和声的学习》[3]《歌曲创作之研究》[4]《音乐理论的学习》[5] 等。勤于动笔,擅长总结,这些文论对音乐教学起到了促进作用。以《略谈"合唱"》为例,陆华柏这样写道:"一般唱救亡歌曲或学校唱歌,不分男女老幼,大家唱同一曲调,严格地说起来不能算作'合唱',应该成为'齐唱'。合唱是另外一回事。吴伯超的《冲锋歌》第一次演唱的时候,有的人批评说:'唱得高高低低各自起落,一点也不整齐。'这句话正说明了合唱是怎么一回事……和声学就是研究如何使不同的声音结合得好的学问,《对位法》则除掉同时响得好以外还须兼及各部本身的进行均有一个独立的曲调……"写作此篇文论时,陆华柏正在广西桂林艺术师资班担任合唱教学,针对一般群众混淆"合唱"与"齐唱"的概念,陆华柏撰写此文,一方面可以起到普及音乐知识的作用,另一方面也可以更好地为合唱教学服务。陆华柏撰写音乐文论进行音乐理论研究,从上文提到的文论标题来看,有涉及音乐理论学习的,有关于和声学学习以及伴奏问题讨论的,也有关于作曲和理论以及创作和演奏的。因此,陆华柏边思考边实践,边写作文论进行理论研究以促进教学,他的很多音乐理论研究文字直接为教学服务。

5. 进行音乐会实践推进教学

无论在哪所学校任教,重视艺术实践是陆华柏的一贯做法。我们可以从一系列音乐会节目单得到证明。[6] 音乐会演出既能使陆华柏的音乐作品有更多的演出机会,使他的作品接受听众评价检验,更重要的是提高了学生的演奏演唱能力,推进教学活动开展。陆华柏参与和组织的音乐

1　陆华柏:《创作与演奏》,《扫荡报》1940 年 3 月 19 日,"瞭望哨"1132 期。
2　陆华柏:《伴奏问题》,《扫荡报》,1940 年 5 月 6 日,"瞭望哨"1167 期。
3　陆华柏:《和声学的学习》,《扫荡报》,1941 年 7 月 6 日"星期版"56 期。
4　陆华柏:《歌曲创作之研究》,《中国新报》,1946 年 11 月 10 日第 4 版"文林"副刊。
5　陆华柏:《音乐理论的学习》,《体育与音乐》,1946 年创刊号。
6　可参笔者拙文《从 20 世纪四五十年代的音乐会节目单看陆华柏的音乐活动》,《人民音乐》,2011 年第 7 期。

会对提高当时民众音乐欣赏能力起到了积极作用,也在一定程度上扩大了学校办学影响。仅以陆华柏担任湖南音专音乐科主任时短短的一个月(1949 年 6—7 月)间演出活动来看,陆华柏就连续指挥参加了多场音乐会演出。[1] 陆华柏自己总结一生音乐活动时曾说过:"我的音乐活动,是作曲、指挥、教学三位一体",[2] 因此,陆华柏的音乐生涯和活动是全方位的。

"在很长的历史阶段里,新的音乐创作、音乐理论研究和音乐表演的进行,乃至对于传统音乐的发掘、整理、改进和社会音乐活动的开展等,几乎同教育的活动密不可分地结合在一起。"[3] 陆华柏正是将这几者很好地结合起来并在多方面取得成就的老一辈音乐家。可以这么说,陆华柏的一生以音乐教育为中心。在他的很多文章中,我们都能够读到他对于中国音乐教育的热忱之心。他一直认为,中国国民音乐素质的提高取决于音乐教育成功与否,要提高国民素质,教育是根本,音乐教育在国民素质中占据十分重要的方面。而音乐教育的成功,首先要有一批献身于音乐教育的教师。这些教师从哪里来,要从师范高等学校而来。

三、重视师范音乐教育的拳拳之心

陆华柏一生从事的音乐教育,可分为师范教育和非师范教育两大类。[4] 1956 年,陆华柏和老志诚、陈洪、刘雪厂等七名教授联名发表了《应

1　1949 年 5 月 26、27、28、29 日下午一时,在长沙怡长街联华戏院,陆华柏担任整场音乐会指挥;1949 年 5 月 30、31 日下午一时,长沙又一村和平戏院、1949 年 6 月 4 日,四方塘青年会礼堂、1948 年 6 月 28、29 日下午 2 时,万昌文、曾飞泉、陆华柏联合演奏会等,这些音乐会节目单上陆华柏均担任指挥及钢琴演奏。

2　陆华柏:《幻想曲》,陆华柏手稿,1987 年,未发表。

3　陈应时、陈聆群:《中国音乐通史》,北京:高等教育出版社,2006 年,第 206 页。

4　陆华柏在 1986 年 10 月写的文章《音乐师范专业与非音乐师范专业在音乐教学上究竟有什么不同》(未发表,手稿)中回顾了他的教学生涯。其中涉及师范教育的有 1946 年,在江西省体育专科学校任教授兼科主任;1951 年,在湖北教育学院任音乐科主任,以及华中师范学院音乐系、湖北艺术师范音乐系。

重视中小学和师范院校的音乐教育》¹一文,呼吁应该重视师范教育。文章根据当时中小学和师范教育存在的问题,向教育部、高等教育部、文化部提出了十条具体意见,足见包括陆华柏在内的众教授对于重视师范音乐教育的关怀和期待。文中写道:"在音乐教育方面,我们有着一种忧虑:它还远没有得到应有的重视。尤其是普通中小学的音乐教育情况更不好;师范院校的音乐系科也存在着很多问题……师范院校音乐系科直接培养中学(包括中等师范)音乐师资,间接影响小学音乐教育的质量。重视普通音乐教育的人都会知道首先应当抓住这个环节。"

1986 年,陆华柏参加华中师范学院音乐系召开的音乐师范专业教学改革座谈会,他的发言稿结合自身五十年来从事音乐教育的工作体会,探寻了音乐师范专业教学上的特殊规律。² 论述了音乐师范专业在音乐教学上应该突出"师范"特点的问题。³ 他写道:"在音乐教学上,师范专业应该与演唱、演奏、作曲专业有所不同;不但是开设的课程有所不同,即同一课程,在内容的侧重、简繁上,在教学方式方法上,也应有所不同。这种不同,是由于培养的方向不同决定的。高等师范院校的音乐系,总是容易向高等艺术院校以培养独唱人才、独奏人才、作曲人才的音乐系等专业看齐,往往办成了'第二音乐系',这种现象相当普遍。"针对这一问题,陆华柏提出建议:"组织力量,订立规划,编写一套适应'音乐师范专业'教学用的系统教材。"⁴ 可见,陆华柏对于师范音乐教育的热忱。

1　陆华柏等:《应重视中小学和师范院校的音乐教育》,《第一届全国音乐周会刊》1956 年第 20 期(8 月 24 日出版),《人民音乐》1956 年第 9 期转载。

2　发言稿中写道:"音乐师范专业—音乐非师范专业在音乐教学上究竟有什么不同? 几十年来,是从完全不清楚,逐渐感到有问题、有矛盾(矛盾的主要方面在音乐师范专业)。对于音乐师范专业教学上的特殊规律,积累了不少感性认识,尚待作出全面的、系统的总结,上升为理性认识。"

3　《试论音乐师范专业在音乐教学上突出"师范"特点的问题——关于音乐师范专业教学改革的一些设想》,《艺术探索》,1987 年第 1 期。

4　该发言稿为陆华柏手稿,未发表。写于 1986 年 10 月。

＊　＊　＊

由于特殊的历史原因[1]，对陆华柏历史功绩的整理和挖掘长期以来未受到学界重视。[2] 尽管近年来陆华柏研究有逐步受到重视的倾向[3]，但是，对于陆华柏先生多方面的贡献来说，还是远远不够的。虽然陆华柏的音乐人生几经沉浮，[4]但是他从来都没有动摇过从事音乐教育的信念，更没有一天离开过他钟爱的音乐教育事业。究其原因，是因为他相信，国家音乐教育要提高，必须依靠音乐师资培养，好的音乐师资哪里来，要通过音乐教育。在陆华柏长达55年的音乐教育生涯中，有32年是在偏远的广西度过的。从1938年在广西桂林艺术师资班任教垦荒，到几经辗转后1963年重回广西直至退休，他为我国不发达地区的音乐教育事业付出了努力和艰辛。

笔者在写作此文时，心中也常常会冒出一些假想。1949年8月至1950年4月，陆华柏曾在香港永华影片公司担任高报酬作曲专员和香港音乐院院长职务。[5] 如果陆华柏当时继续留在香港未返回大陆，那么之后的故事又将会如何。当然，这仅仅是设想，事实上，陆华柏回到大陆后，1957年被错划为"右派"，政治上很长时间受到压抑，但陆华柏直至晚年

1　即由《所谓新音乐》一文引起的风波。可参了卫萍《陆华柏研究述评》，《天籁》（天津音乐学院学报），2009年第4期。1979年，虽然陆华柏获得平反，但是由于1963年后陆华柏一直在广西南宁较偏远处工作，使得界界对陆华柏以及他的贡献慢慢淡忘了。

2　2004年，笔者第一次来到广西南宁陆华柏故居时，陆华柏所有遗稿还保留着1994年他逝世前的摆放样式。陆华柏夫人甘宗容教授告诉笔者，十年中，陆华柏遗稿无人问津。

3　近年来，陆华柏研究有逐步受重视的倾向，比较重要的论文有施咏：《中西调和　相得益彰——陆华柏配〈刘天华二胡曲集（附加钢琴伴奏谱）〉研究》，载《音乐研究》，2009年第2期，韦柳春《春满滏河浪花飞　民族情韵永流长——陆华柏钢琴作品〈滏河之歌〉试析》，载《黄钟》，2012年第3期。

4　创作《故乡》那年，陆华柏年仅23岁。担任福建音专教授那年，陆华柏29岁。陆华柏女儿陆和平（2010年已故）2004年和笔者说，"因为陆华柏出名早，所以更容易引起他人注意，也更易受到攻击"。20世纪80年代初，刊载的《所谓新音乐》原文被发现，陆华柏将1941年李凌批评陆华柏的文章与原文核对，发现不少地方与原文有出入，陆华柏与李凌进行了几次笔战，可参考陆华柏与李凌在20世纪80年代中期的相关文章。

5　关于陆华柏去香港时的情况，可参看戴鹏海《陆华柏音乐年谱》，1994年广西艺术学院内部印刷，第80—85页。

仍投身音乐教育。

因此,作为作曲家的陆华柏先生,还是一位卓有成就的音乐教育家。他在从事音乐创作的同时,长期从事音乐教育,为我国专业音乐教育和师范音乐教育的发展做出了功勋。如今,我们已经迎来陆华柏先生诞辰100周年,逝世20周年的重要年份,对陆华柏先生音乐贡献进行全面整理和客观评价的时候到了!希望本文能够抛砖引玉,引起学界对陆华柏研究的重视。

附录一

戴鹏海先生 1991—1994 年写给陆华柏的信件不仅记载了他编写《陆华柏音乐年谱》付出辛劳的点点滴滴，更记载了他为中国音乐史学研究呕心沥血。这些信件是我从陆华柏故居珍藏的资料中获得，蒙甘宗容教授同意开展的研究，于是有了《从戴鹏海给陆华柏的信件看戴先生 1991—1994 年间的音乐活动》一文。

这里还有我三次广西行收集资料留下的采访笔录、日记随笔以及写给陆华柏夫人甘宗容老师的几封信件。随手记下未做任何改动的文字记载了我收集史料的过程心得，体现了研究过程中陆华柏家人给予我的信任和我的先生、孩子对我研究工作的支持。我也因陆华柏研究而与陆华柏的夫人甘宗容、女儿陆和平、女婿江世杰、外孙江河海、外孙媳韦薇、重外孙江子龙建立了深厚友谊。甘宗容与陆华柏相伴一生，他们在动荡年代中的真挚爱情令我感动。自 20 世纪 30 年代起，甘宗容就是一位远近闻名的歌唱家，她在声乐演唱、教学方面的贡献以及对广西艺术学院的功绩将被载入史册。2021 年，陆和平已离开人间 11 年，但她的一颦一笑，和我讲述她父亲陆华柏时脸上生动的表情至今仍历历在目。这里还记录了我自 2008 年来参加中国音乐史学会带给我的帮助。不同时间地点的一次次不同主题陆华柏研究汇报为我开拓研究新领域带来动力，也使我时断时续有文章发表。陈聆群自 2008 年开始支持鼓励我研究陆华柏，《我所了解的陈聆群先生》表达了我对他的追思和感激。

从戴鹏海给陆华柏的信件
看戴先生1991—1994年间的音乐活动

　　戴鹏海先生离开大家一年多的这段时间里,学界涌现了多篇纪念戴先生的文章[1],怀念戴先生的学术品格和独特秉性。笔者虽未能与戴先生谋面[2],但他的学术精神和研究成果常鼓舞启迪着笔者。在笔者从事的陆华柏研究过程中,常会翻阅戴鹏海先生完成于1994年的《陆华柏音乐年谱》[3](以下简称《年谱》)。1991—1994年间,戴鹏海先生与陆华柏先生通信多封,信中记录了《年谱》编写过程和平日科研生活。笔者有幸读到这些信件并征得陆华柏夫人甘宗容教授同意,对这些信件进行整理研究。文章从戴先生的信看他在1991—1994年间的音乐活动,感受他求真务实的学术精神和蓬勃向上的生命力。

　　陆华柏先生遗稿存有部分信件,尤以戴鹏海先生于1991—1994年间写给他的信最为频繁集中[4]。这个时段,戴先生的每封信必提《年谱》,必

1　这些文章有《人民音乐》2017年第10期:居其宏《长存浩气在人间——关于戴鹏海先生的点滴回忆》、戴嘉枋《率直与沉郁——忆戴鹏海先生》、王安国《远隔重洋的悼念——深切缅怀戴鹏海先生》、赵献军《戴鹏海教授与"三合一"的情缘》;《歌剧》2017年第8期:孙娟《人品、艺品与教品——忆导师戴鹏海先生》、满新颖《一位可贵、可敬又可爱的歌剧前辈——缅怀当代音乐学家、评论家戴鹏海先生》、张力《戴鹏海与我的歌剧情缘》以及《音乐艺术》2017年第3期《深切悼念戴鹏海先生》等。

2　2005年笔者撰写硕士论文《论陆华柏的音乐贡献》时,曾与戴先生有过多次通话请教但未能谋面。

3　戴鹏海先生编写的《陆华柏音乐年谱》,1994年1月由广西艺术学院内部印刷;2017年,华中师范大学作为"内部学习资料"重印了此书。

4　戴鹏海写给陆华柏的信中,有两封写于20世纪80年代:一是写于1984年8月10日夜,信中和陆华柏商量在上海发表关于《所谓新音乐》引起的相关问题的论文的信;二是戴先生写于1987年6月8日深夜十二点三刻的信,主要是为1988年陆华柏即将举办的个人音乐会提建议。

谈他忙碌的科研生活。戴先生的信都装在标有"上海音乐学院"字样信封内,信纸多为"上音"信笺,包含少量"歌剧艺术"[1]标注的信笺或标有《巴黎的火炬》演出纪念笺",所有信件保存完好,信封邮戳日期和信笺上的日期标注清晰,每个信封右下角均有如"戴12.11"[2]字样。阅读戴先生行云流水如艺术品般的书信,体会戴先生笔尖自然流淌,感受着他和陆华柏的情谊,跟随着戴先生在某一年某一天某一刻写信时的心理活动,体会信中他所说的"忙"……这些书信虽写于二十多年前,读起来仿佛是写在昨天。

1991—1994年间,戴先生写给陆华柏及家人的第一封信件写于1991年7月6日,联系何时赴南宁编写《年谱》;最后一封写于1994年4月3

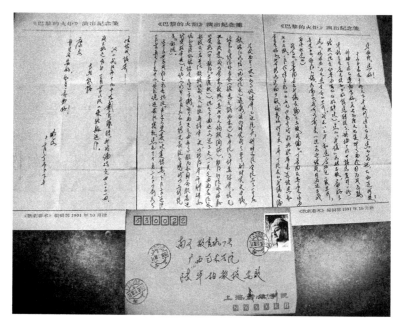

图9　1993年12月27日下午戴鹏海写给陆华柏的信
(本书作者2008年10月27日摄于广西南宁陆华柏故居)

1　信笺右上方标有"歌剧艺术"和"THE ART OF OPERA"。
2　这个标记表示戴鹏海先生的信写于12月11日。戴鹏海在信末也仅标注日月而未标注年份,笔者确定信件所在年份主要凭借信封邮戳。

日,吊唁当年 3 月 18 日逝世的陆华柏(该信由陆华柏夫人甘宗容接收)。3 年间,戴先生写给陆华柏的信共 13 封,包括 1991 年 5 封,1992 年 4 封,1993 年 3 封,1994 年 1 封。从邮戳和信纸标注的写信日期来看,他常在下午或晚间写信,次日上午寄出。

"书信有历史价值,像历史照片一样,纸笔千年会说话"[1]。戴先生的信几乎没有涂改,俊逸的字迹勾勒出他在 1991—1994 年间的学术活动和生活轨迹,体现了他甘于寂寞,勤奋工作的生活常态。阅读这些信件加深了笔者对戴先生的了解,特撰此文,表达对戴先生的怀念。

一、为编写《陆华柏音乐年谱》不辞辛劳

戴先生的信记录了《年谱》撰写计划、撰写过程资料查找及年谱出版设想等史实:

"十月以后暂时还没有什么安排,希望能到南宁来为您写年谱(我想也写成几十万字的'长编',这样也许出版更方便些,如果能行,希望半年之内可全部脱稿。因为我写丁院长的'长编'包括听他谈自己找资料,也不过半年左右。而且在此期间还有好多工作不断插进来),就非常理想了。"[2]

该信写于 1991 年 7 月 6 日。戴先生打算亲自赴南宁为陆华柏写《年谱》,并希望能用半年左右时间将《年谱》写完[3]。在 1991 年十月初赴南宁前,戴先生已将《年谱》写到 1947 年陆华柏在江西体专工作时:

"您的年谱,我已经写到 1940 年,估计九月下旬可以写完'江西体专'部分。在您那里工作两个月,力争把初稿拉出来(但愿到时候不要天天晚

---

1 山西大学历史系刘书礼教授语,载:《信件,是否成为正在消失的历史》,本报记者杨小玲,实习生李潇。《陕西日报》,2014 年 4 月 15 日第 006 版"文化周刊"。

2 1991 年 7 月 6 日戴鹏海的信。

3 事实上,《年谱》并没有在半年中写完,戴先生非常忙,写作常被打断。

上停电)。经您审看后,如果没有什么大问题,剩下来只做些修修补补文字加工的扫尾工作就好办了。"[1]

一般来说,年谱主要以叙述为主,鲜有评论,而《年谱》却写得火叙火议,材料丰富。阅读戴先生的信可以发现,为《年谱》加入评论是为了增强其可读性。戴先生曾在信中写道:"我总觉得都是'骨头',少了'肉',因此很难写得生动、丰满。这样一来就难免失之'干',缺少一点可读性。"[2]

1991 年 10 月 5 日,戴先生踏上了去南宁的列车[3],在南宁住了四十多天,与陆华柏和其家人朝夕相处。[4] 回到上海后,戴先生在给陆华柏的信中写道:

"这次在南宁四十五天,有机会和您朝夕相处,终生难忘! 为您写年谱的过程中,通过您大半辈子的经历,使我看到了老一辈音乐家热烈的向往和执着的追求,使我深受教育,深受鼓舞。它将成为激励我今后奋进的动力。这是我要很好地感谢您的。"[5]

戴先生在信中表达了陆华柏的学术品格给他带来的感动和鼓舞。从中,我们是否可以推断,每为一位音乐家写年谱,戴先生都会受到他们人格魅力的感染? 戴先生不停歇地为前辈音乐家编写年谱,不正是要努力继承老一辈音乐家的学术品格吗?!

回到上海的日子里,戴先生撰写《年谱》主要依托陆华柏信中寄来的资料。为了确保史料确凿,戴先生还亲自赴各地收集资料确保资料的准确。以下这封写于 1992 年 2 月 19 日的信记载了他赴武汉查资料情况:

---

1 1991 年 9 月 5 日夜(大女儿出国的前一晚),戴先生给陆华柏的信。

2 戴鹏海于 1991 年 9 月 5 日写给陆华柏的信件。

3 据 1991 年 9 月 20 日夜戴先生的信:"我已决定下个月五号(至迟六号)乘火车到南宁……到南宁以后,绝对不要特殊照顾,只要能住下来,可以工作就行了。吃饭也是如此,吃饱不饿就行。我坐过三年牢,'久经锤炼',无论什么食宿条件我都能对付过去。"

4 据甘老师说,戴鹏海先生在为陆华柏编写年谱期间,广西艺术学院为他提供了一间住房。戴先生吃住在学校。后因戴先生吃不惯学校饭菜,多在陆华柏家搭伙并亲自下厨。2004 年 1 月 12 日,甘宗容老师口述。

5 1991 年 11 月 27 日夜,戴先生的信。

"我用了六个日程,查阅了1950—1957的《长江歌声》(其中1952—1954曾一度改刊名为《广播歌选》,1957年恢复原名)。虽然占据了我在汉口停留的时间的十分之三,但颇有收获。一是查到了您的一些音乐活动和创作的群众歌曲(如合唱《一定要解放台湾》和以'肃反'为内容的群众歌曲《乘胜追击,消灭敌人》等),二是证实了您自己所谓'1954年创作了几首防汛歌曲,并在《长江歌声》上发表'之说是记错了……这些材料的发现,不仅丰富了《年谱》的内容,避免了可能出现的差错,而且在写作时下笔更有根据,心里也更踏实些。"

查阅史料过程中,戴先生也会有一些"新发现",如:陆华柏曾受聘于国立音乐院,并拿到过"学术研究补助费"[1]。这些发现进一步丰富了《年谱》史料,也为后人提供了陆华柏研究线索。

由于戴先生工作繁忙,《年谱》编写常有间断[2]。1993年12月27日,《年谱》基本完成,戴先生在信中提及出版之事:"您的'年谱'如能出版,最好要您的标准照以及您全家的照片。我在八三年和您合拍过一张照片,是黑白的,拍得不错,如需要,我可以寄来。(但是一定要还给我,这是我留作纪念的。")

陆华柏于1991年底查出患鼻咽癌,在他生命的最后几年里,戴先生的信件一直陪伴着他。《年谱》完成后,为了让陆华柏早日读到《年谱》,在广西艺术学院支持下,1994年1月,《年谱》由广西艺术学院内部印刷。在陆华柏生命的最后时光,每日必读《年谱》,临终前还看了一夜。[3]

戴鹏海先生完成于1994年的《陆华柏音乐年谱》对陆华柏多方面音乐活动做全面整理,翔实、细致地记录了陆华柏的一生。《年谱》提供的陆

1 1992年3月12日,戴先生从南京发出的信。
2 "由于今年十月以前我要全力以赴地投入《院志》编写工作(我是编委,又是主笔小组成员,对于这个'破任务'不能等闲视之),同时还要筹备十一月份贺老的九十大庆活动。您的《年谱》只能移后。因此下一步如何进行为妥,可以从长计议,不在急上。"1992年三月十六日夜,戴先生的信。
3 "你写的年谱得到学院支持内部出版给他很大安慰,他几乎每天都看。临终前夜还看个不停。"甘宗容于1994年4月14日写给戴鹏海的信(陆华柏于1994年3月18日逝世)。

华柏音乐作品和著述详目为学界提供了宽广、重要的陆华柏研究基础。戴先生甘当"铺路石",对后人研究起到了承上启下的作用。戴先生编写的音乐家年谱可以连成长长的一列书单[1],编写一本《年谱》尚需如此辛劳,一连串音乐家年谱的背后,如何能计算得清他付出的艰辛?

二、为中国音乐史学研究呕心沥血

从戴先生给陆华柏的信中得知,1991—1994 年间,戴先生除了为陆华柏写《年谱》,还参加了诸多学术活动,如编《萧友梅纪念文集》,写《上海音乐学院院志》,参加《中国音乐年鉴》研讨会,筹备贺老 90 大庆活动,参加钱仁康先生寿诞,参加"上海之春"节目评选,写《丁善德音乐年谱长编》等。现将戴鹏海先生在给陆华柏的信中提到的 1990 年底至 1994 年初的音乐活动梳理如下[2]:

1990 年底:《李元庆年谱初稿》刊登于《音乐艺术》;

1991 年 3 月:负责筹备萧友梅音乐研究会,到北京与各有关方面洽商,在北京住了半个月;3 月下旬:参加《上海之春》选拔节目、丁善德音乐活动 60 周年的筹备工作,同时为此次庆祝活动的学术研讨会赶写《丁善德音乐年谱长编》(共 15 万字);

1991 年 5 月:参加"上海之春"30 周年庆祝活动,一直忙到月底;

1991 年 6 月:编写《丁善德及其音乐作品:上海音乐学院现代音乐学会第四届年会论文集》(共 22 篇文章,30 万字),到 7 月 5 日全部编好,7 月 6 日发稿至上海音乐出版社(1993 年 3 月出版);

---

1 戴先生编写的音乐家年谱主要有《李元庆年谱初稿》《陈铭志年谱简编》《贺绿汀大事年表》《丁善德音乐年谱长编》等,可参居其宏:《猛士多情方呐喊 书生意气乃独行——为戴鹏海教授 80 寿诞而作》,载《人民音乐》,2009 年第 9 期,第 33—38 页。

2 以下整理的戴鹏海参加的音乐活动,文字基本用了戴鹏海先生信中原话。笔者受戴先生为音乐家编写年谱的启发,将戴先生信中提及的 1991 年底至 1994 年初的音乐活动整理出来,日后若有学者为戴先生写年谱,或可作参考。

　　1991 年 7 月 7 日以后：去北京编《萧友梅纪念文集》(萧友梅先生长子萧勤教授的委托)；7 月 20 日，策划、参加贺老 89 岁大寿；

　　1991 年 8 月：下旬回沪，9 月份将短期去南京参加"江苏省音乐舞蹈周"(受主办单位邀请)[1]；

　　1991 年 9 月初：接《人民日报》文艺部电话，要求采访贺老，写一篇贺老谈抗日救亡歌曲创作文章，采访贺老半天，写贺老的文章两天[2]；该月被聘为《上海音乐志》和《上海歌剧志》(《上海地方志》的分卷)的编委，上音交给音乐研究所一个科研项目，指定戴鹏海为课题组负责人，学科带头人[3]；

　　1991 年 10 月：赴北京参加全国交响音乐创作座谈会和朱践耳交响乐作品学术研讨会(9 至 10 月赶写两篇有关的论文)；10 月 5 日—11 月 20 日，广西南宁，编写《陆华柏音乐年谱》；

　　1991 年 11 月 25 日—27 日：参加东方音乐学会理事会，《院志》编委会；

　　1991 年 11 月 30 日：赴京参加第三届全国交响音乐创作座谈会；

　　1991 年 12 月 9 日：座谈会结束，续编《萧友梅纪念文集》，与有关方面商谈写《马思聪年谱》[4]；

　　1992 年 2 月：参加一系列会议，2 月 20 日后为撰写《院志》，赴南京查"敌伪"档案[5]；

　　1992 年 3 月初：赴南京第二历史档案馆查阅上海音乐学院国民教育部档案；

　　1992 年 3 月起：《上海音乐学院院志》编写，筹备 1992 年 11 月贺老九十大庆活动[6]；

1　据戴先生 1991 年 7 月 6 日写给陆华柏的信整理。
2　据戴先生 1991 年 9 月 5 日夜(大女儿出国的前一晚)写给陆华柏的信整理。
3　据戴先生 1991 年 9 月 20 日夜写给陆华柏的信整理。
4　以上据戴先生 1991 年 11 月 27 日写给陆华柏的信。
5　据戴先生 1992 年 2 月 19 日夜写给陆华柏的信。
6　据戴先生 1992 年 3 月 12 日写给陆华柏的信。

1992 年 5 月下旬：应邀赴辽宁丹东参加第三届《中国音乐年鉴》学术研讨会,讨论"补编"(1949—1986)的问题[1]；

1992 年 7 月：赴哈尔滨参加歌剧座谈会；

1992 年 10 月上旬：赴广东海丰参加马思聪学术研讨会；

1993 年 5 月 6 日：评选本届"上海之春"入围节目工作[2]；

1993 年 8 月：《丁善德年谱长编》出版[3]；

1993 年 11 月 25 日,出差外地回到上海,参加校庆活动及钱仁康师 80 寿诞及从艺 60 周年活动；萧友梅音乐研究会成立,与广东中山市来人磋商明年春去该市举办萧氏诞辰 110 周年纪念活动。《萧友梅纪念文集》付梓；

1993 年 12 月下旬：南京担任"声乐大奖赛"比赛评委；[4]

1994 年 1 月：赴广东中山参加萧友梅诞辰 110 周年活动及《萧友梅纪念文集》的首发式。[5]

除了编写年谱及参加学术活动,据不完全统计,1991—1994 年间,戴先生还公开发表学术论文 22 篇[6]。1994 年后,戴先生仍执着地在写,他写贺绿汀[7]、丁善德[8]、吴伯超[9]、黄自[10]、萧友梅[11]、温可铮[12]、石夫[13]、

1　据戴先生 1992 年 6 月 4 日在北京写给陆华柏的信。

2　据 1993 年 5 月 15 日下午戴先生写给陆华柏的信。

3　据 1993 年 12 月 27 日下午戴先生写给陆华柏的信。

4　据 1993 年 12 月 11 日戴先生写给陆华柏的信。

5　据 1993 年 12 月 11 日戴先生写给陆华柏的信。

6　包括 1991 年 9 篇,1992 年 4 篇,1993 年 3 篇,1994 年 6 篇。

7　戴鹏海：《杰出的人民音乐家贺绿汀》,《人民音乐》1999 年第 6 期,第 3—7 页。

8　戴鹏海：《音乐家丁善德先生行状(1911—1995)——为〈丁善德纪念画册〉作》,《音乐艺术》,2001 年第 4 期,第 6—17 页。

9　戴鹏海：《吴伯超生平事迹备忘(1903—1949)——为吴伯超百年诞辰纪念作》,《中央音乐学院学报》,2003 年第 4 期,第 73—84 页。

10　戴鹏海：《永远的黄自——纪念黄自先生百年诞辰(1904—2004)》,《福建艺术》,2005 年第 1 期,第 24—32 页。

11　戴鹏海：《事实胜于雄辩——新见萧友梅珍贵历史文献读后》,《中国音乐学》,2006 年第 2 期,第 11—14 页。

12　戴鹏海：《温可铮教授的生平和业绩(1929—2007)——为悼念温先生辞世作》,《音乐艺术》,2007 年第 2 期,第 60—62 页。

13　戴鹏海：《音乐家石夫生平简介》,《人民音乐》,2007 年第 12 期,第 68—69 页。

陈铭志[1]……对于曾经被学界忽略的音乐家如陈田鹤[2]、陈洪[3]等,他更是奋笔疾书,奔走呼号,唤起学界对他们的关注。

是什么动力使得戴先生常年马不停蹄为各类音乐活动四处奔波又甘于寂寞著书立说? 重读戴先生的学术论文,我们或许能够找到答案。戴先生曾经写道:"只要我们像马克思所倡导那样,用严谨的实证精神和科学态度,对前人成果一一加以检验而不囿于陈说;面对商潮涌动、物欲横流的现实而不受其诱惑,甘于寂寞,苦守青灯,锲而不舍,皓首穷经,以移山不止的愚公精神为榜样,在 20 世纪中国音乐史料领域中奋力开掘,就一定能够不断'有所发现,有所创造,有所前进';就一定能够大有作为,取得功在当代、德泽后世的成绩。这应是我们这一代以研究 20 世纪中国音乐史学为己任的学人责无旁贷的天职。"[4]可见,戴先生将寻求真理,挖掘史实作为他的天职。他认为,"这样做既尽了我们这一代学人理应承担的历史责任,又不至于把包袱和难题甩给下一代学人……"[5]

在中国近现代音乐史学研究领域,戴先生架起了一座沟通老一辈音乐家与新一代学人间的学术之桥,推动了我国音乐史学研究。他提出的"重写音乐史"的主张并不仅仅停留于"喊喊口号"[6],他像一头"吃的是草,挤出的是牛奶"的老牛埋头我国音乐史学研究,求真求实,秉笔疾书,取得诸多成果。正如戴嘉枋先生所言:"鹏海先生在年谱和众多史料性的研究撰述中,求真务实、钩沉索隐的态度极为令人敬佩。小至某一音乐家

---

1 戴鹏海:《陈铭志(1925—2009)音乐年谱简编(增补稿)》,《音乐艺术》,2009 年第 2 期,第 6—21 页。

2 戴鹏海:《才华出众,命运多舛,英年早逝,呜呼哀哉! ——〈陈田鹤音乐作品选〉代序》,《音乐艺术》,2011 年第 3 期,第 6—22 页。

3 戴鹏海:《还历史本来面目——20 世纪中国音乐史上的"个案"系列之一:陈洪和他的〈战时音乐〉》,《音乐艺术》,2002 年第 3 期,第 79—88 页。

4 戴鹏海:《音乐家石夫生平简介》,《人民音乐》,2007 年第 12 期,第 68—69 页。

5 戴鹏海:《还历史本来面目——20 世纪中国音乐史上的"个案"系列之一:陈洪和他的〈战时音乐〉》,《音乐艺术》,2002 年第 3 期,第 79—88 页。

6 同上。戴先生原文如下:"如果能通过这组系列文章所涉及的'个案',为将来的'重写'作一点材料上的添砖加瓦和提供参考的工作,也算是聊尽我心而不至于仅仅是喊喊口号了。"

何时抵达何地,均本着'孤证不立'的精神,搜索相关文献多方求证,并一一列举到文章中。"[1]

现代社会,一切都变得方便迅捷,书信正从人们的生活中逐渐消失。戴先生写给陆华柏先生的每封信笺都独一无二,饱蘸情感的文字有形有色可感可触,印证了他和陆华柏先生的深情厚谊,也使我们更加接近戴鹏海先生的内心深处,加深了我们对戴先生的了解。

戴鹏海先生,您辛苦了!您安心歇息吧!

---

[1] 戴嘉枋:《率直与沉郁——忆戴鹏海先生》,《人民音乐》,2017 年第 10 期,第 43 页。

广西行采访笔录/日记/信件

2004 年首赴南宁

（一）日记

记录时间：2004 年 1 月 20 日

记录地点：常熟元和家中

今天，外面纷纷扬扬下起雪来，我和儿子在家，我们打开中国地图，告诉他南宁在什么地方，儿子说，真远啊！是啊，千里迢迢，现在回想起来也觉得后怕，当时就这么一鼓作气地去了，而且平安顺利地回来了！我很开心，因为这是我单身一人的最远的旅行，也是极有意义和收获的。

2004 年 1 月 8 日，上海很冷，九点多钟，我就背起行囊上路了。当我乘过公交车，乘过地铁来到上海站时，离开车的时间还有半个小时。当标牌上打出"上海—南宁 10 时 41 分开"时，一股莫名的激动涌上心头。南宁对于我来说，是一个遥远而陌生的地方，家人是反对我去的，我知道他们是担心我的安全。远在国外求学的妹妹再三叮嘱我要穿朴素不起眼的衣服，要尽量不带贵重物品，吩咐我路上一定要多加小心。就这样，怀着不安的心情，我踏上了去南宁的列车。

因为是寒假季节，许多在上海求学的大学生纷纷返家过年。我坐的硬卧车厢就有很多这样的年轻人。按理应该是热闹的，但是睡在我下铺的是两对情侣，他们互相照顾，也不愿与陌生人搭话。我就只好在窗户边的小凳上坐坐，再到上铺去躺躺。当火车行驶了一天一夜时，有朋友打电话给我,这是我踏上火车后的第一次开口。记得当时我在给朋友的信息中写道:"我像一只孤独的小蜗牛,蜷缩在列车的最上铺。"朋友安慰我说,再睡一觉就到了。就这样,带着几分担忧,几分对陌生人的戒备之心,封闭的我终于在9日晚上8点半到达南宁。

8点半的南宁才刚刚落下帷幕,一下车就感到南宁比上海暖和许多。因为在上海没有买到回程票,一下火车,我就去排队买票。售票员是一位四十来岁的中年妇女。她的声音很清脆,拖腔拖调的。这是我平生第一次听到"南宁话",其实应该是"普通话",就叫它"南宁普通话"吧。售票员耐心地告诉我说去上海的十五号的车票还没有开始出售,她说只提前三天,要在12日早上才开始出售。因为春节车票很紧张,每天早上7点半开始买票,但5点半就有人来排队了。她告诉我尽量早点去排队买票,免得买不到车票回不了家。售票员的讲话是那样平和,任何一个旅客询问她都能回答得让旅客满意。初到南宁就遇到耐心的售票员,我的心里暖洋洋的,就像那里的气候一样,充满了春的气息。

1月12日一早,因为怕买不到回上海的车票,我把闹钟定到5点。5点的南宁仍漆黑一片,出去时,招待所的门还紧关着,因为没有想到会锁门,也不知道服务员住在哪个房间,敲错了好几个房间才找到服务员。她关照我小心身上的包。是啊,防人之心不可无。我叫了一辆的士来到南宁站等候买票。居然已经有好几十个人在我前面等候买票了。那时还不到5点半。早上的南宁居然也很冷,在队伍里足足等了3个多小时才轮到我。

总以为那么早来排队应该能买到硬卧车票了,可轮到我时,售票员对我说硬卧票已经全部售完。在我的再三请求下,他找了很久,发现还有软卧车票,无奈之下,我只好买了六百多块钱的软卧车票。显然,软卧的票价比硬卧贵多了,但是春节车票紧张,能买到已经算是不错了,我只好这样安慰自己。在排队时,旁边队伍里有一个中年男子来得比我还早,但是排错了一行队伍,又不能插到我们的队伍里,结果没有买到车票,心中不禁暗暗为他叫屈。还有一位排在我前面的妇女,她因为没有带够钱,她的丈夫给她送钱,人多又杂,忙乱中,男人的手机不见了。这都是发生在我身边的事,于是我紧紧夹住我的包,祈祷自己平安。

1月15日,在经过了忙碌而又充实的一周后,1月15日晚8点02分,我踏上了回上海的列车。那天南宁很热,软卧车厢开始时显得拥挤不堪,整理好行囊列车开动后便清静舒适多了。爬到上铺发现空间比硬卧车厢的上铺空间大多了,还可以在床上坐直看看书,而且床头还有一盏可以自己控制的小床头灯,心情便好了许多。软卧车厢是由十来个四人一间的小房间组成的,我的下铺是一位南宁部队空军军官,春节回乡探亲,热情爽朗,欢笑多了,也感觉安全多了。只可惜回来途中身体不适,但想到在南宁的一切都顺利愉快,南宁人好客热情,气候又温暖舒适,心中仍充满了欣慰与感激。

经过两夜一天的颠簸,17日晨5点09分,我顺利平安到达上海站,结束了这次南宁采风。我将永远记得这期间的每一瞬间。

(二) 采风随笔

1. 采风随笔之一

记录时间:2004年1月16日清晨5时

记录地点:南宁开往上海的列车

快人快语,欢乐如燕的和平

2004年1月10日,在与甘老师谈话时,我见到了和平。第一次知道她名字是在上海音乐学院的戴鹏海老师那里。因为她出生在解放那年,陆华柏便为女儿取名和平。多好的名字啊,未见其人,我就喜欢上了她。

和平是快乐的。她告诉我,去年她因患乳腺癌动了大手术,如今她每天都去南湖边早锻炼。和平的舞跳得极好,每天都会引来无数观众喝彩。当年,陆华柏一家住在北京时,和平还很小。在北京四合院,她听了音乐就会手舞足蹈,与陆家同住的舞蹈家戴爱莲说:"等她长大了,我一定要收她做我的学生,这么小就跳得这么好!""文化大革命"时,由于家庭成分不好,和平被下放到广西插秧机厂,一直不能上调,能歌善舞的和平因成功饰演《白毛女》中的喜儿而得到了重视。她还给我看当年的照片,她说当年还没有眉笔,就拿写字用的最深的铅笔画眉毛。多么俊俏可爱的和平!1978 年恢复高考时,和平的儿子江河海才 4 个月大,和平毅然决定参加高考,本科毕业后又只身一人去广州读了生物工程的硕士研究生。虽然和平与音乐无缘,但是音乐已成为她生活中不可缺的部分。如今和平是广西大学副教授,闲时会在家中带几个钢琴学生。他的即兴伴奏弹得很好,连我这个在大学教钢琴即兴伴奏的也觉得悦耳。她告诉我,她没有正式学过一天钢琴,这是她最大的遗憾。那些从她手下流淌出来的优美音乐都来自她平日刻苦钻研,我看到她书桌上放了很多音乐书籍,一股从心底里热爱音乐的充满活力的感觉冲击着我。

1 月 15 日下午,几个月没有下雨的南宁突然下起雨来。和平兴致勃勃地带我去了美丽的南湖。我们走了很久,从南湖北岸走到南岸,又兜回

图 10 南宁三中高 91 班毕业留影,前排右二为陆和平(由陆和平提供)

北岸回到学校。浩瀚的南湖以博大的胸怀拥抱着我这位从江南来采风的学子。雨中的南湖烟波浩渺,朦胧美丽。因为雨天游人极少,我们走了大约两个小时还未见到一个游人。比起摩肩接踵的杭州西湖,这里更多的是宁静。1月的南宁很温暖,虽然下着雨,我们的兴致却很高。我们开心地在南湖边合影留念,我们边走边聊,聊家庭,聊人生,聊彼此对生活的感悟。

英俊挺拔的河海

陆家唯一的外孙江河海是外公外婆的掌上明珠。据说和平因个性很强而常与陆华柏为了对同一事情的不同看法而争执,文静听话的外孙便是陆先生和甘老师的最爱了。河海才四个月大的时,他的母亲和平就出去读大学,等和平念完本科硕士回来,河海已经是小学一年级的学生了。和平外出求学期间,河海就一直住在外公外婆家。河海与两位老人的感情很好,现在已经是广西武警学校的一名年轻军官。每次放假回家,河海总是先到外婆家报到,虽然穿了一身军装,河海仍透出几分文气,我想这一定是来自外公的耳濡墨染。河海的名字也是陆华柏起的。"容纳百川",这是何等宽阔的胸怀啊!

2. 采风随笔之二

记录时间:2004年1月22日

记录地点:常熟家中

甘宗容眼中的陆华柏

2004年是已故陆华柏老教授诞辰90周年,也是逝世10周年纪念。作为一名江苏籍研究生,很想为他做点什么。为了更好地了解这位音乐家,刚放寒假我就踏上了去南宁的列车。

1月9日,当我经过34个小时颠簸,风尘仆仆来到陆华柏生前工作过的广西艺术学院时,已经是晚上9点半了。陆华柏教授的夫人甘宗容教授热情地让我去她家。她给了我一些介绍陆华柏的资料,让我晚上看看,免得我白白浪费一晚。

甘老师比我想象的还要年轻开朗,这位在抗战时期因演唱陆教授的《故乡》而蜚声海内外的歌唱家如今已经八十多岁了,仍旧鹤发童颜,精神矍铄,晚上 10 点来钟了还口齿清晰,思路敏捷。我不禁对眼前这位广西艺术学院老院长增添了几分敬佩之情。

1 月 10 日上午 10 点,我如约来到甘老师家中。甘老师住在广西艺术学院边门教授楼内。那是一座年代已久的老式楼房,屋内装修简陋,印象最深的是在简单的家具中有两架钢琴,客厅间里还有大面镜子,那是甘老师教学生用的。甘老师告诉我说她每天都要上 8 节声乐课,她说上课是锻炼,上课很快乐。甘老师的学生大多是因发声方法有问题在声乐学习过程中遇到困难的学生。多年的演唱和教学经验使甘老师的教学远近闻名,不少学生从各地慕名而来。甘老师只收学生 30 元一节课的学费。"钱是不能要得太多的,要那么多钱干什么啊,现在有很多人出名了就收很高的学费,那人家怎么学得起啊?我每个月还有工资,我哪花得了那么多的钱啊?"甘老师说。

讲起陆华柏,甘老师的话匣就打开了。"他最勤奋了,'文化大革命'的时候,我们在湖北草埠湖农场劳动,他白天干活晚上就翻译。无论何时,你都能从他的口袋里掏出一本写满英文单词的小本子。他就这样天天译啊译啊,晚上译完就放在床底下,生怕被别人发现了说里通外国。我问他翻译那些东西有什么用,他说,总有一天会有用。果真,80 年代,缪天瑞就问起陆华柏翻译的事,他的两本英文译著正式出版了。"

听了甘老师的这番话,我内心对陆教授的钦佩之情油然而生。在那个封闭保守的年代陆老师能够高瞻远瞩,勤奋学习外语,而我这个 21 世纪的研究生居然见了英语就头疼,我深感惭愧。

"认识陆老师是在 40 年代初,我在广西艺术师资班读书时。当时我在琴房唱他写的《故乡》,正好被他听到,他踢门进来,说我有两个附点没有唱准,就教我唱这首歌,还帮我弹伴奏。"

说到这里,甘老师幸福地笑了,这位慈祥的老太太与陆华柏一起走过几十年风风雨雨,虽然历尽沧桑,但始终互敬互爱。是夫唱妇随的这份默契,是彼此对音乐的热爱使他们患难与共。

"有一次,我从邻居家里买了一辆旧缝纫机回家,正在学缝纫,正好陆老师回家被她看到。他说我怎么可以这样,把大好的时光都白白浪费了。第二天,他就把那台缝纫机给卖了。就这样,80 元钱买来,20 元钱卖掉。他一直对我说,教学生一杯水,自己要有一桶水,不钻研是不行的。他每天都问我看书了没有,练声了没有。现在有许多年轻老师把时间都花在教私人学生上,大好学习时间都白白地浪费了,真的是很可惜的。"

听广西艺术学院的老师说,陆华柏在七十多岁时仍坚持每天 5 点到琴房练琴,直到他耳聋完全听不到为止。这位勤奋的老教授留给后人许多珍贵文化遗产,他严谨踏实的作曲基本功在当时的年代里是极为罕见的。陆华柏教授最可贵的是他每写一首歌曲,都要同时为它配上钢琴伴奏,有的还写上乐队伴奏谱。

(三) 采访笔录

1. 采访甘宗容笔录

采访时间: 2004 年 1 月 10 日

采访地点: 广西艺术学院教授楼陆华柏故居底楼客厅

甘宗容: 1958 年以后做了右派,下乡。我们俩本来只要一个人下乡,后来两个人都下了,在草埠湖农场劳动。广西妇女干起农活很厉害,修堤坝时,我穿了一套红衣服,很显眼。1960 年第一次摘帽。500 多个右派,我是第一批被摘帽的。我们都以为摘帽以后就没事,但是脱帽右派还是右派。

广西艺术学院 1958 年恢复招生,当时我们还在武汉。我提出要调回广西去。广西派人来说可以通过民族政策把我们调回来。当时中南区宣传部部长是湖北省委书记,他和广西打招呼。1963 年底,我们就调回了广西,广西对我们很好。我们幸亏回来了,要不"文化大革命"时候在湖北准会被打死。"文化大革命"时我们都在上课,两派都要我上课,他们两派打起来了,我就说,上午教一派,下午再教一派。他们说陆华柏是大右派,死定了,对我说,甘老师我们还是要用的。陆华柏的稿子在抄家时差不多都被抄完了,红卫兵来抄了三次。一派来抄时,另一派说,下午他们来抄家,有什么东西给我们。好一点的衣服、照片、信件全被抄光了。我们坐在那里烧谱子、唱片,心痛得要死。劳动时他们不给陆华柏喝水,就给我一个人喝。陆华柏白天劳动,晚上教红卫兵们配器。"文化大革命"时我们还好,就是去劳动。到 1979 年平反了。

我们盼解放,解放后我们俩地位都很高。当时,陆华柏在香港,1949年,我回南宁生孩子,陆华柏说新中国成立了一定要回来。后来他一定要从香港回来接我,本来我俩是要到北京戏剧学院欧阳予倩那里工作。车到了衡阳,我晕车,陆华柏说我们就在衡阳下车休息。衡阳有一个解放军四十六军文工团,那里有我们在湖南音专工作时的学生,我们去看他们,他们就不让陆华柏离开,说要帮他们搞一部歌剧演出。歌剧演完后,他们还是不让走,陆华柏就在那里做教员,我在那里唱独唱。抗美援朝时,他们让我俩去部队艺术学院,陆华柏说我们要去北京。我们就继续往北出发,车到了武汉,就下车来武汉看看。武汉教育厅厅长是陆华柏的小学老师,厅长让我们帮他们搞一个音乐学校叫教育学院,搞完就放我们走。我们只好向北京中央戏剧学院的欧阳予倩请假。陆华柏就在那里筹办音乐系,就是现在华中师范大学音乐系前身。到了暑假已经在那里一个学期了,厅长又说不能走,只能留在哪里。后来我们终于到了北京。到了北京后,陆华柏在实验歌剧团搞创作,我在戏剧学院教声乐,马可当时是我们的系主任。马可说,计划挑几个搞西洋唱法的老师向民族民间家学习,他们高价送我去跟梅兰芳、小白玉霜、辛凤霞学唱评剧、京剧,我的学习收获很大,主要是在咬字吐字方面。后来湖北厅长去北京告我们,说乱拉地方干部,如果我们俩不回湖北就辞职。后来我们就回到了湖北教育学院,后来与华中师范大学合并。反右时,陆提出了对知识分子尊重不够、重视不够等建议。陆华柏当时是华中师范学院民盟的组委。那时,陆华柏就向组织提交了入党申请书,也填了表格讨论了,最后没有通过。"文化大革命"时候,全校都贴满了批他的大字报,连家里帐子里也贴满了大字报。学校开批斗会,让我上台表态和陆华柏划清界限。我到台上就大哭,说陆华柏绝对不是右派,讲完就哭,台下学生也跟着我一起哭。我们在福建音专时曾被国民党特务迫害过。

因为陆华柏在学生中很有威信,学校新来的书记就对我说,我有两条路选择,一是和他彻底划清界限。只要和他划清界限,我还是可以去苏联学习,还可入党,给我三天考虑时间。我回到家后,看到陆华柏在大哭说,我怎么是右派啊?后来我看见他很可怜,很同情他。我就对书记说陆华柏对共产党好得不得了,我在思想上与他划清界限,但是不和他离婚。几天后,我也成了右派,罪行是公开在大会上同情右派,公开破坏反右运动,我气得要命。我说,如果我甘宗容是右派,那你们个个都是右派!由于我在劳动时表现特别好,一下子就脱帽了。1960年他表现好,也脱帽了。但是脱帽右派滋味不好过。我们原来的工资很高,做了右派后,他降了三级,由原来的每月240元降到140元,我从每月120元降到80元。

农场草埠湖劳动,是华中师范学院党委书记带我们去的。他对那里的工人说政治上要和我们划清界限,生活上要对我们一视同仁。陆华柏在那里养猪。工人们对我们很好,也非常照顾他。陆华柏身体不好,就给了他一头驴让他骑,让他骑驴去镇上拿信回来分发给那里的人。因为农场有上百个上海来的知青,陆华柏就负责管信件。陆华柏还在那里搞歌咏队。农场上好多人都要来看陆华柏,说这个穿灯芯绒的老头每月工资那么高啊,怎么还不开心呢?陆华柏说,我不开心,因为我是右派。他们有时会叫错,称我们为同志。我们就对他们说,你们不要叫我同志,我们是右派,要帮助我们改造思想。

在草埠湖农场待了一年多,他在农场一队,我在二队。每周我去他那里帮他搞卫生,洗衣服,陆华柏什么都不会。我们一直在想,在哪里摔倒就在哪里爬起来。我们一直想,我们是从旧社会过来的,一定带了很多不好的思想。所以每次思想汇报都写得很好。因为我们没有抵触情绪,所以农民对我们很好。我们对党没有仇恨,所以第二年就摘帽了。当地的农民对我们吃、住都很照顾。

在农场的时候,有一次发大水,一晚上的时间湖就被淹了,我刚爬上去楼梯就塌了。我游泳好水性好,曾游过长江,他们就叫我下湖去拖木头。到中午太阳太大时我晕倒了,我们当时的一队死了三个人。2队的人们看1队快完了,都非常紧张。陆华柏得知这个消息说我死了他还活着干什么,就跳河了,后来被人救起来了。我晕倒后在湖里漂了几里路,农民发现了我,把床板搭成船,把我救上来。上岸后走回来,又没有鞋,脚都破了。大水对我们教育很大,上午淹了,漂了五里路,下午飞机就来了还扔了很多吃的,我们觉得还是共产党好。但我们那时还是右派,有时会想不通。陆华柏对我说,战争时有时也会自己人打自己人,那是打错了,所以我们没有抵触情绪。1963年12月调回广西,1964年来广西艺术学院,1966年"文化大革命",这个大风波我们俩未挨打,但毕竟是做了头号右派,我们与外界断了联系。陆华柏当时为所有歌舞团演出配器,像个机器人。每天晚上他们把需要配器的把谱子送来,第二天就要来取,无名无利,天天配器。他最厉害的是每天白天劳动,晚上翻译,他的英文全是自学的,他的口袋里全是单词。他口语不行,但什么英文章来他都能看,都能翻译,他的翻译很好。他总对我说外语别丢。当时被斗得要死,谁还有心思学外语。陆华柏却说,你信不信,以后我还有用。我常演李铁梅,我俩常去辅导《红灯记》样板戏。

我1938年从广西学生军出来,1941年考入艺术师资班,陆华柏当时在桂林。欧阳予倩也在桂林。当时的桂林是文化城。我在欧阳予倩的团里担任独唱,陆华柏是那里的指挥。我和他是这么认识的:我在艺术师资班读书时,我的声乐老师让我唱《故乡》,我没有把这首歌里面的附点唱对。有一天,一个男青年一脚把我的琴房门踢开,大声对我说,你怎么可以这样唱?这里有附点,那里也有附点……他就帮我弹钢琴伴奏,还一句句教我唱。后来他常常帮我来弹钢琴伴奏,我们就是这样认识的。在桂林时,每次演出《故乡》都是我唱,他帮我弹钢琴伴奏。读完艺师班时我还很小,还想读书,那时有一个国立音乐院在重庆,很远。陆华柏就说,福建音专请他去做教授,汇来的旅费刚好够两个人用,我就跟他去了。事实上,旅费根本就不够。(笑)

现在是最幸福的了。1979 年以后就很好了,名利、地位都有了。

2. 采访陆华柏女儿陆和平笔录

采访时间:2004 年 1 月 10 日上午

采访地点:广西艺术学院教授楼陆华柏故居底楼客厅

陆和平:我的父亲是那个年代造就的典型人物。他活得与别人不同,现在已经很难造就这一类人。他的精华是在 1957 年前。二十几岁时最为精华。他偏强,写些俏皮话,被人抓住把柄。他两边都不投靠,有个性,他的个性被这个社会抹杀了。可以从当今人性角度研究。艺术是人类美好的东西,父亲反对我学钢琴,可是我很喜欢钢琴。当时,我可以把《黄河》都弹下来,弹即兴的。"文化大革命"时,红卫兵来抄家抄照片,家里的老照片都是我从红卫兵手里抢回来的。可惜我没有学音乐。我插队时候,我父亲对我说:"好!去做农民,做工人。好。"可是我不愿意,我要考大学。

2008 年二赴南宁

(一) 日记

1. 日记之一

记录时间:2008 年 10 月 26 日

记录地点:广西南宁陆华柏先生故居

今年适逢广西艺术学院校庆 70 周年,作为广西艺术学院音乐学院的系列活动之一,将于 10 月 29 日上午举行《吴伯超、陆华柏纪念研讨会》。

暑假就很想来南宁,一来是想继续收集陆华柏的资料,二来也确实想看看85高龄的陆华柏的夫人甘宗容老师。2004年初,为了写硕士论文,我来南宁收集资料,甘老师热情地接待了我,并无偿向我提供陆华柏的资料,为我的论文写作带来了很大的帮助。四年过去了,这位善良健康的老太太生活得好吗,一直是这么牵挂着。

这次真是千载难逢的好机会,我决定二度来南宁,与上次很大的不同是,我在交通工具的选用上,选择了便捷安全的飞机。主要是因为上次34小时的火车实在把我坐怕了,当然,更重要的原因是因为这几年,我的经济条件改善了一些。

一早,我4点半就起床了。我的先生为了不耽误送我,竟然3点多就醒了,为我煮好稀饭,烧熟鸡蛋,真是辛苦他了。5点,我们从常熟出发,大概经过1个小时20分钟的行程,我们顺利来到上海虹桥机场。为了方便收集资料,我带了扫描仪。怕托运遭损坏,我在机场临时买了袋子,准备随身携带。虽然很重,但想到能保证在南宁顺利收集资料,还是十分乐意承受这个重量,小心地提着它上下飞机,上下汽车,上下楼梯。

10点整,我来到南宁机场。经过约半小时多的行程,来到了广西艺术学院音乐学院。该院院长王晓宁教授告诉我,参加校庆纪念活动的嘉宾都住在万锦大酒店。出租车司机不熟悉路程,原来就在艺院后门的酒店竟然兜了许久,花了15元钱。下车时报到处的同志告诉我说出租车司机是骗子,我想也不至于吧,在机场高速途中,司机和我友善地交流,知道我是从上海坐的飞机,一脸的向往和羡慕,问我上海和北京哪个更好,问我是不是上海的城市建设要比南宁先进10年。当然,我更肯定地说了南宁的好,如生态、气候、民风等等,因为4年前的南宁行给我留下了美好的印象,觉得这里的人民善良淳朴,这里的气候四季如春。

在万锦大酒店短暂歇息后,3点,甘老师约我在艺院后门他们居住的老房子内见面。有了上次的接触和这几年的电话通信联系,甘老师越发信任我，居然把房子的钥匙交给我了，让我尽情地在这里翻阅陆华柏的资料。我心存感激地拿了钥匙，心里想着该如何回报她的善良无私。甘老师说，最近来这里的人可多了，她说，谁想研究陆华柏，我都会提供资料。是啊，陆先生的成果那么多，岂是一两位学者能研究得过来的？甘老师说，华中师范大学有老师来访，广西艺术学院音乐学专业的学生也跑来复印资料。甘老师给他们看我的硕士论文，他们都很惊讶，说居然有人已经在研究陆华柏了。

资料换了地方。甘老师把陆老师的所有资料整齐地放置在书橱里，记得上次就零散地摊在地上。我也看到了不少上次没有见过的资料，比如陆先生翻译的《和声与对位》一书。我用数码相机逐页拍了下来。我把照片资料扫进电脑。还是自己准备手提电脑、扫描仪方便啊！几天前我就想象在甘老师家里扫描文档将是多么惬意的事情，今天终于实现了！我的心情好极了。

伴随着淙淙的钢琴声和专业练声曲（甘宗容老师正在楼下上声乐课），我在陆华柏的家中，坐在二楼朝南靠西房间，贪婪地阅读陆先生的笔记、曲谱、书籍。

今天的收获：

扫描了相册内大部分照片。计划再问陆和平老师要一些她的照片以及现在的家庭照片。我找到了温可铮音乐会演唱陆华柏的艺术歌曲《游思集》盒带。我以前一度想去拜访温老的，现在温老已去世，我还以为没法找到这些资料呢，明天去翻录。

26 号，我在陆家中工作到 11 点半，想到应该回宾馆了。走出来发现后门已关，我只好问讯走前门，还走了冤枉路。很累了，在艺院正门口叫了一个电动车，花了 4 元前到宾馆。一天的行程基本结束，我又整理了一些明天需要请教甘老师的问题。

2008 年 10 月 26 日晚上八点于陆华柏家中

2008 年 10 月 27 日凌晨 1 点补记

2. 日记之二

7 点，我起床了。心里想着校庆音乐学院学术活动的具体安排，电脑上网查询。我住的酒店可以上网，真是方便。应该感谢王晓宁院长，是他为我安排的。这里离陆先生家很近，就从广西艺术学院后门进来，步行七八分钟时间。

我拿着甘老师给我的钥匙，打开陆家大门，又在房内查找资料。今天我发现，在这个房间的西面墙壁上挂着陆老师的遗像，这是 20 世纪 90 年代的照片。陆老师笑眯眯地看着我。我想，我应该把陆老师生前没有完成的愿望尽量实现，比如出版广西多声部民歌，由于当时经济条件的限制，这本书还没有结集出版，虽然其中的文稿散见于其他音乐期刊。

今天继续收集资料。我发现资料实在是太多了，我翻翻这个，又看看那个，不知道先收集哪个好，也不知道究竟哪些需要扫描，哪些需要复印。昨晚我的扫描仪好像出了故障，扫不进去了。希望今天可以正常工作。我发现拍照会有反光，以后要用资料的话最好还是扫描。可是文件太多了，我真担心会忙不过来，主要是因为最近的音乐会和研讨会我是一定要参加的。拟定的采访计划估计来不及完成了。最好的办法是将返程机票推迟，推迟 2—3 天，这样在时间上就会宽裕一些。

还是按照昨天的进度，把陆先生笔记进行分类整理。把重要的资料扫描拍照。

2008 年 10 月 27 上午 9 点于陆华柏故居

（二）采访笔录

1. 采访陆华柏学生（姓名不详）

采访时间：2008 年 10 月 27 日

采访地点：广西艺术学院音乐学院

我觉得老一辈留下来的东西，不仅仅是他的艺术作品，他那种精神财富，对事业的追求，完全和现在人的观念是不一样的。他不因为自己是著名作曲家而高高在上，他很随和，他和平常人一样，做他的事。他们一代人事业心很纯,他是一个代表。

2. 采访陆华柏家人笔录(夫人甘宗容、女儿陆和平、外孙江河海)

时间: 2008 年 10 月 28 日晚 10 时 30 分(广西艺术学院校庆 70 周年文艺晚会后)

地点: 广西艺术学院教授楼陆华柏故居

江河海: 小时候我读小学的时候,外公就摸摸我的头啊,写些字条给我。

陆和平: 陆华柏每天写很多字条。后来他耳朵就听不见了,还是每天都写字条给外孙。

江河海: 那时我还小,看不懂字条,外公常写一些鼓励的话。

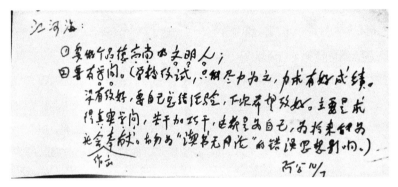

图 11 陆华柏于 20 世纪 90 年代初写给外孙江河海的小字条
(陆华柏女婿江世杰于 2020 年 4 月提供)

甘宗容: 江河海小时候,随便要一张纸都不得(意指不行。南宁话大概)。说这是公家的。河海一天到晚就问,什么叫公家? 谁是公家啊? 怎么公家那么可怕? 他什么都不给,要一个信封都不给。

陆和平: 我爸所有的东西都是自己买的。他不要公家一分钱。连那个挂在办公室的钟,都是从家里拿过去的。

陆和平: 他写了很多东西,一天到晚写。他从里面找到很快乐的东西。这是他的精神寄托。可是我和他无法沟通,我和他一见面,两个人就吵。他就是怕我犯错误，让我做最普通的人，我就是不肯。后来有了我儿子，我这个儿子老实、乖、胆小，可是我呢，什么都不怕。你看，河海就是外公外婆带大的，带成这样(老实的)的样子。(笑)其实我继承了我父亲的性格，我的煽动力也是很强的。临死之前，我对他说，爸爸，你讲一句真话给我听，他还是说，最喜欢共产党。共产党就是不要我，我也要跟着共产党走。你看，临死之前，我问他，让他到底讲一句真话，你看他这一生，想让他讲一句实在话，他还是这样讲，人就走了。我是希望他把这辈子有什么冤屈讲出来，他还是这样讲。我和我爸性格绝对相反。我们这个家我妈是和事佬，常在中间调和。每次吃饭，一碰到我爸，就会吵，我妈就调和。我觉得他太可怜了。有些事情我都不想讲那么多。临死之前，他到底在想什么？他真的是忠于这个国家，忠于党。我从小看他的思想汇报。他挖心挖肺地在那里写。他们两个人写了这么厚一大沓思想汇报。

3. 采访陆和平

采访时间：2008 年 10 月 29 日

采访地点：陆华柏故居

陆和平：我当时想，如果我父母不学艺术，我说不定在艺术上很有成就。但是因为我父母都学艺术，就把我压制了。他们不许我学音乐，因为他怕人家说这是陆华柏的女儿。他怕人家会压我，因为我当时太小了。但是这方面我确实是很有才干。但是我从来不说我是陆华柏和甘宗容的女儿。以前我很小的时候，我和你讲过，我三岁时候就会写曲子了。我写了："妈妈妈妈，我的好妈妈，快来快来给我摘朵花。红花绿花插在我头上，好看好看谢谢好妈妈。"我还记得我小时候买过一本红色封面的本子，里面是白色的，我都写了很多歌在里面了。我当时很小，但是我对这方面很感兴趣。小时候我很会跳舞，很有灵气，可是爸爸妈妈不断压我，不许我学艺术。我小时候，爸妈一开会就带我去，我会跳很多舞，那个"太阳下山明天还会爬上来……"(做新疆舞动作)他们开会时候，我就坐在桌子上，或者在地上跑来跑去，很活泼，又会跳舞，对音乐又很敏感。戴爱莲见了我特别喜欢,特别想收我做学生,父母不让。包括钢琴,我都是自己学的。我在家练琴一见我爸爸回来,就要紧把钢琴盖关上。所有人都以为我是跟陆华柏学的,都以为我弹得很好,其实,我爸根本没有教过我。李志曙的女儿甚至讲,陆华柏女儿弹的钢琴比她妈妈弹得还要好。我天生就会配钢琴即兴伴奏,我很小时候就会编配,我虽然不知道自己在钢琴上弹的是什么节奏型,但是我很小时候就会在钢琴上打出这样的节奏。但是没办法,我还是没有学音乐,家里完全压制住我,不许我学音乐。

图 12 青年时代的陆和平

(三) 信件

1. 2008 年 11 月 1 日凌晨给甘宗容老师的留言

尊敬的甘老师您好:

当我逐一地翻开书柜中文件袋中的材料,随着掌握了解的资料越来越多,对陆先生的敬佩之情也就愈来愈强烈。陆先生是一位严谨治学、积极上进的好老师,一位有着多方面音乐贡献的音乐家。人们对陆老师的了解实在是太少了。

所以我想,我应该尽快尽早地将陆先生的贡献公之于世,我首先想做的事是出一本《陆华柏论文选集》。目前我已收到大量论文,我应该让更多的同行专家看到陆先生在此方面的成就。我还想把陆老师的作品出一本《陆华柏音乐作品选》,当然,我必须更努力地做研究陆先生的工作。

今夜我是不能睡了,还有些资料未看完,我必须连夜看完。因为明天上午我就要离开南宁。这次见到的资料比上次多多了,也可能是因为已经梳理过,所以看起来体会也越深。

"近朱者赤",您与陆先生相伴一生,在您的身上也闪耀着陆先生的光辉。您那么信任地将资料让我翻阅,我无言以报,只有用加倍的努力来报答您的恩情。全面深入地研究陆先生的音乐贡献不仅是我目前所要从事的一项重要工作,也是当前音乐界所应承担的一项艰巨工作。所以,甘老师,您要有心理准备,可能在不久的将来,会有专家学者纷至踏沓来,我担心您会辛苦。

甘老师,祝愿您身体健康,心情愉快,好好享享清福,把陆先生没有享到的福好好享用。我想,陆老师一定也希望您这样。

趁着照相机充电的时间给您留言,明早可能我会在九点前离开学校,所以留言给您。

丁卫萍祝甘老师全家幸福安康!

2008 年 11 月 1 日凌晨 4 时 31 分

于广西南宁陆华柏故居

2. 2009 年 3 月 5 日给甘宗容老师的信

尊敬的甘老师:

见信好! 问候全家好!

已经很长时间没有给您写信了,今天我终于能静下心来坐在桌边给您写信。我的脑海中又浮现您单纯善良,无私健康的形象。想象着您在去年 10 月份每次都穿得漂漂亮亮地来见我,每次说话都那么慢条斯理、思路清晰,回忆起您在校庆舞台上演出时的身影,在纪念研讨会上的发言,我发现,我从心底里爱戴您!

我的桌上放着一张光盘,这是我准备寄给您及家人的光盘。去年11月26日,我在学校作了"一位尘封多年的音乐家——陆华柏"学术讲座,取得了圆满成功。原定一个半小时的讲座讲了两个半小时,由于摄像机电量不足,这张光盘只录下了前两小时的讲座。我也常会拿出来看看,回忆我当初的研究热情以促使我加快对陆先生的研究进度。如果您有空,不妨将光盘放入电脑看看,如果河海和她爱人感兴趣,也可以一起看看。讲座中一定有不足的地方,也有讲得不甚正确之处,请您多包涵并给我提出批评。

甘老师,我要真诚地感谢您对我的信任,正是由于您的信任,我深感肩上所承担的责任。陆先生的贡献应早日公之于世。去年10月底从南宁回常熟后,我动笔写作《陆华柏,一位不应该被遗忘的音乐家》,此文在一周内作了三次重大修改,您在贵校学报《艺术探索》上看到的文章是最后定稿。当时,编辑要我在一周内完稿,以赶在12月发表,所以,那几天,我是日夜思索,忘我写作。11月初完成此文后即开始进行11月26日的讲座准备工作。做完讲座后,我开始撰写一系列研究陆华柏的文章。目前完稿的有两篇:1.《陆华柏的音乐生涯》,2.《陆华柏研究述评》。另有一篇去年10月份写的《简论陆华柏抗战时期的群众歌曲创作》。目前,这三篇都已向音乐期刊投稿,有望在今年发表。今年是陆先生诞辰95周年、逝世15周年,我争取多出成果纪念他,以不辜负你们全家对我的信任和嘱托。

甘老师,今天来信还有一事相求:

我非常想拜访戴鹏海先生,我和戴老师通过电话、写过信,可是他至今仍没有接受我的拜访。所以,我想,您下次在和戴老师通电话时,能否帮我美言几句,告诉他我很想拜访他。戴老师写了《陆华柏音乐年谱》,他是最早研究陆先生的专家,现在又是博士后导师,我想拜访他,一来是感谢他详细的年谱,二来是想和他进行交流。2004年来南宁之前,我就想拜访他了,如今已经5年过去了,我还未能实现这个愿望,所以我在这里恳请甘老师帮助我,当然,如果您觉得可以的话。我也知道戴老师工作繁忙,也听您说起他身体不太好,那我也就更希望能去上海看望他了。常熟离上海很近,只要戴老师有空,我随时都可以去上海拜访他。

还有一件事,就是我上次电话中和您说起的出版陆先生文稿的事。上海音乐学院博士生导师陈聆群教授见我研究热情很高,为我引荐了上海音乐学院出版社社长洛秦先生。我联系过洛老师,他说出版社肯定没有问题,关键是要自筹经费。所以我现在一方面进行文字整理,一方面积极申报课题争取获得科研经费,等待时机。请甘老师放心,我一定不会让您出资。只是想,如果可能,您在和广西艺术学院领导交流时,顺便提及此事,探问是否可以得到校方出版经费支持。当然我也会积极努力。总之,我非常愿意当陆华柏研究的一名使者,将对陆华柏音乐贡献有兴趣的专家学者邀集起来一起进行研究。陆先生生前还和台湾方面有不少通信联系,您知道的吧,我也想进一步联系台湾方面的学者,希望到2014年,陆先生诞辰100周年时,有更多的学者专家投入到研究中来。希望陆华柏研究早日开花结果!

陆先生的成果很多,正如我论文中所写的,他的音乐贡献是多方面的。我相信,在不久的将来,一定会有更多学者关注陆先生,陆华柏研究一定会迈上新台阶的。

甘老师,上次问您借的两样东西请允许我再多保存些时间,我会妥善保管。另外,我不知最近是否有老师、同学来查阅陆先生资料,请您一定注意资料的保管工作。您家中有不少珍贵史料,都在陆先生生前整理的文件袋中,我一件未动,希望这些资料能完好无缺。这些资料不仅对您及家人,对陆华柏,对整个中国近现代音乐史研究都有十分重要的价值。这也就是陈聆群先生为何敦促我抓紧出版陆先生遗稿的最重要的原因了。

另外,我在春节前后发短信给江河海,请他为我复印陆先生的一大沓思想汇报,上次时间太紧我没有来得及收集。不知河海复印了没有,方便的话麻烦您帮我问问他。让您费心了,甘老师,祝愿您健康长寿,您一定要健康地生活下去,到 2014 年,2019 年,2024 年乃至更久。您一定要相信,陆华柏以及您的音乐活动与贡献必将载入史册!

衷心感谢您的小丁于江苏常熟敬上。

祝和平老师身体健康!祝你们全家幸福!

丁卫萍于江苏常熟遥祝 2009 年 3 月 5 日深夜

3. 2009 年 12 月 17 日给甘老师的信

尊敬的甘老师、和平老师、江老师、河海、薇薇:你们好!

一别又是一年多未见了,你们都好吗?眼下正值隆冬,江南十分寒冷,气温都在零下。想必南宁会温暖许多。南宁好啊:冬天暖暖的,真是舒服,一如见到了甘老师和蔼可亲的一家,幸福的一家。

随信寄上 2009 年 11 期的《人民音乐》,上面有我一篇论文。今年是陆华柏先生诞辰 95 周年暨逝世 15 周年纪念,我写了几篇文章纪念他的音乐贡献,目前已刊出了 3 篇,分别是之前寄来的《乐器》上的《浔阳古调》;《音乐与表演》(南京艺术学院学报)上的《抗战时期陆华柏的群众歌曲创作》。预计 2009 年 12 月,《天籁》(天津音乐学院学报)还将刊用我写的《陆华柏研究述评》,若该文刊发收到刊物后我再给你们寄来。

在这个特殊的年份,我也取得了特殊的收获:我个人在今年上半年申报的江苏省社会科学课题于今年 11 月获准立项,学校提供科研经费 1 万元。完成周期为 2 年,结题为系列论文。所以,如果说我的研究取得了一点成绩的话,这都来源于你们全家给予我的最大程度的支持。我永远都不会忘记:是甘老师慷慨地将钥匙给我,使我全方位阅读文献资料;是陆和平老师,在大热天不顾休息,与我交流着对陆先生的追忆和怀念;是平时话不多但一说话定切中要害的江老师,在我收集资料的最后一天,和我聊起陆家和江家的典故……还有善良的河海,活泼能干的薇薇,你们的支持与鼓励扬起我希望的风帆,我由衷地感谢你们!

目前我写的论文分门别类对陆教授的音乐贡献进行整理。如《人民音乐》上的文章论及他音乐文论方面的贡献。陆先生的贡献分为三大块:

创作、文论、教育，其他两块我也将逐渐以论文形式进行展现。目前我还研读了他的艺术歌曲《勇士骨》和大合唱《挤购》等，相信在不久的将来你们也能看到这些论文。我只是将我了解的陆先生的贡献客观真实地展现给世人，在这些微观研究逐步成熟后，对陆华柏先生历史地位的评价就会更具说服力。

我一直坚信，陆华柏先生多方面的音乐贡献，他的淡泊名利，孜孜不倦奋力追求的人生追求与信念是值得后人好好总结好好反思的。上海音乐学院博士生导师陈聆群教授对我的研究给予了高度的评价。他也曾问过我："陆先生为何被忘却？如果陆先生在上音工作，他的名声早就响到天外去了……"是啊，陆先生为何被忘却？我认为原因很多，既有客观上的原因也有主观上的原因。这个问题我还没完全想清楚，我应该会慢慢找到答案的。

就说到这里吧，小丁在千里迢迢的江南常熟遥祝你们幸福安康！

祝你们新年快乐！来年更加美好幸福！

丁卫萍拜上

2009 年 12 月 17 日夜

（四）陆和平：《我的钢琴梦》[1]

我出生在一个音乐世家。父亲陆华柏教授是著名的钢琴、作曲教育家，他在音乐上的贡献，使他被载入中国音乐史(音乐院校教科书)。母亲甘宗容教授是广西艺术学院院长，全国知名声乐教育家。由于家庭的熏陶，我很小就接触到了钢琴。记得四岁时，父亲是华中师范学院的音乐系主任，我和表姐琳琳，就被送到白俄[2]的钢琴老师家学习钢琴，老师是严厉

---

1 到今年，陆华柏和甘宗容唯一的女儿陆和平已经离开我们 11 年多了。2004 和 2008 年我两次去南宁收集资料时，和平和我长谈并提供给我她和家人的珍贵照片。和平带我游览美丽的南湖，和我讲述她眼里的父亲。此处收录的文章由她的丈夫江世杰先生于 2012 年提供。江老师提供的和平遗作还有《舞动的花季(改后)》《瑶寨十日》等。本书收录这篇和平热爱音乐的文章，寄托对广西大学陆和平副教授(1949—2010)的怀念，感谢她对我研究提供的帮助。

2 此处江世杰加注：白俄——是指俄罗斯在十月革命中或后，逃亡到中国来的俄罗斯旧官员、贵族、富人、知识分子等。

而又和蔼可亲的,弹得好,就得到一块带金边的巧克力,弹不好,就挨打手板。我也会用牛奶和饼干,引邻居小朋友来学唱我在钢琴上自编自弹的小曲子,记得有一首的开头是这样的:

谱例37　本书作者根据陆和平2008年10月29日歌唱记谱

$1 = C \frac{4}{4}$

```
5   3   5   3   5 1 7 6  5  | 5   2   5   2   5 4 3 2  1  |
妈  妈  妈  妈  我 的 好 妈  妈     快  来  快  来  给 我 摘 朵  花。

5   3   5   3   5 1 7 6  5  | 4   2   4   2   5 4 3 2  1  ‖
红  花  绿  花  插 在 我 头  上    好  看  好  看  谢 谢 好 妈  妈。
```

那时,我过着无忧无虑的欢乐童年时光。

可是,好景不长。8岁那年,我眼看着整天忙于工作、开会的父母,不知为何突然变成了人人不齿的右派。我怀着恐惧与无奈,任凭命运的主宰和嘲弄。父母被发配到湖北东湖农场,我和外婆、表姐表哥回到南宁,从此也就告别了我心爱的钢琴,也告别了我欢乐的童年。

我11岁时,父母亲摘帽回到湖北艺术学院,我又可以回到父母身边。但他们再也不是过去的他们,他们再也不许我碰钢琴,再不许我沾艺术的边。记得小学毕业那年,我偷偷去考了湖艺的表演班,初试过后进入复试,父母亲从别人口中知道了,大发雷霆,硬是阻止了我参加复试。他们决不允许我与艺术有瓜葛,一直教育我:宁可做工人农民,也不能碰艺术,因为它跟政治太接近了,稍不留神,就会碰得粉身碎骨。

但是,我太爱艺术,太爱钢琴了。我经常一连几个小时听学生练琴,踮着脚尖趴在窗口看学生的指法变化入迷。放在家中供教学生用的钢琴,我会趁父母不在时,偷偷地弹一阵,然后赶在父母回来前,慌慌张张地摆好曲谱、书籍恢复原样……

"文化大革命"中,我家被抄,父母被批斗,父母已经没有多少能耐来约束我的行为。我可以躲在艺院的图书馆里看许多违禁的"封资修"的书,也可以躲在家里练琴。我虽然去过静坐、游行,但没有参加武斗。我作为"黑五类"的子女,受人歧视,过着低人三分的生活,在那"龙生龙,凤生凤,老鼠生儿会打洞"的年代,我只有悄悄地踩着踏板,只让钢琴发出微弱的声音,可那美妙的旋律使我忘掉了屈辱。音乐给我带来了慰藉、憧憬、希望。钢琴在"文化大革命"中一直陪伴着我。我练习了大量的曲子。难怪后来歌唱家李志曙的女儿李蓓说,陆华柏的女儿即兴伴奏比我妈(第一届世界青年联欢节伴奏者)还弹得好。

1978年恢复高考,我本想报考艺术类。但是,父母还是坚决反对,无奈之下,我考了理工类,毕业后留校任教。1983年到广州华南理工大学研习研究生课程。学校乐团经过考试严格挑选钢琴演奏者,在众多弹奏者中选择了我,配给我一把钥匙,可以任何时候独占使用一架钢琴,来为独唱者伴奏练习。"一·二九"纪念晚会上,我为全校各系的演出伴奏,获得了大家的首肯和赞许。

1987年回到广西大学,我在全校的晚会上独奏了《黄河》中的几支曲子,使众人惊愕和认可。因此学校又分了我一把钢琴房的钥匙,可以自由弹奏。之后,就有不少老师要我教他们的子女弹琴,自此,一发不可收拾。1993年我因生物工程设备方面的科研成果晋升了工科的副教授。1994年3月父亲走完了他八十岁的人生历程,带着许多遗憾离去。我看到科研道路上的种种,不再专注于理工科学的奋斗,而自然地回归到对音乐艺术的眷顾。在完成教学任务之余,开始业余教授钢琴。先是教"拜厄""599",后来是克莱德曼的演奏曲,接着是学生社会考级曲目。经过十几年的努力,我根据世界流行钢琴演奏法,潜心钻研钢琴的唯美演奏技巧,独创了一整套基于气息功底,注重情、韵、神、气交融,达成人琴合一的演奏境界的钢琴教学法。培养的众多学生通过了社会艺术水平考级,乃至达到八九级。学生莫茜参加韩国亚洲青少年钢琴比赛获银奖,毛祈风参加海峡两岸青少年钢琴比赛获银奖,吴家慧参加中国—东盟国际青少年钢琴比赛获金奖、李昊东获银奖等,不少学生考上了北京、广西的艺术院校。我被评为教育部、文化部共同颁发的优秀指导教师。

钢琴的梦,给我带来了欢乐和惦念、执着和惬意、满足和追求。

后记:谨以此文,作为对我父亲逝世 15 周年的纪念,借着改革开放的春风,他的独生女儿依然走回到音乐艺术这条道路。

陆和平　2009 年 10 月 17 日晚 18 时

2016 年三赴南宁,首赴桂林

(一) 日记

1. 日记之一

记录时间:2016 年 4 月 17 日晚 23 时 45 分

记录地点:广西南宁万锦大酒店 1310 房间

今天下午 4 点 50 分,飞机安全着陆南宁机场。一下飞机,一阵热浪迎面而来,南宁好热啊! 飞机上播报的南宁地面温度是 33 度。广西艺术学院的李莉老师告诉我说,坐机场大巴到江南客运中心然后打车。21 元车费,果真就把我送到位于广艺边门附近的万锦大酒店。预先和陆华柏的外孙江河海联系,和他说希望可以看看他的妻子薇薇和他们的小宝贝。他让我不用着急,他们就在甘老师家。

匆匆将物品放到酒店稍做整理,准备下楼去甘老师家时,窗外狂风暴雨大作,没有办法出门。酒店服务员热情对我说,如果我要走天桥去广艺边门,从地下车库走出去就可以免得在大雨中被淋湿。她热心地为我领路。穿过负一层地下车库,走过那个像水柱一样的车库出口处顶棚,天桥果真就在我眼前。正好那时雨小了一些,我撑起带着的小轻晴雨伞,还好,风不大,小伞没有被吹走。我走过天桥,从小巷子里进入,问了一个大学生,她告诉我进去就是广艺教工楼。果然,在原来陆华柏故居二层楼房所在地,原来广艺教授楼的地方,拔地而起一座高高的楼——广艺教师公寓。

来到教师公寓甘老师家，是陆华柏女婿江老师为我开的门，他还是和2008年时一样，没有变化。甘老师笑眯眯地边拍手边朝我走来，显得非常高兴，我们拥抱了一下。看得出甘老师很健康也很快乐，脸上一直洋溢着笑容。河海家住在对门，他的儿子已经5岁多了，非常可爱调皮帅气的小男孩。我给他试穿为他买的新衣服，正合适。穿过新衣服，他很乐意地和我们一起拍照。河海说，小家伙拍照从来没有这样配合过。和甘老师聊了一会，我想起难得来南宁，最好拍一张合影。好不容易将正在玩电脑游戏的小宝贝从对门拽过来，他这回可就没那么配合了，噘嘴哭了不愿意拍照。后来让他帮我们拍了几张，他才稍微高兴一些勉强和我们合影。真是可爱任性有个性的小宝宝啊！

甘老师今天和我说了很多养身之道，她说，她90多岁了才真正悟懂什么是放松的歌唱，什么是气沉丹田。她还特地写了三大张她的声乐教学感悟，让我带回常熟给我们系声乐老师看。她边唱边做动作边朗诵："在那遥远的地方，有位好姑娘，人们经过了她的帐房都要回头留恋地张望。"她告诉我说，去年抗战胜利纪念，从中央到自治区到地方到广艺很多人都来采访她，她累趴下了，住了四大医院。医生在为她检查后惊异地告诉她说，她的骨骼、血管、牙齿等等都还是60岁时候的状态。她说，好奇怪呀，怎么会这样。她说，她不太吃太甜和太油的食物，她每天坚持做很多气功动作。甘老师要我也要保养身体。她说，要坚持每天锻炼身体，就可以很健康。

晚上9点一刻，李莉老师到甘老师家，我见到了她。她说，刚和武汉华中师范大学来南宁的老师碰过头，华中师范大学下半年有校庆活动，其中有一个活动就是陆华柏纪念活动，到时会邀请全国各地知名专家一起参加。甘老师说很高兴武汉华中师范大学要纪念陆老师。明天下午3点，从武汉华中师范大学来南宁的老师以及李莉老师要去甘老师家，我一起去看看。期待明天。

2. 日记之二

记录时间：2016 年 4 月 22 日凌晨

记录地点：桂林酒店

在陆华柏音乐文论整理过程中，我几年前就发现 2008 年在陆华柏故居收集到的陆华柏于 20 世纪三四十年代在广西桂林《扫荡报》上发表的三十多篇音乐文论复印件资料十分模糊（我觉得这些文章十分珍贵有价值，对于了解青年时代的陆华柏是非常有用的）。尽管我已经对着模糊的复印件输入了一部分，但是这些输入文字完全是不放心的。我为此已经牵挂了好多年。我一直想要看看这些《扫荡报》原件。我知道，1987 年，陆华柏曾经在江西南昌、广西桂林等地搜集他发表在《中国新报》及《扫荡报》上的文章，我看到的《扫荡报》复印件就是他在那时候收集的。复印件非常模糊，看着实在是吃力而且输入文字完全没有把握。

几年前，大约是 2012 年左右，我曾托我同事在北京学习的同学，一位在北京中国音乐院读声乐专业的研究生寻找了《扫荡报》上的几份还原文件，但还远远不够。2012 年前后，我曾打电话至桂林图书馆，图书馆的回应是他们正在搬馆，《扫荡报》原件都被打包了看不到。

2016 年 4 月，我第三次来广西前又拨通了广西桂林图书馆的电话。对方的回应是：缩放机旋钮坏了，如果一定要来看的话那就试试。

桂林图书馆每天上午 8—12 点开馆，下午 14:30—17:30 开馆，我从 20 日下午从南宁坐火车到达桂林后就直奔桂林图书馆。缩微胶卷缩放机上放大缩小的调节按钮确实坏了。要读整版报纸，我只能看机器上非常小的字。我想对已经输入的文件进行校对整理，包括标点符号以及文字，于是带上电脑，对着这个以前只有在电视电影里才看得到的像国家机密一般的神秘机器（图书馆工作人员说，缩放机都是外国产的，她也搞不清是哪里产的，特别昂贵，机器上的一个灯泡就要好几万），对着因为缩放按钮坏了，字体只能小如蚂蚁一样的屏幕，将手提电脑放在边上，对准电脑里已经输入的文字，一个个字、一篇篇文章进行校对输入，一看就是好几个小时。

桂林图书馆对于来历史文献研究室查资料的要收取每小时 2 元的手续费,每拍一张照片收费 3 元,复原一份文件收费 3 元,打印一份复原件收费 5 元。这些文件都是民国时期发表的,全部是繁体字。虽然我已经认识不少,但有一些生僻字我还是不能确认。为了避免重复劳动,也为了尽快搞定这些文论,对于看不清的字,我都用手机放大拍摄(那时已经完全顾不得拍一张照片要收费几元钱),及时在微信上发给我的一个书法研究专业的从事古文字研究的朋友,请他帮忙辨认。经过他辨认的字有的我可以在电脑里打出来,而有的非常用字电脑打不出来,我只得另做记录,又担心之后会找不到这个字是哪篇文档里的。

收费阅读资料的时间让我猛然感到原来时间就是金钱啊!如果在收费的时间里玩微信,看 qq,那浪费的就是口袋里的钱。我猛然想到,如果将人的生命都进行缴费的话,也就是说人活着的每一分钟都必须缴纳费用的话,那谁还会舍得浪费时间呢?那活着的每一秒每一分钟都是那么珍贵啊!我一直不明白"时间就是金钱"这句话,而当桂林图书馆老师告诉我每看一小时都要收费的刹那,我瞬间明白了"时间就是金钱"的道理。恍然大悟啊!我还哪有什么时间去频繁地去刷微信呢,我的眼睛争分夺秒地紧盯屏幕,十分酸痛,但是我不能停下来,因为回去的日程已定。

一天读下来,能够确定的文论篇目仅有几篇,我订好的 22 日从广西桂林两江机场到上海浦东的机票看来是赶不上了。我的电脑上网有问题,我只好请我远在上海读大学的儿子帮我试试能不能在网上改签机票。儿子问我携程账号和密码是什么,我这个对账号密码永远都记不住的人就告诉他我的一般申请账号电子邮箱和常用密码。儿子告诉我说,可以的。

那一刻,我真的非常感谢孩子,也非常感谢网络的方便快捷。很快,4 月 21 日上午 11 点,改签机票成功的信息就发到我的手机上——我终于又可以多出一天时间来,周末回家。预先安排好的周末的事情以及本来联系好的常熟微巴接机等只能全部调整取消。最头疼的是这周六学校要开科研工作会议,三天前才通知的,因为周末有上级领导来开会,学校担心各学院的出勤率一律不得请假,本来不想告诉书记我在外地待了好几天,看来是瞒不住了,只能老老实实对书记说我的回程航班时间是在周六下午,她只能说特殊情况没有办法。

桂林图书馆闭馆的时候,我就将手头资料赶紧整理。哪一些是已经校对过的,哪一些是校对后还有疑问的,哪一些是之前根本没有的文件,哪一些是和之前的目录标记有差错的,这些都要统统弄清楚。我的眼睛已经累到极限。

来桂林图书馆的收获还是非常大。尽管那个已经没有缩放功能的机器极大地折磨着我的视力,但是不少之前无法定稿的文档这次终于可以放心地定稿了。我为此非常高兴。

查找资料的时候,我就在想,我好认真啊!这个世界上,愿意四处奔

图 13　桂林图书馆,本书作者摄于 2016 年 4 月 20 日

波不计金钱花销到处收集整理陆华柏资料,对着那些根本看不清的模糊文档细细辨别输入文字,完全不计查资料要收费自己掏腰包付钱的人,恐怕就是我了。我不知道我为什么愿意这么做。

大概是因为我的耳畔常常响起陈聆群先生几年前就嘱咐我的话吧:"陆华柏自己写的东西、自己说的话,才是最珍贵的不可复制不可多得的宝贵资料。将陆华柏的东西整理出来,是一件功德无量非常有意义的事……"

(二)采访笔录

华中师范大学音乐学院副院长康瑞军一行赴广西艺术学院看望甘老师。我和广西艺术学院的李莉老师一同参加。以下为采访录音笔录。(甘为甘宗容,康为康瑞军)

采访时间:2016 年 4 月 18 日

采访地点:广西艺术学院教师公寓 1507 室,甘老师家中

甘老师:最幸福的时候,就是在华师的时候,1952—1958 年。那是我和陆华柏一辈子中活得最舒服、最舒畅的时候,一天到晚无忧无虑。我们那时还在昙华林那里,那个礼堂特别好,一根针掉下来都听得见。我每天就只知道唱歌、教书,我和陆华柏每天都在唱歌教书。我们学校很大。现在是搬到桂子山了,以前还在昙华林。那时我们在那里是最开心的时候,我哥有两个孩子,我自己一个孩子,现在他们一回忆起来就说,啊哟,华中的时候多么好玩多么开心!

我是壮族人,我是广西艺术学院前身广西桂林艺师班第二届的学生。这个学校 1958 年复校的时候,就到处打听外面有没有学了音乐的,就调来了李志曙等人。因为陆华柏不是广西人,就没有回来。后来 1964 年,我就打电话给自治区主席,我说愿意回来,这样我们就从武汉调回广西。

康:1986 年我们恢复建系,所以这次是恢复建系的纪念活动,庆祝恢复建系 30 周年。我们是为这次活动而来的,是专门过来拜访您的!

甘:现在华师的老师我一个都不认识了,原来我还认识闫国宜,她身

体还好吗？

康：身体非常好。我们常常见到她。她是恢复建系后的首届系主任。今年的纪念活动重中之重是纪念系主任陆华柏。因为他是 1950 年代华中师范学院音乐系第一任系主任，我们要把这种精神传下去。两位老师以前的精神，要传承下去。真的很感动，我在来广西的路上都在学习戴鹏海先生的《陆华柏音乐年谱》。

甘：闫老师每年来广西招生的时候都来看我。戴鹏海为了写年谱，来了广西很多次，都住在我们家。我不会煮菜，他说，我会，我教你。他每天来都教我做菜，我就打下手。后来他回上海了我都会做菜了！他人很好的。

康：是的，他很直率。我是上音毕业的，我听过他的讲座。他现在纽约，和他家人一起生活。我上个月和他通了电话。我告诉他我们要做这样的活动，要来拜访您。戴老师非常高兴，让我见到您一定要跟您问个好。他也提到在写这个年谱时，在南宁一住就是一两个月。这本我们学校新印的《陆华柏音乐年谱》我就送给您了。路上我还在书上有划的笔迹。

甘：太好了。听说你们要搞一个陆华柏研究会，可惜我不能去了，我太老了，91 岁了，我就写了这封信。

康：这里提到成立陆华柏研究会。既然今天有幸能够见到您，还是希望得到您的许可和支持。您觉得可行，我们就可以正式启动。您同意的话，我们就要邀请一些专家，北京、上海的专家，包括丁老师，一起来做这样的事情。另外，还有一个介绍，集中展示有三天。我们打算放在 2016 年 11 月 27—29 日三天。其中有纪念陆华柏先生诞辰 102 周年高峰论坛，我们会邀请国内的专家学者。我们请的人不会很多，我们就请最相关的、对陆老师了解最多研究最深的，做一个高规格的活动。

甘：真是太好了！真是感谢你们！

康：另外我们也在借助这样一个学术会议的机会，搜集陆老师的相关作品,我们要举办一场音乐会,我们要找陆老师的乐谱,让我们音乐系的师生们登台演出。能唱的唱,能弹的弹,做一场专门的陆老师的作品音乐会,如《故乡》《勇士骨》,让 20 世纪 30 年代的歌声再度回响在桂子山上。我们想结合理论,结合弹、唱,更好地去纪念陆老师。所以非常需要您的支持,也非常感谢您的支持。我们还有陆华柏雕像落成仪式,在我们所有活动的第一天上午。

甘:哎呀,太好了! 真可惜我不能去啊。

康:当然我们是希望您去的。您以写信给我们的祝贺方式,对我们来说也是非常宝贵的。我们会在大会上请专门的人来宣读您的贺信! 衷心感谢您!

甘:现在我的身体还可以。我现在每天还上 4 节声乐课。

康:我听说广艺音乐系很多老师都是您带出来的学生。

甘:现在我不教学校里的学生,我就教外面的很多很多学生。讲起来都好笑,人家都不相信,对我说,你那么老了,教了几十年了,还没有教怕啊,你应该去打打麻将啊,去玩玩啊,你干嘛还要教书。他们不知道,我现在因为教书教唱歌,身体好得简直不得了。我去年 11 月份去体检。结果非常好! 我是抗战老兵,我 14 岁就去当学生军,我去昆仑关上面对日本兵喊话。那个昆仑关战役一直打不上,如果昆仑关一失守,西南重庆都危险。后来炮火攻不下了,就攻心。让我上去配合,唱日本歌。我那时才 14 岁。我还用日语对日军喊话:“爸爸,爸爸,你放下武器,我和妈妈想念你”。后来炮火居然停了那么两分钟。我们的战士就带着炸药包去炸,所以就攻下来了。攻下以后,好像我立了大功一样。我那时根本就不知道,因为我太小了。后来有一个记者写了这些,后来中央台来录,广西台来录,我家乡的电视台也来录。中央电视台说是要对全国播的,录了我 4 小时,还不给我看稿子。后来我就累得生病了。我去医院检查,检查完了医生对我说的才好笑哦,我样样东西都是 60 岁的。医生问我你到底多少岁啊,我说 90 岁了。医生说,不对啊,你才 60 岁。然后又去拍片,拍完说,你的大动脉、淋巴等都没有老化,小动脉也没有老化。大脑也只是轻微萎缩。后来我说我原来脑子里有一个瘤,还有脂肪肝还有什么,医生说,现在什么问题都没有,你就是 60 岁。康老师啊,你去跟你们的声乐老师讲,我现在全部在用气功上课,你们还不知道。

康:您上一小时的课不累吗?

甘:我上两个小时的课精神还好得很!我全部用气功教学。我的学生一知道我用气功上课,什么气功师傅都来了,什么砍砖头的,北京的,少林寺的,那些气功师傅不相信我 91 岁每天还能上 4 节课。他们非要来看。他们看到我确实是这样。我现在就是耳朵有点聋,要是我耳朵不聋还可以干很多事情,我就肯定要去参加你们的研讨会了。很多人要来给我录像,我说你们要录什么呢,我都是老古董了。他们就说,你何止老古董呢,你思路还那么清楚。我们还要来录您的教学。我觉得学声乐要学一点气功,我是"土洋结合"。

我在北京中央戏剧学院工作的时候,马可是我们的系主任。他要找学洋唱法的去跟土唱法的学。他就叫我去了,后来我就跟梅兰芳先生学了一年唱歌,跨界学习。后来梅兰芳一直教我们练转眼睛啊什么的,我跟梅兰芳学了一年,后来才回来的。我回到华师的时候,本来我学的是洋唱法,后来我就开始在声乐教学中注重"土洋结合"。

2020 年 4 月 20 日电话采访甘宗容笔录 [1]

龚小平是 1972 年进校的。她入学的时候,条件不是很好,领导说给右派教。所以就给了我教。我在教学中把我声乐教学的那套都教给了她,所以她很会教学生。现在她在教东盟的学生。我在广西艺术学院就带了几届声乐学生。翁葵和金北凤是 1977 年入学的。后来我就做人大代表,做院长,忙得不得了,就没有时间给学生上声乐课了。我教的几个,

---

1 2020 年适逢陆华柏先生的夫人甘宗容教授 95 华诞,我非常想写一篇关于甘老师的文章。此次电话采访主要是向甘老师了解她的声乐教学及演出生涯等。此处收录甘老师和我电话聊天的内容。(写甘老师的文章已完成初稿,未及修改发表)

每一个都成了歌唱家,龚小平在广西得了很多奖,翁葵也获得了很多荣誉。

现在广西老年合唱团里有100多人,他们都要让我教,我只答应了一天上四节课,一周上28个人,28节课。我现在只答应教50个人,28节课中,有的人请假或者不来的,我就通知其他人来上课。

陆华柏当时是湖北的大右派,我跟着陆华柏一起做了右派,做了右派不给演出,幸亏我回广西了。1958年我被划为右派,1959年摘帽后,我俩回湖北艺术学院开了音乐会,陆华柏帮我弹钢琴伴奏,我唱了12首歌。台下的观众非常同情我们,不给我们结束音乐会,我们又把12首歌曲唱了一遍,观众跟着我们一起哭,使劲鼓掌。第二天,我们学校的书记就找上门来,对我们说,现在宣传毛泽东思想,要又红又专的人才能演出,你以后永远不能上台演出。后来我哭了一个晚上。后来我就教书了。我为什么要回广西呢,因为当年广西学生军的团员后来都在自治区工作,我觉得他们最了解我,我就回来了。广西艺术学院1958年的时候复校我就想回来,陆华柏不愿意。因为他在武汉很红。后来我们当了右派,我就不管他只管回来了,他也就跟着我一起回到了广西。1964年回到广西,1966年又"文化大革命",所以真是很惨。

"文化大革命"的时候,两派都让我教。因为我们是右派,我就和同学们说,我教你们的唱法,可以把"毛主席万岁"喊到最响。我就喊:"毛主席万岁"! 他们见我喊得那么响,都要跟我学。我就上午教一派,下午教一派。每派都有50个人,我就坐在中间的高凳子上教他们。后来有人问,右派怎么可以上课? 他们就说是红卫兵同意上课的。"文化大革命"的时候,我就教他们样板戏。我因为跟梅兰芳学过京戏,会唱京剧,所以"文化大革命"中有8年时间一直在上课,我教学生李铁梅的唱段,教他们几个京剧的唱段,我没有挨过斗,"文化大革命"就这样过来了。

我现在一天上四节课,上午两节,下午两节,我学习气功,用气功的方法唱歌,我对学员说,你们练声唱歌身体就好了。我上课时坐在琴凳上腰都是直的。

我都想不到我可以活得这么老。我已经 96 岁了。广西艺术学院说我是"国宝级"的老师。抗战老兵现在还健在的极少了,我当时是年龄最小的学生军。后来学生军都转到地下参加地下活动,广西地下党都是学生军。广西壮族自治区的领导也都当过学生军。2015 年,习近平接见抗战老兵,因为我参加过昆仑关战役,对日军喊过话,也邀请我去北京接受接见。并不是每一个学生军抗战老兵都能去的。但是我晕车,我不能去。后来另一个抗战老兵去了北京,还和习主席合了影,把我当抗战老兵的勋章带回来了给我了,习近平给那个学生军抗战老兵挂勋章,如果我去北京的话,习近平也会给我挂抗战老兵纪念勋章。

图 14　甘宗容珍藏的纪念勋章
（本书作者 2016 年 4 月摄于甘宗容家中）

我当学生军是 1938 年,到 1941 年。前几年,学生军抗战老兵每个月都要集中,每个月 17 号集中。因为我晕车,他们就把集合地点选在我们学校附近,我们每个月 17 号都要去集中,刚开始的时候,美国、中国的学生军都回来了,一共有四千几百个人,可是每集中一次人就少一次,到后来就集中不起来了,现在就剩我一个了。现在学生军的后代在唱我们当时的歌。

陆华柏怎么会遇到你的呀! 真是幸运和机遇。他怎么会想到会有你帮他整理资料呀! 那个戴鹏海也是的,一心要帮陆华柏写年谱,还自费来广西。那时我们学校很穷,只给戴鹏海报销来回路费。

历年来参加/举办研讨会汇报
陆华柏研究情况及文章发表回顾

2008 年 9 月 23 日,中国音乐史学会第十届年会在独墅湖畔苏州大学召开。会议召开前,论文评审专家在常熟评审论文。时任我校音乐系主任张柏铭老师告诉我说他在史学年会开幕那天要开车带几位专家一起从常熟到苏州参会,问我是否愿意坐他的车一起去苏州参会。我当然是愿意的。那次,我坐张老师的车和几位专家一起到苏州,也是在那届年会上,我第一次见到汪毓和、陈聆群两位先生。在王清雷老师的帮助下,我加入了中国音乐史学会。首次参会听到专家学者们发言时我就在想,史学年会每两年举行一次,我能不能用功一些,争取在 2010 年下一届年会召开时也能提交论文,争取也能在中国音乐史学年会上发言。

2008 年 10 月 28 日,广西艺术学院举行建校 70 周年校庆。时任音乐学院院长的王晓宁老师告诉我说到时将举办"音乐家吴伯超、陆华柏研讨会",问我有否兴趣参加并发言。我非常想再去广西,主要是想再次拜访陆华柏夫人甘宗容老师。那年 10 月 29 日,我在"音乐家吴伯超、陆华柏研讨会"上做了"陆华柏研究汇报"。汇报结束后,素不相识的广艺学报编辑肖文朴老师向我约稿,让我写一篇纪念陆华柏的文章,争取刊登在那年第 6 期的《艺术探索》(广西艺术学院学报)上。参加研讨会既能学习别人的研究成果又能逼自己在短时间内写出文章并有可能发表,看来我要多参加研讨会多向别人学习多写文章,这就是我当初的想法。

2010 年,我正式以中国音乐史学会会员的身份参加在厦门华侨大学举办的中国音乐史学会第 11 届年会,提交会议论文并发言,从此开始了我近十年来参加史学年会等各类会议汇报陆华柏研究及发表陆华柏研究系列文章的历程。如果说今天的我比十年前有些进步的话,都要归功于中国音乐史学会十多年来的督促陪伴。

表 8 2008 年以来参加/举办研讨会汇报陆华柏研究一览表

序号	研讨会名称	研讨会地点	发言时间	发言题目
1	音乐家吴伯超、陆华柏纪念研讨会	广西艺术学院音乐学院	2008.10.29	陆华柏研究汇报
2	学术讲座	常熟理工学院元和校区学术报告厅	2008.11.26	一位尘封多年的音乐家陆华柏
3	中国音乐史学会第十一届年会	厦门华侨大学	2010.12.17	陆华柏研究述评
4	2011 全国中国音乐史学高层论坛	浙江师范大学学术厅	2011.12.11.	从 20 世纪四五十年代的音乐会节目单看陆华柏的音乐活动
5	中国音乐史学会第十三届年会	宁波大学音乐学院	2014.11.15	陆华柏的最后十年
6	"首届桂子山音乐节暨恢复建系 30 周年""纪念陆华柏先生诞辰 102 周年高峰论坛"	华中师范大学音乐学院	2016.11.27	全方位的音乐教育实践——陆华柏在华中师范学院
7	中国近现代音乐文献中心成立暨中国近现代音乐理论史学研讨会	上海音乐学院北楼 616 室	2017.5.13	民族室内乐的早期探索与实践——陆华柏编配的三重奏《光明行》与相关版本比较
8	上海音乐学院访问学者汇报	常熟理工学院知新楼四楼会议室	2017.10.10	访学这一年暨陆华柏研究再汇报
9	中国音乐史学会第十五届年会	河南大学音乐学院	2018.10.13	近十年陆华柏研究述评

续　表

序号	研讨会名称	研讨会地点	发言时间	发　言　题　目
10	"中国钢琴音乐研究"工作坊	华中师范大学音乐学院	2018.11.18	陆华柏的钢琴音乐创作与表演
11	中国近现代音乐史学专题国际学术研讨会	南京师范大学音乐学院	2019.12.8	陆华柏音乐文论的辑录与研究
12	2020 中国音乐史专家论坛暨中国音乐史学百年学术研讨会	浙江师范大学音乐学院	2020.11.28	陆华柏在广西桂林《扫荡报》上发表的音乐文论研究

相关文章发表情况:

(1) 2004:《陆华柏生平二三事》,《人民音乐》,第 11 期;

(2) 2005:硕士学位论文:《论陆华柏的音乐贡献》;

(3) 2007:《简论陆华柏创作时期的划分》,《常熟理工学院学报》,第 6 期;

(4) 2008:《陆华柏:一位不应该被遗忘的老音乐家》,《艺术探索》(广西艺术学院学报),第 6 期;

(5) 2009:《陆华柏著述研究综述兼及音乐文论方面的贡献——为陆华柏先生诞辰 95 周年而作》,《人民音乐》,第 11 期;

(6) 2009:《陆华柏研究述评》,《天籁》(天津音乐学院学报),第 4 期,后收入《中国音乐年鉴·2011》,中国艺术研究院音乐研究所编,文化艺术出版社,2020 年 12 月第 1 版;

(7) 2009:《简论陆华柏抗战时期的群众歌曲创作》,《音乐与表演》(南京艺术学院学报),第 3 期;

(8) 2009:《一首尘封多年的钢琴曲——陆华柏〈浔阳古调〉的艺术特色及演奏要点》,《乐器》,第 8 期;

(9) 2010:《陆华柏的艺术歌曲〈勇士骨〉分析》,《音乐创作》,第 2 期;

(10) 2011:《从 20 世纪四五十年代的音乐会节目单看陆华柏的音乐活

动》，《人民音乐》，第 7 期；

（11）2012：《陆华柏〈挤购大合唱〉浅析》，《艺术研究》（哈尔滨师范大学学报），第 4 期；

（12）2014：《陆华柏在音乐教育方面的贡献》，《音乐艺术》（上海音乐学院学报），第 3 期；

（13）2014：《陆华柏在广西艺术学院——为陆华柏诞辰 100 周年暨逝世 20 周年而作》，《艺术探索》（广西艺术学院学报），第 6 期；

（14）2015：《陆华柏青年时代的交往人群对其音乐人生的影响》，《中国音乐》，第 4 期；

（15）2016：《满怀赤诚 执着追寻——陆华柏 1949 年后的艺术追寻与心路历程》，《黄钟》（武汉音乐学院学报），第 3 期；

（16）2017：《从陆华柏民国时期的音乐文论看其音乐观》，《音乐与表演》（南京艺术学院学报），第 1 期；

（17）2017：《根植传统，中西融合——析陆华柏的钢琴曲〈东兰铜鼓舞〉》，《音乐创作》，第 1 期；

（18）2017：《全方位的音乐教育实践——陆华柏在华中师范学院》，《音乐与表演》（南京艺术学院学报），第 2 期；

（19）2018：《从 1991—1994 年间戴鹏海先生给陆华柏的信件看戴先生的音乐活动》，《人民音乐》，第 9 期；

（20）2020：《我所了解的陈聆群先生》，《人民音乐》，第 2 期；

（21）2020：《室内乐体裁民族化的早期探索与实践——陆华柏编配的三重奏〈光明行〉与相关版本比较》，《音乐与表演》（南京艺术学院学报），第 1 期；

（22）2021：《热忱直率 激情真挚——抗战时期陆华柏在桂林报刊发表的音乐文论研究》，此文为本书《热忱直率 激情真挚——陆华柏在广西桂林〈扫荡报〉上发表的音乐文论》缩略版，《人民音乐》2021 年第 10 期发表时对文章标题进行了微调，本书收录的文章为完整版。

陈聆群对陆华柏研究的支持

回顾陆华柏研究的漫漫历程,有一位老师长期支持着我。他,就是已故上海音乐学院博士生导师陈聆群教授。

2008 年 12 月 22 日第二次赴南宁收集资料后不久,我冒昧地给陈先生写信告诉他我拥有的陆华柏资料情况。陈先生很振奋,收信当天就给我写了长长的回信。[1] 他鼓励我出版陆华柏资料并将我推荐给时任上海音乐学院出版社社长洛秦先生。后因多方原因搁浅。

整理《陆华柏音乐文集》时,因陆华柏发表在广西桂林《扫荡报》上的字迹难于辨认,每输入一篇都花费我巨大心力,再加上陆华柏手稿识别以及核实文论出处等都需要极大耐心,我对陈先生说整理陆华柏资料仿佛是遇到了一座高山。陈先生在邮件中对我说,只要有愚公移山的精神,就一定能够将事情做成! 这些年里,是因为记住了陈先生的这句话,才使得我能够坚持把《陆华柏音乐文集》整理好。

陈先生勉励我做学问要"一门心思",对我说一定要保护好自己的身体,"千万不要拼"。陈先生的母亲是常熟人,他常以"半个常熟人"自居。2012—2015 年,喜欢常熟的陈先生和大人张东珍常来常熟居住,我和他有了更多的交往。2019 年年初,《陆华柏音乐文稿的整理与研究》获批教育

---

1 "丁卫萍同志:收到您 2008 年 12 月 22 日写来的信,对您在陆华柏研究方面执着的钻研和取得的成绩,由衷地高兴,向您祝贺! 我对陆华柏先生没有什么研究,可以告诉您的是一些往事……"该信为陈聆群长达四页的亲笔信。2009 年陈先生学会用写字板将文字录入电脑后,我和陈先生常通过电子邮件联系。

部课题,出版陆华柏资料终于有望。本想在课题正式立项时告诉陈先生,遗憾的是在课题公示期间的 2019 年初农历大年初二,陈先生就永远离开了我们。我和陈先生的交往以及他对我的影响融在《我所了解的陈聆群先生》里。

我所了解的陈聆群先生

转眼,陈聆群先生离开我们已经整整一年了。这一年里,我常常想起陈先生:翻开书桌上陈先生厚厚的音乐文集《中国近现代音乐史研究在 20 世纪》,我想起他;路过陈先生晚年在常熟居住的小区,我又想起他……

陈先生是 2019 年 2 月 6 日离世的。2019 年 2 月 10 日我们和陈先生作了最后的告别。2019 年 2 月 18 日,上海音乐学院音乐学系推出悼念陈先生的微信长文《悠悠岁月春秋望——怀念敬爱的陈聆群先生》,各界同仁感怀追忆与陈先生的交往。"陈聆群教授从教半个世纪有余,诲人不倦,桃李满天下。他是 20 世纪国内研究中国近现代音乐史领域具有重要影响力的领军学者。"[1]

我是在 2008 年 9 月中国音乐史学会第 10 届年会上认识陈先生的,之后,我和他主要通过电子邮件交流。2012—2015 年,陈先生和夫人张东珍常来常熟居住。回顾与陈先生交往的点滴,感觉他仍未离去——他仿佛仍住在常熟,在虞山脚下洒满阳光的小院,院子里的桂花芳香四溢;他慢条斯理地和我讲他的人生经历和感悟,他说话的声音仍在我耳畔回响。

童心未泯的陈先生

我未能成为陈先生的一名正式学生,陈先生却不把我排除在他的学生之外。2010 年 9 月 17 日,学生们为他和师母庆祝金婚,陈先生邀我一起参加。午饭后我要离开上海时,陈先生一定让我上楼看他电脑里喜欢的一张照片。那是一幅摄于 2010 年 8 月 1 日的照片(8 月 1 日是陈先生和师母的结婚纪念日),陈先生和师母坐在茶几两侧藤椅上,茶几上方灯

1　《深切悼念陈聆群先生》,《音乐艺术》(上海音乐学院学报),2019 年第 1 期,第 176 页。

光敞亮，茶几上是两对穿着正式表情可爱的泥人老夫妻。陈先生指指照片上的两个泥人老爷爷，指指自己，又指指身旁的师母，孩子般开心地和我说："你看，一个老头，两个老头，三个老头；一个老太，两个老太，三个老太！"那一刻，我感到陈先生快乐得像个孩子。

图 15　2010 年 8 月 1 日，陈先生夫妇金婚合影（陈东东摄）

　　陈先生常有一些有趣的顺口溜，不知是否是他所编。以下这个顺口溜给我印象最深："一岁登台亮相，十岁天天向上，二十岁充满幻想，三十岁基本定向，四十岁来日方长，五十岁拼命三郎，六十岁告老还乡，七十岁搓搓麻将，八十岁晒晒太阳，九十岁躺在床上，一百岁挂在墙上"。[1] 我正饶有兴趣地听着，他忽然话锋一转："我才不要躺在床上，躺在床上有什么意思呢？"那一刻，我又感到陈先生有孩子般的任性和可爱。2014 年 9 月底，当他得知王树滨的短文《贺陈老师〈八十回望〉问世》在《音讯》刊出，

───────────────

1　2013 年 3 月 26 日，陈聆群先生、师母和我在我校"远来阁"茶楼的聊天记录。

孩子般兴奋地告诉我,还把文章拿给我看[1]。每当他高兴的时候,我就觉得他快乐如单纯的孩童。

严于律己笔耕不辍的陈先生

2014 年 6 月 25 日下午,"陈聆群教授新作《八十回望——我的音乐历程》[2](以下简称《回望》)首发式暨学术思想研讨会"在上海音乐学院举行。6 月 6 日,我整理了一篇《我所知道的陈聆群先生〈八十回望〉的写作历程》[3]发给他准备参加会议交流。陈先生收到邮件后在一天内连回两封邮件叮嘱我不要夸赞他,发言时一定要"降温":"小丁:6 月 6 日晚,我读了《音乐周报》2014.5.28 第 5 期载蒋力的《张定和:和以致福》文,全文没有任何形容词夸语,只是平铺直叙地记张定和(1916—2011)先生毕生默默无闻地耕耘了 70 年,作品有歌剧 10 部,舞剧 7 部,话剧 29 部(他作插曲与音乐),戏曲 7 部,歌舞剧 2 部,木偶剧 1 部,电影 4 部(他作配乐),广播剧 3 部(他作配乐),舞蹈 7 个(他作配乐)……看到这篇记张定和先生的流水账似的文章,在我每天纪事中写了这样几句话:默默耕耘 70 年,成果贡献说不全,这才是真正的人哪!我那本 18 万字就说尽了的《八十回望》算个什么呀!千万千万,你来参加我的首发与研讨会一定要摆正心态!小丁,像张定和钱仁康先生那样默默耕耘一辈子的真人还有不下几十个呢!陆华柏先生也是其中之一,我们的责任有得好尽的。因此,你来发言一定要降温,千万千万!"(陈聆群 2014 年 6 月 6 日晚又发)

《回望》从 2012 年底开始写作,2013 年 8 月完成初稿。陈先生和我说,他常在凌晨 4 点起床写作,写作过程非常专注,以至于和他同住一幢楼的好友林友仁先生去世都不知道。"陈先生年过耄耋,老骥伏枥,壮心

1 陈聆群:《岁月悠悠——我在上音的学教散记》第 91 页有该文刊出的图片。上海音乐学院出版社,2017 年 3 月第 1 版。
2 陈聆群:《八十回望——我的音乐历程》,上海音乐学院出版社,2014 年 4 月第 1 版。
3 该文被收入陈聆群:《岁月悠悠——我在上音的学教散记》第 77—81 页,上海音乐学院出版社,2017 年 3 月第 1 版。

未已,依然在笔耕不辍、反思不止,充分体现出一个严肃史家应有的史学担当和自省态度"。[1]《回望》的出版和得到的好评使陈先生备受鼓舞,他更加放不下手中的笔,且大有"一发不可收拾"之势。2014 年 6 月后,陈先生又整理了不少文字,这些文字大部分被收入《岁月悠悠——我在上音的学教散记》(以下简称《岁月悠悠》)。

《岁月悠悠》回忆的镜头从《白茆之行——一次难忘的采风与创作实践》开始,按写作和整理的时间顺序,追忆了引领他走上音乐学之路的几位良师:钱仁康、谭冰若、夏野等。陈先生还将以往参加研讨会的发言进行整理,先后收录了《拟在谭小麟百年诞辰研讨会上的发言(提要)》《在校史编撰学术研讨会上的发言》《从国立音乐院到国立音乐专科学校(提

图 16 2010 年 10 月 7 日,本书作者与陈先生夫妇合影于常熟虞山剑阁

---

1 居其宏:《严肃史家在反思求索中的自我考问——陈聆群教授〈八十回望〉读后》,《音乐艺术》,2015 年第 1 期,第 140—143 页。

要)——上海都市音乐文化高端的成型》等。《岁月悠悠》文字诚恳,回忆魂牵梦萦的故乡和饱经苦难的父母的文字真实动人。陈先生用"掏心掏肺"(92 页)和"赤心赤肺"(163 页)来形容《岁月悠悠》的行文风格。

陈先生常把各类文字包括一些年度计划通过邮件传给我看,大概是希望我"监督"他如期完成写作计划。如,2016 年初给我的邮件里写了他的新年计划:《陈聆群 2016 年"如意算盘"》。2016 年,他希望把想写的文章写完,还要把多年来一直没有完成的和陈永、冯雷合作的《中国近现代乐论》编完[1]。

心系中国近现代音乐史研究的陈先生

陈先生和我聊天的话题都围绕中国近现代音乐史研究。如,2012 年 10 月 9 日,陈先生和我说他参与编写《中国大百科全书·音乐舞蹈卷》时遇到的困难;2013 年 3 月 21 日,他和我讲《八十回望》的写作瓶颈、钱仁康先生对各国国歌的建树;2013 年 3 月 26 日,他和我说建议上海音乐学院音乐学系编一本《上海音乐学院中国近现代研究的 85 年》……陈先生和我叙说的往事,有的我在《岁月悠悠》已经读到,有些他还未记下。和先生的往来邮件也都围绕中国近现代音乐史研究。陈先生常在邮件里勉励我继续陆华柏研究[2],还将他的研究心得告诉我,让我在研究时少走弯路。

近两年,陈先生发给我的邮件少了许多。2018 年 3 月 28 日,我忽然接到他的邮件:"小丁:我今天清晨七时许起床,睡在床上,想为已故老同学戴鹏海编个文集(学校出版社洛秦已同意立项),而这件事由我僻居松

---

1 关于这本书,《悠悠岁月春秋望——怀念敬爱的陈聆群先生》文后"精选留言"中,有洛秦先生的话:"……作为学生,能够报答老师的,莫过于学习、整理和出版先生的成就。借此,我代表《乐论》全体工作组成员,悼念和感谢陈先生为此付出的辛劳和智慧。《乐论》出版对陈先生在天之灵将是一种安慰,其中也更是给予了我们对其的永远怀念。"

2 2009 年,当陈先生得知我收集到陆华柏先生的部分遗稿后,就将我推荐给洛秦先生,建议我公开出版陆华柏资料,后因多种原因未果。这些年来,陈先生一直牵挂此事。2019 年,我有幸获批教育部课题,陆华柏部分资料终于有望出版。本想在项目正式批准后再告诉陈先生,遗憾的是项目公示期间,陈先生就永远离开了我们。

江的八六老翁来做太困难,因此想到了你。我以为戴鹏海为一些老音乐家(如黄自、丁善德、邓尔敬与陆华柏等)编的年谱或年谱长编较有价值;请问你能为戴编这个文集尽一点力吗?请看到我的邮件后与我通个话"。(陈聆群,二〇一八年三月二十八日近十时发)

接到邮件后,我把能收集到的戴鹏海先生的文章整理好用电子邮件发给他。2018年5月3日,当我如约来到陈先生家时,陈先生正在家人陪同下在医院检查身体,我等了许久才见到陈先生。那天陈先生没有和我多谈为戴先生编文集的事情,见他有些疲惫,不一会我就起身告辞,没想到这竟是我见陈先生的最后一面。陈先生遗体告别仪式上,他的大儿子陈东东说在他父亲的床头柜里看到一张纸片,标题是《深夜想起冼星海》。纸片上写着:"今天是2018年3月10日晨近六时,我躺在床上,怎么也睡不着,因为记起了当年我研究和学习冼星海的伟大业绩的时候,留下深刻印象的几件事。"遗憾的是,陈先生没能写下去。

陈先生给我的启迪

与陈先生交往的十多年里,他给我最大的帮助是教会了我八个字:"一门心思、换位思考。"这些年来,陈先生专心致志写作,以切身行动诠释了"一门心思"。他对我说,科学研究要脚踏实地,抛弃一切杂事,一门心思做学问。"换位思考"是陈先生在生活上给我的提醒。陈先生与师母相濡以沫一起走过近六十年,看到他们晚年互相搀扶陪伴的情景,我常心生羡慕。我问他夫妻白头偕老的秘诀是什么,陈先生回答我说:"换位思考"。

陈先生给我的印象,可以用"严于律己、宽以待人"来概括。这些年里,陈先生一方面常和我感叹"去日无多、所余无多",更加珍惜时间,对自己要求更加严格;另一方面又担心这样的心情会影响到我,常对我说,做学问写文章要慢慢来,千万不要拼,要保护好自己的身体,希望看到硕果累累又身心愉悦的我。陈先生深爱他的家人,看到昔日快人快语的爱人这几年变得安静不多话,一直想为师母写点什么,可惜这个心愿未能完成。[1]

晚年陈先生为何对自己要求如此之高？他哪来的定力和毅力？以下文字或许能帮助我们找到答案："……这样的定力，是我们的中国音乐史学者和所有的音乐理论工作者在任何时候都应该具备的最重要的学术品格。在纪念钱师百岁诞辰的今天，我要重复地向老师宣誓：学生一定要学习老师的榜样，锤炼自己能具备这样的人生定力和理论定力，做好一个中国近现代音乐史的研究者。"[2]

原来，即使是 2014 年陈先生 81 岁高龄时，仍保持着一名学生的姿态，以师辈的学术品格为榜样鞭策激励自己。陈先生孩童般澄澈的心灵，对中国近现代音乐史研究的强烈使命感，勇于反省和严厉的自我批评精神，长久地影响着我。

——谨以此文，怀念 2019 年农历大年初二上午匆匆离去的中国音乐史学家、音乐教育家陈聆群先生。

1　《岁月悠悠》出版后，陈先生和我说过多次要为其夫人写一本书。从陈东东在陈先生追悼会上的发言得知，陈先生想为夫人写的书已列好提纲，书名为《东珍囡纪事》，但未完成。
2　该段文字，陈先生作于 2014 年 10 月 27 日。载《钱仁康教授百年诞辰纪念文集》第 71—72 页。上海音乐学院音乐学系编，上海音乐学院出版社，2015 年 1 月。

附 录 二

老年逢盛世　笔下又生辉
——作曲家陆华柏自传[1]

编者按： 广西艺术学院庆祝 50 周年校庆时，1988 年 12 月 25 日在南宁举办了"陆华柏教授执教 55 周年纪念作品音乐会"。

因见古人诗有"五月芦花白"之句，我写文章时偶用笔名"花白"或"芦花白"。祖籍江苏武进。1914 年 11 月 26 日出生于湖北荆门。为此，小名曾以"荆"呼之。湖北方言"荆""金"同音，甚觉厌弃，青少年时代是在武汉度过的。

1926 年北伐军攻克武昌城，我则正在这座北洋军阀困守的武昌城内。城门关了四十多天，最后吃过芭蕉根。当时我尚在念小学，高唱过"打倒列强！除军阀！"分享过庆祝"国民革命"胜利的喜悦。革命群众在汉口江汉关前游行示威，一举收回了英租界。在中国人民这一前所未有的吐气扬眉的时刻，我这个小学生也在人山人海的游行队伍里跟着喊口号。但是好景不长，第二年蒋介石叛变了革命，一时白色恐怖笼罩着武汉，遭到残酷镇压的一批批革命者中就有湖北省立三小我们的级任江老师和她的丈夫，这么好的老师竟被枪杀！十多岁的我惊恐悲伤之余，有点茫然……

1　本文原载《中国近现代音乐家传》2，中国艺术学院音乐研究所编，向延生主编，1994 年，沈阳：春风文艺出版社，第 494—503 页。

国民党的反动统治逐渐巩固。我小学毕业后考进了湖北省立一中，与后来成了著名儿童文学家的严文井、诗人伍禾等同班同学。初中毕业后我们就分手了，我于 1931 年春考入私立武昌艺专艺术师范科，继续求学。

我在武进的家庭是个衰败了的"书宦之家"。我的父亲为姨太太所生，在封建家庭里没有地位，一气之下，远走湘、鄂谋生。但他是个思想落后的知识分子，连孙中山先生的革命理论都不能接受。母亲方氏，是位善良的家庭妇女，父亲不关心我的读书问题。因此，我从读小学起就靠"自我奋斗"——自己报名、自己投考。这也有个好处，我爱学什么有充分的自由，用不用功也悉听尊便。不过家庭经济常显得窘迫，这种"自由"也很有限。

我在考入艺专之前多少有点喜爱文学，进艺专后最初是想学绘画的，但"艺术师范专科"美术、音乐都要学。入学不久，却以一种偶然机遇，反倒侧重于音乐了，[1] 最后终于又滥用我的"自由"，根本就不去画素描，而把全部精力投入了音乐学习，其实我们家族里以及亲戚朋友中没有一个学音乐的人，那时学音乐在社会上是被认为没有出息的，所谓"王八、戏子、吹鼓手!"一直到我以音乐为职业，我那抽大烟的父亲还不知道我学的是这一行呢。

我学音乐是从钢琴开始的。我当时被分在萧先生班上课。萧先生是个流落在汉口的白俄贵族中年妇女。我不识俄文，只知她的姓名法文拼为 B.Shoihet，曾毕业于圣彼得堡音乐院钢琴系。"科班"出身，教学严格——甚至可说有些严厉。我接受了大约两年的基本训练，获益匪浅。后来她因母亲在哈尔滨病故，离开了汉口，我的钢琴学习也就中辍了。和声学的基本部分是从贺绿汀学的；作曲是从陈田鹤老师学的；还有些音乐

---

[1] 见上海《音乐爱好者》1981 年第 1 期我写的《赌气练琴》。

课我听过缪天瑞老师、陈啸空老师[1]讲授，许多高级作曲技术理论，则是毕业后一方面工作与一方面苦苦自学的；有些是由于工作的压力，逼着学的。

1934年结业于武昌艺专"艺术师范科"（中师性质），旋被学校破格留任为助教。从此我开始了音乐教学工作，同时也开始了音乐创作活动。回顾五十多年来我的音乐活动，几乎总是教学、作曲、演奏（包含指挥）——三位一体。

我发表的第一首作品是将南唐后主李煜的词《感旧》，写成带钢琴伴奏的短小独唱歌曲，1934年发表在江西省缪天瑞先生主编的《音乐教育》月刊2卷5期上。以后还陆续发表了一些作品，其中有抗日救亡内容的是儿童歌曲《义勇军》（此歌1937年以简谱形式收入了在武汉出版的《大家唱》第二集），独唱歌曲《万里长城有主在》（也叫《长城谣》），合唱歌曲《抵抗》等。由于都是用五线谱，还带钢琴伴奏，写得也不大众化，因此得不到流传。

1937年夏天，我在南京与另外4位音乐青年（沈承明、杨振铎拉小提琴，张沅吉拉中提琴，祁文桂拉大提琴）临时组成一"室内"钢琴五重奏组[2]当时随便起了个很"俗"的名字叫"雅乐五人团"，由画家徐悲鸿介绍给广西当局，推广乐教。我们在"七·七"卢沟桥事变之前到了"山水甲天下"的桂林。这个城市当时还显得古老、安静、朴实，后来才发展成抗战时期的文化城。

"雅乐五人团"在桂林举办过几场介绍海顿、莫扎特、贝多芬、舒伯特等大师通俗古典作品的音乐会，这在当时是新鲜事，甚得好评。我以后被介绍到桂系军事系统的一个艺术宣传机构"国际艺术社"（属于五路军政治部）工作，担任音乐指导员，与戏剧编导章泯、戏剧指导员风子等共事。

1　陈啸空是浙江湖州人，20年代知名音乐家，他为郭沫若诗《湘累》谱写的歌曲很风行。
2　沈、杨、祁原是南京市政府弦乐队队员。张是"资源委员会"科长，业余音乐爱好者。

这期间(1937年冬),我谱了独唱曲《故乡》(张帆词)。没有想到此曲以后在海内外,不仅香港,远至美国波士顿、法国巴黎——流传了半个世纪,经久不衰。《故乡》在艺术上的特点,我自己认为一是抒情性旋律与朗诵风旋律的结合;一是运用了多层次的音乐表现手法(包括纵向的、横向的)。在中国气派的"和声"探索中,我是着意侧重于自由运用复调写法(特别是模仿对位),以保持作品具有民族风格的多声结构。因此,这首独唱曲是不能离开钢琴伴奏的。最初在群众中传抄也包含这个伴奏部分。

当时及稍后我谱的独唱曲尚有《勇士骨》(胡然、映芬词),《血肉长城东海上》(卢冀野词)等,都是些抗战内容的艺术歌曲。有一个时期,居留在桂林参加过音乐会的歌唱家,几乎女高音无不唱《故乡》,男高音无不唱《勇士骨》。

抗战初期,桂林"抗战歌咏团"(由国艺社等二十多个单位联合组成)举行过一次规模空前的万人火炬歌咏大会。除了高唱聂耳、冼星海、麦新等的一些脍炙人口的抗战歌曲外,也唱我作的《战!战!战!》(即《战歌》。已收入《抗日战争歌曲选集》,中国青年出版社1957年出版)。这次我能以自己所谱的抗战歌曲投入群众歌咏洪流,直接为抗战宣传服务,感到很高兴。为此,我还写了些群众歌曲,如《磨刀歌》(二部,章泯词)、《挖战壕》(胡然词)、《军民合作歌》(雷嘉词)、《军民联欢歌》(二部,老舍词)、《垦荒歌》(合唱,艾青词)、《抗战到底》(合唱,蔡挺生词)等等。我写的群众歌曲中在当时影响比较大的还是配合1939年底广西昆仑关大战宣传用的《保卫大西南》。这首齐唱,词、曲均我所作,由我教的"广西省艺术师资训练班"的学生上街宣传演唱。一家报社义务印了歌片一万份向社会散发,很快就传遍了昆仑关前线、后方。当我在桂林街头米粉店都听到《保卫大西南》的歌声时,知道它已确实流传开了。以后我又把它编为混声四部合唱,并在街头和音乐会上演唱,反应都很好(收入《抗日战争歌曲选集》里的就是这个合唱谱)。当时我还把张曙作曲的《壮丁上前线》也编为四部合唱,多次在音乐会上演唱,听众欢迎。可见就是抗战时期,听众的欣赏水平也在提高。

1940 年 1 月,《新音乐》月刊在重庆创刊。我对"新音乐"这个提法有些意见,写了篇千字短文(刊登在桂林的国民党军事系统的《扫荡报》上),有所议论,措辞确有失之偏颇之处。当即引起李绿永(即李凌同志)对此文严加批判,在引号引用我的原文时,作了许多篡改、歪曲和夸大。近年来我和李凌同志都为此事写过文章,可供参考。[1]

40 年代初,我还谱过一部儿童歌剧《玩具抗日》,已发表,不过没有机会看到它的演出,不知效果如何。

1942 年,在桂林的诗人们赞成柳亚子先生的倡议,定每年端午节为诗人节。由伍禾写了一首纪念伟大爱国诗人屈原的长篇歌词,委托我谱曲。我把它作成了一部清唱剧("康塔塔")名《汨罗江边》。内容分六段:① 序曲(诗人[男低音]独唱);② 二渔夫(渔夫甲[男高音]、渔夫乙[男低音]二重唱);③ 惜往日(屈原[上低音]独唱);④ 女婆之詈(女婆[女高音]独唱,合唱队伴唱);⑤ 卜居(屈原独唱——音乐);⑥ 国殇(诗人朗诵——女婆独唱,合唱队伴唱——"终曲"合唱)。当时由广西省艺术馆(馆长欧阳予倩)的合唱团排练演唱,钢琴伴奏,我自任指挥。并曾以简谱本形式印成小册子,我记得还是刘建庵设计和木刻的封面。

1943 年我被国立福建音专聘为教授。当年秋冬之交,就离开桂林,到闽西山城永安(战时省会)去了。永安由于环境有些特殊,当时成了东南地带的又一抗战文化中心。

我在永安上吉山福建音专期间,除教学外,1944 年 4 月创作了以历史传说为题材的清唱剧《大禹治水》(缪天华词)。内容:① 洪水滔天(合唱);② 三过家门不入(禹妻涂山女[女高音]独唱——禹[男高音]独唱——二重唱——合唱);③ 劳民伤财罪当戮(男声合唱);④ 水平功成

1　陆华柏《与中国现代音乐史有关的一篇资料性文章及其所引起的问题的回顾》(刊《音乐艺术》1985 年第 2 期);李凌《旧题新论》(同上 1985 年第 4 期);陆华柏《读李凌同志〈旧题新论〉有感》(音协上海分会编《上海音讯》1986 年第 3 期)。

(音乐——舜[男低音]独唱——舜独唱——合唱——禹妻、禹、舜三重唱与合唱)。是年5月,音专在县城中山纪念堂举行的音乐会上此清唱剧作首次演唱,管弦乐队伴奏,我自己指挥。这期间我写的其他作品还有合唱曲《八百孤军》(卢冀野词)、女声三部《三句歌》(江陵、田野词)等。

我曾为刘天华的全部二胡曲编写了附加钢琴伴奏谱,并与王沛纶[1]合作多次作实验性演出。我们当时特意到一个小县城沙县去开音乐会,群众对二胡独奏、钢琴伴奏的《良宵》《空山鸟语》《苦闷之讴》《光明行》等居然都能接受。

抗日战争进入了最后更为艰苦的阶段,我以当时报载爱国将领冯玉祥将军在重庆白沙号召义卖献金支持抗日的感人事迹为题材,创作了我称之为"新闻清唱剧"的《白沙献金》(词曲均为我作),由音专学生在永安举行的响应献金运动音乐会上演唱了这个新闻清唱剧。宣传之作,艺术上没有什么特点。

抗日战争胜利不久,我无端被"军统"特务强令离开福建,这样结束了我在福建音专教学3年的生活。

解放战争初期,生活很不安定,奔波于赣州、南昌、九江、杭州、滁县、南京、长沙、香港等地,或谋工作,或"赋闲"(失业),或短期教书,或与我妻子甘宗容(女高音)和友人万昌文(男高音)联合举行旅行音乐会。……

这期间,写了合唱曲《这是人民的世纪》《将革命进行到底》等。还编写了以绥远民歌为最多的一些民歌合唱曲。在江西体育音乐专科学校教书时谱了吴祖光编写的歌剧《牛郎织女》,但无法争取到排练上演机会,最后连乐谱原稿都散失了,只剩下一首二重唱《织女呵,一年了!》在九江、杭州等地旅行音乐会上演唱过,很受听众欢迎。

1947年暑假,应江西省当局之聘前往庐山暑期教师讲习班作短期讲学。在牯岭举行的一次音乐会上,我演奏了当时根据偶听到琵琶弹《春江

---

1 王沛纶是苏州人,时为福建音专国乐副教授,善奏二胡及小提琴。

花月夜》的印象写出的钢琴曲《浔阳古调》(此曲解放后才出版,1956 年在第一次全国音乐周上演奏过)。

1947 年冬我受聘去长沙水陆洲新建不久的湖南音专任教。在这期间,我写了朗诵风的讽刺歌曲《风和月亮》,还写了群众歌曲《湖南不要战争》(为和平解放湖南造舆论)以及儿童歌曲《马来了》(金近词)等。1948年 11 月谱了反映蒋家王朝逃跑台湾前强行使用"金圆券",给人民造成了严重灾难的《"挤购"潮大合唱》(黎维新词),12 月由湖南专师生(其中有中共地下党员、共青团地下团员、中国民主同盟地下盟员),在反动势力控制下的长沙市区举行的音乐会上演唱多次,听众反映强烈。

湖南和平解放前夕,我误信一伪造电报赶去香港,在香港永华影片公司工作,曾为柯灵编剧、程步高导演的《海誓》谱了主题歌《海的怒吼》。在香港还出版过几本书:《红河波浪》(民歌独唱编曲集,五线谱)、《绥远民歌合唱曲集》(简谱本)、《闹花灯组歌》(简谱本)等。

这一年"十一",中华人民共和国成立。偶从报纸上得知中央人民政府政务院征求为"代国歌"——《义勇军进行曲》编写管弦乐合奏谱,我抱着兴奋激动的心情写出了此曲的和声配器方案(总谱),投寄北京应征。[1]

1950 年春天,我得欧阳予倩同志之邀从香港回来。先后在中央戏剧学院、湖北教育学院音乐科、华中师范学院音乐系、湖北艺术学院作曲系及广西艺术学院音乐系任教授职(有时还兼科、系主任)。算到退休为止,晴晴阴阴,有时阳光普照,有时则暴雨临头……三十多个春秋也就这样过去了。当然,党的十一届三中全会之后终于转入了老年逢盛世,这是后话。

50 年代,出版了下列作品和译著:《中国民歌钢琴小曲集》(1952 年上海万叶书店出版);《新疆舞曲集》《浔阳古调》《农作舞变奏曲》(都是钢琴作品,1953 年万叶出版);《二胡、三弦、钢琴三重奏曲集》(1953 年上海

1　见武汉中国聂耳、冼星海学会 1985 年编《论聂冼》第 199 页我写的文章。

新音乐出版社出版）；译本《和声与对位》（［英］柏顿绍原著，1953 年上海新音乐出版社出版，1985 年[1]人民音乐出版社重印）；管弦乐总谱《康藏组曲》（1956 年音乐出版社出版）；《中国民歌独唱曲集》、附加钢琴伴奏谱的《刘天华二胡曲集》（与刘育和合编）（均在 1957 年音乐出版社出版）以及《湖北民歌合唱曲集》（简谱本，1957 年长江文艺出版社出版）等。其中，《康藏组曲》曾由捷克斯洛伐克音乐家琴斯基指挥武汉联合交响管弦乐队在汉口作首次演奏。此总谱 1958 年苏联音乐出版社收入在莫斯科出版的中国作曲家管弦乐作品集（英文书名为《The works by Chinese composers for symphonic orchestra》）

由于大家都知道的原因，从 1957 年起我负冤 22 载，这段时期我等于从音乐界消失了。不过在创作上我仍做过一点"地下活动"，1964 年访问广西西南边陲地带那坡县达腊屯彝族人民聚居村寨后，"匿名"创作了一个舞蹈音乐节日《彝族女民兵》，通过那坡县——百色地区——广西壮族自治区层层选拔，1964 年，居然还上北京参加了"全国少数民族业余艺术观摩演出"。当时《人民日报》报道过，还配发过舞蹈场面的木刻。没有人知道它是出自"右派分子"手笔！

粉碎了"四人帮"我才翻身。党的十一届三中全会之后，1979 年 5 月我的错划右派问题得到改正，恢复了政治名誉，精神大振，觉得浑身有使不完的力。然而屈指一算，早已年逾花甲——65 岁了！

1980 年我发表了《侗乡欢庆舞》（单簧管与钢琴），其实也是表达我自己的欢庆之情。还发表了在"文化大革命"中偷偷写的钢琴曲《西藏小品》。1981 年 4 月人民音乐出版社出版了我的两首钢琴近作《澄河之歌》与《东兰铜鼓舞》（1983 年初由中央乐团钢琴家鲍蕙荞演奏录制唱片、盒带发行）。这几年来，还陆续发表了一些歌曲：《美丽的白莲》（简谱，1981

1　《和声与对位》，柏顿绍著，陆华柏译，人民音乐出版社，1984 年 1 月北京第 2 次印刷。此处疑为陆先生在写作时未仔细查看出版年份。（本书作者注）

年)、《明天之歌》(简谱,1981 年)、《心灵的泉水潺潺流》(简谱,1982 年)、《假如我是西沙的树苗》(简谱,1982 年)、《桂林之歌》(安紫词,五线谱,1985 年)、《游思集》("微型歌曲"五首,五线谱,1986 年)等。此外,还发表了陕北民歌独唱曲《蓝花花》和内蒙古民歌独唱曲《小黄鹂鸟》等。

我在广西工作多年,对壮族等少数民族民歌的多声部现象有所注意,先后完成了三篇论文:《广西壮、瑶、侗、仫佬、毛南族二声部民歌的多声音乐构成初探》[1980 年 5 月脱稿,6 月 18 日在南京举行的"民族音乐学学术会议"上宣讲,1981 年收入南京艺术学院编的《民族音乐学论文集》(上册)]、《广西壮族三、四声部民歌的和声分析》(发表于《中国音乐》1982 年第 3 期)、《广西壮族二声部民歌的和声思维》(发表于《音乐研究》1986 年第 3 期)。

今年,人民音乐出版社还出版了我编译的作为"该丘斯音乐理论丛书之七"的《应用对位法》(上卷)——"创意曲"。

在政治上,1952 年我加入了中国民主同盟为盟员;1984 年被批准加入中国共产党,成为中国共产党党员。不过我为党做的工作毕竟太少了呵!

1985 年 10 月我被"获准"退休,但没有放下笔,而是重新开始,当个过去向往已久的"专业"作者,争取再多做点贡献。

陆华柏音乐年谱(1990—1994)

前言：戴鹏海于1994年编写的《陆华柏音乐年谱》写到1991年,陆华柏77岁。其中,1990年(76岁)及1991年(77岁)写得较为简略。陆华柏于1994年3月18日辞世。特编写1990—1994年谱,并收入身后一段时间的相关资料。正文及注释的楷体字为陆华柏或其他人原文字。

1990 年(76 岁)

本年度担任广西艺术学院夜大学《和声学》课程教学。据戴鹏海《陆华柏音乐年谱》记载,陆华柏在夜大学担任的课程还有钢琴和乐理。这项工作从1988年开始,直至1990年冬患鼻咽癌住院停止教学。陆华柏为广西夜大学三年制音乐专修课共同课《和声学》拟定的教学大纲中规定："本课程开设一年,第一学年第二学期、第二学年第一学期。本课程主要目的,是使学生通过学习,基本上掌握理解近代音乐必须依靠的一种重要理论知识。能分析、审断乐曲的优劣、正误。能编配脚踏风琴、手风琴、电子琴等乐器的简单和声伴奏。"

3月4日　完成《中国艺术歌曲创作兴衰的历史成因初探》写作大纲：为什么兴？为什么衰？解放后(一代人时间)几近绝迹,为什么？外部环境;作曲家心态。这篇文章连同3月4日写的信均寄给戴鹏海。[1]

1　该文为写在白纸上的10页蓝色墨水笔手写稿。陆华柏在同日还给戴鹏海写了信："鹏海同志：这是我关于艺术歌曲问题'想到就写'的第三封信。你曾问起中国艺术歌曲创作和德奥的Lied、法国 Chanson,英美 Art Song 的区别……"信末"一写,又是四页了,按下 pause 键吧。祝好"据此推断,该文与信件一起寄给戴鹏海。

4月10日　收到中央音乐学院音乐研究所科研处信件，通知为收入《中国当代文化艺术名人大辞典》提供资料。[1]

4月15日　完成《贺绿汀老师1932—1933在武昌艺专任教时的情况》。

4月30日　为《中国当代文化艺术名人大辞典》提供资料《关于陆华柏的资料》。[2]

5月26日　完成《橘子洲头的歌声琴韵——关于解放前湖南音乐专科学校的若干回忆》，此文后经甘宗容整理，刊于《音乐教育与创作》，2006年第11期。

6月8日　完成《读贺老五十二年前写的一篇文章有感》。该文主要从贺绿汀文章《从"学院派"、古典派、形式主义谈到目前救亡歌曲》（收入《贺绿汀论文选集》（二），1938年发表在武汉出版的《抗战文艺》1卷8期）的读后感引发他1940年写的《所谓新音乐》。

8月8日　完成《关于国歌和声（配声、配器）说明》。[3]

8月19日　完成《附加钢琴伴奏的弹奏说明》。[4]

1　"陆华柏同志：您好！受光明日报出版社之托，我们正在编辑《中国当代文化艺术名人大辞典》一书的音乐类。您的名字已入词目。为了保证质量，使之成为权威性的工具书，请您按下列项目向我们提供一份准确的资料。1. 出生年月日、出生地、籍贯、民族、家世；2. 学历（包括师从何人、科目、时间）；3. 音乐生涯情况；4. 音乐创作著译作情况；重要代表性作品（著、译）的产生年代、创作意图及背景、何时何处发表出版，社会反响（包括获奖的具体情况）；5. 现职及音乐方面重要的社会兼职。由于时间所限（出版社计划今年8月发排），请于5月10日前将资料用挂号寄（交）中央音乐学院音乐研究所所长汪毓和收。谢谢您的帮助。此致 敬礼！"

2　《关于陆华柏的资料》："1. 1914年11月26日出生于湖北荆门，籍贯江苏武进。汉族。2. 1934年毕业于私立武昌艺专艺术师范科。师从肖绿好特（B.Shoihet，女，俄人）学钢琴，贺绿汀学音乐理论，陈田鹤学作曲……"

3　"根据国歌（义勇军进行曲）词、曲的战斗性、庄严性及其旋律基础的自然大音阶（宫调式）性质，运用了严谨的功能体系和声来编写它的合唱与伴奏（钢琴谱、管弦乐队总谱）。当然，这样的作品不能不考虑到它的易解性和易唱性，然而也不能不注意到和声作为多声部音乐艺术，它在表达词曲内容、丰富音乐形象上，可以起到的衬托、补充或独特作用，这是和声（配声、配器）的价值和生命力，要是仅仅满足于作为装饰、热闹，那意义就不大了。"（详见丁卫萍编：《陆华柏音乐文集》，苏州大学出版社，2021年）

4　"二胡，钢琴，这两件各自在东方、西方音乐文化中有长期发展历史的乐器现在结合起来演奏，须考虑和注意下列这些问题。二胡属于柔性乐器，钢琴属于刚性乐器。前者是以音色柔和，运弓运指细腻的演奏见长；后者则具有几千家庞大乐队一样的辉煌气势。"（详见丁卫萍编：《陆华柏音乐文集》，苏州大学出版社，2021年）

8 月 23 日　完成《刘天华二胡曲〈月夜〉及其附加钢琴伴奏谱分析》。

8 月 26 日　完成《刘天华二胡曲〈苦闷之讴〉及其附加钢琴伴奏谱分析》。

8 月 28 日　完成《〈良宵〉分析》。

9 月 3 日　完成刘天华二胡曲钢琴伴奏《〈闲居吟〉分析》。

9 月　完成《刘天华〈病中吟〉及其附加钢琴伴奏谱分析》。

9 月 10 日　完成《只留下了一首二重唱的歌剧〈牛郎织女〉》。[1]

9 月 16 日　收到温可铮寄来的文稿,内页有温可铮字迹:"华柏教授指正:很荣幸唱了您的大作《游思集》。温可铮敬赠。一九九〇年四月,上海。"

9 月 26 日　完成《培养音乐人才与成人高等教育》,该文打印件刊于广西成人高教研究会第二次年会交流材料,1990 年 11 月,广西艺术学院夜大学。

10 月 18 日　《开学,谈谈学校的第一代》刊《广西艺术学院院刊》第 4 版。

11 月 18 日　完成《陈啸空先生的〈湘累〉》。[2]

12 月　患鼻咽癌住院。

本年发表的文章:

《贺绿汀老师 1932—1933 在武昌艺专任教时的情况》,署名杨霜泉、粟仲侃、陆华柏(执笔)。刊于《星海音乐学院学报》1990 年第 3 期;又以《贺绿汀在武昌》载《音乐爱好者》,1990 年第 6 期,第 32—33 页。

《黄自〈抗敌歌〉分析》,《艺术探索》(广西艺术学院学报),1990 年第 1 期,第 90—98 页。

《探寻民族风格和声之路——谈谈我的一点创作经验之二》,《黄钟》

1　后刊于《歌剧艺术》(双月刊)1991 第 3 期,19—21 页。
2　后刊于《黄钟》,1994 年第 2 期,第 9—11 页。

（武汉音乐学院学报），1990 年第 3 期，第 41—45 页。

《抗战后期的"福建音专"》，《音乐艺术》，1990 年第 2 期，44—53 页。

1991 年（77 岁）

2 月 21 日　在广西医学院附院干部病房拟《抗战时期桂林音乐活动纪实》写作提纲。[1]

2—3 月　在病房完成《抗战时期桂林文化城群众歌咏活动纪实——我参与了的和记得起的一些群众歌咏活动》，刊于《广西新文化史料》，1991 年第 1 期。文末有注释：这是我准备写的《抗战时期桂林文化城音乐活动纪实》系列回忆文章的引言和第一部分。以下为：第二部分，器乐活动；第三部分，演出活动；第四部分，音乐教育；第五部分，当时我在报刊上发表的文章；第六部分，抗战时期我在桂林的音乐创作。只要身体还好，就继续写。

2 月 24 日　给台湾地区颜廷阶写信。

2 月 28 日　完成《陆华柏近年情况》。[2]

1　"器乐活动：（1）管弦乐队及其演奏的音乐；（2）室内—重奏：a. 雅乐五人团 b. 艺术馆 c. 马思聪音乐会；（3）独奏活动（包含诸家独奏音乐会），当时桂林文艺界对器乐活动的不同意见（未展开探讨的分歧）。演出活动：（1）广西音乐会的历次音乐演奏会；（2）艺术馆音乐部的演出；（3）艺师班的音乐演奏会；（4）抗宣一队、剧宣七队演出歌剧、舞剧；（5）清唱剧《泪罗江边》的演唱；（6）各种独唱会、独奏会、综合音乐会；（7）当时桂林文艺界对演唱内容的不同意见（未展开讨论的分歧）；（8）黄自遗作；（9）张曙遗作。音乐教育：（1）普通学校音乐教育 a. 小学，b. 中学，c. 大专；（2）专业音乐教育 a. 艺师班音乐部分，b. 美专音乐系：抗战时期我在桂林报刊上发表的文章（音乐杂文及其他）。我的音乐创作活动：（1）群众歌曲（齐唱、二部、四部）；（2）抗战儿童歌曲与歌剧；（3）抗战合唱曲；（4）抗战艺术歌曲；（5）清唱剧卡片可按此大纲编号。1991 年 2 月 21 日。"

2　"我在前年冬天发现患喉咽癌，并已转移。进医院经手术、化疗后，病情已控制，但毕竟年老体衰，恢复较慢。治疗期间，承颜廷阶校友寄我台湾方面关于此病的资料，并赠美金百元嘱我购买营养品，其情可感。近年上海音乐学院音乐研究所副研究员戴鹏海同志为我撰写'音乐年谱'，上篇已完成，从我 1914 年出生于湖北荆门，经过武汉、桂林、永安、南昌、长沙等时期，一直写到 1950 年春自香港返回内地，写了十万字，其中 1943—1945 年在永安福建音专时期篇幅约六千字，已开始续写下篇，估计今年底可脱稿……"

3月　接台湾地区颜廷阶信件。[1]

5月8日　完成《〈国歌〉（义勇军进行曲）齐唱、合唱、钢琴伴奏、管弦乐伴奏规范化的配套通用谱》前言。[2]

6月5日　"《康藏组曲》（管弦乐）说明"，页面上有字体标明："寄上海"。[3]

7月　收到戴鹏海的信。[4]

9月5日　收到戴鹏海信。[5]

9月5日　拟《抗战时期桂林音乐活动的回忆与纪实》写作提纲。[6]

9月　收到《歌剧艺术》信。1991年9月10日，陆华柏完成《只留下了一首二重唱的歌剧〈牛郎织女〉》后投寄《歌剧艺术》，这是该刊回信。[7]

1　"华柏老师、师母：二月廿四来函敬悉。得知老师得鼻癌，极为关怀！目前科学发达请与医师密切合作。再者心理治疗亦为重要……为老师儿童钢琴小品25首，为推广事已不成问题，为出版事找了台北市立国乐团团长陈澄雄，他可能调台湾省立交响乐团。寄上鼻咽癌资料（各大医院自由索取）以做参考！我们对这方面知识非常陌生！照片一张。祝主佑康泰！生廷阶、琼英敬上 三月五日"

2　"总之，我的最大愿望，是在全国政治生活中开会时，一改过去'奏国歌'、听国歌为'唱'国歌！最好在明年（1992）春天七届全国人大五次会议开幕式上'全体起立，唱国歌'！即可听到三千代表率先带头在近百人的现代交响乐队伴奏之下，齐声高唱国歌——《义勇军进行曲》，台上台下，热气腾腾，声震庄严大会场，表现出更浓的社会主义民主、团结气氛。"（详见丁卫萍编：《陆华柏音乐文集》，苏州大学出版社，2021年）

3　"《康藏组曲》（管弦乐），创作年月：1955年夏天。首次演出：1956年，当时到武汉访问教学 以武汉人民艺术剧院为基础的乐队联合交响乐队，在捷克斯洛伐克指挥家慕斯基指挥下作首次演出。出版：（1）音乐出版社于1956年5月在北京出版了总谱；（2）苏联音乐出版社，1958年收入《中国作曲家管弦乐作品集》。内容简介：见上海音乐出版社1989年12月出版的《音乐欣赏手册》续集第592页。"

4　戴鹏海信中写道："十月以后暂时还没有什么安排，希望能到南宁来为您写年谱（我想也写成几十万字的'长编'，这样也许出版更方便些，如果能行，希望半年之内可全部脱稿。因为我写丁院长的'长编'包括听他谈自己找资料，也不过半年左右。而且在此期间还有好多工作不断插进来），就非常理想了。"

5　"您的年谱，我已经写到1940年，估计九月下旬可以写完'江西体专'部分。在您那里工作两个月，力争把初稿拉出来（但愿到时候不要天天晚上停电）。经您审后，如果没有什么大问题，剩下来只做些修修补补文字加工的扫尾工作就好办了。"

6　"目录：引言，群众歌咏活动，器乐活动，音乐演出活动，音乐教育，我在报纸上发表的文章，我的音乐创作活动（若干种），附谱清唱剧《泪罗江边》（五线谱）。"

7　"陆华柏同志：您好。寄来的信文章及《牛郎织女》选曲均已收到。我们拟于近期内发表。请勿念。并感谢您对我刊的支持。希望今后能为我刊不断汇稿，有关歌剧理论方面的或歌剧史料方面，我们都非常欢迎。《歌剧艺术》，1990.9.18。"

9 月　收到戴鹏海 9 月 20 日夜写的信。[1]

11 月　收到戴鹏海 11 月 27 日夜写的信。戴鹏海在信中表达对陆华柏的敬佩之情。[2]

12 月　收到郑英烈编著的《序列音乐写作基础》，上海音乐出版社。

本年度发表文章：《只留下了一首二重唱的歌剧〈牛郎织女〉》，《歌剧艺术》，1991 年第 3 期，第 19—21 页。

1992 年（78 岁）

2 月 21 日，给卞萌回信。卞萌当时在苏联圣彼得堡音乐学院攻读博士课程，研究"中国钢琴艺术"课题。卞萌来信提出了 17 个问题，诸如"在童年和少年时代，对您学音乐最有影响的事件。是什么促使您朝着音乐方向发展的？您的老师是谁？他们之中对您影响较大的是谁？您最喜爱的作曲家是谁？为什么？您共写了多少钢琴曲？您写作钢琴曲是从什么时候开始的？"等。陆华柏在回信中一一作答。[3]

2 月　收到戴鹏海 2 月 19 日写的信。戴鹏海在信中谈及为写年谱查阅资料情况，提起陆华柏回忆的作品发表期刊有误。[4]

1　"我已决定下个月五号（至迟六号）乘火车到南宁……到南宁以后，绝对不要特殊照顾，只要能住下来，可以工作就行了。吃饭也是如此，吃饱不饿就行。我坐过三年牢，'久经锤炼'，无论什么食宿条件我都能对付过去。"

2　"这次在南宁四十五天，有机会和您朝夕相处，终生难忘！为您写年谱的过程中，通过您大半辈子的经历，使我看到了老一辈音乐家热烈的向往和执着的追求，使我深受教育，深受鼓舞。它将成为激励我今后奋进的动力。这是我要很好地感谢您的。"

3　"卞萌青年朋友：你好。91，12，25 自圣彼得堡写给我的信，近始收到（今天已是 92，2，21 了）。所咨询各点简答于下。"（详见丁卫萍编：《陆华柏音乐文集》，苏州大学出版社，2021 年）

4　"我用了六个日程，查阅了 1950—1957 的《长江歌声》（其中 1952—1954 曾一度改刊名为《广播歌选》，1957 年恢复原名）。虽然占据了我在汉口停留的时间的十分之三，但颇有收获。一是查到了您的一些音乐活动和创作的群众歌曲（如合唱《一定要解放台湾》和以'肃反'为内容的群众歌曲《乘胜追击，消灭敌人》等），二是证实了您自己所谓'1954 年创作了几首防汛歌曲，并在《长江歌声》上发表'之说是记错了……这些材料的发现，不仅丰富了《年谱》的内容，避免了可能出现的差错，而且在写作时下笔更有根据，心里也更踏实些。"

3月5日　收到戴鹏海信,复信戴鹏海。[1]

3月　收到王宸亚信。[2]

3月19日　收到戴鹏海3月12日从南京发来的挂号信。信中提及在查阅资料过程中发现青木关国立音乐院教职工花名册中有陆华柏的名字,陆华柏还拿到过该校的"学术研究补助费"。[3]

3月　收到戴鹏海3月16日夜于南京写的信。[4]

5月2日　写信给戴鹏海。[5]

6月　收到戴鹏海6月4日从北京写来的信。此信戴鹏海提及《陆华柏音乐年谱》已经写完"反右"一段,用了三万字篇幅。"我认为材料翔实,足以说明这是个大冤案。因为要赶写我们学校的'院志',您和甘先生下放劳动后的情况还没有动笔。如果可能的话,再到南宁来一次,再用一个多月时间把它写完。这样在时间上比较有保证。在上海,临时打岔的事情实在太多了。"

11月28日　完成近千字的《我的〈音乐年谱〉读后感》。[6] 后刊《福

1　此信只有陆华柏标记收信和寄信日期的信封,未见信纸。

2　"华柏先生:大作收悉,感谢您对刊物的支持。望常赐稿件。此曲已转编辑。先生年事已高,尚勤于笔耕,令人赞佩。请祈多多珍重。即此 敬颂教安! 晚 王宸亚敬上 1992.3.14。"

3　我于本月初来南京中国第二历史档案馆(原国民党中央档案馆旧址)查阅与我院有关的国民党教育部档案,下周一返沪。在查档案的过程中,无意中从抗战期间青木关国立音乐院的教职工花名册中两次看到您的名字(其中一次是以申请发给您在职教员的"学术研究补助费"的花名册)。另外还有吴伯超给当时教育部长陈立夫的呈文,主要是谈到国立音乐院曾寄给您五千元旅费,因您未到场,无法追回此款,请教育部给福建音专的常年经费中扣除。这倒是一个意外的收获。您的"年谱",最近因忙于写《院志》,一直无法动笔。看来得拖到十一月校庆以后了。

4　"由于今年十月以前我要全力以赴地投入《院志》编写工作(我是编委,又是主笔小组成员,对于这个'破任务'不能等闲视之),同时还要筹备十一月份贺老的九十大庆活动。您的《年谱》只能移后。因此下一步如何进行为妥,可以从长计议,不在急上。"

5　"鹏海老弟:你好。王民生同志上次来我家,已向甘宗容同志转达了你的意见。我知你忙得很,故未写信你。不数日小王又将去沪,他并会前来找你,根据你的近况,有何意见? 告诉他就行了。我的身体也仍停留在你走时的水平;耳仍聋,不方便也。阿平最近从北海回来,带了点海味,土产,现顺便托小王带你们家尝尝。握手。祝好! 华柏 1992年5月2日甘宗容同志、阿平、小江均问好!"

6　"近年来,上海音乐学院音乐研究所副研究员戴鹏海同志为我撰写《音乐年谱》,现已脱稿,约20万字。他是带有传记笔调写的,我深感他掌握资料的丰富,叙述的客观、翔实。许多过去的事,连我自己都忘了的、记不起来了的,他居然从当时的报纸杂志或其他文字、乐谱、音乐会节目单等资料中有根有据地写了出来。"(详见丁卫萍编:《陆华柏音乐文集》,苏州大学出版社,2021年)

建音专校友通讯》(蔡继琨题)第 7 期第 20 页。福建音乐专科学校校友会编印,1993 年 8 月。

11 月　由张帆作词、陆华柏作曲的《故乡》,经"20 世纪华人音乐经典"系列活动艺术委员会评定,被列为 20 世纪中国音乐的 124 部"经典作品"之一。[1]

12 月 28 日　完成短文《悼念李晓东同学》,后刊《福建音专校友通讯》(蔡继琨题)第 7 期第 18 页,福建音乐专科学校校友会编印,1993 年 8 月。

本年度,《中国音乐词典续编》,人民音乐出版社,1992 年,第 122 页收录了陆华柏生平,列出主要作品(包括译著等)共 12 首(部)。

1993 年(79 岁)

1 月 8 日　向广西区党委宣传部汇报:"我近日接到北京中央音乐学院音乐研究所通知:我创作的歌曲《故乡》经'20 世纪华人音乐经典'(20th Century masterpiece By Chinese Musicians)系列活动艺术委员会评定,已被列入本世纪中国音乐的 124 部'经典作品'之一。我是一个党员作曲工作者,入党时间虽不长(1984 年才入党),但接受马列主义、毛泽东思想和党的教育的时间还是很长的。因此,这一荣誉仍应归于党。"

3 月　收到由湖南音专地下斗争史写作小组张爵贤于 1993 年 3 月 13

1　可参阅《"20 世纪华人音乐经典"提名曲目》,《人民音乐》,1992 年第 11 期;汪毓和:《迎接华人音乐的春天——为"20 世纪华人音乐经典"曲目发布而写》,《人民音乐》,1993 年第 2 期:"《20 世纪华人音乐经典作品目录(124 首、部)》[按]《20 世纪华人音乐经典作品目录》自 1992 年 7 月开始,经海内外音乐家推荐(500 余首、部),提名(138 首、部),又经本次活动艺术委员会成员马水龙(台湾地区)、王立平、朱钟堂、许常惠(台湾地区)、朱践耳、陈永华(香港地区)、吴季札(台湾地区)、吴祖强、陈聆群、杨鸿年、汪毓和、郑小瑛、周文中(美国)、桑桐、袁静芳、梁铭越(美国)、费明仪(香港地区)等补充,讨论并以计票方式通过。其中马水龙,许常惠授权吴季札,周文中授权吴祖强划票。郑小瑛、杨鸿年因缺席表示原则认同。"

日于长沙撰写的回忆录:《中流击水浪飞舟——忆湖南音专地下斗争》。文稿封面写有"陆华柏老师指正 张爵贤"。从文中得知,张爵贤是陆华柏在湖南音专时期的学生。

5月　收到戴鹏海5月15日下午写的信。[1]

6月　收到台湾地区福建音专校友欧阳茹萍信和著作《声乐与歌唱艺术》后,给欧阳茹萍回信。[2]

7月　收到台湾地区颜廷阶信件,内有颜廷阶夫妇照片一枚。[3]

7月26日　于病中完成《浔阳古调》附记:"《浔阳古调》是四十年代我听了琵琶弹奏《夕阳箫鼓》(又名《浔阳夜月》)的印象而写作的一首钢琴独奏曲。不过它不是全曲移植,也不是其改编;而是想在西方乐器钢琴上再现此琵琶曲古色古香的高雅内涵和情趣。"[4]

7月31日　寄钢琴曲《浔阳古调》至台湾省立交响乐团。

9月　收到台湾地区钢琴家陈幸利在8月26日来的信。信件主要内容为陈幸利弹奏分析《陆华柏二十五首钢琴小品辑 中国民族民间音调练习曲》心得。[5]

9月4日　病中给台湾省立交响乐团林东辉写信,信件内容为《25

1　此信戴鹏海提及他正忙"上海之春"入围节目评选工作,不能为陆华柏去北京代领"20世纪华人音乐经典"奖项,建议可委托陈聆群代领。"我们这里陈聆群(音乐学系副教授)要去北京,他是这次华人经典作品音乐会艺委会成员,如果您愿意,可委托他代领。领回来以后等王小昆同志回南宁过暑假时带给您。"

2　"欧阳茹萍老师:寄赠你著作的《声乐与歌唱艺术》已收到,我翻阅了一下,很高兴。我前年初发现患鼻咽癌,进医院手术放疗,元气大衰,老衰,难以恢复,缺乏精力,生活不能自理。寄三首钢琴曲存你处。我是想作为'中国感情'的作品(教材)能够在台湾出版,并向海外华人学校及爱好音乐者推广,起些影响。"(详见丁卫萍编:《陆华柏音乐文集》,苏州大学出版社,2021年)

3　"陆老师、师母:先后来函都一一转交给陈澄雄团长……祝贺老师得选奖:'20世纪华人音乐经典'。作品124首应该作成CD或者音乐卡带,能有乐谱更为理想！生廷阶 琼英 七月廿四。"

4　原文详见丁卫萍编:《陆华柏音乐文集》,苏州大学出版社,2021年。

5　"亲爱的陆教授、陆夫人:你们好！我附我替25首民歌曲的前页说明、注解,'前奏,感应,赏析,心语'。请陆教授填入'空白'创作年代与地点,并且我希望您会喜欢我替您乐谱校订、注解的方式。我与陈澄雄团长提过,除了陈团长的序文外,希望您也能写一篇序文,并且请寄陈团长收。这份完稿,大约如此。可能只做一些修改吧,我已交给陈团长做最后的检阅。"

首钢琴小品(中国民族民间音调练习曲)》自序。[1]

12 月　收到戴鹏海 12 月 11 日[2]、12 月 27 日[3]写的信。

12 月 8 日　写给王小昆关于研究陆华柏音乐创作道路的建议。[4]

12 月 16 日　回顾一生的音乐创作,用歪歪扭扭的字在纸上写下:《陆华柏各个时期有代表性的音乐作品 影响较大之作品二十多首(部)》。包括(一)"第一阶段解放前"17 首,(二)"第二阶段解放到划右派"2 首,(三)"再度回到广西"(1963—现在)4 首(部),共 23 首(部)。

(一)第一阶段解放前

1934 开始发表作品

抗战时期(1937—1943)

① 任教于广西省艺术师资训练班

之一《故乡》(独唱)。钢伴,小乐队伴,交响乐队伴(臧玉琰独唱),录音,广州太平洋公司。

1　"1952 年 10 月上海万叶书店出版了我的一本《中国民歌钢琴小曲集》,包括 40 首民族民间音调练习曲,作为钢琴教材,当时很有影响。四个月后,即 1953 年 2 月就再版了一次。此后,却由于某种原因(不是音乐上的)绝版未印了。前几年,我从这本旧作中挑选了自己比较喜爱的 25 首,寄给老友颜廷阶教授,供他在台湾学校音乐教育中介绍,用以补充台湾方面可能缺乏的中国钢琴教材。"(详见丁卫萍编:《陆华柏音乐文集》,苏州大学出版社,2021 年)

2　此信戴鹏海提及正参加上海音乐学院校庆活动,庆祝钱仁康八十寿诞及从艺六十周年以及与广东中山市来人磋商 1994 年举办萧氏诞辰一百周年纪念活动,谈及抗战时期广西桂林的《扫荡报》与《救亡报》。原文如下:"前段时间偶谈及夏衍写的《懒寻旧梦录》(三联书店出版),其中回忆到桂林时期的情况时谈到当时《扫荡报》钟期森主编和他深入交谈过一次,说到,《扫荡报》和夏衍主持的《救亡日报》在桂林都是'寄人篱下',况且抗战时期大家应以团结为重等等。后来,《扫荡报》果然对桂林的进步文化人始终保持了友好的态度。如果您的年谱中关于桂林时期的部分能先行刊出的话,我打算把夏衍的这段话加进去。不知您以为如何?"

3　此信提及若是出版《陆华柏音乐年谱》可加照片。"您的'年谱'如能出版,最好要您的标准照以及您全家的照片。我在八三年和您合拍过一张照片,是黑白的,拍得不错,如需要,我可以寄来(但是一定要还给我,这是我留作纪念的。)。"

4　"王小昆同志:你研究我的音乐创作道路,我看仍以《故乡》起为宜。可抓住一个特点:我没有在西方种种现代和声技法上探索,而是以对位法(单、复对位、模仿对位)为手段,丰富发展中国民族感情民族格调的声乐、器乐曲。五十多年来(包括三十年代作为抗战文化一部分的音乐),在我的创作道路中这条线一直存在着,深入研究,可以写出一本书(尚无人这样做),戴写我的'音乐年谱'可提供一些资料,但他也并未深入这样做。"

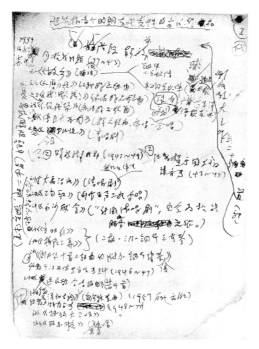

图 17　1993 年 12 月 16 日陆华柏手迹[1]

之二《磨刀歌》(二部群众歌曲)

之三《战！战！战！》(齐唱群众歌曲)

之四《军民联欢歌》(男女二部,合唱群众歌曲,钢琴伴奏)

之五《战！战！战！》(齐唱群众歌曲)

之六《保卫大西南》(群众歌曲,齐唱—四部合唱)

之七《汨罗江边》清唱剧

解放战争时期(1943—1949)

② 任教授于国立福建音专(1943—1945)

之八《大禹治水》(清唱剧,管弦乐队伴奏)

之九《三句歌》(创作女声三部合唱)

1　从目前收集到的资料来看,此文应为陆华柏留下的最后文字,故全文收入。

之十《白沙献金》("新闻清唱剧",完全为抗战服务之作)

之十一《光明行》

之十二《梅花三弄》(与之十一一起,为二胡—三弦—钢琴三重奏)

之十三《刘天华十首二胡曲的附加钢琴伴奏谱》

③ 任教于江西体专音乐专科(1946—1947)

之十四《绥远民歌合唱编曲》(若干首)

之十五《浔阳古调》(钢琴独奏)

④ 任教湖南音专(1948—1949)

之十六《挤购大合唱》

之十七《风和月亮》(男声独唱)

(二)第二阶段解放到划右派

⑤ 任教于华师(1952—1957)

之十八《将革命进行到底》(群众歌曲)(武汉文工团)

任教于湖艺(1960—1963)

之十九《幻想曲》(管弦乐,由湖艺正式演奏,总谱"文革"中散失)

(三)再度到广西(1963—现在)

⑥ 任教于广西艺院("脱帽大右派",备受歧视)

之二十《彝族女民兵》(隐姓埋名创作的一个歌舞节目,经层层选拔之后到了北京上演)

⑦ 党的十一届三中全会之后

之二十一《滏河之歌》(钢琴独奏曲)

之二十二《东兰铜鼓舞》(钢琴独奏曲)

之二十三《风和月亮》(陆华柏歌曲选)(人民音乐出版社)

1993.12.16

1994 年(80 岁)

自1991年初患鼻咽癌已有三年,身体状况越来越弱。陆华柏已经一年多不敢走出家门,但仍在阳台上散散步,上下楼走走。春节前夕突然在平地上跌了一跤,胯骨颈跌断骨折,从此无法站立。3 月 9 日住院后,10号接受检查,11 号抽气。他看见住院三天来妻子甘宗容和女儿、女婿都守在床前,尤其是甘宗容心里着急吃不下睡不好,人瘦了一圈,3 月 12 号中午就要回家。医院和学院领导都来劝说都无用。陆华柏扯下吊针和氧气袋,不吃不喝。家人没有办法,和学院领导一起签了字,把陆华柏带回家。[1] 到家后,陆华柏对甘宗容说:"医生的话不能不听,但也不能全听。用贵重的药品来延续病人的生命,这是徒劳,这是极大的浪费。一个人对人类、对社会没什么贡献,就应安然的死去。不要成为累赘。我 29 岁就得肺气肿,能熬到 80 岁就应满足了。你现在身体还没病,但在医院再住上十天半个月,什么病都会发的。回来对大家都好。关键时刻做事就要有决断。"[2]

3 月 18 日上午 10 时 37 分,陆华柏在南宁家中逝世,享年 80 岁。

陆华柏逝世后,他的生前好友、学生纷纷来信吊唁,此处收录部分。

3 月下旬　陆华柏在福建音乐专科学校任教时的学生陈宗谷来信吊唁;[3]陆华柏在湖南音乐专科学校任教时的学生刘又先来信吊唁。[4]

1　据 1994 年 4 月 14 日,甘宗容写给戴鹏海的信整理。

2　同上。

3　"师母:惊悉陆师仙逝,愕然良久,暗自怅泪,不胜哀悼。忆念吉山燕溪,六角亭畔,老师热情关怀谆谆教导我们的言行笑容,虽至今时隔半个世纪,仍宛然历历如昨。老师勤奋刻苦严肃认真的治学精神,和常高品德、爱国热忱,在时时激励我们。阔别多年恢复通信之后,更得老师经常教诲,坦荡率直,益增对师致仰之情,而今遽先离去,能不茫然失声,思绪万千……生 宗谷鞠躬 九四.三.廿一"

4　"甘宗容老师:您好!惊悉陆华柏老师不幸逝世,不胜哀悼之至。陆老师是我们湖南音专学生最最敬爱的老师。他的德、才,时刻感动着我们,激励着我们。他是不会死的,他永远慈祥,亲切地活在我们的心里。甘老师,路途遥遥,我们没能前来看望您,安慰您,但望您节哀,千万保重身体!适当时机出来散散心,长沙的亲人等待着您!甘老师:我是音专二班的学生叫刘又先(在音专时名罗灿华),在音专时,和陆老师较接近。1978 年曾到南宁看望过二老。这月十八、九日晚,我突然失眠,浮想联翩。我一次又次默默哼唱着我敬爱的陆老师所写的《故乡》,谁知是那十八日竟是陆老师升天之时,愿他老在天之灵安息,愿他老比活在世上时更加愉快!愿他老在天之灵保佑着您,保佑你们全家。敬祝安康!刘又先(罗灿华)写于 3 月 26 日"

4月　武汉音乐学院匡学飞写来吊唁信。[1]

4月　福建音专校友会漳州分会向广西艺术学院发来吊唁函。[2]

4月　上海乐团马可·波罗乐团来信,关于管弦乐曲《康藏组曲》录音版权合同书的打印件。文件左下角有蓝墨手写笔迹:"若对合同书无意见,请签字后二份一并寄回,在我出版者签字后,供执存"。[3]

4月14日　甘宗容给戴鹏海去信。[4]

1　"尊敬的甘老师:您好。上月廿四日,匡昉章滨在电话里告知了陆老师去世的消息,顿时觉得一种似乎说不清楚的悲哀,即嘱他们替我在灵前送上一个花圈以寄悼念之情。后收到讣告,又才知道先事已从简处理。前年在南宁,得以拜见他老人家,不想竟成永诀。这些天来,总在想着他。他一生勤奋坎坷,但多有成就,在中国近现代音乐史上有着不容忽视的地位。他学识广博,培养了众多的弟子。我有幸也是其中之一。在我学画无望之时,是他批准我转入原华师音乐系继续学习。升入大学后,即有幸从他学习作曲、曲式复调达两年之久。打下了严谨的基础。他批改过的作业,我一直存藏至今。不时翻出,他留下的评语和笔迹,总在鼓励着我,那两年我学得相当顺利,成绩也很好。后来,由于经济与身体原因实难读下去而就要申请退学的无可奈何关键时刻,是他再三劝我咬牙坚持读完大学,我才得以走到今天。大学时候,有四位教授给我的影响最大,陆老师是第一位。我永远忘不了他给予我这个穷学生的教诲,指点,支持之恩。在对于这位恩师的追思之中,还将获得更多更深的启迪,受益终生。他去了,但他仍将活在我们的心里。祝安康　学生匡学飞　一九九四年四月一日"

2　"广西艺术学院:三月廿九日,我们福建音专校友会漳州分会接到您您三月廿二日发来的关于我们所敬爱的老师陆华柏教授的讣告。噩耗传来,我们深为震惊和悲痛。自一九八九年福建音专会成立并办了《福建音专校友通讯》以来,就得到陆教授的热心帮助和支持,他多次为《通讯》撰文供稿,回顾了往昔的峥嵘岁月,展望了明天美好的前程。去年,他虽患有类风湿,手指不灵,但还为《通讯》第7期写了三篇短文。今天,我们在漳的部分校友,缅怀了陆教授为我国的音乐教育事业所做出的重大贡献,深深感到,陆教授的业绩必将载入中国音乐教育史册,成为我们宝贵的精神财富。亲爱的陆教授,安息吧! 中国的音乐教育事业,后继有人。请转达我们对陆夫人甘宗容老师的慰问,并恳请她节哀保重! 此致敬礼! 福建音专校友会漳州分会全体校友谨启　一九九四年四月二日"

3　"陆华柏先生:为了向全世界介绍中国音乐文化,上海乐团与香港 HNH 国际唱片有限公司(公司情况详见拿索斯的故事)建立了长期友好合作关系。由著名指挥家曹鹏任音乐总监、首席指挥兼团长,由原上海乐团扩展的管弦乐队扩充而成的三管制交响乐团——上海乐团马可·波罗交响乐团于一九九三年三月二十日于上海成立。她作为香港 HNH 国际唱片有限公司在中国的制定录音乐团,每年将录制相当数量的中国管弦乐作品,并由香港 HNH 国际唱片有限公司制成音像制品向全世界出版发行。您的大作《康藏组曲》已初选为录音曲目,若您与香港 HNH 国际唱片有限公司就有关版权方面的问题达成协议,我们即可安排计划,组织录音。(有关版权意见附页。)希望您在收到此函件的半个月内,回信告知您的意见,以便我们安排计划,开展工作。回信请寄上海市石门一路333号,邮编200041,上海乐团马可·波罗乐团,联系人:柴本尧。谢谢您的支持。敬礼上海乐团马可·波罗乐团　一九九四年四月一日"

4　"鹏海:电报和信都收到了,谢谢。陆华柏91年初患鼻咽癌,经过放疗后,癌症虽得到根除,但身体一天不如一天。本来每天还弹几小时琴,后来双耳俱聋,这个打击使他很久都不能适应,只好靠看书、看报、写信、读信与外界联系,从中得到寄托。你写的年谱得到学院支持内部出版给他很大安慰,几乎每天都看,临终前夜还看个不停。一年多来不敢出家门,但仍在阳台上散散步,上下楼走走。可是春节前的一个早晨,就在房门口平地上跌了一下,这是致命的一跌,胯骨骨折,从此再也站不起来,腿肌肉开始萎缩。最后40多天是24小时都只能坐在躺椅上,不能睡觉……"

5月　台湾省立交响乐团团长陈澄雄给甘宗容来信。[1]

7月　刘育和来信。[2] 1957 年，刘育和曾与陆华柏一起合编《刘天华二胡曲集 附加钢琴伴奏》。

8月　《福建音专校友通讯》（蔡继琨题）1994 年第 8 期"近期谢世校友的生平与简介"栏目，刊出《陆华柏教授生平简介》（第 50 页）[3]、甘宗容

---

[1] "陆夫人钧鉴：憾闻大师辞世，不胜惋怆。凤仰耆德风范，清操湛涵，得缘领识，诚然殊幸。晚濡泳音乐领域，师效典范，竭绵薄以逑，天职所当行。珍获大师珠玑，付梓传世，巫感赋任荣幸。唯缘悭亲呈，抱憾忒深。但祈乐韵芬扬，堪以慰灵。夫人沉恸，晚感同身受，恳盼节哀，珍重懋安是祷。敬候时绥 晚生陈澄雄敬上 一九九四·五·廿七"

[2] "华柏夫人：接华柏先生讣告，使我万分悲痛。华柏先生已去世几个月了，我却至今才写信给您，由于近几个月工作太紧张，切望见谅。我与华柏先生从未见过面，但为出版《刘天华二胡曲集 附加钢琴伴奏》一书，曾经往来通信不少。我总想能有机会亲自见见华柏先生。几十年来，陆陆续续地通信，可以算老朋友了，但一直没有得到机会见面。去年在北京开'20 世纪华人音乐经典'颁奖大会时（我代先父领奖），曾期望华柏先生可能到京，得以一见，但大概由于健康关系，他没有来，使我很失望。陆先生写的《刘天华二胡曲集 附加钢琴伴奏》大家都反映好，我想争取使它再版，以慰陆先生在天之灵。望您节哀，保重，希望有机会我能来广西拜望您，更希望您能来北京。余不一一，敬祝安好！刘育和 94.7.31"

[3] "《陆华柏教授生平简介》：我们敬爱的老师著名作曲家、音乐教育家、理论家、教授，《二十世纪华人音乐经典》作品获奖者，原中国音协理事，音协广西分会副主席，广西壮族自治区第六届人大代表、广西壮族自治区政协第四届委员，原广西艺术学院系主任，民盟盟员，中国共产党党员陆华柏同志，因病医治无效，于一九九四年三月十八日上午十时三十七分在南宁逝世，享年八十岁。陆华柏老师祖籍系江苏武进县（今武进区）人，一九一四年十一月出生于湖北省荆门市。一九三一年十七岁入武昌艺专学习音乐，一九三四年七月以优异成绩毕业留校当助教，担任乐理、钢琴课。一九三六年九月至一九五〇年四月曾先后任湖北省立第十二小学教员，桂林国防艺术社音乐指导员、桂林中学教员、广西省艺术馆音乐部主任、国立福建音专教授、江西推行音乐教育委员会研究员、江西体专音乐科教授兼科主任、湖南音专教授、香港永华影片公司作曲专员。一九五〇年五月在中国人民解放军 46 军文工团担任音乐教员，之后历任湖北教育学院音乐科主任、中央戏剧学院教授、广西艺术学院音乐系主任。一九八五年十一月退休。陆华柏老师从三十年代即开始从事音乐教育及艺术创作活动。抗战爆发后，他将创作与抗日救亡运动结合起来，走民族化，大众化的创作道路。作品《故乡》《勇士骨》等蜚声海内外，至今不衰。《战！战！战！》《保卫大西南》等在群众中产生广泛影响。之后的各个时期，创作了《"挤购"大合唱》《康藏组曲》《漓河之歌》《东兰铜鼓舞》《风和月亮》《大禹治水》等一批题材、内容风格各异的音乐作品，还有《和声与对位》《应用对位法》等译著。为音乐教育事业的发展，作出了积极的贡献。陆华柏老师忠诚党的事业，热爱党、热爱社会主义祖国、坚持四项基本原则，拥护党的十一届三中全会以来的路线、方针和政策，在政治上思想上与党中央保持一致。他一生中几乎半辈子在广西度过，早在一九三八年就在桂林广西艺术师资训练班工作，培养了一大批音乐人才。一九六三年调入我院后任音乐系主任，为培养新一代音乐合格人才倾注了大量心血。他事业心强，治学严谨；办事认真负责，几十年如一日，孜孜不倦地进行音乐教学和艺术创作，他教书育人，桃李满天下。一九八五年十一月退休后，他仍然保持旺盛的创作热情，写出《论广西多声部民歌》等论著。在七十四岁高龄时还担任院夜大学钢琴及乐理课，直到患病为止。就是重病期间，也手不离卷、继续关心国家大事和学院的教育事业。我们要化悲痛为力量，学习他忠诚党的事业、忘我工作的革命精神，为我国教育事业的发展努力工作。敬爱的陆华柏老师安息吧！校友会广西分会 一九九四年三月廿三日"

的《华柏老师辞世前——甘宗容老师给廷阶琼英的信》(第 51 页) [1]、汪培元的《哀悼陆华柏先生》(第 52 页) [2]。

本年度,由中国艺术学院音乐研究所编,向延生主编的《中国近现代音乐家传》第 2 卷,春风文艺出版社,第 494—503 页刊登了陆华柏自传:《老年逢盛世 笔下又生辉——作曲家陆华柏自传》。

武汉音乐学院学报《黄钟》1994 年第 2 期第 9—11 页,刊出陆华柏于1990 年 11 月 18 日完成的《陈啸空先生的〈湘累〉》,陈啸空是陆华柏在武昌艺专读书时的老师,陆华柏为陈啸空的《湘累》编配了钢琴伴奏谱。[3] 本

[1] "廷阶、琼英:杨育强已将 500 元港币寄来了。衷心感谢你们的关怀。陆老师 91 年初患鼻咽癌历经过放疗以后,癌症虽已根除,但健康状况却一天不如一天。本来每天还弹几小时琴,后来双耳俱聋。这个打击使他很久不能平静;只好靠看书报,写信,读信与外界取得联系。你们能在台湾出版《钢琴小曲集》,对他的鼓励和安慰很大。觉得病成这样子还能对人类有所作为,精神上有了寄托,活得有意义。只因耳聋不敢出门,但仍在阳台上散步、锻炼,上下楼走走;我们都很高兴。没想到春节前夕,突然在平地上跌了一下。这是致命的一跌,胯骨颈跌断骨折,腿肉开始萎缩并便秘。最后 40 多天是 24 小时都只能坐在躺椅上,不能上床平卧。接着脚、脸浮肿,到医院经 X 光拍片结果:发现右半边肺已没有弹性,由肺气肿转为肺心病;心脏早已移位,呼吸只能靠输氧。所以在三月十八日就辞世而去了。患鼻咽癌以来,几乎每天都在做我的思想工作:总说 70 岁也是死,80 岁也是死;我们两人不可能同时,总得有个先后;所谓'夫妻本是同林鸟,大限来时各分飞';总之不管谁先走,活着的就应坚强地活下去。没想到这一天先走终于来了,白天的日子是好过的,我可以拼命地上课,和家人、朋友聊聊。但每当夜深人静,往事就像过电影一样,一件件涌出来,眼泪也不由自主地涌出来;直等想够了,哭累了才能慢慢地入睡,幸亏还可以一觉睡到天亮。亲人和挚友们的劝慰,给人增添了勇气,但我和陆老师毕竟是 50 年的患难夫妻,在坎坷的日子里,就靠互相鼓励互相支持过来的。他对我真是无微不至的关怀与爱护;就在临终前,为了怕我着急,忍着骨折的痛苦悄悄地吃止痛片,而不愿在我面前哼一声。这一切真使我难以忘怀。再次衷心感谢你俩对我的关怀,我会勇敢地活下去,努力工作,做出成绩,以慰他在天之灵。祝好 宗容 1994.4.29 日"

[2] "神笔挥舞谱乐章,《大禹》《白沙》气轩昂;《故乡》绝唱出新意,巨星陨落音绕梁。"

[3] "编者按:陆华柏教授不幸于今年 3 月 18 日在南宁逝世。陆先生是我院的老校友,他 1934 年毕业于我院前身武昌艺专师范科,建国后留在我院(当时称中南音专)任教,后调广西艺术学院。他曾是中国音协理事、广西第六届人大代表、广西政协第四届委员。作为作曲家,他曾写过大量的作品,其中尤以抗战时期所谱歌曲《故乡》最为著名,曾被广为传唱,并被列为《二十世纪华人音乐经典》;他的《康藏组曲》被苏联选编在《中国作曲家管弦乐作品集》之中。陆先生在作曲的同时,还从事音乐评论活动,如四十年代的《所谓新音乐》等论战文章,曾在当时产生较大影响。作为校友,陆先生生前很关心本刊,曾多次投稿。已在本刊发表的有 1989 年第 4 期的《新中有旧 旧中有新——谈谈我的一点创作经验》和 1990 年第 3 期的《探寻民族风格和声之路——谈谈我的一点创作经验之二》。这次发表的这篇文章,是陆先生 1990 年的遗作,不仅反映陆先生扎实的创作功力,同时也具有一定的史料价值。"(原文详见丁卫萍编:《陆华柏音乐文集》,苏州大学出版社,2021 年)

年度,台湾省立交响乐团出版了《陆华柏二十五首钢琴小品辑 中国民族民间音调练习曲》。钢琴:陈幸利;发行:台湾省立交响乐团。

1996 年 《人民音乐》第 6 期总第 368 期第 41 页刊登了《收入〈中国社会科学家大辞典·英文版〉的音乐学家》。[1]

《中国社会科学家大辞典》(英文版)(WHO'S WHO IN SOCIAL SCIENCES IN CHINA)第 498 页[2]:

Lu Huabai(陆华柏) b. 1914, Jiangsu Prov.; Graduated from Wuchang Art College, 1934; Now Prof. at Guangxi Art College. Main publications: *Hometown*; *Spirit of Warrior*; *Wind and the Moon*. Present Research field: mini-art Song.

Add.: PO Box 115

Guangxi Art College.

Nanning, Guangxi, 530022

---

1 "由张岱年任主编、匡亚明等十五位著名社会科学家任编委的《中国社会科学家大辞典》(英文版)于今年出版。它不仅是我国迄今第一部以英语语种向世界介绍并反映当代中国人文哲学社会科学有代表性的 3 500 位学者及学术成就,而且有着硕大的人文哲学社会科学选题及信息涵量,因此有很大的资料与学术价值。入典的音乐学家有(按该典英文字母序):冯文慈、陆华柏、孙继南、孙星群、杨匡民、于润洋、郑小瑛、周畅。(音)"

2 《中国社会科学家大辞典》(英文版),辽宁大学出版社,1995 年。

主要参考文献

一、曲集、论著类

(一)

1. 陆华柏编：《刘天华二胡曲集 附加钢琴伴奏谱》，1944 年由福建音专乐艺社油印出版；刘育和、陆华柏合编：《刘天华二胡曲集 附加钢琴伴奏谱》，北京：音乐出版社，1957 年。

2. 陆华柏编曲：《红河波浪》(民歌独唱曲集)，香港：香港音乐教育出版社，1949 年。

3. 陆华柏作曲：《闹花灯组曲》，香港：香港音乐教育出版社，1949 年。

4. 陆华柏编曲：《绥远民歌合唱集》简谱本，香港：前进书局，1950 年。

5. 陆华柏编：《中国民歌钢琴小曲集》，上海：万叶书店，1952 年、1953 年。

6. 陆华柏编曲：《二胡 三弦 钢琴三重奏曲集》，上海：新音乐出版社，1953 年。

7. 陆华柏：《浔阳古调》(钢琴独奏曲)，上海：万叶书店，1953 年。

8. 陆华柏：《农作舞变奏曲》(钢琴独奏曲)，上海：万叶书店，1953 年。

9. 陆华柏编：《简易钢琴曲 新疆舞曲集》，上海：新音乐出版社，1953 年。

10. 陆华柏：《康藏组曲》(管弦乐总谱)，北京：音乐出版社，1956 年，1958 年收入莫斯科音乐出版社出版的《中国作曲家管弦乐作品集》。1983 年曾由林克昌指挥香港群马交响乐团演奏，收入香港唱片有限公司录制的《中国管弦乐曲选》第 3 集,唱片号为 HK6.240055,盒带号为 HK4.240055。

11. 陆华柏编:《中国民歌独唱曲集》,北京:音乐出版社,1957 年。

12. 陆华柏编曲:《湖北民歌合唱曲集》,武汉:长江文艺出版社,1957 年。

13. 陆华柏:《瀿河之歌、东兰铜鼓舞》(钢琴独奏曲),北京:人民音乐出版社,1981 年。

14. 陆华柏:《风和月亮——陆华柏歌曲选》,北京:人民音乐出版社,1987 年。

15. 陆华柏译:《和声与对位》(柏顿绍著),上海:新音乐出版社,1953 年;北京:人民音乐出版社,1984 年。

16. 陆华柏编译:《对位法初步》,(基特森著),广西艺术学院作曲系作曲教研组参考教材,1977 年。

17. 陆华柏编译:《节奏与分析与曲式》,(柏顿绍著),广西艺术学院作曲系作曲教研组参考教材,1978 年。

18. 陆华柏编译:《应用对位法》(上卷 创意曲 柏西·该丘斯著),北京:人民音乐出版社,1986 年。

(二)

1. 乔佩:《中国现代音乐家》,台北:大同出版社,1981 年。

2. 汪毓和:《中国近现代音乐史》,北京:人民音乐出版社,1984 年。

3. 广西社会科学院、广西师范大学主编:《桂林文化城概况》,南宁:广西人民出版社,1986 年。

4. 广西社会科学院主编:《桂林抗战文艺辞典》,南宁:广西人民出版社,1989 年。

5. 汪毓和:《中国现代音乐史纲(1949—1986)》,北京:华文出版社,1991 年。

6. 孙继南:《中国音乐通史简编》,济南:山东教育出版社,1991 年。

7. 颜廷阶编撰：《中国现代音乐家传略》，台北：绿与美出版社，1992 年。

8. 中国艺术研究院音乐研究所：《中国音乐词典续编》，北京：人民音乐出版社，1992 版。

9. 居其宏：《20 世纪中国音乐》，青岛：青岛出版社，1992 年。

10. 汪毓和：《中国近现代音乐家评传》，北京：文化艺术出版社，1992 年。

11. 戴鹏海、黄旭东主编：《萧友梅纪念文集》，上海：上海音乐出版社，1993 年。

12. 汪毓和：《中国近现代音乐史》（修订版），北京：人民音乐出版社，1994 年。

13. 汪毓和、陈聆群主编：《20 世纪华人音乐经典论文集》，重庆：重庆出版社，1994 年。

14. 戴鹏海编：《陆华柏音乐年谱》，1994 年，广西艺术学院内部印刷；2017 年华中师范大学作为"内部学习资料"印刷。

15. 魏华龄、丘振声主编：《桂林抗战文化研究文集》第二、四、六集，桂林：广西师范大学出版社，1995 年、1997 年、2001 年。

16. 钱亦平编：《钱仁康音乐文选》（上、下册），上海：上海音乐出版社，1997 年。

17. 缪天瑞主编：《音乐百科词典》，北京：人民音乐出版社，1998 年。

18. 黄胜泉主编：《中国音乐家辞典》，北京：人民音乐出版社，1998 年。

19. 汪毓和主编：《中国近现代音乐史教学参考资料》（上、下册），北京：世界图书出版公司，2000 年。

20. 魏华龄、李建华主编：《抗战时期文化名人在桂林》，桂林：漓江出版社，2000 年。

21. 居其宏：《新中国音乐史》，长沙：湖南美术出版社，2002 年。

22. 明言：《20 世纪中国音乐批评导论》，北京：人民音乐出版社，2002 年。

23. 萧友梅音乐教育促进会编：《春雨集》，北京：人民音乐出版社，2002 年。

24. 汪毓和:《中国近现代音乐史》(第二次修订版),北京:人民音乐出版社、华乐出版社,2002年。

25. 周畅:《中国现当代音乐家与作品》,北京:人民音乐出版社,2003年版。

26. 陈聆群:《中国近现代音乐史研究在20世纪 陈聆群音乐文集》,上海:上海音乐学院出版社,2004年。

27. 夏滟洲:《中国近现代音乐史简编》,上海:上海音乐出版社,2004年。

28. 李岚清:《李岚清音乐笔谈 欧洲经典音乐部分》,北京:高等教育出版社,2004年。

29. 梁茂春:《中国当代音乐 一九四九——一九八九》,上海:上海音乐学院出版社,2004年。

30. 李岩:《朔风起时弄乐潮》,上海:上海音乐学院出版社,2004年。

31. 张静蔚编:《搜索历史——中国近现代音乐文论选编》,上海:上海音乐学院出版社,2004年。

32. 居其宏:《笑谈与独白——音乐杂文、散文选》,北京:中央音乐学院出版社,2006年。

33. 汪毓和、胡天虹编著:《20世纪中国音乐史论研究文献综录——中国近现代音乐史卷》,北京:人民音乐出版社,2006年。

34. 陈应时、陈聆群:《中国音乐简史》,北京:高等教育出版社,2006年。

35. 冯长春:《中国近代音乐思潮研究》,北京:人民音乐出版社,2007年。

36. 俞玉姿、李岩主编:《中国现代音乐教育的开拓者——陈洪文选》,南京:南京师范大学出版社,2008年。

37. 梁茂春、明言:《中国近现代音乐史(1949—2000)》,北京:人民音乐出版社,2008年。

38. 刘靖之:《论中国新音乐》,上海:上海音乐学院出版社,2009年。

39. 汪毓和:《中国近现代音乐史》(第三次修订版),北京:人民音乐出版社,2009年。

40. 明言：《20 世纪中国音乐批评文献导读》，上海：上海音乐学院出版社，2010 年。

41. 冯长春：《历史的批判 批判的历史 冯长春音乐史学文集》，北京：文化艺术出版社，2012 年。

42. 孙继南：《中国近代音乐教育史纪年 1840—2000》，上海：上海音乐学院出版社，2012 年新版。

43. 杨和平：《浙江近现代音乐教育家群体研究》，上海：上海教育出版社，2012 年。

44. 陈聆群：《八十回望——我的音乐历程》，上海：上海音乐学院出版社，2014 年。

45. 梁茂春：《音乐史的边角 中国现当代音乐史研究的一个视角》，上海：上海音乐学院出版社，2015 年。

46. 冯长春主编：《"重写音乐史"争鸣集》，北京：文化艺术出版社，2015 年。

47. 张奕明编：《民国钢琴散曲集》，海口：海南出版社，2017 年。

48. 陈聆群：《岁月悠悠》，上海：上海音乐学院出版社，2017 年。

49. 王炳根编著：《冰心年谱长编》（上、下卷），上海：上海交通大学出版社，2019 年。

二、论文类

（一）

1. 陆华柏：《中国音乐之路》，《战时艺术》，1938 年第 2 卷第 3 期。

2. 陆华柏：《怎样教唱抗战歌曲》，《扫荡报》，1939 年 3 月 2 日"抗战音乐"第 3 期。

3. 陆华柏：《音乐与抗战》，《音乐与美术》创刊号，1940 年 1 月 1 日。

4. 陆华柏：《所谓新音乐》，《扫荡报》，1940 年 4 月 21 日"瞭望哨"

1152 期。

5. 陆华柏：《我与钢琴》，《扫荡报》，1941 年 6 月 26 日第 4 版。

6. 陆华柏：《和声学的学习》，《扫荡报》，1941 年 7 月 6 日"星期版"第 56 期。

7. 陆华柏：《我怎样学音乐》，《扫荡报》，1942 年 1 月 6 日"音乐"半月刊。

8. 陆华柏：《内容形式浅说》(署名华)，《音乐与美术》，1942 年 3 卷第 4、5、6 期。

9. 陆华柏：《音乐工作者的苦闷》，《中国新报》，1946 年 5 月 21 日第 4 版。

10. 陆华柏：《谈国乐》，《中国新报》，1946 年 6 月 3 日"文林"副刊。

11. 陆华柏：《民歌简论》，《中国新报》，1946 年 6 月 6 日第 4 版。

12. 陆华柏：《人民的音乐》，《中国新报》，1946 年 6 月 10 日第 4 版。

13. 陆华柏：《歌曲创作之研究》，《中国新报》，1946 年 11 月 10 日第 4 版。

14. 陆华柏：《奔向大海——第五届音乐节杂感》，《中国新报》，1947 年 4 月 5 日第 4 版。

15. 陆华柏：《论简谱》，《人民音乐》，1951 年第 2 卷第 3 期(5 月出版)。

16. 陆华柏：《音乐艺术"中西并存"的问题》，《人民音乐》，1956 年第 9 期。

17. 陆华柏：《中华全国歌咏协会成立宣言》(署名花白)，《中国近现代音乐史参考资料第四编(1935—1945)》第一辑《论文选集》(上册)第 6 页，中国音乐家协会、中国音乐研究所编，1959 年 4 月 11 日。

18. 陆华柏：《试谈音乐的内容问题》，《人民音乐》，1962 年第 3 期。

19. 陆华柏：《抗战中期广西艺术馆的音乐活动》，原载《广西日报》，1982 年 11 月 10 日第 3 版，后收入《桂林文化城纪事》，桂林：漓江出版社，广西社会科学院编，1984 年。

20. 陆华柏：《建国之初我为中华人民共和国"代国歌"——〈义勇军进行

曲〉和声配器的感受》,《论聂冼》,中国聂耳冼星海音乐创作学术论文集,中国聂耳、冼星海学会编,1985 年。

21. 陆华柏:《与中国现代音乐史有关的一篇资料性文章及其所引起的问题的回顾》,《音乐艺术》,1985 年第 2 期。

22. 陆华柏:《读李凌同志〈旧题新论〉有感》,《上海音讯》,1986 年第 3 期。

23. 陆华柏:《试论音乐师范专业在音乐教学上突出"师范"特点的问题》,《艺术探索》,1987 年第 1 期。

24. 陆华柏:《新中有旧 旧中有新——谈谈我的一点创作经验》,《黄钟》,1989 年第 4 期。

25. 陆华柏:《探寻民族风格和声之路——谈谈我的一点创作经验之二》,《黄钟》,1990 年第 3 期。

26. 陆华柏:《贺绿汀 1932—1933 年在武昌艺专任教时的情况》,杨霜泉、粟仲侃、陆华柏(执笔),《星海音乐学院学报》,1990 年第 3 期。

27. 陆华柏:《回忆我和冼星海、张曙的一点交往》,《星海音乐学院学报》,1990 年第 1 期。

28. 陆华柏:《抗战后期的"福建音专"》,《音乐艺术》,1990 年第 2 期。

29. 陆华柏:《抗战时期桂林文化城群众歌咏活动纪实——我参与了的和记得起的一些群众歌咏活动》,《广西新文化史料》,1991 年第 1 期。

30. 陆华柏:《只留下了一首二重唱的歌剧〈牛郎织女〉》,《歌剧艺术》,1991 年第 3 期。

31. 陆华柏:《广西壮、瑶、侗、仫佬、毛南族二声部民歌的多声音乐构成初探》,《民族音乐学文集》增刊(上册),第 309—341 页,南京艺术学院音乐理论教研室编,1981 年。

32. 陆华柏:《广西壮族三、四声部民歌的和声分析》,《中国音乐》,1982 年第 3 期,后收入《多声部民歌研究文选》(中国音协广西分会、广西壮族自治区群众艺术馆合编,1983 年内部资料)。

33. 陆华柏：《广西壮族二声部民歌的和声思维》，《音乐研究》，1986 年第 3 期，后收入《音乐学文集》，纪念广西艺术学院建院六十周年，南宁：接力出版社，1999 年。

34. 陆华柏：《广西侗族民歌多声音乐构成的审美特征与规律》，《艺术探索》，1988 年第 1 期。

35. 陆华柏：《陈啸空先生的〈湘累〉》，《黄钟》，1994 年第 2 期。

36. 陆华柏：《老年逢盛世 笔下又生辉——作曲家陆华柏自传》，向延生主编：《中国近现代音乐家传》第 2 卷，沈阳：春风文艺出版社，1994 年。

37. 陆华柏：《我的〈音乐年谱〉读后感》，《福建音专校友通讯》，1993 年第 7 期，福建音乐专科学校校友会编印。

38. 陆华柏：《橘子洲头的歌声琴韵——关于解放前湖南音乐专科学校的若干回忆》，《音乐教育与创作》，2006 年第 11 期。

（二）

1. 赵沨：《释新音乐——答陆华柏君》，《新音乐》，1940 年 9 月第 2 卷第 3 期。

2. 李凌（署名绿永）：《我们应该怎样来理解新音乐与新音乐运动——并答陆华柏先生》，《新音乐》，1941 年 1 月第 2 卷第 4 期。

3. 汪毓和：《应发扬实事求是的科学作风》，《音乐研究》，1981 年第 1 期。

4. 周畅：《不拘一格，广些、深些、精些》，《音乐研究》，1981 年 1 期。

5. 李凌：《旧题新论》，《音乐艺术》，1985 年第 4 期。

6. 贺绿汀：《〈论广西多声部民歌〉序》，《艺术探索》，1988 年第 2 期。

7. 赵沨：《庆贺李凌同志八十寿辰》，《音乐研究》，1994 年第 2 期。

8. 孙继南：《中国近现代音乐教育史纪年（续二）》，《星海音乐学院学报》，1995 年第 1、2 期。

9. 王小昆：《魂牵梦绕故乡情——艺术歌曲〈故乡〉浅析》,《艺术探索》,1997 年第 3 期。

10. 黄旭东：《应还近代音乐史以本来面目,要给前辈音乐家以科学评价——评汪毓和先生〈中国近现代音乐史〉》,《天籁》（天津音乐学院学报）,1998 年第 3 期、1999 年第 1 期。

11. 马达：《20 世纪中国学校音乐教育发展概况（七）——抗战时期至新中国成立之前的师范音乐教育（1936—1949）》,《中国音乐教育》,2000 年第 7 期。

12. 王小昆：《中国现代音乐史上的一桩公案——与〈所谓新音乐〉中有关问题的考证》,《桂林抗战文集》（六）,魏华龄、左超英主编,广西师范大学出版社,2001 年。

13. 戴鹏海：《"重写"音乐史：一个敏感而又不得不说的话题——从第一本国人编、海外版的抗战歌曲及其编者说起》,《音乐艺术》,2001 年第 1 期。

14. 戴鹏海：《音乐家丁善德先生行状（1911—1995）——为〈丁善德纪念画册〉作》,《音乐艺术》,2001 年第 4 期。

15. 戴鹏海：《还历史本来面目——20 世纪中国音乐史上的"个案"系列之一：陈洪和他的〈战时音乐〉》,《音乐艺术》,2002 年第 3 期。

16. 汪毓和：《戴鹏海文章〈还历史本来面目〉读后感》,《音乐艺术》,2002 年第 4 期。

17. 陈聆群：《我们的"抽屉"里有些什么——谈中国近现代音乐史研究的史料工作》,《黄钟》,2002 年第 3 期。

18. 陈聆群：《为"重写音乐史"择定正确的突破口——读冯文慈先生提交中国音乐史学会福州年会文章有感》,《音乐艺术》,2002 年第 4 期。

19. 王小龙：《重写音乐史的语境》,《音乐周报》,2002 年 12 月 13 日第 3 版。

20. 梁茂春：《重写音乐史——一个永恒的话题》,《黄钟》（武汉音乐学院学报),2002 年第 3 期。

21. 戴鹏海:《为了不该忘却的纪念——吴伯超先生百年祭》,《中国音乐学》,2003 年第 1 期。

22. 王小昆:《桂林版〈扫荡报〉与抗战音乐文化》,《中央音乐学院学报》,2003 年第 1 期。

23. 戴鹏海:《吴伯超生平事迹备忘(1903—1949)——为吴伯超百年诞辰纪念作》,《中央音乐学院学报》,2003 年第 4 期。

24. 居其宏:《音乐史的"重写"话题与当下语境》,《音乐周报》,2003 年 2 月 14 日第 5 版。

25. 钱仁平:《谭小麟研究之研究》(上、下),《黄钟》(武汉音乐学院学报)2004 年第 2、3 期。

26. 张静蔚:《中国近现代音乐史学》,《音乐与表演》(南京艺术学院学报),2004 年第 4 期。

27. 戴鹏海:《永远的黄自——纪念黄自先生百年诞辰(1904—2004)》,《福建艺术》,2005 年第 1 期。

28. 戴鹏海:《事实胜于雄辩——新见萧友梅珍贵历史文献读后》,《中国音乐学》,2006 年第 2 期。

29. 戴鹏海:《温可铮教授的生平和业绩(1929—2007)——为悼念温先生辞世作》,《音乐艺术》,2007 年第 2 期。

30. 戴鹏海:《音乐家石夫生平简介》,《人民音乐》,2007 年第 12 期。

31. 汪义晓:《那些渐行渐远的背影哟——武汉音乐学院部分重要学科奠基人考并兼述历史时期划分暨学科建制沿革》,《黄钟》,2008 年第 3 期。

32. 王晓宁、李莉:《为了永远的纪念——"吴伯超、陆华柏纪念研讨会"会议综述》,《艺术探索》,2008 年第 6 期。

33. 戴鹏海:《陈铭志(1925—2009)音乐年谱简编(增补稿)》,《音乐艺术》,2009 年第 2 期,第 6—21 页。

34. 居其宏：《猛士多情方呐喊 书生意气乃独行——为戴鹏海教授 80 寿诞而作》，《人民音乐》，2009 年第 9 期。

35. 施咏：《中西调和 相得益彰——陆华柏配〈刘天华二胡曲集（附加钢琴伴奏谱）〉研究》，《音乐研究》，2009 年第 2 期。

36. 戴鹏海：《才华出众，命运多舛，英年早逝，呜呼哀哉！——〈陈田鹤音乐作品选〉代序》，《音乐艺术》，2011 年第 3 期。

37. 王安潮：《应和"重写音乐史"拓展"音乐新史学"——评刘再生〈中国近代音乐史简述〉》，《中国音乐学》，2011 年第 1 期。

38. 戴嘉枋：《雀跃、沉默和"叛逆"——马思聪在 20 世纪 50 至 60 年代的心路历程》，《人民音乐》，2012 年第 7 期。

39. 韦柳春：《春满漓河浪花飞 民族情韵永流长——陆华柏钢琴作品〈漓河之歌〉试析》，《黄钟》（武汉音乐学院学报），2012 年第 3 期。

40. 李岩：《独上高楼——"民国·乐史"的现代性及前世今生》，《星海音乐学院学报》，2013 年第 4 期。

41. 匡学飞：《怀念恩师陆华柏教授、曾理中教授》，《黄钟》（武汉音乐学院学报），2014 年第 4 期。

42. 王晓宁、庞小连：《桂林抗战时期陆华柏的音乐创作与成就》，《艺术探索》（广西艺术学院学报），2014 年第 6 期。

43. 留生：《明敏钩沉》，《中央音乐学院学报》，2014 年第 4 期。

44. 徐辉强：《陆华柏钢琴曲集的创作特征》，《艺术探索》（广西艺术学院学报），2014 年第 6 期。

45. 李莉：《陆华柏的作曲专业教学》，《艺术探索》（广西艺术学院学报），2014 年第 6 期。

46. 胡行岗：《陈洪音乐教育思想及当代价值论评》，《中国音乐教育》，2014 年第 9 期。

47. 蒲方：《抗战音乐的历史"记录"与"记忆"》，《艺术评论》，2015 年第 10 期。

48. 李岩：《归去来兮？——打开〈何日君再来〉的"死结"》，《音乐与表演》(南京艺术学院学报)，2015 年第 4 期。

49. 李岩：《懵懂乐趣——以新见缪天瑞口述〈我的幼年时代的音乐生活为例〉》，《天籁》(天津音乐学院学报)，2015 年第 4 期。

50. 王小龙：《沈知白先生年谱简编》，《音乐艺术》，2015 年第 2 期。

51. 居其宏：《严肃史家在反思求索中的自我考问——陈聆群教授〈八十回望〉读后》，《音乐艺术》，2015 年第 1 期。

52. 陈永：《学堂乐歌研究的创新之作——评蒋英〈清末民初贵州学堂乐歌考〉》，《人民音乐》，2016 年第 9 期。

53. 居其宏：《长存浩气在人间——关于戴鹏海先生的点滴回忆》，《人民音乐》，2017 年第 10 期。

54. 戴嘉枋：《率直与沉郁——忆戴鹏海先生》，《人民音乐》，2017 年第 10 期。

55. 王安国：《远隔重洋的悼念——深切缅怀戴鹏海先生》，《人民音乐》，2017 年第 10 期。

56. 赵献军：《戴鹏海教授与"三合一"的情缘》，《人民音乐》，2017 年第 10 期。

57. 孙娟：《人品、艺品与教品——忆导师戴鹏海先生》，《歌剧》，2017 年第 8 期。

58. 满新颖：《一位可贵、可敬又可爱的歌剧前辈——缅怀当代音乐学家、评论家戴鹏海先生》，《歌剧》，2017 年第 8 期。

59. 张力：《戴鹏海与我的歌剧情缘》，《歌剧》，2017 年第 8 期。

60. 蒲方：《黄国栋和陈琳的两首抗战时期艺术歌曲》，《中央音乐学院学报》，2017 年第 3 期。

61. 蒲方：《回顾学会 30 年 思考学科危机——以中国近现代音乐史教学为参照》，《人民音乐》，2017 年第 5 期。

62. 李岩：《畋条——论施光南〈秋海棠叶〉的创造美》，《人民音乐》，2017

年第 9 期。

63. 田可文、高伟伟：《陆华柏的"学院派"情结》，《音乐与表演》（南京艺术学院学报），2017 年第 1 期。

64. 江江：《陆华柏艺术歌曲的意象与调式和声的观念》，《音乐与表演》（南京艺术学院学报），2017 年第 1 期。

65. 陈晓卉、赖登明：《陆华柏在"福建音专"的历史及其贡献》，《人民音乐》，2017 年第 9 期。

66. 向延生：《睿智的抉择艰难的坚守——抗战中的萧友梅、陈洪与"国立音专"》，《星海音乐学院学报》，2018 年第 4 期。

67. 李岩：《论冼星海实验性新技艺之"本真"》，《中国音乐学》，2018 年第 3 期。

68. 李岩：《陈洪学术精要》，《人民音乐》，2018 年第 5 期。

69. 梁茂春：《陈啸空音乐创作刍论（上、下）——"春蜂乐会"创作研究之一》，《歌唱术》，2018 年第 1、3 期。

70. 陈鸿铎：《和声学创新教学模式的最早尝试——重温陈洪〈对位化和声学〉》，《人民音乐》，2018 年第 5 期。

71. 杨和平：《"上音"三位音乐家吴梦非、邱望湘、陈啸空研究》（上、下），《音乐艺术》，2018 年第 1、3 期。

72. 杨和平：《浙江近现代音乐社团"春蜂乐会"中坚人物沈秉廉研究》，《音乐文化研究》，2018 年第 2 期。

73. 冯长春：《陈洪四首艺术歌曲研究》，《中国音乐》，2018 年第 4 期。

74. 《深切悼念陈聆群先生》，《音乐艺术》，2019 年第 1 期。

75. 倪晓云：《陆华柏钢琴作品的民族化风格透视》，《中国音乐》，2019 年第 3 期。

76. 冯长春：《九首抗日救亡题材艺术歌曲研究》，《音乐与表演》（南京艺术学院学报），2020 年第 1 期。

索 引

后　记

　　1994 年 3 月中旬的一天,乍暖还寒的广西南宁,阳光照进南国小屋。

　　小屋位于广西艺术学院教授楼。在广西艺术学院边门,有几栋二层联排别墅,姜黄色,陆华柏与家人自 1963 年调回广西艺术学院工作后就一直住在那里。

　　陆华柏卧病在床。他的手里,是戴鹏海为他编写的《陆华柏音乐年谱》。这是一本 1994 年 1 月由广西艺术学院印刷的内部资料,详尽记载了陆华柏每一年间出版的作品、发表的文章、参加的音乐活动,有的年份其至精确到某一天。《年谱》印出后,最珍爱这本书的,当然就是陆华柏了。虽然已经老眼昏花,阅读时需要用放大镜,他每天还是会读几页。

　　小屋的客厅里,陆华柏的夫人甘宗容正在为一名学生辅导歌曲《故乡》。这位学生即将在几天后赴北京参加声乐比赛。在《故乡》的歌声里,陆华柏又随手翻开年谱。

　　读着读着,陆华柏感到仿佛回到了血气方刚的青年时代,那是山水甲天下的桂林,在象鼻山麓,他创作歌曲《故乡》的岁月;读着读着,他好像又回到了国立福建音乐专科学校时期,他想起了那时常和同事一起进行民乐演出,用的曲谱是他为刘天华二胡曲编写的钢琴伴奏;读着读着,他仿佛回到了五十年代,那是他在武汉华中师范学院做系主任的日子,那是一个多么辉煌的年代呀,那几年,他连续出版了十来本书……读着读着,他的记忆怎么忽然消失了——那是一场噩梦:1957 年的一天,他忽然被一阵疾风卷走,从此,他好像从音乐界消失了……

20 年,20 年啊!终于等到了 1977 年,欢呼雀跃中,陆华柏的耳畔,似乎又响起了他在广西东兰地区采风时震耳欲聋的铜鼓声,那是何等欢乐的场景啊!他为此写下了激动人心的钢琴曲《东兰铜鼓舞》……

阳光照进小屋,这是陆华柏和家人住了近 30 年的小屋,小屋有两层,陆华柏住在楼上朝南房间。此时的陆华柏已经十分虚弱,即使《故乡》的歌声从楼下客厅飘来,回荡在整个小屋,他还是显得非常憔悴。陆华柏本应在医院,可是他看着家人多日来为他奔波憔悴,毅然决定拔下氧气管回到家中。陆华柏知道,属于他的日子已经不多了。

陆华柏已经患鼻咽癌三年多了,他的听力已经在不久前完全丧失,没有了呼吸机和氧气泵,他已经不能顺畅地呼吸。在生命的临界点,一切都变得不重要了,几十年来由于他的那篇《所谓新音乐》带来的是是非非,好像也成了过眼云烟;从 38 岁开始提出入党要求,曾经给党组织提交了四次申请报告,历时 32 年,直到组织批准退休的 70 岁时才实现夙愿,这些,好像也已经显得不那么重要。

1994 年 3 月 18 日,陆华柏与世长辞。

当历史车轮已迈入 21 世纪的第三个十年,蓦然回首,今年,陆华柏已离开我们整整 27 年!

我从陆华柏逝世后的十年——2004 年开始接触到陆华柏资料。2005 年完成硕士论文后,2008 年在陆华柏故居看到更多史料,从此,陆华柏的名字就一直印在我的脑海。漫长的阅读史料的过程也是疑问不断产生的过程:为什么陆华柏有那么多的学术成果,可学界只知道他的《故乡》和《所谓新音乐》?陆华柏究竟发表了多少作品文论?还有哪些成果未被收入《陆华柏音乐年谱》?陆华柏为何会有如此丰硕的学术成果?为何陆华柏会被学界遗忘?陆华柏的一生留下哪些遗憾?他在临终前为什么会说:"共产党要我,我跟共产党走;共产党不要我,我还是要跟共产党走?"2010 年,在独墅湖畔苏州大学承办的中国音乐史学会第十届年会上,我第一次见到汪毓和先生。我请教他对陆华柏的评价。汪先生说:"陆华柏是一位一流的或者说是接近一流水平的作曲家。"汪先生何以得出此结论?陆华柏音乐作品的特点是什么?他的创作理念又如何?

在风云变幻的 20 世纪,陆先生究竟经历了什么?为什么他的音乐贡献很全面,但学界却很少了解他?无数个问号驻留心田挥之不去。十多年来,我在梳理史料产生灵感有写作冲动时,即使是深夜,也会一骨碌从床上起来端坐在电脑前。写作的时候,我并没有什么规划,只是随心随笔,依心而行。不知不觉间,倒有了一本书的规模。我从未想到将这些文章结集出版,直到 2020 年 6 月,建议我研究陆华柏的王小龙对我说:"已经发表的 20 多篇论文可以整合起来出一本合集,趁眼力还行时。"

整理 70 多万字的《陆华柏音乐文集》我充满热情不知疲倦,整理自己的文字反倒变得不积极。犹豫不决中倒也将原始文档找全了,一起找到的还有几次去广西采风写下的日记随笔以及少量写给甘老师的信。回看这些,记忆中模糊的时光渐渐变得清晰——我仿佛重回当年,想起发现陆华柏史料后激动得彻夜不眠的日子和写作时孜孜不倦的推敲修改。

我将十几年来零零散散写下的文字分成研究综述、生平心路、音乐创作、音乐文论、音乐教育等几个部分。附录部分还有论及戴鹏海及陈聆群的文章。写戴鹏海的文章是我看到他写给陆华柏的信件后有感而发,陈聆群多年来一直支持鼓励我研究陆华柏,我在文中表达对他的怀念。这些文章收入本书时在体例格式上做了统一,对部分注释作了删减。《热忱直率 激情真挚——陆华柏在广西桂林〈扫荡报〉上发表的音乐文论》《室内乐体裁民族化的早期探索与实践——陆华柏编配的三重奏〈光明行〉与相关版本比较》在发表时内容有缩略,此书用了完整版,其他文章基本保持原貌。

陆华柏研究综述涉及的文献涉及两个时段:1994—2009 年、2010—2019 年。其中的《陆华柏研究述评》早在 2009 年已发表。写作此文的动因是我偶然读到钱仁平的《谭小麟研究之研究》(上、下),《黄钟》(武汉音乐学院学报》2004 年第 2、3 期,于是也想把学界陆华柏研究做一番梳理,想模仿钱老师写作样式也写一篇。细心的读者或许还能从字里行间看到钱老师文章的影子。这是除了约稿的所有文章中发表用时最短的一篇:2009 年 9 月上旬我投稿《天籁》(天津音乐学院学报),当月 25 号就接到编辑部电话告知录用且在年底前发表。这对于毫不熟悉《天籁》的我来说,真是喜出望外。2019 年,《陆华柏研究述评》发表已过去十年,学界涌现了不少陆华柏研究新成果,我于是又写了一篇《21 世纪十年代陆华柏研究述评》。这篇文章未发表过,请大家批评。

陆华柏生平心路部分文章撰写的时间跨度非常大:自 2004 至 2015 的十多年。《陆华柏生平二三事》写于我读硕士期间。2004 年上半年的一个周日,我正好和在上海音乐学院读博士的同事王小龙同坐一辆车去上海。在车上,我和他聊起南宁收集资料的感受,他说,你可以把和我聊的这些写下来,先写一篇《陆华柏生平二三事》。后来我就写了。那年适逢陆华柏诞辰 90 周年,该文被幸运地发表在《人民音乐》上,成为研究陆华柏系列文章中的首篇。《陆华柏创作时期的划分》部分段落根据 2005 年硕士论文相应章节改写,但融进了我的新思考。在研究过程中,我常会出现这样的疑问:陆华柏一生勤奋,到底是什么样的动力支撑着他?后来我发现他青年时代的音乐友人对他之后的音乐道路起了非常重要的作用,特别是他在武昌艺专求学时期与其老师贺绿汀、缪天瑞等人的交往,对他的音乐创作、翻译等方面影响很大,陆华柏和他们亦师亦友的友谊贯穿了整个音乐人生。于是就写了一篇《陆华柏青年时代的交往人群对其音乐人生的影响》。2010 年前后,我读到季羡林的散文集《我的心是一面镜子》,我发现季羡林晚年孤寂,让我联想起陆华柏孤独的不被人理解的晚年。后来我又读到了《人民音乐》编辑荣英涛向我推荐的戴嘉枋撰写的研究马思聪心路历程的文章,就很想写一篇陆华柏心路,于是有了《满怀赤诚 执着追寻》一文。在我编辑书稿将这篇文章原始稿与发表文章比对时,发现《黄钟》责任编辑对我的稿件作了细心妥帖的修改,在此向《黄钟》编辑致谢。《一位不应该被遗忘的老音乐家陆华柏》是我 2008 年 10 月应邀参加广西艺术学院校庆系列活动参加研讨会时，该校学报编辑肖文朴的约稿。我与肖老师素不相识，他的约稿令我兴奋。回常熟后，我在一周内将这篇文章赶出来，当我将反复修改后的定稿发给肖老师时，他回复的话我至今记忆犹新："研究对象的精神感动了研究者。"《从 20 世纪四五十年代的节目单看陆华柏的音乐活动》一文所用的资料，是我在 2008 年 10 月底在陆华柏故居收集资料的最后一个通宵发现的。在此之前，我从来不知道陆华柏还是一位钢琴演奏家。仿佛是老天也被我的发现震惊，那晚的南宁，一夜暴雨。

陆华柏的音乐创作分为原创音乐作品及改编音乐作品两大类。书中论述的作品涉及群众歌曲、钢琴曲、艺术歌曲以及二胡、三弦、钢琴三重奏。2009 年发表的《陆华柏抗战时期的群众歌曲创作》是该部分的第一篇，写作动因是发现了陆华柏抗战时期的群众歌曲，这是体现他为抗战音乐做出积极贡献的新史料，也是证明他支持新音乐的有说服力的新材料。《浔阳古调》和《东兰铜鼓舞》是陆华柏在晚年仍十分钟爱的两首钢琴曲，我在硕士论文的基础上对它们进行细化并增加了演奏要点提示，其中分析《东兰铜鼓舞》的文章与同事耿仁甫合作完成。为了写好《室内乐体裁民族化的早期探索与实践》，我邀请同事杨立和友人金振岐一起进行演奏实践。在我校音乐系琴房，金老师弹三弦，杨老师拉二胡，我弹钢琴，我们一遍遍合作，把《光明行》不同版本演奏录下来进行反复对比研究。当我们三人一起合作时，我仿佛看到了 20 世纪 40 年代，陆华柏与弹三弦的刘天浪、拉二胡的王沛纶在福建音乐专科学校实践三重奏的场景，令我感动。此文写作时间拉得很长，发表用时则更长，让我明白自己的音乐作品分析能力还需加强。由于能力有限，该部分涉及的音乐作品还很局限。陆华柏还有不少音乐作品亟待研究，如抗战时期的儿童音乐创作、20 世纪四十年代陆华柏的歌剧《牛郎织女》以及清唱剧《大禹治水》《汨罗江边》的研究等。

《陆华柏著述研究综述兼及音乐文论方面的贡献》发表于十多年前，这是一篇主要论述陆华柏晚年音乐文论及译著的文章，写作此文时，还未找到他早年发表的音乐文论，所以我在文中做了题注。2016年，当我在广西桂林图书馆缩微胶卷上看到陆华柏在《扫荡报》上发表的文论并逐字将文章输入电脑，才有了2017年在《音乐与表演》上发表的《从陆华柏民国时期的音乐文论看其音乐观》。《扫荡报》整理出来的文论又促成了我于2021年初完成的《热忱直率 激情真挚——陆华柏在广西桂林〈扫荡报〉上发表的音乐文论》。陆华柏是一位终身从事音乐教育的音乐家，从广西桂林艺术师资训练班（广西艺术学院前身）到福建音乐专科学校、江西体育专科学校、湖南音乐专科学校、湖北教育学院、华中师范学院、湖北艺术学院、广西艺术学院，多所学校留下了他奋斗过的足迹。陆华柏音乐教育收录的三篇文章主要以他对广西艺术学院及华中师范大学的贡献为主，论述他的音乐教育思想和音乐教育理念。

本书收录的广西行采访笔录及日记均为首次发表。这是我的随笔，记录了我收集资料的过程，经历的辛苦与收获的快乐。我对原文件未做任何改动，为的是留住我经历的真实的一切。我将十多年来参加各类会议汇报陆华柏研究情况做了梳理，表中汇报的文章大部分已发表。两年一次的中国音乐史学会年会，十多年来我参加了好几届，每次参会都感觉醍醐灌顶。中国音乐史学会举办的相关活动为我提供了很好的学习交流平台，促进我成长。

没有学业压力，也没人逼我写论文，研究进展也就变得缓慢且无限制拖延。我常自责研究进度是如此之慢，论文也是停停写写没有常性。我甚至觉得自己像极了《龟兔赛跑》中的兔子：特别想写时，我会无须睡觉狂奔一阵，可是过后又会沉睡许久，直到突然又来了什么灵感，又疯跑一阵，再沉睡……这些年里，幸亏还有课题催促我研究：2007年，陆华柏研究被列为校级青年课题；2009年，被列为江苏省社会哲学课题；2019年，《陆华柏音乐文稿的整理与研究》获批教育部人文社会科学研究规划基金项目。这些年,我也一直想写一本陆华柏研究专著,曾列过无数遍提纲且写了不少,但终觉拿不出手而被自己否定了。我也没有想到,我的第一本陆华柏研究专著只能以文字合集的形式展现。

我要深深地感恩生命中的所有遇见,感谢每一位帮助过我的老师、同学、同事、学生。我要特别感谢中国音乐史学会会长、上海音乐学院博士生导师洛秦教授。当我在牛年大年初二北京时间一早收到远在美国的洛老师在百忙中为我写的序,他给我的时间比之前我们约定时间早了很多天,感激感动的心情无以言表。感谢我的导师上海师范大学音乐学院冯季清教授。光阴荏苒,和导师的交往已有 20 年。导师帮我写的序充满深情,让我体会到他对我的真诚期望与深切关爱。感谢我的同事王小龙博士,他点拨我研究陆华柏并长期关注我。感谢我的大学同学陈勤,多年前她为我扫描硕士论文谱例,为我的硕士论文辛苦排版;感谢我的研究生同学王琳,这么多年她一直在等我出版专著,我实在是让她等得太久了。

我又想起对我研究起重要鼓舞作用的上海音乐学院博士生导师陈聆群教授。陈先生离开我们已两年多了,但我一直觉得他未曾离去。陈先生希望我整理好陆华柏学术成果,一门心思把陆华柏研究做好,他温和希冀的目光仍然注视着我。我还要深切感谢戴鹏海先生。虽然未能和他谋面,但他编写的《陆华柏音乐年谱》一直伴随着我。2017 年,华中师范大学重印此书,推进了陆华柏音乐贡献的传播。这些年来,我还将《陆华柏音乐年谱》中记载的陆华柏学术成果出处与收集到的原始资料进行比照,发现了不少新史料。待时机成熟,我会将新发现写出来。

在研究过程中,中国音乐史学界各位学术大咖给了我重要支持帮助:2009 年,中国艺术研究院李岩老师支持我申报陆华柏研究为省级课题;十多年前,洛秦老师还不认识我,但在省级课题外审时给了我 90 的最高分!中央音乐学院蒲方老师多年前就关注我的研究,细读过我的每篇研究论文。她支持我申报教育部课题,为《陆华柏音乐文集》辛勤作序。钱仁平老师是我 2016—2017 年度在上海音乐学院做访问学者时的指导老师,他的处事风格是雷厉风行说干就干。言必行、行必果的他对万事迟疑的我触动很大。居其宏老师指导我申报教育部课题,鼓励我出版陆华柏学术成果。冯长春老师的研究成果总是出得又快又好,我常默默学习。同龄人张萌、章华英、荣英涛、孙凡、孙晓辉、陈荃友、王晓俊、康瑞军、王安潮、王清雷等老师,他们都是我学习的榜样。我要衷心感谢我的课题组成员:陈永、赖登明、史琳、杨立、耿仁甫、唐吟等老师。如果没有他们支持,我的2019年度教育部课题不可能申报成功。

我要感谢我校中文系王健教授的支持。2017年,他吸收我为"江苏省高校哲学社会科学优秀创新团队——苏南吴方言与口头非物质文化遗产的调查与研究"课题组成员,不仅使我有机会学习跨学科知识,打开了我的学术视野,更提供给我出版经费支持。感谢我校师范学院领导特别是闫祯院长,他总是支持鼓励我。感谢我校丁晓原、沈潜、顾永安、童举希、王佩国、郝瑞敏等教授,他们一直关注着我。我要衷心感谢我的家人:我的先生是一名医生,医术精湛的他在繁忙的工作之余默默为我分担家务,支持我研究。涉足陆华柏研究课题时,我的孩子还很小,整理研读陆华柏史料的过程漫长到几乎贯穿我孩子成长的各个阶段,我很庆幸不用担心孩子的学习,使我能有时间精力投入研究。我要特别感谢上海交通大学出版社冯勤老师。当我在2020年12月将书稿目录发给他看时,就得到了他的肯定。看着他逐字逐句一遍遍编辑我书稿的彩色电子文档,让我感慨于此生如此仔细认真地读我文字的大概也只有像冯老师这样的责任编辑了!

我知道今天的我之所以能有一点收获,都应归功于陆华柏夫人甘老师提供给我的珍贵资料。2009年,陆华柏故居拆迁,全部遗稿被打包封存,而我恰在2008年幸运地看到了大部分资料。我要向甘老师鞠躬致谢!本书已发表的文章凝聚了各期刊编辑的辛勤汗水,编辑书稿的过程使我回想起与编辑交流的点点滴滴,我要向各位编辑致谢!你们辛苦了!

我还要感谢我工作和生活的地方:奋进中的常熟理工学院、美丽的常熟和我美好的家。

　　自 1991 年大专毕业留校工作以来,我亲历学校的一次次升格、变迁和发展,学校日新月异的变化令我自豪骄傲。置身于既是母校又是工作单位的花园般锦绣的校园,与优秀同事和可爱学生们共处,常使我心怀感恩倍加珍惜。从家里出发,开车五分钟到虞山、十分钟到尚湖,感到疲惫时,只要在波光潋潋的尚湖边走一走,疲劳就烟消云散。家中小院栽种了三棵树:桂花、香橼、紫藤,它们各香其香又各美其美,静静陪伴我度过每一个春夏秋冬。身处四季皆美的常熟,我好像有很多个理由偷懒,所幸这些年间我还未彻底沉沦,逝去的年华还能有一点着落——那些宁静的书桌前的时光定格在这本《陆华柏研究》和即将出版的《陆华柏音乐文集》里。

　　虽然陆华柏研究课题已持续多年,但由于能力有限,不少文章还多侧重于史料呈现,观点还不甚鲜明。值得欣慰的是,越来越多的年轻学子加入到陆华柏研究队伍中来,近十年学界涌现出较为丰硕的研究成果,陆华柏正受学界重视,也越来越受到他工作过的单位的重视:2008 年,广西艺术学院举办了"音乐家吴伯超、陆华柏纪念研讨会",在陆华柏诞辰 100 周年的 2014 年,该校学报《艺术探索》开辟"广艺名师名家专栏"刊发纪念文章;华中师范大学这所陆华柏在 1952 年担任音乐系首任系主任的学校,于 2017 年举行了"纪念陆华柏先生诞辰 102 周年高峰论坛"。如今,该校音乐学院设有"陆华柏音乐名家大讲堂""陆华柏音乐沙龙"。甘老师告诉我说,广西艺术学院将一条校园道路命名为"华柏路",校园里的广西民族音乐博物馆特设"陆华柏文献资料馆"。她开心地在广艺校园新铸的陆华柏铜像前留影并把照片寄给我。陆华柏祖籍所在地江苏的南京艺术学院学报《音乐与表演》在 2017 年连设两期"陆华柏研究特约专栏"刊发纪念论文。所有的一切,都显示了当今学界对陆先生音乐功绩的评价已越来越客观全面。随着我整理的《陆华柏音乐文集》也将在今年出版,陆华柏的音乐贡献将大白于天下。

　　陆华柏一生都在探索中国民族风格和声之路。20 世纪三十年代起,陆华柏就开始探索中国气派和声，提倡创作中国情趣的、新的、中国人民的音乐。陆华柏的音乐创作理念和音乐教育思想对今天的我们仍有借鉴价值。研究中，我坚持"史料第一"原则，尽量做到有多少史料说多少话，文中写到的每一句话都尽可能找到史实依据，杜绝"空口说白话"。对于陆华柏音乐贡献的评价我也尽量做到不夸大，不虚美，而是将我了解的陆华柏原原本本写出来，把他还原成一个真实的"人"。希望我整理的《陆华柏音乐文集》和这本《陆华柏研究》能为传承中华民族优秀文化、弘扬陆华柏音乐遗志、继承老一辈音乐家文化遗产做一点基础性的资料工作。如果能为学界陆华柏研究提供一些史料，我将感到欣慰。

记得初中时候很喜欢一首歌，歌名是《脚印》。歌中唱道："有的深，有的浅，有的直，有的弯，朋友啊想想看，道路该怎样走？洁白如雪的大地上，该怎样留下脚印一串串。"本书收录的文字，是我十几年来研究音乐家陆华柏留下的印记。这些文章有的长有的短，有的专业性强一些，有的偏随笔散文一些。姑且把它们看作是我人生路上留下的一个个深浅不一的"脚印"吧，请各位专家同行、老师同学们不吝批评指正！

2021 年农历牛年大年初六动笔

初稿完成于 2 月 22 日晨

修改定稿于 2 月 26 日农历元宵佳节

补记：

2021 年 3 月下旬，将书稿交给出版社后，由于我工作的单位正准备迎接教育部师范专业办学认证，忙碌了几个月未动书稿。6 月底，责任编辑冯勤建议我增加陆华柏音乐年谱，以利于读者进一步了解陆华柏。考虑到戴鹏海已将《陆华柏音乐年谱》写到 20 世纪 90 年代初，但陆华柏生命中的最后几年还未被详尽记录，于是决定续编。

续编的过程是愉悦的——当我再一次翻阅储存在电脑中的原始资

料,居然又有了一些新发现！这段时间,苏州大学出版社给我寄来了《陆华柏音乐文集》样稿,看到多年来积压在电脑里的资料终于汇作眼前这本文集,不少资料又在续编时派上了用场,想到这些都将在不久后被印刷出版和更多人分享,心里便多了些许宽慰:我再也不用担心存放资料的硬盘会被损坏,也再不用将原始资料作多个备份。这就像是自己珍藏了多年的一件宝贝终于有机会拿出来示人。陆华柏没有日记,但习惯在大部分文档后标明书写日期,这为续编提供可能。我从所有积攒史料中探寻20世纪90年代初陆华柏生活的蛛丝马迹,从他的手稿、友人来信乃至只言片语的小字条中汲取日期,尽量将他最后几年的生活轨迹作了补录。

续编年谱的日子里,我又将戴鹏海给陆华柏的信件读了一遍,更深刻地感受到戴先生为编写《陆华柏音乐年谱》付出的艰辛。续编过程得到了蒲方、冯长春、周立群、盛静斋的建议和帮助,一并致谢。

记得陆华柏夫人甘宗容说过,陆华柏每天要做三件事:弹钢琴、背英语单词、写东西。回想我们度过的每一天,又能做几件事呢?2004年1月,我第一次赴南宁时,陆华柏的女儿陆和平陪我游览了南湖。雨中的南湖烟波浩渺,朦胧美丽。我问和平,陆华柏也细心游览过南湖么?和平说,陆华柏极少出来玩,每天都在写、写、写,一直到写不动为止。虽然续编的年谱还不能复原陆华柏每天在写些什么,但或许能加深大家对陆华柏一生勤奋的印象。这些年来,正是这样的品质触动着我,鼓舞着我。

续编《陆华柏音乐年谱》也是我多年来的一个心愿,没想到会在如此短的时间内完成。感谢上海交通大学出版社冯勤,是他给我了续写的勇气。如果没有他的提议,"续编"工作或许又将遥遥无期……

2021 年 7 月 12 日

江南已进入一年中最热时节

最后的话：

回看即将定稿的书稿,我又想起了2005年硕士论文答辩时答辩委员会成员对我说的话。俞子正老师对我说,你的陆华柏创作阶段分期标准不统一;刘鸿模老师对我说,陆华柏研究可以作为你一辈子的研究课题。施忠老师在看了我的硕士论文后说,你论文附录列出的陆华柏学术成果那么多,可是你的研究还很局限,还远远不够……

这些年里,正是因为记住了老师们的谆谆教诲,才有了这部书稿。此刻,我又想起这些年间中国音乐史学界各位学术大咖对我说的话:2012年,洛秦老师对我说,如果你想进一步深造,仅仅研究一位音乐家是不够的;2019年,居其宏老师在看了我的教育部课题申报书后对我说,你要"跳"出陆华柏,来看陆华柏;2021年,李岩老师在看了书稿后对我说,陆华柏各领域研究间的连贯性较弱,对陆华柏的整体定位还不够,对于时代背景社会场域以及对陆华柏的评价方面还较弱;蒲方老师对我说,你要争取写一本《陆华柏评传》……

老师们的建议有一个共同点,就是希望我将陆华柏放入20世纪中国音乐发展的时代背景中,希望我能够站在更广阔的视角进行研究,希望我对陆华柏做出更为全面的评价。

从事研究已经这么多年了,也只能写成读者手中的这本小书。我不知道未来的自己是否还有继续写作的热情,也怀疑自己是否有能力实现各位大咖的希冀。或者,就只能将此书作为我研究工作的一个小结吧!敝帚自珍,在日常教学和生活闲暇留下的这些文字,是岁月留给我的记忆。过去的十几年,无论如何都是我生命中最值得珍惜难忘的青春时光,而所有的这一切,已然又成为了历史。

2021年7月16日上午

酷暑炎炎的江南常熟